선교의 세계화 시리즈 ⑤

DEVELOPING A STRATEGY FOR MISSIONS

교회와 선교사를 위한
선교 전략 총론

*A Biblical, Historical, and
Cultural Introduction*

J. 마크 테리
J. D. 페인 지음

엄 주 연 옮김

기독교문서선교회
한국해외선교회

기독교문서선교회(Christian Literature Center: 약칭 CLC)는 1941년 영국 콜체스터에서 켄 아담스에 의해 시작되었으며 국제 본부는 영국의 쉐필드에 있습니다.
국제 CLC는 59개 나라에서 180개의 본부를 두고, 약 650여 명의 선교사들이 이동도서차량 40대를 이용하여 문서 보급에 힘쓰고 있으며 이메일 주문을 통해 130여 국으로 책을 공급하고 있습니다.
한국 CLC는 청교도적 복음주의 신학과 신앙서적을 출판하는 문서선교기관으로서, 한 영혼이라도 구원되길 소망하면서 주님이 오시는 그날까지 최선을 다할 것입니다.

Developing A Strategy For Missions
A Biblical, Historical, and Cultural Introduction

Written by
J. Mark Terry & J. D. Payne

Translated by
Joo-Yun Eum

Copyright © 2013 by John Mark Terry and J. D. Payne
Originally published in English under the title as
Developing A Strategy For Missions
by Baker Academic a division of Baker Publishing Group
Translated and used by the permission of
P. O. Box 6287, Grand Rapids, Michigan, MI 49516-6287

All rights reserved.

Korean Edition
Copyright © 2015 by Christian Literature Center
Seoul, Korea

추천사 1

이현모 박사
침례신학대학교 선교대학원장

    선교 전략이란 영역이 선교 사역에서 구체적으로 자리를 잡은 것은 생각보다 역사가 짧다. 아마도 그 이전에는 성령의 인도하심을 중시했기 때문에 전략이란 개념을 강조하지 않았던 것 같다. 그러나 성경을 보면 하나님의 사역에는 항상 전략 개념이 포함되어 있음을 발견하게 된다. 최근에는 전략의 중요성이 어느 시대보다 강조되고 있다. 실제로 문화와 종족 개념이 선교에 수용된 이후로 다양한 전략이 개발되고 소개되고 있다. 혹자는 20세기 후반부에 들어서 제안된 전략이 이전 150년 동안에 개발된 전략보다 더 많다고 평가한다.

    이러한 시점에서 J. 마크 테리(John Mark Terry) 박사와 J. D. 페인(J. D. Payne) 박사의 본서는 적절한 시기에 심도있는 내용을 다루는 책으로서 높은 가치를 가지고 있다. 두 저자는 교회 역사 초기부터의 선교 전략들을 포괄적으로 정리하면서 특히 현대 선교 시대에 제안된 전략들을 자세하게 설명하고 실제적 사례연구와 함께 적용점들을 제시하고 있다. 특별히 두 저자는 이런 면에서 충분한 자격을 갖추고 있다. 테리 박사는 선교학 박사 학위를 취득하고 미국 내

유수 신학교에서 선교학 교수로 섬긴 경력을 가지고 있을 뿐 아니라 선교사로서 24년 동안 아시아권에서 실제 사역에 참여했었다. 필자는 테리 박사를 몇 번 만난 적이 있는데 그의 선교사다운 자세와 마음에 감동을 받곤 하였다. 페인 박사도 선교학 박사 학위를 취득한 후에 27세의 나이로 교수로 초빙을 받는 등 최연소 선교학 교수의 경력을 가지고 있었다. 또한 그는 미국 내 국내 선교사로서 실제 교회개척 사역에 헌신하여 현장 사역을 오랫동안 감당해 오고 있다. 이처럼 두 분 모두 이론과 실천을 겸비한 사역자로 전략을 설명하고 평가하기에 충분한 자격을 갖추고 있다.

본서는 이런 균형있는 시각을 가지고 다양한 새로운 전략들을 가르쳐 알려주고 적용해 주는 면에서 탁월한 책으로 평가된다. 선교 사역에 참여하고 있는 선교사들과 선교학을 공부하는 학자, 학생들, 선교 사역을 지원하는 선교 단체 스태프들 모두에게 필독의 교과서로 추천한다.

추천사 2

최형근 박사
서울신학대학교 선교학 교수

    기독교 선교는 하나님께서 하나님의 백성을 부르시고 세상에 보내셔서 행하신 하나님의 경륜을 담고 있다. 하나님의 구원 계획에 참여한 교회의 선교는 오늘날 급속하게 변화하고 있는 글로벌한 사회 문화적 상황의 이해를 통해 적실성 있는 방식으로 수행되어야 한다. 교회의 선교는 복음전도와 교회개척을 통한 열방의 회심을 목표로 하며 사회 문화의 변혁과 피조세계의 보전을 통한 하나님의 세상의 회복을 염원하는 복음의 총체적 차원을 지향한다. 이러한 선교의 총체적 성격은 온 교회가 참된 협력을 통해 세계복음화의 비전을 공유하고 실현해 나갈 수 있는 전략들을 담고 있다.
    본서는 선교 전략에 대한 성경적, 역사적 그리고 오늘날 새롭게 부상되는 이론들을 제시하고 자원, 팀의 구성, 상황에 따른 적절한 실행 전략 및 평가 등, 현장에서 실제적으로 적용 가능한 방법들을 제시한다. 본서가 한국 교회의 선교에 새로운 방향을 제시해 주리라는 확신과 함께 하나님의 선교에 참여하는 모든 이에게 강력히 추천한다.

추천사 3

손창남 선교사
OMF선교회

　21세기에 들어서 많은 선교 학자가 감사와 반성의 관점에서 현재의 선교 상황을 보고 있다. 감사할 것은, 그 어느 때보다 복음이 온 세계적으로 증거되었다는 점이다. 하지만 한편으로 여전히 복음이 들어가지 못한 지역도 많다는 면에서 반성할 점도 함께 존재한다.
　특히 10/40창이라고 불리는 지역에 있는 대부분의 나라에 그리스도인의 비율은 낮고 선교사들이 입국하지 못하기에, 그러한 지역에서 복음의 진보는 이루어지지 않고 있다. 이런 곳에서 복음의 진보를 이루기 위해서 전략이 필요하다.
　이런 선교적 상황을 고려할 때 한국 교회가 가지고 있는 제한된 선교 자원을 가지고 목표를 이루기 위해서 그 어느 때보다도 전략이 필요하다. 교회로부터 나올 수 있는 인적, 물적 자원은 점차 줄어들고 있다. 이전의 선교에 비해서 재정적 부담은 점점 많아지고 있는 반면 이전처럼 선교를 위한 재원의 충당이 쉽지는 않다. 이런 상황에서 보다 효율적인 사역 방법의 모색이 요구된다.
　이번에 한국선교훈련원(GMTC)의 엄주연 교수를 통해서 『선교 전략 총론』(Developing A Strategy for Missions)이 번역된 것이 얼마나 시의적절한 지 모르겠다. 특별히 복음의 진보가 아직도 제한을 받고 있는 전방개척 지역에서 사용되고 있는 여러 가지 전략, 교회배가운동, 종족집단운동, 최근 이슈가 되고 있는 내부자운동에 대해서 상세히 설명을 하고 있다. 여기서 이야기 하고 있는 이런 운동들은 복음의 돌파가 일어나야하는 영역의 전략으로 심각하게 생각되어야 하는 부분이다.

선교사들과 선교 지도자들은 물론 교회에서 선교를 심각하게 받아들이는 교회 리더들이나 선교부 임원들이 이 책을 읽고 실천한다면 한국 교회의 선교는 현재와는 매우 다른 모습이 될 것이다.

추천사 4

변진석 박사
한국선교훈련원(GMTC) 원장

    삼위일체 하나님은 생각하시고, 행동하시는 분이다. 하나님의 선교에 참여하시는 우리들도 마땅히 그분을 본받으려고 해야 할 것이다. 우리는 사도 바울이 로마서 9-11장에서 하나님이 이스라엘과 이방인을 구원하시기 위해 역사 속에서 어떻게 일하셨는가를 살피는 가운데 인류 구원을 위한 하나님의 선교 전략에 대해 놀라며 찬양했던 것을 볼 수 있다(롬 11:33-36). 물론 우리의 선교 전략은 하나님의 것과 비교해서 제한적일 것이다. 그러나 그것은 우리의 상황 속에서 하나님의 뜻을 최선을 다해 성취하고자 하는 헌신의 표현이라고 할 수 있을 것이다. 이 책에는 각 시대별로 하나님의 사람들에 의해 구사되었던 수많은 전략이 소개되어 있다. 그것들을 살펴보는 것만으로도 우리의 선교에 대해 깊은 성찰을 할 수 있을 것이다.

    지난 30여년의 짧은 역사 가운데 한국 선교운동은 전략적인 사고가 부족하였고, 또한 다른 이들의 전략을 무비판적으로 받아들여 적용하려는 시도가 많았다. 본서를 통해 우리는 전략적 사고를 개발하는 유익과 더불어 다양한 선교 전략을 평가할 수 있는 안목을 갖게 될 것이다. 본서는 한국 선교운동에 큰 도움을 줄 책이다.

저자 서문

J. 마크 테리(John Mark Terry)

만약 본서를 읽고 있다면 당신은 아마도 선교사이거나 선교를 준비하고 있는 사람일 것이다. 당신이 의식하지 못하고 있다고 하더라도 본서를 읽고 있는 것만으로도 현대 선교운동의 한 부분을 담당하고 있는 것이다. 영국의 한 조그만 교회 목사였던 윌리엄 캐리(William Carey)가 1972에 발간한 책 『이교도 개종에 대한 그리스도인의 의무에 관한 연구』(*An Enquiry into the Obligations of Christians To Use Means for the Conversion of the Heathens*)와 함께 현대 선교운동이 시작되었다. 그는 모든 그리스도인에게 세상에 복음을 증거할 책임이 있다고 주장했다.

우리는 본서를 통해 윌리엄 캐리의 과업을 이어갈 것을 목표로 하고 있다. 본서와 같은 시리즈 가운데 하나에서는 선교에 대한 성경적 명령에 대해 다루었는데, 본서에서는 윌리엄 캐리가 말한 "수단"에 초점을 맞추고 있다. 어떤 사람들은 전략적으로 계획을 개발할 필요가 없다고 주장하기도 한다. 성령께서 선교사들에게 무엇을 해야 할지를 알려주시기 때문이라는 것이다. 성령께서 오늘날의 그리스도인들을 인도하시는 것은 분명한 사실이다. 그러나 성령께서 우리의 계획과 사역도 인도하실 것이라는 사실을 확고하게 믿고 있다.

윌리엄 캐리 시대의 일부 목회자들도 교회가 선교에 참여해야 한다는 그의 주장을 묵살했었다. 그들은 하나님이 인간을 구원하시는 데 있어서 인간의 노력은 필요하지 않다고 역설했다. 윌리엄 캐리의 스승이었던 앤드루 풀러(Andrew Fuller)는 하나님께서는 인간이라는 도구를 사용하셔서 이 세상에서 자신의 뜻과 사역을 성취하신다는 글을 썼다. 풀러와 캐리는 대다수의 유럽과 북아메리카 그리스도인들에게 세상을 구속하시는 하나님의 계획에 인간의 활동이 요청된다는 사실을 설득시켰다.

우리는 본서에서 종족 집단에게 접근하기 위한 전략을 어떻게 개발하는가를 보여줄 것이다. 이 목표를 달성하기 위해 전략을 정의하고 전략(strategy)과 방법(methods)의 차이를 설명할 것이다. 그 후 약 2,000년의 기독교 역사에 걸쳐 선교 전략이 어떻게 발전해 왔는가를 살펴볼 것이다. 마지막으로, 우리는 신자들이 아무도 없는 곳에서 어떻게 강력한 생명력을 지닌 교회들을 개척해 나갈 것인가에 대한 전략을 개발하는 방안을 제시할 것이다.

나는 J. D. 페인(J. D. Payne)과 함께 본서를 집필하게 된 것을 기쁘게 생각한다. 나는 오랫동안 박사 학위 과정에서 선교 전략을 가르쳐 왔다. 몇 년 전에 J. D. 페인은 박사 학위 과정의 학생이었다. 나는 그의 박사 학위 논문의 심사 위원이었다. 그는 훌륭한 학생이었고 그 후에 그는 탁월한 교수, 선교 학자, 저자가 되었다. 그는 여러 가지 면에서 나를 능가했다. 그는 내가 지난 수년 동안 왜 박사 학위 학생들에게 감사하고 있는지를 보여주는 좋은 사례라고 할 수 있다. 그들은 나에게 선교 전략에 대해 많은 것을 가르쳐 주었고 본서에는 그들의 사려 깊은 글들이 포함되어 있다.

저자 서문

J. D. 페인(J. D. Payne)

내 마음에는 본서가 이미 약 10년 전부터 시작되었다. 박사 과정의 학생으로서 나는 세계복음화 전략에 대한 마크 테리 박사의 세미나에 참여하는 특권을 누렸다. 나는 그에게 선교 전략에 대한 좋은 책이 부족하다는 사실을 상기시켜 주었다. 사실 그는 모르고 있었지만, 그 때 나는 이미 이런 책을 쓸 생각을 갖고 있었다. 수년이 지난 후 전략에 대한 책을 써야겠다는 생각이 다시 강하게 떠올랐다.

그러나 나 자신의 노력만으로는 만족스러운 책을 완성할 수 없고 마크 테리 박사보다 나의 부담을 나누어 질 수 있는 사람이 없다는 결론에 도달했다. 그는 많은 경험을 했을 뿐만 아니라 오랫동안 이 과목을 연구하고 강의해 왔고 무엇보다도 나의 삶과 사역에 큰 영향을 끼친 훌륭한 친구이기도 했다. 그러나 그 무렵에 그는 아내와 함께 아시아의 어느 신학교에서 강의하기 위해 선교지로 되돌아갔다. 나는 그와 접촉하여 본서를 함께 쓸 것에 대해 제안했다. 우리는 거의 2년 동안 본서를 위해 함께 기도하고 토론한 끝에 집필을 시작했다. 만약 마크 테리 박사가 학생들과 나누었던 자신의 삶의 경험을 반영하지 않았더라면 본서는 나오지 못했을 것이다. 본서를 집필하기 위해 그와 함께 일하게 된 것은 진정으로 영광스러운 일이 아닐 수 없다.

지난 수년간 전략 개발과 관련된 책이 몇 권 출간되기는 했지만 우리는 1980년대(혹은 수정본에서는 1990년대)를 되돌아보면 포괄적인 선교 전략을 제시한 데이톤 데드워드(Dayton, Edward R.)와 데이비드 프레이저(David A. Fraser)의 저서 『세계 선교의 이론과 전략』(*Planning Strategies for World Evangelization*)이라는 제목의 책을 만날 수 있다. 우리는 그들의 책으로부터 많은 영향을 받았다. 본서가 그들의 공헌을 이어받아 새로운 시대를 위한 종합적 전략 개발에 대한 책의 역할을 할 수 있게 되기를 바라는 바이다.

오늘날의 많은 선교 전략 개발 방안들이 약 30년 전과 비교해 볼 때 크게 달라진 것이 없어 보여도 많은 서구 사람들의 마음속에는 자리 잡고 있는 화두 가운데 하나는 이제 다수를 차지하고 있는 비서구 그리스도인들과의 관계 속에서 선교 전략을 개발해야 한다는 것이다. 내가 본서를 집필하기 시작했을 때는 신학교 교수였지만 이제는 미국 알라바마(Alabama) 주 버밍햄(Birmingham) 소재의 브룩힐스교회(The Church at Brook Hills)와 함께 교회배가 사역을 하는 목사였다. 해마다 우리는 전 세계에 단기, 중기, 장기 선교사들을 파송하고 있다. 우리는 또한 같은 비전을 공유하고 있는 다른 나라의 교회들과 동역자 관계를 맺어 왔다. 함께 동역하고 있는 제자 훈련을 담당하는 목사와 나 자신의 마음속에 있는 단 하나의 화두는 "서구 교회와 비서구 교회 사이의 건강한 동반자 관계는 어떤 모습이어야 하는가?"였다. 우리는 확실한 해답을 갖고 있지 않다. 다른 교회들과 선교사들과 선교 단체들은 오늘날의 이 질문에 대해 다양한 관점들을 갖고 있다.

전략 개발에 있어서 이 영역은 많은 사람에게 아직도 어려운 과제로 남아 있다는 것, 이 주제와 관련된 자료도 많지 않은 것이 사실이다. 다양한 사례 연구들과 원칙들이 개발되고 폭넓게 공유되고 있지만 마크 테리 박사와 나는 이 중요한 영역에 대해 누군가가 우리보다 더 나은 작업을 해 주기를 바라는 바이다.

본서 전체를 통해 우리는 주기적으로 비서구 세계의 교회들과 함께 선교 전략을 개발하기 위해 협력하는 것이 얼마나 중요한가를 상기시키기 위해 노력했다. 그러나 "서구가 비서구에게"라는 슬로건이 더 이상 통하지 않는 현실 속에서 선교하고 있지만, 다음과 같은 몇 가지 사항을 염두에 둘 필요가 있다.

첫째, 전략 개발을 위해 다른 사람들과 협력하기 위해 전략 개발의 원리와 방법에 대해 이해해야 한다. 이 과정의 필요성을 올바로 이해하지 못하거나 실패한다면 서로 다른 문화적 배경을 가진 사람들과 협력할 때 많은 불필요한 문제에 직면하게 된다. 따라서 본서의 많은 원리와 실제적인 요소는 서구의 그리스도인과 지역 교회를 염두에 두었다. 비서구 그리스도인들로 구성된 팀과 함께 전략을 개발할 때 선형적 사고방식과 가치관이 어떻게 문화적 경계를 초월하여 함께 일할 수 있는가를 생각해야 할 필요가 있다. 어떤 상황에서는 결코 쉬운 과업이 아닐 것이다.

둘째, 전 세계에서 아직도 미전도 종족들과 미접촉 종족들로 남아 있는 지역들에서는 서구 교회 신자들이 함께 동역할 수 있는 신자들이 거의 존재하지 않는다. 아직 교회가 개척되지 않은 지역들이다. 본서는 동역이 불가능한 이러한 상황을 고려하여 전략을 개발하는 방안을 제시하고 있다.

우리는 이 프로젝트를 완수할 수 있도록 도와주신 주님께 말할 수 없는 감사를 올려 드리며, 그의 영광을 위해 본서를 사용해 주실 것을 기도하는 바이다. 우리는 또한 본서를 기꺼이 출판해 준 베이커출판사(Baker Academic)에 감사의 마음을 전한다. 짐 키니(Jim Kinney)와 그의 팀은 좋은 선교학 관련 책들이 출판될 수 있도록 관대한 마음을 가지고 최선을 다해 도와주었다. 우리는 그들과 함께 일하게 된 것을 진심으로 감사하게 생각한다. 짐에게 고마운 마음을 전한다. 그리고 세계복음주의연맹(World Evangelical Alliance) 선교위원회(Missions Committee)의 선교학 시리즈 편집장인 스콧 모로우(Scott Moreau)의 도움이 없었다면 이 프로젝트가 성공할 수 없었을 것이다. 우리는 오랫동안 그와 교제해 왔다. 세계적인 선교 학자이고 탁월한 교육가인 그는 우리의 진정한 친구이다. 그는 이 프로젝트가 진행되는 동안 많은 도움을 주었다. 스콧에게 감사한다.

우리가 본서를 집필하는 동안 끊임없는 격려와 기도와 헌신적인 지원을 아끼지 않은 가족들에게도 감사의 마음을 전한다. 그들이 비록 연구 조사를 하거나 본서를 직접 쓰지는 않았지만 그들의 영향은 본서 전체에서 찾아볼 수 있다. 그들이 없었다면 지금 여기까지 올 수도 없었을 뿐만 아니라 본서가 당신 앞에 놓여 있는 일은 일어나지 않았을 것이다.

한글판 서문

이태웅 박사
글로벌리더십포커스(www.glfocus.org) 원장

    두 저자가 언급했듯이 비록 전략이라는 용어는 군사용어로서 출발하였지만 그 개념만큼은 오래전부터 존재했다. 하나님께서 창세 전에 이미 구속주를 보내시기로 예정하시고 그 과정을 세밀하게 이행해 나아가셨다. 여기에는 새 하늘과 새 땅을 만들기 위한 재창조의 비전이 있었고, 이를 성취하기 위한 구속주를 주시려는 계획이 있었고, 긴 세월을 통해 그 전략이 성취되는 과정이 있었음을 우리는 알 수 있다. 이런 우주적인 계획을 실현하는 데도 전략적인 개념을 찾아 볼 수 있다. 구속사만 그런 것이 아니다. 모세를 이스라엘 민족을 애굽으로부터 해방시키기 위한 총사령관으로 세우시기까지 하나님께서는 세밀하게 계획을 세우셔서 마침내 지도자로 우뚝 설 수 있게 하셨다. 이런 전략들은 거시적이고 우주적인 전략을 구성하는 미니 전략이라고 볼 수 있다. 이는 마침내 구속주를 보내기 위한 매크로 전략으로 합쳐져서 결국은 메시아가 이 땅에 오시게 되었다.

    성경 역사는 이런 전략적인 기사들로 꽉 채워졌다고 봐도 과언이 아닐 것이다. 일찍이 여호수아로부터 시작하여 사사들과 제 왕들과 포로로부터 귀환한 후 이스라엘을 다시 일으킨 정치 지도자들과 영적 지도자들 가운데는 탁월한 전략가들이 포함되어 있었다. 대표적인 예로 포로로부터 귀환한 후에 성전건축과 성벽건축을 완성하고 부흥을 일으킨 스룹바벨, 여호수아, 느헤미야, 학사 에스라 등을 들 수 있다.

무엇보다도 신약의 예수님의 삶과 사역을 통해 나타난 예수님의 제자도야 말로 하나님의 온 세상을 구속하기 위한 전략의 최고봉이라고 봐야 하겠다. 만일 누가 예수님께 열두 사도 이외 다른 계획(전략)이 있으셨는가라고 문의했다면 그분은 주저 없이 없다고 답하셨을 것이다. 하지만 이들을 훈련시키시고 이들을 통해 교회를 탄생시키신 삼위일체 하나님의 역사야말로 기독교와 교회가 세계화(globalization)되게 한 하나님의 전략의 효과라고 볼 수 있다.

두 저자는 이상과 같은 성경적 기초와 선교와 교회의 역사적 흐름과 현대적 변화 중에 전략이 어떻게 활용되었으며, 또 그동안 세웠던 전략들이 어떤 성과를 거두었으며, 또 실패했다면 왜 실패했는가를 소상히 밝혔다. 이로써 전략의 역할과 전략적 사례 연구와 방법론을 현대 교회와 선교사(단체)들에게 제시했다. 이는 범세계 교회와 선교계에 몸담은 자들로 하여금 모자이크(mosaic) 같은 문화권 내에서 자(自)전략화(self-strategize) 할 수 있게 체계적으로 선교 전략의 본질을 다룸으로써 전략적 사고와 사역이 그 어느 때보다 시급하게 요구되는 현대 교회와 선교사들에게 크게 기여했다.

본서는 허버트 케인 박사 등에 의해 집필된 복음주의 선교학 총서들을 스콧 모로우 박사 등의 지도하에 새롭게 집필되고 있는 일련의 복음주의 선교학의 핵심적 총서(Encountering Mission Series) 중 하나이기도 하다. 그동안 기독교문서선교회(CLC)는 탐 스테픈(Tom Steffen)과 로이스 M. 더글라스(Lois M. Douglas)가 공동으로 집필한

『선교사의 생활과 사역』(Encountering Missionary Life and Work, 2014, CLC 刊)을 출판한 바 있다.

한국 교회와 선교계는 더 이상 주먹구구식으로 교회를 이끌어 갈 수 없는 시대가 왔다. 선교사들도 이런 면에서는 마찬가지이다. 선배들이 어떻게 선교 전략을 세웠고, 어떻게 이를 실행했는가를 연구하는 것은 물론, 이런 전략화가 자체적으로 실행되어서 "글로벌화와 지역화가 항시 교차"(glocalization)되는 교차문화권으로 인한 상황 가운데 더 이상 방황하지 말고 전략적인 사고와 사역을 이행해야 할 때이다. 이를 위해 목회자와 선교사와 선교후보생은 물론이고, 교회 모든 제직들이 본서를 필독도서로 채택할 것을 적극 추천하는 바이다.

역자 서문

전략이 과연 필요한가? 단순해 보이는 질문이지만 그 대답은 사실상 매우 복잡하다. 전략의 당위성을 근본적으로 부정하는 선교사는 많지 않다. 그동안 흔히 제기되어 왔던 "전략은 인간적인 계획에 불과하기 때문에 선교 사역에 적용할 수 없다"는 주장도 점차적으로 그 설득력을 잃고 있다.

문제는 전략의 필요성을 인정하면서도 장기적 비전과 목표를 확립하지 못한 채 당면한 선교 활동에만 집중하는데서 오는 전략적 비효율성에 있다. 더 나아가 한국 선교가 극복해야 할 또 하나의 과제는 전략의 역사적 변천 과정을 심층적으로 검토하여 무비판적인 중복 투자로 겪어야 하는 불필요한 시행착오들을 최소화하는 것이다.

한국 선교는 이제 거대한 전환기를 맞이하고 있다. 지난 수십년 동안 한국 교회가 세계 선교에 기여한 바는 어떤 기준으로도 평가절하될 수 없겠지만 지금까지의 한국 선교가 역동성과 즉흥성을 기반으로 하는 외형주의, 물량주의, 물질주의 선교와 무관하지 않다는 성찰과 자성이 일어나고 있는 것은 무척 다행스런 일이다. 한국 교회가 추구해야 할 다음 세대의 선교는 선교의 본질과 목적에 근거한 사역의 철학과 방향을 확립하고 변화와 성숙을 추구하는 선교를 지향해야 할 것이다. 여기서 선교사가 제시하는 선교 사역의 비전과 목적은 한국 교회를 비롯한 범세계적 교회와 선교 공동체가 공감하고 참여할 수 있도록 전략적 호환성(strategic compatibility)을 갖추어야 한다. 본서는 한국 선교의 전략적 호환성을 강화시켜주는데 있어서 매우 유용한 지침이 될 것이다. 특히 본서는 한국 선교사가 자신의 제반 사역 활동에 대해 성경중심성(Bible-centeredness), 청지기적 사명에 기초한 효율성(efficiency), 문화적 타당성(relevancy)을 갖춘 장기적 전략을 확립하여 범세계적 선교 자원들과의 동반자적 협력 선교의 시대를 맞이하고 있다. 이는 과거의 선교가 선교사의 개인적인 역량에 과도하게 의존했던 영웅주의(heroism)적 선교 시대를 넘어 모든 족속의 모든 사람에게 모든 그리스도인이 함께 협력하여 선교하는 시대적 요청과도 부합한다. 본서를 번역하게 된 동기도 여기에 있다.

본서는 크게 두 가지 주제로 구성되어 있다.

첫째, 본서의 전반부는 기독교 역사와 현대 선교운동 가운데서 발생하고 적용해 왔던 다양한 선교 전략을 소개하고 있다. 본서의 저자들은 선교 전략과 관련된 각종 용어들이나 슬로건 등의 단순한 소개가 아닌 균형잡힌 선교학적 통찰에서 나온 평가와 전망을 제시하고 있다. 이는 현대 선교운동이 유행성 선교에 함몰되지 않고 전략적으로 평가하여 취사선택할 수 있는 안목을 갖게 해 준다는 점에서 본서의 장점으로 작용할 수 있을 것이다.

둘째, 본서의 하반부는 선교지의 세계관, 가치관, 상황을 고려한 선교 전략 수립의 과정을 단계별로 제시하고 있다. 특히 수용성과 필요를 분석한 다음 최종적인 비전과 목표를 확립한 후 선교 팀 구성원들을 비롯한 교회와 단체 그리고 세계를 품은 그리스도인들이 다양한 선교 활동에 참여하는 가운데 그 비전을 실현해 나가면서 다면적 평가와 개선을 이루어가는 것은 한국 선교가 발전시켜가야 할 전략적 지향점이 되어야 할 것이다.

각종 선교학적 용어들을 비롯하여 인명, 지명, 단체명 등을 번역하는 과정에서 관련 분야에서 일반적으로 사용하고 있는 한국어 표기법을 최대한 반영하였지만, 한국어로는 처음 소개되는 일부 용어들은 불가피하게 역자가 임의로 표기하였다.

복음주의 선교 전략서가 많지 않은 상황 가운데서 역자가 본서를 처음 접한 후 그 반가움과 기쁨은 두말할 나위가 없었다. 본서가 한국어로 번역되어 선교사, 선교 단체, 신학교, 교회의 선교 지도자들을 비롯한 모든 독자들이 선교 전략과 관련하여 신선한 통찰을 얻을 수 있기를 바라는 바이다. 마지막으로, 본서의 출간을 흔쾌하게 허락해 준 기독교문서선교회 관계자들에게 마음 깊이 감사드린다.

목동 언덕에서
엄주연 識

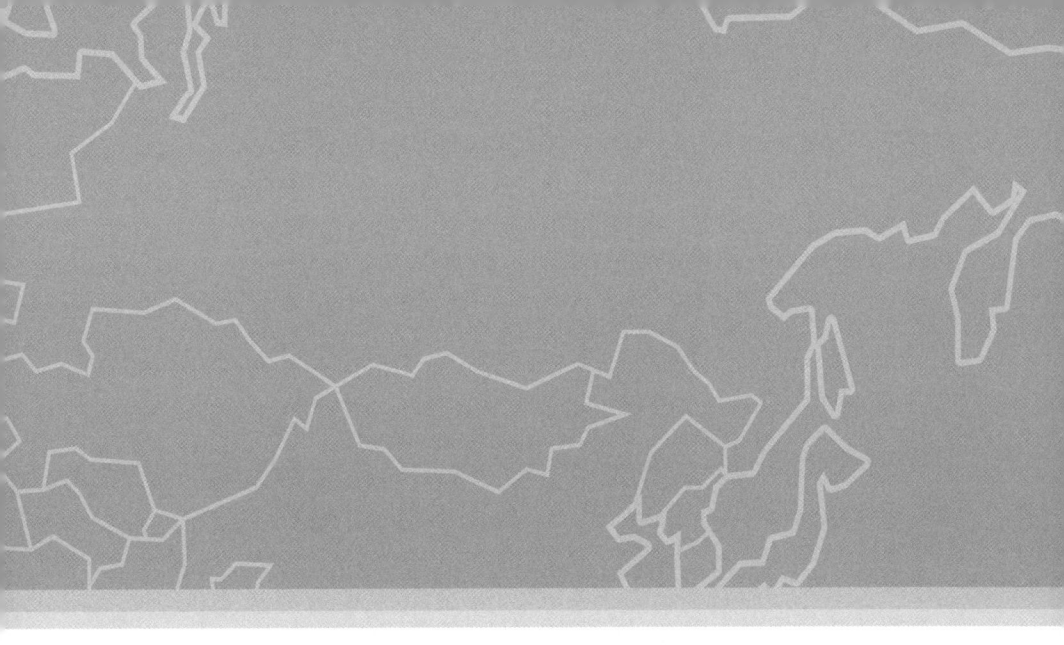

Developing A Strategy For Missions

목차

추천사 1 / 이현모 박사(침례신학대학교 선교대학원장)   5
추천사 2 / 최형근 박사(서울신학대학교 선교학 교수)   7
추천사 3 / 손창남 선교사(OMF선교회)   8
추천사 4 / 변진석 박사(한국선교훈련원 원장)   10
저자 서문 / J. 마크 테리, J. D. 페인   11
한글판 서문 / 이태웅 박사(글로벌리더십포커스 원장)   17
역자 서문 / 엄주연 박사(한국선교훈련원 원목/교수)   20

제1장   전략의 정의 …………………………………… 27
제2장   선교 전략 개발 ………………………………… 43
제3장   선교 전략에 대한 반론 ………………………… 65
제4장   전략 개발의 성경적 관점 ……………………… 81
제5장   전략 개발의 선교학적 기초 …………………… 99
제6장   사도 바울의 선교 전략 ………………………… 113
제7장   초대 교회의 선교 전략 ………………………… 125
제8장   로마 가톨릭의 선교 전략 ……………………… 143
제9장   개신교 개척자들의 선교 전략 ………………… 157
제10장   믿음 선교 전략 ………………………………… 171

제11장	미국 개척자들의 선교 전략	181
제12장	토착 선교 전략	193
제13장	교회성장운동	209
제14장	전방 개척 선교 전략	231
제15장	상황화 전략	245
제16장	문화적 연구에 대한 이해	261
제17장	종족 집단 프로파일 작성	277
제18장	의사소통 전략 개발	291
제19장	수용성 분석	303
제20장	필요 분석	321
제21장	미래에 대한 비전	331
제22장	팀 구성	353
제23장	자원 평가	373
제24장	목표 설정	381
제25장	선교 방법 선택	401
제26장	실행	419
제27장	평가	431
부록	종족 집단 프로파일	443

참고문헌 449
색인 457

Developing
A Strategy For Missions

Developing A Strategy For Missions

제1장
전략의 정의

당신은 누군가와 대화할 때 양쪽 모두 같은 용어를 사용하고 있지만 서로 다른 뜻으로 말하고 있다는 것을 나중에서야 알게 된 경험이 있는가? 이런 상황에 직면할 때 우리는 당혹감을 느끼기도 하고 때로는 혼란스러울 때도 있다. 이와 같은 상황을 미연에 방지하기 위해 우리는 이 장에서 "전략이란 무엇인가?"에 대해 중점적으로 다루고자 한다. 이 질문에 대답하기 위해 우리는 몇 가지 중요한 역사적 사건들을 다루는 가운데 근본적인 개념들을 정의하고자 한다.

전략의 개념은 군사학(military science)과 경영학 분야에 그 뿌리를 두고 있다. 인터넷이나 도서관에서 전략(strategy)이라는 단어를 검색하면 주로 전쟁이나 기업 경영에 대한 이야기들이 쏟아져 나온다. 이러한 분야들이 교회의 선교 전략과는 직접적인 관련이 없지만 선교 전략을 이해하는데 있어서 유용한 통찰력을 제공해 줄 수 있다.

전략이라는 주제를 다룬 과거의 저술들은 주로 군사 전략에 초점을 맞추고 있다. 중국 춘추 시대에 손무(孫武)가 쓴 『손자병법』이라는 군사 전략 문헌은 약 2,500년 전에 기록된 것으로 알려져 있다. 그 후에도 수백 년 동안 전략의 개념은 군사적 용어로 사용되어 왔다. 전략의 정의가 주로 전쟁터에서 적을 공격하거나 적의 공격을 방어하는 방법을 터득하는 것과 관련되어 있었다. 군사 전략과 관련된 정보들이 넘쳐나고 있지만 본서에서 우리는 이러한 관점에서 전략을 다루지는 않을 것이다. 선교 활동이 영적 전쟁과 관련되어 있는 것은 사실이지만, 우리의 싸움은 혈과 육을 상대하는 것이 아니고 "통치자들과 권세들과 이 어둠의 세상 주관자들과 하늘에 있는 악의 영들을 상대"(엡 6:12)하는 것이다. 물론, 어디에서 발견이 되었는지에 상관없이 모든 진리는 하나님께 속해 있기 때문에 우리는 군사 전략을 통해서도 배울 수 있다.

전략과 관련된 또 다른 중요한 분야는 비즈니스(business) 세계이다. 비즈니스 분야의 전략에 대한 개념은 자체적으로 형성되고 발전되어 왔지만, 그 기본적인 틀은 군사 전략과 결코 무관하지 않다. 예를 들면, 리처드 뤼케(Richard Luecke)는 이 역사적 연관성에 대해 "사업가들은 항상 군사적 비유를 선호한다. 따라서 그들이 군사 전략을 받아들이고 있다는 사실은 이미 알려진 사실이다. 그들도 전략을 그들의 사활이 달린 이익을 창출하기 위해 (인적, 물리적, 재정적) 자원을 통제하고 활용하기 위한 계획으로 이해하고 있다"(2005, xii)라고 한다.

경영 분야에서는 1971년에 케네쓰 앤드루(Kenneth Andrew)가 저술한 『기업 전략의 본질』(The Concept of Corporate Strategy)이라는 책이 발간되기 전까지는 이 전략에 대해 중요하게 다루지 않았다(Luecke 2005, xii). 필자(J. D. 페인)가 이 장을 쓰는 동안 『미래 선택: 전략적 사고의 위력』(Choosing the Future: The Power of Strategic Thinking, Wells 1998), 『전략적 사고: 비즈니스, 정치 그리고 일상 생활에서 경쟁력을 갖는 방법』(Thinking Strategically: The Competitive Edge in Business, Politics, and Everyday life, Dixit and Nalebuff 1993), 『좋은 기업

을 넘어 위대한 기업으로』(*Good to Great: Why Some Competition Make the Leap... and Others Don't, Collins* 2001), 『블루오션 전략』(*Blue Ocean Strategy: How to Creat Uncontested Market Space and Make the Competition Irrelevant, Kim and Mauborgne* 2005), 『전략: 당신의 사업을 위한 최상의 전략을 창안하고 실행하라』(*Strategy: Create and Implement the Best Strategy for Your Business, Harvard Business School* 2005) 등의 책을 탐구했다. 기업 경영에 있어서 군사 전략을 적극적으로 도입하는 것과 마찬가지로 교회도 하나님 나라의 확장을 위해 일부 군사학적 전략을 차용할 수도 있겠지만 이는 우리의 관심사가 아님을 밝혀 둔다.

교회는 물건을 팔거나 상품을 홍보하거나 소비자를 위해 새로운 상품을 선보이는 곳이 아니다. 교회는 본질상 오직 하나이기 때문에 다른 교회와 경쟁하거나 전쟁 중에 있는 것이 아니다. 교회는 기업이 아니라 가족이다. 교회는 단순히 하나의 비영리 단체가 아니라 예수 그리스도께서 다시 오실 때까지 선교적 사명을 감당하는 그리스도의 몸이다.

지난 30여 년간 미국 복음주의 진영에서는 교회가 과도하게 미국의 기업 경영 전략을 도입하는 잘못을 범했다. 우리는 예배와 어린이 프로그램, 성경공부와 설교 등 거의 모든 영역에서 마치 청바지나 청량음료 혹은 햄버거를 판매하는 것과 유사한 경영 기법을 차용해 왔다. 본서에서 인용한 일부 자료들은 교회를 대상으로 쓴 것이 아니지만, 우리는 미국 금융업계나 광고업계 혹은 미군 통수권자의 관점이 아닌 하나님께 대한 회개와 우리 주 예수 그리스도께 대한 믿음을 증거하고(행 20:21) 지역 교회를 통해 하나님을 섬기도록 부르심을 받은 자들로서 모든 민족을 제자로 삼는(마 28:20) 하나님 나라의 백성의 관점에서 본서를 쓴 것이다.

1. 전략이란 무엇인가?

현재까지 일반적으로 통용되고 있는 전략의 정의를 군사적, 경영적, 선교적 관점에서 재해석 하지 않고 있는 그대로 살펴보는 것으로 시작하는 것도 도움이 될 것이다.

> "전략이란 차별화를 통해 경쟁 우위를 확보하는 것을 목표로 하는 계획이다" (Luecke 2005, xiv).
> "광범위한 군사 작전을 위한 종합 계획과 실행" ("Strategy" 1983, 672).
> "실행 계획" (ibid.).
> "전략이란 단순히 특정한 목표에 도달하기 위해 동의한 수단에 불과하다" (Wagner 1983, 106).
> "전략이란 어떤 것을 어떻게 다룰 것인지에 대한 포괄적인 개요이다" (Dayton and Engstrom 1979, 100).
> "사명을 성취하기 위해 당신이 어떻게 사역할 것인가를 결정하는 과정" (Malphurs 2005, 167).
> "전략이란 기본적으로 함께 하는 사람들과 그들의 목표에 대한 절대적인 확신이다" (Wells 1998, 65).

이 모든 정의는 "미래지향적"이고 "과정을 위한 하나의 계획"이라는 공통점을 갖고 있다. 전략을 올바로 이해하기 위해 이 두 가지 개념의 공통점을 염두에 두어야 할 필요가 있다.

지혜로운 전략을 개발하는 데 있어서 과거와 현재에 대한 건강한 이해가 필수적인데, 이는 우리가 역사를 넘어 미래의 행동과 결과로 나아갈 수 있게 하기 때문이다.

1) 미래지향성

전략은 미래와 관련이 있다. 비록 우리가 과거로부터 배우고, 이 과거의 교훈이 오늘날 우리에게 어떤 의미가 있는가(예를 들면, 재능, 은사, 열정, 자원 등)를 인식해야 하지만, 전략은 기본적으로 미래에 속한 것이다. 전략이란 어떤 목표를 어떻게 성취하는가에 대한 것이다. 오직 주님의 뜻 가운데서만 우리가 내일을 살 수 있기도 하고 이것이나 저것을 할 수 있게 될 것이다(약 4:13-16).

데이톤(Dayton)과 프레이저(Fraser)는 "만약 우리가 세계복음화의 과업을 성취하고자 한다면 우리는 미래에 대한 올바른 사고방식을 갖고 있어야 한다. 우리는 아무도 미래의 세부적인 일을 장담할 수 없고, 미래와 우리의 행동에 대해 대략적인 전망을 할 수 있을 뿐이다. 그럼에도 불구하고 우리는 미래에 대해 생각하지 않을 수 없다"(1990, 24)고 말한다.

전략은 주님께서 특정한 민족, 인종 집단, 마을, 부족 혹은 도시 가운데서 무엇을 성취하고자 하시는지에 대해 분별하는 것을 포함하고 있다. 전략의 초점은 지금의 현실에 있는 것이 아니라 미래의 가능성에 있다. 전략은 사역 팀으로 하여금 "주님, 이 백성이 어떻게 되기를 원하십니까?"라고 여쭈어 보게 하는 것이다.

전략은 사역 팀에게 개인, 가족, 부족 혹은 사회를 변화시키는 복음의 능력이 실제적인 삶의 현장에서 어떻게 나타나고 있는지에 대해 알 수 있게 해 준다.

전략은 또한 팀 사역자들에게 어디에 더 많은 노력을 기울여야 하는지에 대해서도 분별할 수 있는 안목을 갖게 해 주기도 한다.

2) 과정을 위한 계획

전략은 계획을 개발하는 것이다. 전략에는 꿈 혹은 비전(vision)과 함께 그 비전에 도달하기 위한 과정이 동반된다. 따라서 전략에는 기도하는 가운데 미래에 대한 올바른 분별력을 갖는 것뿐만 아니라 그 미래 비전을 성취하기 위한 세부적인 활동 계획을 개발하는 것을 포함되어야 한다. 전략이란 미래의 소망을 향해 나아가도록 도와주는 역할을 한다.

과정은 비전에 도달하기 위한 종합적인 계획을 말한다. 전략은 비전을 성취하는 결과를 가져오게 하는 일회성 활동이 아니다. 전략이란 공동의 목표에 도달하기 위해 진일보하는 과정을 의미한다. 그리고 목표를 향해 진일보하는 과정에는 비록 작지만 중요한 여러 단계의 과정들이 포함되어야 한다.

참고자료 1.1
올바른 전략

다음의 인용문은 도널드 맥가브란(Donald McGavran)이 제시한 건강한 전략의 요소들이다.

올바른 전략은 각각의 수많은 공동체에 적합하게 선교를 맞추는 것이며, 그때에야 비로소 교회가 성장할 수 있다. 교회성장에 적합한 "하나의" 공동체는 존재하지 않는다. 우리가 흔히 말하는 "하나의 세계"란 전 세계가 매우 가까워져 있다는 것을 뜻하지만 사실상 수없이 많고 서로 다른 종족 집단으로 구성되어 있고, 아직도 서로 하나로 융화되어 있지 않다.
올바른 전략은 교회성장을 생사가 걸린 심각한 과제로 다룬다.
올바른 전략은 교회성장과 상관없이 단지 "좋은 일을 많이 하는 것"을 추구하지 않는다. 교회성장의 목표를 저해하는 기독교 선교의 모든 영역들에 대해 지속적인 점검하는 것이 올바른 전략의 핵심 요소이다.

교회와 선교 사역의 방법, 선교사 훈련 체계, 사역적 그리고 목회적 훈련의 형식과 방법, 수많은 무임금 사역자 개발 방법, 다양한 형태의 교회 사역자와 동역자 개발, 믿음에 대한 제도적인 표현 등의 제반 영역에서 교회성장을 저해하는 요소들을 점검해야 한다.

올바른 전략은 최선을 다해 교회개척을 위한 담대한 계획을 개발하고 모든 방해 요소를 과감하게 척결해 나가는 것이다.

올바른 전략은 교회개척이 극도로 복잡한 과정이고 단순히 누군가의 지시를 받아 해낼 수 있는 일이 아니라는 사실을 인정해야 한다. 교회가 선교를 위한 올바른 전략을 개발할 수 있다. 교회가 할 일은 먼저 지난 160여 년 동안 선교 현장에서 쌓아 왔던 귀중한 경험들을 주의 깊게 관찰하여 교회와 선교의 공통의 경험을 도출하고, 교회개척과 교회성장, 교회의 성장이 중단된 사례, 교회가 개척될 수 없었던 사례 등을 분석하며, 어떤 전략이 하나님의 복을 받을 수 있고, 어떤 전략은 그렇지 않은지에 대해 올바로 분별해야 한다.

올바른 전략은 하나님과 인간의 화해와 교회의 배가를 위한 최고의 효과적인 방안을 찾아내기 위해 탁월한 전문가들이 철저한 연구를 위해 그들의 삶을 헌신해야 하고 많은 비용을 투자할 수 있어야 한다.

올바른 전략은 분별할 수 있고, 배울 수 있고, 가르칠 수 있고, 실행할 수 있다. 이렇게 할 때, 현대 선교는 엄청난 잠재력을 발견하게 될 뿐 아니라 오늘날의 선교가 직면하고 있는 혼란과 좌절을 극복하고 자랑스러운 과거의 일부가 될 수 있을 것이다(1965, 457, 458, 459, 460, 461).

◆ 토의 질문 ◆
① 맥가브란이 제시한 "올바른 전략"의 요소들 가운데 어떤 부분이 당신에게 유익했는가? 왜 그렇다고 생각하는가?
② 전략이 "좋은 일을 많이 하는 것"에 집중하게 될 때 예상할 수 있는 위험은 무엇인가?

전략의 여정이 언제나 순차적으로 진행될 수는 없지만 (많은 경우에 여러 단계가 동시에 진행되기도 한다), 선교 팀이 하나의 비전을 성취할 때까지 일정한 행렬(procession)과 A지점에서 B지점까지의 이동 등의 과정을 거치게 된다. 본서 전체에서 실제로 사용되고 있는 전략의 정의는 다음과 같다.

> 선교 전략은 주님께서 분부하신 모든 민족을 제자로 삼는 과
> 업을 성취하기 위한 포괄적인 과정이다.

본서는 "선교"의 정의를 둘러싼 많은 논쟁을 다루는 것을 목표로 하지 않지만, 선교가 무엇인지에 대해 그리고 선교와 전략과의 관계에 대해 간략하게 다루고자 한다. 우리는 선교가 무엇보다도 창조자를 위한 예배자를 만드는 과업이기 때문에 선교 전략은 먼저 제자로 삼는 과정과 관련이 있다고 믿는다.

첫째, 선교는 회심주의적 신학(conversionistic theology)에서 나온 것이다. 창세기에서 요한계시록까지 성경 전체의 거대담론은 모든 피조물이 죄의 영향을 받았다는 것이다. 하나님께서 새 하늘과 새 땅을 창조하시고(사 65:17), 예수 그리스도께서 십자가의 죽음을 통해 인간을 구속하신 사건은 삼위일체 하나님의 선교의 본질이다. "여자의 후손은 네 머리를 상하게 할 것이요"(창 3:15)라는 약속이 예수 그리스도의 죽음과 부활을 통해 성취되었다. 에덴 동산에서 맺은 언약에서 시작하여 어린 양의 혼인 잔치(계 19:7)에 이르기까지 창조자 하나님께서는 남자와 여자, 소년과 소녀들이 회개하고 예수 그리스도를 주님으로 고백하는(빌 2:11) 자신의 교회를 세우심으로(엡 2:19-22) 스스로를 영화롭게 하셨다.

둘째, 죄에 빠진 인간을 구속하신 하나님의 뜻은 복음의 선포를 통해 전달된다(고전 1:21). 예수 그리스도의 구원의 진리를 만난 사람들의 삶 가운데 성령의 거듭나게 하심을 통해 그들은 흑암의 권세를 떠나 하나님 나라로 들어가게 된다(골 1:13). 이 예수 그리스도의 복음은 전적으로 하나님의 역사에서 비롯되었지만, 이 구원의 기쁜 소식을 사람들에게 전파하는 매개체는 그분의 교회이다(행 13:47). 구속받은 하나님의 백성은 나머지 피조물들로부터 구별된 사람들이

지만 분리되지 않아야 한다. 오히려, 제사장들로서 진리를 선포하고 (벧전 2:9), 모든 민족으로 제자를 삼고(마 28:19), 그분의 증인이 되어야 한다(마 5:14-16). 이러한 과업들은 모든 하나님의 백성에게 주어진 가장 중요한 책무이다.

셋째, 하나님의 영광을 위해 그의 백성이 할 수 있는 일이 많지만, 신약성경이 제시하는 하나님의 선교를 위한 가장 우선적인 과업은 복음을 전파하여 그 결과로 교회를 세우고 성장하게 하는 것이다. 사람들이 회심함에 따라 하나님 나라가 확장되고 예수님께서는 수많은 그분의 교회를 세워가신다. 우리는 하나님의 선교가 치유와 귀신을 쫓아내는 것, 가난한 사람들을 돌보는 것, 정의의 문제를 다루는 것 등을 포함한다고 믿는다.

그러나 우리는 복음서와 사도행전에 언급되어 있는 바와 같이 이러한 요소들은 사람들이 회심한 이후 새롭게 개척된 교회가 이 사명을 실천하거나, 죄를 회개하고 예수 그리스도에 대한 믿음을 갖도록 사람들을 초청하는 과정에서 그들로 하여금 마음의 문을 열도록 돕는 사역이라는 사실을 언급하지 않을 수 없다. 자발적 봉사 활동과 사회적 참여는 세상 사람들로 하여금 하나님의 이름의 위대하심 앞에 나아오게 하는 결과를 가져 오게 하는 중요한 과업이다(시 47편).

2. 전략의 종류

모든 전략이 다 같은 것은 아니다. 비록 많은 선교 전략이 서로 유사한 비전, 목적, 목표, 활동 계획 등을 갖고 있지만 그 전략이 품고 있는 사역 철학에 따라 그 다양성이 존재할 수밖에 없다. 사역 철학은 선교 전략의 개발 단계에서부터 실천의 전 과정에 이르기까지 큰 영향을 끼친다. 헨리 민츠버그(Henry Mintzberg)는 1962년에 발간된 『하버드 비즈니스 리뷰』(Harvard Business Review)에서 "현재 실행되고 있는 수백 가지 전략 모델은 과거에 이미 개발되었었고 실행되었던 것들이다"라고 언급한 바 있다. 이렇게 다양한 접근 방법이 제시되고 있지만, 민츠버그는 "몇 가지 예외를 제외하고…이러한 전략 모델들은 세부적인 단계에서는 많은 차이가 있어 보이지만 하나의 개념적인 틀이나 기본적인 모델 등 근본적인 차원에서는 차이가 많지 않다"(1994, 35)고 말했다.

따라서 전략 개발을 위한 수많은 방법론이 존재하는 것은 사실이지만, 몇 가지 유형으로 분류할 수 있다. 1980년에 데이톤(Dayton)과 프레이저(Fraser)는 철학에 기초한 전략의 차이를 다음과 같이 분류한 바 있다. 그들은 전략을 ① 표준형 전략, ② 즉흥적 전략, ③ 초기 계획 전략, ④ 상황적 전략 등, 네 가지 유형으로 분류했다.

1) 표준형 전략

표준형 전략(the Standard Solution strategy)은 어떤 상황 가운데서도 변하지 않는 특정한 전략을 적용하는 모델이다. 이 전략 모델은 과거에 그 효과가 증명되었던 전략이 미래에도 지속적으로 성공할 수 있을 것이라는 전제에서 나온 것이다.

전략 개발에 있어서 이러한 철학을 갖고 있는 사람들은 예상하지 못한 상황을 배제하고 전략 개발을 하나의 과학적 원리로 인식하고 있지만, 실제로는 많은 영역에서 이 표준형 전략은 적절하지 못한 모델이라고 할 수 있다. 과거의 성공이 미래의 성공을 보장할 수 없다. 그 이유는 다음과 같다.

첫째, 이 전략 모델은 주님의 방법은 변할 수 없다는 논리적 전제를 갖고 있다. 하나님의 속성과 본질의 특성을 고려할 때 이러한 논리가 적절해 보이지만 성령께서 언제나 획일적인 방식으로 역사하시지는 않는다는 사실을 간과하고 있다. 예를 들면, 사도 바울은 아시아와 비두니아에 가고자 하였으나 성령이 허락하지 않아 뜻을 이루지 못했다(행 16:6-7). 이 시점까지 사도행전에 나타난 사도 바울의 사역을 살펴보면, 그가 성령의 뜻을 벗어나서 자신의 뜻을 관철하고자 한 것은 거의 어디에서도 찾아 볼 수가 없다. 그러나 그 이유는 잘 모르지만 성령께서는 바울의 계획에 관여하여 그를 빌립보에 데려다가 그 도시에서 교회를 개척하게 하신다. 따라서 표준형 전략을 고집하는 접근 방식은 높은 문자해독율을 보이는 지역에서 효과적으로 사용되어 왔던 전도지를 배포하는 전략을 구전 전통(oral tradition)을 가진 사회에서도 동일하게 적용해야 한다고 주장하는 것과 다를 바 없다. 비록 그 책자에 기록된 내용이 하나님의 말씀이고, 모든 사람에게 적용되어야 하는 것은 분명한 사실이지만 구술적 학습 방법에 익숙한 사회에서 적용할 때는 그것이 효율성이 낮은 전략이 될 수밖에 없을 것이다.

둘째, 표준형 전략은 인간과 사회의 특성을 진지하게 고려하지 않고 있다. 선교 전략은 사람들에게 복음을 전하는 것을 말한다. 인간의 행동은 어느 정도 예측 가능한 부분도 있지만 결코 불변의 존재가 아니다. 인간은 지각을 가진 피조물이다. 인간은 자극을 받고, 그 자극을 분석하고, 반응하는 존재이다. 그들은 로봇이 아니며, 따라서 언제나 같은 방식으로 반응하는 존재가 아니다.

셋째, 표준형 전략은 문화를 주의 깊게 다루지 않고 있다. 전략을 개발하는 과정에서 인간은 누구도 문화적으로 중립적인 존재가 될 수 없다. 사람들에게 복음을 전하고자 할 때 선교사들은 상대방과 문화가 서로 다르다는 사실을 인정해야 한다. 다른 사람 혹은 다른 종족 집단과 함께 사역할 때는 언제든지 상황, 세계관, 의사소통과 삶의 방식, 가족 관계의 역동성, 사회적 그리고 정치적 영향, 종교적 다양성 등의 차이가 발생한다는 사실을 인식해야 한다. 어느 특정한 상황 가운데서 특정한 전략이 적중했다고 할지라도 다른 상황 가운데서도 동일한 결과를 가져 올 것이라고 보장할 수 없다.

2) 즉흥적 전략

즉흥적 전략(Being-in-the-Way)의 철학을 지지하는 사람들은 성령의 역사를 따라 사역해야 한다고 주장한다. 이 전략 모델은 성령은 마치 바람 같아서, 그 바람이 어디로부터 오는지 그리고 어디로 가는지에 대해 아무도 알 수 없다고 말한다. 이 관점을 지지하는 사람들은 그 성경적 근거로 이사야서를 제시하고 있다.

> 이는 내 생각이 너희의 생각과 다르며 내 길은 너희의 길과 다름이니라 여호와의 말씀이니라. 이는 하늘이 땅보다 높음 같이 내 길은 너희의 길보다 높으며 내 생각은 너희의 생각보다 높음이니라(사 55:8-9).

이 개념과 성경 본문을 그들의 관점에 대한 근거 본문으로 삼아 어떤 인간의 계획도 필요하지 않다고 주장하지만 성경은 미래를 위한 계획의 필요성에 대해 훨씬 더 큰 그림을 보여 주고 있다. 데이톤과 프레이저는 즉흥적 전략은 선교사들이 그들의 행동에 대해 어떤 책임도 질 필요가 없기 때문에 언제나 성공한 것처럼 보일 수 있다는 점을 지적한다.

> 이 접근법의 문제는 인간의 실패를 인정하지 않는 것이다. 어떤 일이 발생하든지 그것은 전적으로 하나님의 책임일 뿐이다. 무슨 일이 일어나든지 하나님의 뜻이다…이 접근법에 숨어 있는 전제는 "올바른 영성은 인간의 선견지명을 필요로 하지 않는다"는 것이다(Dayton and Fraser 1990, 15).

즉흥적 전략이라는 사역 철학은 선교사들로 하여금 매우 쉽게 게으름에 대한 면죄부를 주는 전략적 반명목주의(antinominalism)의 함정에 빠지게 할 수 있다. 선교사의 활동은 그 본질상 참여(engaging)의 의미가 있다. 모든 민족을 제자로 삼은 사역에 있어서 자유방임주의적 접근은 더 이상 설 자리가 없다.

3) 초기 계획 전략

이 접근법(Plan-So-Far)은 데이톤과 프레이저의 『세계 선교의 이론과 전략』(Planning Strategies for World Evangelization)의 개정판에서는 삭제되어 있지만, 초판에는 언급되어 있다. 이 사역 철학을 따르는 사람들은 사역을 처음 시작하는 단계에서만 전략을 개발해야 하고 그 다음의 과정과 결과는 주님께 맡겨야 한다고 주장한다.

이 모델을 시각적으로 표현하면 마치 선교사가 언덕 꼭대기의 큰 바위 옆에 서 있는 모습에 비유할 수 있다. 선교사는 바위를 밀어 흔들기 시작한다. 바위가 마침내 언덕 아래로 굴러가기 시작하면 길을 비켜서서 더 이상 관여하지 않는다. 데이톤과 프레이저는 이 모델을 "지방 정부와의 협상 끝에 그 지역에서의 공예품 사업권을 획득한 어느 선교 단체(agency)의 예를 들 수 있다. 그 단체는 그 지역의 기존의 교회들과의 관계를 위한 어떤 구체적인 계획도 갖고 있지 않다. 그들의 관점에서 볼 때 이 지역의 교회들은 기독교와 애니미즘(animism)의 혼합물에 불과해 보였기 때문이었다"(Dayton and Fraser 1980, 18)라고 묘사한다.

4) 상황적 전략

데이톤과 프레이저가 제시한 마지막 유형의 전략은 바로 그들이 (우리도 마찬가지로) 추구하고 있는 모델이다. 이 전략 모델을 주장하는 사람들은 전략 개발의 과학적인 측면과 예술적인 측면 모두를 인정한다. 인간을 예측 가능하고 그 실체가 이미 파악된 존재로 간주하는 전략 개발론을 지지하기 보다는 계획 수립의 필요성과 더불어 성령의 자유로운 역사를 함께 인정한다.

> **참고자료 1.2**
> **승리하는 전략**
>
> 발드윅경영자문회사의 창립자인 주디스 발드윅(Judith M. Bardwick)은 건강한 경영 전략의 요소들을 다음과 같이 제시한 바 있다.
>
> 전략이 성공적으로 실현되기 위해서 예측, 창출, 변화를 위해 유도하며 조직 구성원들의 헌신을 이끌어내야 한다. 이러한 요소들은 매우 명료하고 기발하며, 대담할 뿐만 아니라 실제적으로 실천 가능할 때 비로소 이 과정이 매우 험난한 과정을 극복해 갈 수 있는 확신을 줄 수 있고, 더 나아가 막강한 경쟁력을 갖춘 전략이 될 수 있다. 민첩하고 지혜로운 경영을 위해 경영의 정의를 확립하고 승리를 위해 설득력 있는 전략을 개발하는 것은 사람들을 설득하는 진정한 지도자들을 확보하고 성공적으로 목표를 성취하는데 있어서 핵심적인 요소들이다.
>
> ◆ 토의 질문 ◆
> ① 발드윅이 제안한 요소들 가운데 선교 전략을 개발하는데 있어서 유용하게 활용될 수 있는 것은 무엇인가?

② 그가 열거한 요소들 가운데 선교를 위해 활용하는데 있어서 동의할 수 없는 것은 무엇인가? 왜 그렇게 생각하는가?
③ 전략과 관련하여 왜 "성공"이 중요한가? 선교 전략에 있어서 "성공"은 무엇을 의미하는가?

상황적 전략은 표준형 전략과 즉흥적 전략 사이의 중도적 입장을 취하고 있다. 이 전략은 인류의 역사 가운데서 축적되어 온 인간의 지혜, 지식, 성령의 역사를 함께 사용하여 우리의 전략을 끊임없이 혁신하고 상황화할 것을 촉구하고 있다.

3. 결론

우리는 당신이 본서를 읽는 가운데 선교 전략의 예측 가능한 측면과 통상적인 순서와 방법의 중요성을 인정하는 가운데, 세계에 복음을 전파하기 위한 계획은 로잔전략위원회의 의장인 폴 애쉴만(Paul Ashleman)의 "많은 전략에 대한 논의를 통해 점차적으로 명확해 지는 것은 세계복음화는 물질이나 도구나 기술이 아니라 사랑, 열정, 기도, 거룩함과 순종에 달려 있다는 것이다"(Eshleman 2007)라는 말의 의미를 되새겨 볼 수 있기를 바란다.

예수 그리스도에 대한 순종이 없이 우리가 하나님 나라를 위해 할 수 있는 일은 아무것도 없다(요 15:5). 그분에 대한 충성스러운 섬김이 없는 우리의 전략은 무용지물에 불과하다. 우리는 당신이 선교 전략을 개발하는 과정에서 그리스도의 형상을 본받고(롬 8:29), 그분을 더욱 더 의지하게 되기를 기도하는 바이다.

Developing A Strategy
For Missions

제2장
선교 전략 개발

　선교 전략 개발은 해당 지역을 복음화하기 위한 주님의 비전을 확신하고, 선교 팀의 현실적인 문제를 파악하며, 현재의 상황으로부터 시작하여 목표에 도달하기까지의 단계별 사역 계획을 개발하는 것을 포함하는 제반 과정을 말한다.
　제1장에서 우리는 과학과 예술로서의 전략 개발에 대해 논의한 바 있다. 제2장에서는 전략 개발이 어떻게 과학과 예술이 될 수 있는지에 대해 설명하고 전략 개발의 정의를 제시하며 전략 개발과 관련된 일부 역설적 관점에 대해 논의할 것이다.

1. 전략 만들기

　최근에는 전략 개발이라는 개념이 삭막한 분위기의 이사회 회의실에서 한번 결정한 사안은 현장에서 결코 변동될 수 없는 전략을 개발하는 것으로 인식되어 있는 것도 사실이다. 어떤 사람들은 전략 개발을 엄격하고 과학적이며 구조적이고 관료적이며 그 적용에 있어서는 선형적이어야 한다고 믿고 있다. 그들은 현실과 동떨어진 연구를 근거로 이렇게 주장하기도 한다.

전략 개발에 대한 보다 나은 이해를 위해 헨리 민츠버그(Henry Mintzberg)는 전략 "개발"이라는 용어를 사용한 바 있다. 우리는 만들기라는 용어를 사용하는 것이 더 적절하다는데 동의하지만, 우리가 사용하고 있는 "전략을 만들다" 혹은 "전략을 계획하다"라는 용어는 민츠버그가 주장하는 것과는 다를 수 있다. 이 책에서 전략을 "만들다" 혹은 "개발하다" 등의 용어는 같은 의미로 사용된다. 이러한 개념들이 갖고 있는 고유한 의미를 설명할 수 있겠지만, 선교 전략을 개발하는데 있어서 이 용어들의 의미는 큰 차이가 없다.

민츠버그는 "현명한 전략가들은 그들이 언제나 모든 것에 선견지명이 있을 수 없다는 사실을 인정하고 있다"(1987, 69)고 말한다. 상황은 변하기 마련이다. 과거에는 예측이 가능했던 상황도 현재에는 전혀 다른 현실에 직면하기도 한다. 선교 전략도 언제나 예측 가능할 수는 없는 존재인 인간과 관련된 전략이기 때문에 이와 크게 다르지 않을 것이다.

민츠버그는 이른 바 "명장"(craftsperson)이 만드는 전략의 예술적 차원의 중요성을 언급한 바 있다. 우아함과 융통성 등은 전략을 개발하는 과정에서 반드시 필요한 예술적 요소들이다. 이와 같이 전략의 예술적 측면은 우리가 사람들과 사회들에 접근해야 하기 때문에 전략 개발에 있어서 반드시 다룰 수밖에 없는 필수 불가결한 영역인 것이다. 민츠버그는 다음과 같이 말했다.

> 토기장이는 흙덩어리를 올려놓은 물레 앞에 앉는다. 그의 마음은 흙에 집중되어 있지만, 한편으로는 과거의 경험과 미래의 계획 사이에 앉아 있는 것이다. 그는 과거에 토기를 어떻

게 만들었는지에 대해 잘 알고 있다. 그는 또한 자신의 작업에 필요한 지식, 능력, 이 작품의 시장 사정에 대해서도 잘 알고 있다. 그는 토기장이로서 철저하게 분석하기 보다는 본능적인 직감으로 이 모든 것에 대해 파악하고 있고, 그가 가진 지식과 기술은 과학적 자료로는 나타낼 수 없는 경험에 바탕을 두고 있다. 그가 손으로 작업하고 있는 동안 이 모든 것이 그의 머릿속에서 작동하고 있는 것이다.

물레 위에서 만들어지고 있는 작품은 그의 과거의 경험에서 나온 전통을 유지하기도 하지만, 과거의 틀에서 벗어나 과감하게 새로운 방향으로 나아가기도 한다. 그렇다고 할지라도, 과거는 현재만큼이나 중요할 뿐만 아니라 과거 그 자체가 미래에도 투영된다.

이 비유에서 토기장이는 경영자를 그리고 흙은 전략을 의미한다. 토기장이처럼 경영자도 기업의 과거 실적과 미래의 시장 상황 사이에 앉아 있다. 만약 그가 진정한 명장이라면 그가 가진 역량을 어떻게 발휘해야 할지에 대해 잘 알고 있을 것이다. 이것이 바로 전략 만들기의 핵심이다(1987, 66).

이 비유에서 민츠버그 모델이 제시하고 있는 가장 유용한 교훈 가운데 하나는 전략가들은 과거와 현재의 지식을 파악하고 있어야 미래를 예측할 수 있다는 것이다. 사람들, 교회, 선교 팀, 선교 단체에서 과거에 성령께서 어떻게 역사하셨는가 파악하는 것은 매우 중요한 과업이다. 과거의 경험이 미래의 행동에 큰 영향을 주기 때문에 전략가들은 반드시 역사에 대해 깊이 이해해야 한다.

여기에는 현재의 복음에 대한 수용성에 영향을 주고 있는 특정 집단의 역사적 배경을 파악하는 것도 포함이 된다. 과거에 대한 지식은 선교 팀 구성원들로 하여금 그들의 개인적인 과거를 회상하게 하여, 그들의 과거가 현재와 미래의 전략에 어떻게 반영될 수 있는가를 이해하는데도 도움을 준다.

성령께서 현재 어떻게 역사하시는가를 파악하는 것도 역시 중요하다. 당신이 속한 팀은 주님과 함께 해야한다. 그분은 지금 어디에서 역사하고 계시는가? 지금 현재 사람들의 일상 생활과 의사결정에 중대한 영향을 끼치고 있는 사회적, 문화적 문제들은 무엇인가? 당신의 사역 팀이 섬기고 있는 특정 지역에 살고 있는 대다수의 일반 노동자들이 더 값싼 일자리를 찾아 다른 나라로 떠나도록 위협을 받고 있지는 않는가? 사람들은 그들이 속한 공동체에서 어떻게 의사결정을 하는가? 당신이 사역하고 있는 그 도시는 다양성을 추구하는가, 아니면 변화를 두려워하는가? 당신이 속한 팀 구성원들의 은사, 재능, 열정, 관심은 무엇인가? 이러한 질문은 전략을 개발하기 위해 현재의 상황을 파악하는데 도움을 준다.

인간적인 관점에서 볼 때 미래는 불확실하다. 그리고 신학적인 관점에서도 오직 주님 한 분께서 미래를 주장하고 계시기 때문에 우리는 내일 일에 대해 정확하게 알 수 없다.

선교 전략가는 망원경을 가진 항해사에 비유할 수 있다. 망원경이 항해사에서 다른 시야를 제공해 주지만 둥근 지구 표면의 다른 반대편을 보여 줄 수는 없다. 멀리 수평선 위에 떠 있는 배는 먼저 돛대만 볼 수 있고, 가까이 다가가서야 비로소 선채의 모습을 볼 수 있다. 이와 마찬가지로, 전략가는 내일, 다음 달 혹은 내년에 무슨 일이 일어날지 정확하게 예측할 수 없다. 이러한 현실적 제약 때문에 전략을 개발하는데 있어서 불확실성의 요소는 언제나 중요한 요소로 남아 있다.

2. 전략적 계획 수립

구체적인 실행 계획이 없는 전략은 완벽한 논리에 갇혀버린 하나의 이론에 불과하다. 계획이 전략적 목표에 도달하는데 있어서 체계적으로 다음 단계로 나아가게 해 준다는 보장은 없지만 구체적인 실행 계획이 없는 전략은 선교사의 가슴속에 그리고 컴퓨터 속에만 남아 있는 파일에 불과하다.

오브리 멜퍼스(Aubrey Malphurs)는 전략적 계획 수립은 사고(thinking)와 실천(acting)의 과정이라고 말했다(2005, 30). 이와 같은 관점에서 볼 때, 개념적(사고)이고 실제적(실천)인 측면의 결혼이 하나의 예가 될 수 있다. 데이톤(Dayton)은 "계획을 세우는 것은 있는 그대로의 대상과 우리가 그들이 어떻게 되기를 원하는가를 보는 것을 뜻한다"(1980b, 17)고 말한다.

이 책에서 우리는 전략적 계획 수립 혹은 전략 개발에 대해 다음과 같이 정의한다.

> 전략적 계획 수립은 선교사의 사역을 위해 기도를 통한 분별, 성령의 인도를 받는 준비 과정, 개발, 적용, 필요한 단계들에 대한 평가를 포함하는 일련의 과정이다.

여기서 우리는 다음 단계로 나아가기 전에 이 정의에 사용된 중요한 개념들에 대해 설명하고자 한다. 이러한 개념들이 이 책 전체에서 명확하게 사용되고 있지만, 여기서 이 정의에 대한 기본적인 내용을 파악할 필요가 있다.

1) 기도를 통한 분별

선교 전략을 개발하는 것은 초자연적인 과정이다. 군사 전략과 경영 전략 개발에 있어서 풍부한 자원이 중요하지만, 선교 전략은 하나님의 선교와 역동적으로 연관되어 있다. 선교 팀이 전략을 세우고 개발하기에 앞서 기도를 통해 하나님의 뜻을 간구해야 한다.

기도는 선교 전략 개발의 전 과정에서 핵심적인 부분을 차지한다. 추수의 주인께서 그분의 백성의 기도를 통해 전략 개발을 인도하신다. 만약 전략이 주님으로부터 오는 것이라면 기도는 모든 민족으로 하여금 제자가 되길 원하시는 아버지의 마음이 무엇인가를 알고, 이해하고, 성취하게 하는 과정의 일부가 되어야 한다.

참고자료 2.1
종족에 대한 무지

다음은 랄프 윈트(Ralph Winter)가 1974년의 로잔대회에서 발표한 글이다.

올나는 전 세계의 모든 국가에 복음이 전파되었다는 것이 마치 모든 문화권이 복음화된 것으로 이해하고 우리가 기뻐하고 있는 것은 아닌지 염려가 된다. 이 오해는 특별한 이름을 가진 질병처럼 널리 펴져 있다. 한 국가 안에 있는 다른 문화를 가진 종족 집단을 고려하지 않은 이른 바 "종족에 대한 무지"(people blindness)를 말한다.

이러한 현상은 다른 어떤 지역보다 미국과 미국 선교사에게서 더 명확하게 나타나고 있다. 올바로 번역된 성경이 이 문제를 해결해 줄 수 있을 것이다. 예수님께서 "민족들"이라는 단어를 사용하실 때 주로 로마 제국이라는 단일 통치 체제에 속해 있는 여러 종족 집단을 의미했다는 사실을 간과하지 않아야 한다. 오순절 날에 참여한 다양한 종족들은 국가들(countries)이 아닌 사람들(peoples)을 뜻하는 것이었다. 마태복음의 지상명령에 언급된 "가서 모든 민족(ethne)으로 제자를 삼아"라는 말씀은 한 번이라도 접근했던 국가에 대해서는 책임을 면할 수 있다는 것

> 이 아니라 하나님께서는 모든 사람 가운데서 건강한 교회가 세워지기를 원하신 것이다.
> "종족에 대한 무지"는 효과적인 선교 전략을 개발해야 할 필요가 있는 한 국가 내의 하위 집단들(sub-groups)에 대한 무지의 결과를 초래했다. 우리가 "종족에 대한 무지"에서 벗어날 때 맥가브란이 말한 대로 사회는 복합적인 모자이크로 구성되어 있는 것을 보게 될 것이다.

◆ 토의 질문 ◆
① 윈터의 "종족에 대한 무지" 개념이 선교 전략 개발에 어떻게 영향을 끼칠 수 있겠는가?
② 사회가 복합적인 모자이크로 구성되어 있다는 사실이 선교 전략을 개발하는데 있어서 고려해야 할 장점과 단점은 무엇인가?

2) 성령의 인도

하나님의 영은 살아계시며 활동적이시다. 성령께서는 선교사들이 선교지에 도착하기 전부터 선교사들의 삶 가운데 살아계시고 역사하신다. 성령께서 지도력을 부여하신다. 예를 들면, 빌립이 성령의 인도를 따라 에티오피아 내시를 만난 것을 볼 수 있다(행 8:29).

우리는 성경에서 "사람이 마음으로 자기의 길을 계획할지라도 그의 걸음을 인도하시는 이는 여호와시니라"(잠 16:9)라고 하신 말씀을 기억해야 한다. 선교 전략을 개발하는 사람들은 성령과의 동행의 중요성을 이해해야 한다. 고백하지 않은 죄는 성령을 근심하게 하고(엡 4:30), 소멸하게 하기 때문에(살전 5:19) 선교 전략 개발의 장애 요소가 된다. 선교 전략의 개발과 실행은 초자연적인 활동이다.

3) 과정

전략은 운동을 일으킨다. 선교 팀은 현재의 상태에서 시작하여 그들의 사역 목표에 도달하기까지의 진전을 보기 위해 사역한다. 전략의 개발과 실행은 순간적으로 일어나는 일이 아니다. 심지어 가장 단순한 전략이라도 비전이 성취되기 전에 하나 혹은 그 이상의 단계를 거쳐야 한다.

4) 준비

전략가들은 전략을 개발하기 전에 먼저 해결해야 할 과제가 있다. 준비 과정에서 자기 자신, 선교 팀, 선교지의 상황에 대해 파악해야 한다. 성취해야 할 비전을 확립하고 선교 팀의 선교학적이고 신학적인 가치를 공유하며 선교지에 대한 지리적, 인구통계학적, 문화적, 영적, 역사적, 정치적, 언어학적 관점에서의 올바로 이해가 준비 단계에서 이루어져야 한다.

5) 개발

개발은 비전을 성취하기 위해 필요한 크고 작은 단계들에 대해 심사숙고하는 단계이다. 전략 개발에 있어서 이 요소가 초기 단계에서는 비록 이론적 구상에 불과할 수 있겠지만, 선교 팀이 어떻게 실제로 A지점에서 B지점으로 나아갈 수 있겠는가를 논의하는 매우 중요한 단계이다. 선교 팀은 비전을 성취해 가는 각각의 세부적인 단계에서 발생할 수 있는 모든 현실적인 문제들을 검토해야 한다.

6) 실행

전략은 책장에 놓여 있는 노트북 속의 파일로만 존재해선 안 된다. 전략은 반드시 실행할 것을 염두에 두고 개발해야 한다. 전략을 실행하지 못했다는 것은 곧 선교 팀이 성취하고자 하는 목표를 성취하지 못하고 실패했다는 것을 의미한다.

레리 보시디(Larry Bossidy)와 램 차란(Ram Charan)은 이 활동을 실행(execution)이라고 표현했다. 그들에게 있어서 이 문제는 전략에 대한 논의에 있어서 가장 핵심적인 부분이라고 보았다. 그들은 "만약 당신이 속한 조직이 적절한 인적, 물적 자원을 투입하여 전략을 실행할 의사가 확고하다는 확신이 없다면 당신은 가치 있는 전략을 개발할 수 없다"(Bossidy and Charan 2002, 7)고 단언한 바 있다. 계획은 현장에서 반드시 적용되어야 한다.

7) 평가

전략의 정의에서 평가는 가장 마지막에 언급되어 있지만, 실제로는 전략 개발 과정 전체의 한 부분이다. 평가는 선교 팀이 실행하는 모든 것을 대상으로 한다. 심지어 사역이 시작되기 전부터 평가가 시작되어야 한다. 평가는 성취해야 할 비전이 확립될 때부터 시작된다. 평가는 목표를 설정하는 과정에서도 계속된다.

평가는 또한 목표를 이루기 위한 각 단계별 활동 계획에서도 발생한다. 처음부터 끝까지 선교 전략의 전 과정이 평가의 바다속에 잠겨 있어야 한다. 전략가들은 주님의 자원들을 맡은 선한 청지기가 되어야 한다. 그들은 복음을 전파하고 교회를 세우기 위해 유용한 자원이 무엇인가를 분별할 수 있어야 한다. 평가는 전략을 실행하는 여정 가운데서 조정이 일어나도록 하는데 도움을 준다.

3. 주요 실천 사항

우리가 제시한 전략의 정의에 비추어 볼 때 선교 전략의 개발과 실행 등의 종합적인 계획을 개발하는 과정은 다음과 같은 다섯 가지 중요한 실천 사항을 고려해야 할 필요가 있다. 이 가운데 일부는 앞서 언급한 전략의 정의에서도 나타난다.

① 적절한 질문
② 책임 있는 대답
③ 지혜로운 실천
④ 통합적 평가
⑤ 기도와 성실한 사역

1) 적절한 질문

전략가들은 탐구 정신이 투철해야 한다. 그들은 해답을 찾기 위해 끊임없이 노력해야 하는 것이다. 다음과 같은 질문들이 그 예가 될 수 있다. 우리는 주님께 충성스러운 사람들인가? 우리가 진행하고 있는 사역이 하나님을 영화롭게 하고 있는가? 우리의 전략이 어떤 측면에서 효과적인가? 어떤 개선과 변화가 필요한가? 어떻게 더 나은 사역을 할 수 있는가? 우리는 주님께서 우리를 신뢰하고 맡겨 주신 자원들과 기회들을 유용하게 사용하고 있는 선한 청지기들인가? 먼저 해야 할 일은 무엇인가? 그 다음에 해야 할 일은 무엇인가?

전략가들은 전략을 개발하는 과정을 시작할 때는 언제든지 다음과 같은 질문을 해야 한다. 우리는 선교지의 상황과 사람들에 대해 무엇을 알고 있는가? 우리 팀의 사역 목적은 무엇인가? 특정한 종족 집단 가운데 복음을 전파하고 교회를 세우기 위한 가장 효과적인 방법은 무엇인가? 우리 팀은 전략을 실행하는데 필요한 부르심, 자원, 은사, 능력을 갖추고 있는가? 우리의 즉각적 목표, 단기적 목표, 장기적 목표는 무엇인가?

2) 책임있는 대답

전략가들은 적절한 질문에 대한 책임 있는 대답을 제시할 수 있어야 한다. 다른 대답이 아닌 지상명령을 위한 성경적이고 신학적 진리에 대한 믿음, 선교사의 사역에 대한 선교학적 확신, 상황에 대한 효율성과 타당성에 근거한 대답을 도출해야 한다.

여기에서 바로 이론과 실제가 만나게 되는 것이다. 데이톤(Dayton)과 프레이저(Fraser)는 "전략을 개발하는 것은 현재의 상태와 하나님께서 원하시는 미래 사이에 다리를 놓는 작업이다"(1990, 293)라고 말한다. 책임 있는 대답을 찾기 위해서 심도 깊은 연구가 선행되어야 한다.

3) 지혜로운 실천

전략의 실천은 대부분 현장에서 이루어진다. 세부적인 실천 방안은 궁극적인 비전을 성취하기 위해 단계별 목표를 향해 전진하는 선교 팀의 활동이다. 이 실천 방안은 선교사 자신, 선교 팀, 상황에 대한 이해와 함께 진행되어야 한다. 이 세 가지 영역에 대한 올바른 이해가 선교 전략의 지혜로운 실천을 위한 관건이 될 것이다.

4) 통합적 평가

평가는 우리가 제시한 전략의 정의에 포함되어 있지만, 전략 개발의 다섯 가지 실천 사항 가운데 네 번째에 해당되기도 한다. 통합적 평가는 지속적인 과정이다. 전략가들은 전략을 개발하는 과정에서 이 요소를 결코 배제하지 않아야 한다.

평가는 전략가가 계속해서 성령의 역사에 집중하기 위한 필수적인 과정이다. 평가는 또한 선한 청지기 직분과도 연관성을 갖고 있다. 전략가들은 충성스럽고 지혜로운 종이 되어야 한다(마 25:14-30). 지속적인 평가는 단순히 비판 정신을 정당화하기 위한 것이 아니라 주어진 상황 가운데서 최상의 결정을 내리기 위한 것이다.

5) 기도와 성실한 사역

기도는 전략가에게 있어서 가장 자연스러운 일상적 생활 방식이어야 한다. 전략 개발은 기도의 산물이다. 전략 개발은 초자연적인 과업이기 때문에 주님과 함께하는 시간이 필요하다. 이 책에서 우리는 선교 전략의 개발과 실행의 과정에서 기도의 중요성을 거듭 강조하게 될 것이다.

이렇게 반복해서 강조하는 것은 우연한 중복이라고 할 수도 있겠지만, 우리는 의도적으로 거듭해서 언급하고자 한다. 우리는 의인의 간구는 역사하는 힘이 크고(약 5:16), 이 힘이 선교 전략을 실행하는데 있어서도 반드시 필요하다는 사실을 확신하고 있다.

참고자료 2.2
도로 개발 전략

윌리엄 리드(William R. Read)는 1970년대의 브라질 횡단 도로 체계의 개발이 교회에 미치는 영향에 대해 저술한 바 있다. 5년에 걸쳐 4,000킬로미터에 이르는 도로 주변에 약 50만 명의 인구가 수많은 마을을 형성하는 계획이 세워졌다. 리드는 이러한 성장이 많은 독특한 변화의 기회를 제공해 줄 수 있을 것으로 전망했다. 그는 다음과 같이 말했다.

> 새로운 정착민들 가운데서 엄청난 규모의 교회개척 목표와 이 도로를 따라 진행될 이 과업은 향후 20여 년 동안 숨 막히는 난관에 직면하게 될 것이다. 브라질에서 활동하고 있는 외국 선교 단체들은 다소 거리를 두고 관망하는 가운데 이 매우 유동적인 기회에 대해 신중하게 검토하고 있었다. 다른 한편, 일부 선교 지도자들은 이 새로운 변화와는 상관없이 브라질 영내의 아마존 탐사 여행 계획을 확정지었다. 이 탐사를 도출된 자료들은 이 광대한 아마존 내륙지방에서의 교회개척 프로젝트를 위한 전략을 개발하는데 활용할 계획을 갖고 있었다. 일부 현지인 교회 지도자들은 다소 우려하는 가운데 이 진보된 도로 체계에 대한 최신 소식에 귀를 기울이고 있다. 또 다른 일부 현지 지도자들은 전략적 이 지역에서의 전도 방안에 대해 고심하고 있는 것을 볼 수 있다. 복음의 전파와 교회개척에 빠른 성장을 가져 올 다수의 전략적 요충지를 발견하는 데는 다소의 시간이 걸릴 것으로 예상된다. 이 새로운 도로 체계의 방대함과 그 파급 효과에 친숙해지는 것이 이 모든 중요한 결정 과정에서 반드시 선행되어야 할 것이다.

◆ 토의 질문 ◆
① 리드가 도로의 개발이 전략을 개발하는데 있어서 중요한 변수로 작용했다는 지적에 대해 동의하는가? 왜 그렇게 생각하는가?
② 브라질의 새로운 도로 체계를 고려한 전략 개발에 있어서 선교 지도자들의 반응이 얼마나 중요한 역할을 담당했는가를 설명해 보라.
③ 만약 당신이 이 지역의 전략가였다면 기존의 선교 지도자들과 어떤 공통점과 차이점을 보였겠는가를 예상하고 설명해 보라.

4. 전략 개발의 역설

역설의 개념은 선교 전략 개발에 있어서 항상 존재하고 있다. 언급되어야만 하는 선교 전략의 역설적 요소는 적어도 여덟 가지이다. 이러한 요소들을 인식하고 있는 것은 전략가들의 올바른 전략을 개발하기 위한 과정에 큰 도움을 줄 수 있다.

1) 하나님께서는 전능하시지만 우리의 계획을 통해 역사하신다.

이 역설에 대해서는 제4장에서 보다 구체적으로 언급하겠지만, 여기서 전략을 개발하는 것은 비성경적인 행위가 아니라는 사실을 밝혀둘 필요가 있다. 하나님께서 우주를 다스리고 계시고, 피조물에 대한 구속의 역사를 주권적으로 진행하고 계시지만, 교회를 통해 자신의 각종 지혜를 세상에 알리기를 원하신다(엡 3:10).

성경 전체를 통해 아브라함, 모세, 요셉, 다윗, 솔로몬, 느헤미야, 베드로, 바울 등, 많은 하나님의 사람이 계획을 세워 일했던 것을 볼 수 있다. 하나님께서도 정해진 때에 그의 아들을 세상에 보내셨다(갈 4:4). 전략가들은 주님께서 처음부터 끝까지 모든 전략을 주님께서 주관하시도록 내어드려야 한다. 잠언에서는 "경영은 의논함으로 성취하나니 지략을 베풀고 전쟁할지니라"(잠 20:18), "사람의 걸음은 여호와로 말미암나니 사람이 어찌 자기의 길을 알 수 있으랴"(잠 20:24) 라고 언급하고 있다.

2) 선교 전략 개발은 선형적이면서도 비선형적인 과정이다.

대다수의 선교 전략 모델들은 일반적으로 선형적인 특성을 갖고 있다. 여기에는 두 가지 이유가 있다.

첫째, 비선형적 과정은 마치 삼차원적인 물체를 평면 종이에 표현하기가 어려운 것과 마찬가지로 비선형적인 모델을 책의 형태로 기록하기가 쉽지 않다. 목표는 성취될 수 있지만, 그 과정에서 많은 난관에 직면하기 마련이다. 마찬가지로, 선교 전략을 개발할 때도 "첫째 단계에서는 이렇게 하고, 둘째 단계에서는 저렇게 하고, 셋째 단계에서는…"이라고 설명하는 것이 동시다발적이거나 다른 형태의 비선형적인 방식보다 훨씬 더 용이할 수 있기 때문이다.

둘째, 전략 개발의 많은 요소들이 선형적 접근을 요구한다. 전략의 전체 과정에서 일부 단계들은 그 이전의 단계가 완료되기 전에는 예측하거나 계획하기 어려운 경우가 있고, 순차적인 단계는 전체 과정에서 반드시 필요한 부분이다.

3) 선교 전략 개발에는 경직성과 융통성이 모두 관련되어 있다.

다니엘 아이젠버그(Daniel J. Isenberg)는 전략 개발에는 "장기간의 목표에 집중하는 능력과 매일 발생하는 변수와 새롭게 등장하는 기회들에 대한 융통성이 요구된다"(1987, 92)고 언급한 바 있다. 전략 개발은 확실성과 불확신성을 함께 고려한 결정된 과정과 유동적인 과정을 포함한다. 그렇기 때문에 전략을 개발한다는 것은 복합적인 과정이라고 할 수 있다.

한편으로는, 선교 팀은 어떤 변화가 일어나야 하는가를 알게 하시는 하나님께서 주신 지혜로 전략을 개발할 수 있어야 한다. 그러나 다른 한편으로, 선교 팀은 미래에 대해서 충분히 알지 못하는 상황 가운데서도 행동을 취해야 하기도 한다. 모든 전략 개발에는 믿음이 반영되어야 하는데 특히 불확실한 상황 가운데서 믿음을 발휘해야 할 필요가 있다. 민츠버그는 가장 효과적인 선교 전략이 바로 통제와 융통성이라고 주장했다(1987, 70).

전략의 일부 요소들은 불변성을 유지해야 하지만, 상황이 달라지고 사역이 진척됨에 따라 새롭게 적응해 가야 할 요소들로 존재한다. 이미 개발한 전략에 입각하여 행동을 취해야 할 때가 있고, 사전에 계획된 전략은 아니지만 상황에 따라 새로운 "실험"을 시도해야 할 때가 있다. 마치 얼어있는 강을 건너갈 수 있는지를 확인하기 위해 긴 막대기로 얼음을 두들겨 보는 사람처럼 전략가들이 주위의 환경과 상황에 대한 대응 차원에서 전략을 개발하지는 않아야 한다.

민츠버그는 또한 선교 전략을 개발하는 과정에서 유동성의 필요에 대해 언급한 바 있다. 전략가들은 그들의 상황에 대해 배움의 자세를 견지해야 한다. 전략가들은 너무나 잘 알기 때문에 무시하고 지나쳐버리기 쉬운 "익숙함"에 대항하여 최선을 다해 싸워야 한다. 그들은 성령과 지혜가 필요하지만, 동시에 시간에 대한 긴장감과 경각심을 가져야 할 책임이 있다는 사실을 인정해야 한다.

전략가들은 비전을 성취하는 과정에서 진전을 경험할 때 자기만족의 함정에 빠지지 않아야 한다. 비록 급진적인 전략적 전환이 요구되는 변화는 쉽게 관찰할 수 있지만, 평상시에는 변화에 대한 미묘한 도전은 잘 감지되지 않을 수 있다. 그 도전은 일상적인 익숙한 상황에서 오는 것이기 때문이다. 민츠버그는 다음과 같이 촉구한 바 있다.

> 전략을 개발하는데 있어서의 진정한 도전은 미묘한 차이를 감지하고, 점차적으로 조직을 약화시킬 수도 있지만 오히려 특별한 기회를 제공할 수도 있는 불연속성을 발전시키는 것이다. 이를 위한 특별한 기술이나 프로그램은 존재하지 않는

다. 오직 상황에 대한 민감한 통찰력이 필요할 따름이다. 불행하게도, 이와 같은 방식의 전략적 사고방식은 대다수의 선교 단체가 경험하고 있는 장기적 전망에서 오는 안정성을 위축시킬 가능성이 높다. 이에 대한 해결책 가운데 하나로, 주어진 전략에 충실한 장기적 사역 가운데서 중요한 사안으로 떠오르는 간헐적인 불연속성에도 주의를 기울일 수 있어야 한다는 것이다(2007, 378).

4) 선교 전략 개발에는 과거와 미래가 모두 관련되어 있다.

전략을 개발하는 것은 전적으로 미래의 활동에 대한 것이라고 가정하는 것은 잘못된 것이다. 미래는 선교 전략 개발에 있어서 가장 핵심적인 요소이지만, 과거나 현재를 외면할 수 없다. 탁월한 전략 개발을 위해서, 전략가는 특정한 종족 집단에게 복음을 전파하기 위해 주님께서 그동안 어떻게 일하셨는가를 파악해야 한다. 만약 선교팀이 새로운 지역에서 개척적인 사역을 하기 시작했다면 그들과 유사한 공동체 가운데서 주님이 어떻게 일하셨는지를 알 필요가 있다.

5) 선교 전략 개발에는 예술과 과학이 모두 관련되어 있다.

전략은 예술과 과학의 양면성을 갖고 있다. 예를 들면, 요리사가 특정한 요리를 이렇게 설명할 수 있다. 요리의 "예술성"은 양념과 향신료의 절묘한 배합을 아는 것과 특정한 식재료에 어떤 종류의 초콜릿을 사용해야 하는지에 대한 공식적 그리고 경험적으로 아는 것, 접시에 음식을 우아하게 담아내는 것 등이 포함된다. 예술로서의 요리는 수년 동안 체득한 지혜, 안목, 자신이 사용할 수 있는 재료와

주방 용품에 대한 지식 등을 통해 만들어 진다. 예술은 언제나 예측 가능한 것은 아니다. 그러나 요리의 "과학성"은 일정한 온도에서 전분 가루와 설탕의 화학 반응, 채소를 데치는 이유, 서로 다른 온도에서의 버터의 기능 등에서 찾아 볼 수 있다. 과학으로서의 요리는 측정, 온도, 촉매제, 반응 등으로부터 얻는 경험적 지식을 말한다.

일부 과정은 통제 환경(예를 들면, 컴퓨터나 사무실 환경 등) 가운데서 진행되기도 하지만, 선교 전략의 개발은 그 전략이 실행되었을 때 불어오는 변화의 바람에 대한 평가와 개선을 중심으로 이루어진다. 비전을 명확하게 제시하고, 목표를 설정하고, 활동 계획을 개발하는 등을 포함하여 전략에는 과학적 역학 관계가 중요한 부분을 차지하지하고 있지만, 예술적인 측면도 간과할 수 없다.

6) 선교 전략 개발은 단순한 과정이지만 그 실행은 어려운 일이다.

선교 전략을 개발하는 과정은 어렵지 않다. 앞서 언급한 바와 같이, 대부분의 과정은 적절한 질문과 책임 있는 대답을 통해 이루어진다. 전략을 개발하는 것은 극단적으로 복잡한 작업은 아니다. 역설은 그 실행 단계에서 찾아 볼 수 있다. 전략은 적용되고 실행되지 않으면 무용지물에 불과하다. 활동 단계들을 거쳐 실제로 목표에 도달해 가는 과정에서 진전을 경험하는 것이 어려운 일이다. 전략을 개발하는 과정에서도 난관이 없지 않겠지만, 진정한 현실적인 어려움은 선교사가 섬기는 지역에서 전략을 실행하는데서 오는 어려움이다.

7) 선교 전략 개발에는 보편성과 독특성이 모두 관련되어 있다.

모든 전략은 보편성의 특징을 갖고 있지만, 각각의 전략은 특정한 상황과 사람들에게 적합한 형태로 조정되어야 한다.

데이톤과 프레이저는 이러한 현실을 잘 인식하고 있다. 그들은 상황적 전략을 소개하면서 "전략들은 반드시 사람들이 처해 있는 독특한 상황을 고려하여 개발되어야 한다"(1990, 15)고 강조한 바 있다. 다른 말로 하면, 천편일률적인 전략은 바람직하지 않고, 지혜롭지도 않은 접근 방식이다. 일상 생활에서 그 예를 찾아 볼 수 있다. 필자 (J. D. 페인) 의 딸은 지금 몇 년 전만 해도 탈 수 없었던 자전거를 타고 있다. 필자는 딸이 세발자전거보다 조금 큰 정도의 보조 바퀴가 달린 작은 자전거를 타기 시작했던 때가 기억난다. 자전거 타는 기술을 익히고, 땅에 발을 디딜 수 있을 만큼 성장했을 때 아내와 나는 그 자전거의 보조 바퀴를 제거해 주었다. 그 아이는 곧 더 큰 자전거를 탈 수 있게 되었다. 신체적으로는 아직 성인용 자전거를 탈 수 없었던 시기였는데도 그 아이는 결국 해내는 것을 볼 수 있었다.

전략을 개발하는 것도 이와 유사한 상황이라고 할 수 있다. 나와 내 아내가 내 딸의 신체적, 정신적 성장 과정에 적합한 크기와 모양의 자전거가 필요하다고 인식했던 것과 마찬가지로 전략을 개발하는데에는 대상 민족의 상황에 따른 융통성이 요구된다. 성경 말씀이 모든 사람과 상황을 초월한 불변의 진리이지만 전략적 접근은 상황적이야 한다는 것이다.

8) 선교 전략을 개발하는 것은 이미 알려진 것과 아직 알려지지 않은 것, 모두와 관련이 있다.

교회는 어떻게 복음을 전파하고 교회를 세워 왔는지에 대해 가르쳐 줄 수 있는 2,000년이 넘는 선교의 역사적 경험을 갖고 있다. 지난 수세기 동안 하나님 나라의 확장을 위해 유용하게 사용되어 온 수많은 전략들도 찾아볼 수 있다. 이 가운데 어떤 전략들은 다른 전략들보다 더 효과적이었다. 성경적이고 선교학적인 원리들도 전략을 개발하는데 많은 도움을 주었다. 그러나 역사적 경험을 통해 터득한 보편적인 지혜가 있다고 할지라도 여전히 모든 시대와 시대에는 아직도 알려지지 않은 독특한 상황이 존재하고 있다.

미국에서 "X"라는 글자는 불확실성의 상징으로 간주되고 있다. 필자(J. D. 페인)는 소위 베이비붐 세대의 다음에 해당하는 X 세대 사람이다. 필자의 세대에 대한 이 명칭은 더글러스 코플랜드(Douglas Coupland, 1991)가 쓴 소설 제목에서 나온 것으로, 여기서 X는 실체를 파악하기 어렵고, 숨겨져 있으며, 매우 불확실한 세대를 지칭하는 것이다.

20세기 후반과 21세기 초반에 방영된 「X 파일」(X-Files)이라는 공상과학 드라마는 과학적으로 설명할 수 없는 미제 사건들을 주고 다루고 있다. 따라서 우리가 선교 전략과 관련하여 "X 요소"를 언급할 때 이는 아직 알려지지 않았거나 불확실한 요소를 가리키는 것이다. 지난 수년 동안, 필자는 교회개척자들을 내 강의 시간에 초대하여 그들의 사역을 소개하게 해 왔다. 필자는 그들의 전략에 대해 토의하도록 요청하곤 했는데 다음과 같은 진술을 자주 들을 수 있었다.

> 선교지로 가기 전에 나는 멋진 전략을 만들었지만 선교지에 도착한 후 얼마 지나지 않아 이 전략이 무용지물이라는 사실을 알게 되었다. 나는 내 계획을 폐기해 버렸고 다시 시작할 수밖에 없었다.

일부 교회개척자들이 실제로 이렇게 한 사례들도 있겠지만, 선교사가 자신의 전략 전체를 완전히 폐기해 버리는 사례는 많지 않다.

강사로 초대받은 일부 교회개척자들은 학생들에게 충격을 주기 위해 다소 과장해서 말하기도 했다. 전략은 개발될 수 있지만, 선교 팀이 현장에서 이 전략을 실행할 때는 상황에 보다 더 적합한 형태로 수정하고 보완해 가야 한다. 팀은 전략에 있어서 변화되어야 할 요소들을 지속적으로 그리고 정확하게 예측하는 것은 불가능하다. 이 부분이 바로 알려지지 않은 요소들인 것이다. 선교 팀이 한 가지 확실하게 알 수 있는 것은 X 요소들이 선교 팀으로 하여금 전략을 재조정하도록 요청하고 있다는 것이다.

개인들과 가족들과 시골과 마을과 도시들은 고정되어 있지 않고 역동적이다. 인간은 그들이 처한 환경의 변화를 위한 의사결정 능력을 가진 사회적 존재들이다. 선교 전략가들에게 있어서 일상적으로 발생하는 변화는 급격한 전략적 변화를 자주 필요로 하지는 않는다는 사실은 감사한 일이 아닐 수 없다.

5. 결론

이 장에서 우리는 전략을 개발하는데 필요한 요소들을 살펴보았다. 이 책의 나머지 대부분은 이 요소들을 심화하고 확대 해석한 것으로 볼 수 있다. 다음 장에서 우리는 선교 전략 개발과 관련하여 제기되고 있는 최근의 반론들에 대해 살펴볼 것이다.

Developing A Strategy For Missions

제3장
선교 전략에 대한 반론

사람들에게 복음을 전하기 위해 교회가 계획을 개발해야 한다는 발상이 언제나 환영받는 것은 아니다. 선교 전략을 개발한다는 것은 영적이지 못하고, 비신학적이며, 세속적인 행동으로 오해받기도 한다. 윌리엄 캐리(William Carey)는 그가 복음을 전하기 위한 "수단"이라는 단어를 사용할 때마다 이러한 비판에 직면해야 했었다. 현대 교회성장운동의 아버지라고 불리는 도널드 맥가브란(Donald McGavran)도 교회개척과 성장을 위한 전략을 논할 때 이와 같은 반대와 오해로부터 자유로울 수 없었다.

선교 전략에 대해 올바로 이해하기 위해서 전략 개발과 관련하여 제기되어 온 반론에 대해 논의할 필요가 있다. 다음 두 장에서 선교 전략의 성경적 기초와 선교학적 원리에 대해 다루는데, 이 장에서 다룰 그에 앞선 반론에 대한 검토는 하나님 나라의 확장을 위한 중요한 영역을 담당하고 있는 선교 전략의 신학적이고 선교학적인 기초를 확립하는데 도움이 될 것이다.

반론 1: 전략 개발은 하나님의 주권을 인간의 계획으로
　　　　대체할 수 있다.

　가장 일반적인 반론은 "하나님께서 주권자이시기 때문에 선교 전략을 개발하는 것은 시간 낭비일 뿐이다"라는 것이다. 물론 이 반론이 새로운 것은 아니지만, 사실상 약 200년 전에 윌리엄 캐리(William Carey)가 불신자들을 전도해야 한다고 주장했을 때 직면했던 비판과 바를 바 없는 것이다.

　만약 하나님께서 이교도를 개종시키려고 하신다면 우리의 도움이 없이도 얼마든지 하실 수 있다는 비판은 받은 윌리엄 캐리는 그의 성경적 확신에 대해『이교도 개종에 대한 그리스도인의 의무에 관한 연구』(*An Enquiry into the Obligations of Christians to Use Means for the Conversion of the Heathens* 1792)라는 소책자에 서술했다. 캐리의 논지는 하나님께서는 인류 구속의 역사를 그의 계획에 따라 주권적으로 완성해 가시지만, 교회가 적절한 방법을 사용하여 세상에 복음을 전파할 것을 명령하셨다는 것이다.

　자신의 주권으로 또한 역사를 통해, 하나님께서는 자신의 구원의 목적을 성취하기 위한 계획을 이루어 가고 계신다(엡 1:7-10). 하나님은 노아의 방주에 대한 구체적인 계획을 갖고 계셨다(창 6:14-16). 또한 하나님께서는 아브람의 자손들이 땅을 얻을 것에 대한 구체적인 계획을 아브람에게 알려 주셨다(창 15:12-16). 흉년이 들었을 때 요셉은 하나님의 계획을 명확하게 인정하고(창 45:4-8), 그의 형제들에게 "그런즉 나를 이리로 보낸 이는 당신들이 아니요 하나님이시라"(창 45:8)고 말했다.

　하나님께서는 모세에게 성막에 대한 자신의 계획을 알려 주셨다(출 26:30). 하나님께서는 자신의 백성으로 하여금 약속의 땅에 들어

가게 하는 계획을 갖고 계셨지만, 그들은 그 계획을 거부하고 40년 동안 방황한 바 있다(민 13-14장). 하나님께서는 이스라엘 백성을 치유하기 위해 놋뱀에 대한 계획을 갖고 계셨다(민 21:4-9).

하나님께서는 이스라엘 백성이 약속의 땅에 도착한 후에 그분 자신과의 관계, 백성 사이의 관계, 이방인들과의 관계에 대한 구체적인 계획을 설명하시기 위해 신명기의 많은 부분을 할애하셨다.

기드온과 여호수아는 하나님으로부터 그분의 계획을 성취하기 위해 자신들을 사용하실 것이라는 말씀을 들은 후에도 전쟁에서의 승리를 위한 구체적인 계획을 세웠다.

하나님께서는 보아스의 문화적 관습을 사용하셔서 룻을 돕게 하셨다. 하나님께서는 에스더와 모르드개의 계획을 통해 자신의 백성을 구출하셨다.

하나님께서는 느헤미야의 구체적인 전략에 따라 성벽 재건의 과업을 성취하셨다. 예언서들을 통해 하나님께서는 선지자들과 백성에게 삶의 목적과 방식에 대한 자신의 계획을 나타내셨다. 하나님께서는 앗수르의 멸망에 대한 자신의 계획을 이사야에게 나타내셨다(사 14:24-27). 예레미야에게도 에돔에 대한 하나님의 결심을 들려주셨다(렘 49:20). 하나님께서는 바벨론 사람들을 사용하여 그의 백성을 심판하실 것에 대한 계획을 하박국에게 알려 주셨다(합 1:6).

신약성경에서, 하나님께서는 예언을 성취하기 위한 과정의 하나로 박사들의 속임수를 사용하셔서 헤롯으로 하여금 극심한 분노에 사로잡히게 만드셨고, 결국 헤롯은 베들레헴에서 태어난 2세 미만의 남자 아이들을 살해할 것을 명령했다(마 2:16-18). 바울은, 예수님께서 태어나신 것은 하나님의 시간 계획에 의한 것이었다고 기록했다(갈 4:4).

마태복음은 예수님께서 이미 주어진 계획대로 십자가에서 죽으실 것에 대해 증거해 주고 있다(마 26:24). 베드로는 예루살렘 사람들에게 하나님의 정하신 뜻과 미리 아신 대로 나사렛 예수를 십자가에 내준바 되었다고 기록했다(행 2:22-23).

사도행전 전체에서 나타나고 있는 사도 바울의 선교 여행을 살펴보면, 전략적인 중요성을 가진 도시에 들어가 먼저 회당을 방문하고(만약 회당이 존재하는 경우에는), 전도하고, 새신자를 위한 교회들을 세우고, 지도자를 임명하는 등의 일정한 형식을 갖추고 있는 것을 볼 수 있다(행 13-14장).

바울은 에베소 장로들에게 자신이 성령의 계획에 따라 예루살렘에 가게 된 것을 말했다(행 20:22). 로마 신자들에게도 자신이 예루살렘 성도들의 필요를 돕기 위해 로마를 거쳐 스페인으로 갈 계획을 중단했다는 결정을 전하고 있다(롬 15:22-25).

유다는 비록 자신의 계획은 바뀔 수 있지만, 신자들에게 그들 모두가 일반으로 받고 있는 구원의 진리에 대해 쓰고자 했다(유 3절). 요한계시록에는 하나님께서 새 하늘과 새 땅에서 왕국을 건설할 계획을 계시하셨고, 이 전략을 실행하기 위한 활발하게 활동하시는 모습을 보여 주셨다.

하나님께서는 자신의 피조물에 대해 주권적으로 역사하시지만, 그분은 자신의 영광을 위하여 특정한 방법을 사용하여 일하실 것을 선택하셨다. 하나님께서는 자신의 교회를 세우실 것이라고 약속하셨는데(마 16:18), 교회의 천국 열쇠 사용을 통해 그 일을 성취하고 계신다(마 16:19).

예수님께서는 열두 제자와 칠십 인을 따로 세워 보내시는 전략을 사용하신 바 있다(눅 9:1-6, 10:1-12). 예수님께서는 주인이 맡겨 준 자원을 전략적으로 사용하기 위해 현명한 결정을 할 것을 요청하고 있다(눅 19:11-27).

교회는 모든 족속으로 제자를 삼을 것을 명령받았다(마 28:19). 이 지상명령에는 하나님 나라의 확장을 위한 거룩한 전략이 담겨 있는 것을 볼 때, 하나님의 주권과 관련하여 성경을 읽을 때에도 계획의 중요성을 어렵지 않게 발견할 수 있다.

반론 2: 전략 개발은 일부 성경 본문의 가르침에 위배된다.

잠언의 저자는 "사람이 마음으로 자기의 길을 계획할지라도 그의 걸음을 인도하시는 이는 여호와시니라"(잠 16:9)고 말했다. 이 말씀을 포함하여 기타 유사한 말씀들은 성경이 전략을 개발해서 사역하는 것을 반대하는 증거가 아닌가? 이와 같은 말씀들이 과연 전략 개발에 대한 반대의 의견을 제시하고 있는가? 이 말씀들이 선교사들로 하여금 전략을 개발하지 않아야 한다는 견해를 지지하는가?

물론 만약 선교사들이 주님의 뜻을 거부하며 자신의 뜻을 관철하기 위해 전략을 개발하고자 한다면 이 잠언에 담겨있는 정신을 위배하는 결과를 초래할 것이다. 그러나 선교사가 성경적 기초에 충실하고, 선교학적 이론도 신중하게 검토할 뿐만 아니라 전략 개발의 전 과정에서 주님께서 직접 개입할 수 있도록 열려 있는 전략을 개발한다면 이와 같은 성경 본문들과도 결코 대립되지 않는다. 선교사는 "사람의 마음에는 많은 계획이 있어도 오직 여호와의 뜻만이 완전히 서리라"(잠 19:21)는 말씀과 "네가 스스로 지혜롭게 여기는 자를 보느냐 그보다 미련한 자에게 오히려 희망이 있느니라"(잠 26:12)는 경고를 반드시 기억해야 한다.

전략 개발이 성경적 가르침에 어긋나는 증거로 제시되고 있는 또 다른 본문은, "들으라 너희 중에 말하기를 오늘이나 내일이나 우리가 어떤 도시에 가서 거기서 일 년을 머물며 장사하여 이익을 보리라 하는 자들아 내일 일을 너희가 알지 못하는도다 너희 생명이 무엇이냐 너희는 잠깐 보이다가 없어지는 안개니라"(약 4:13-14)라는 말씀이다. 마치 세상 모든 시간을 다 갖고 있는 것처럼 믿고 있는 사람들에게 그들의 계획이 언제나 자동적으로 성취되는 것이 보장되는 것이 아니라는 야고보의 경고에 모든 선교사가 반드시 귀를 기울여야 한다. 일부 사람들은 전략을 개발하는 것이 미래에 대한 예측과 조작이나 마찬가지라고 생각하고 있다. 스튜어트 웰스(Stuart Wells)의 『미래 예측을 위한 전략적 사고』(Choosing the Future: The Power of Strategic Thinking, 2007)가 전략 개발에 도움이 되는 탁월한 원리와 통찰력을 주고 있지만, 일부 신자들은 이 책의 제목만 읽고 거부감을 드러내기도 한다.

선교 전략을 개발하는 것이 선교사들로 하여금 야고보의 선언과 대립될 것이라는 두려움을 갖게 하지 않아야 한다. 야고보서의 그 본문 말씀과 함께 "너희가 도리어 말하기를 주의 뜻이면 우리가 살기도 하고 이것이나 저것을 하리라 할 것이거늘"(약 4:15)이라는 야고보의 명령도 잊지 않아야 한다. 달리 말하면, 야고보는 계획 수립 그 자체가 아니라 주님의 뜻을 배제한 계획 수립을 반대하고 있는 것이다.

반론 3: 전략 개발은 성령의 인도를 방해할 수 있다.

건강한 전략 개발은 성령의 역사를 방해하지 않을 뿐 아니라 오히려 성령과 함께 일하며 어떤 전략도 그분의 통치와 주권 가운데 복종하는 것이다.

피터 와그너(C. Peter Wagner)는 "선교 전략이 결코 성령을 대체할 수 없다. 올바른 선교 전략은 성령의 영감과 통치를 받는 전략이다. 성령과 경쟁하기 보다는 성령에 의해 사용되는 전략이어야 한다" (1971, 15)고 언급한 바 있다. 하나님의 성령은 주권자이시다. 이 성경적 진리에 대한 확고한 믿음을 가진 선교사는 선교 전략을 개발하는 것이 성령을 훼방하거나 슬프게 하는 일이라는 죄책감을 갖지 않아야 할 것이다.

사도 바울에게 있어서 성령의 통치 가운데서 계획을 개발하는 것은 전혀 논란의 대상이 되지 않았다. 바울과 그의 팀이 두 번째 선교 여행에서 브루기아와 갈라디아 땅을 지나가고 했으나 성령께서 아시아에서 말씀을 전하지 못하게 하셨다(행 16:6).

아마도 바울과 그의 일행이 아시아 지역에 대한 여행 계획을 갖고 있었겠지만, 성령께서 그 계획에 개입하신 것을 볼 수 있다. 그들이 비두니아로 가고자 했던 계획을 개발했을 때 누가는 즉시 성령이 이 전략에 개입하셨다고 기록했다(행 16:7). 곧바로 바울은 전략을 수정하였고, 결과적으로 빌립보에 도착하여 빌립보 교회가 탄생하게 된 마케도니아 사람의 환상을 보게 되었던 것이다(행 16:9-15).

> 참고자료 3.1
> **반론을 극복하는 방법**
>
> 다음의 진술은 선교 역사 가운데서 가장 잘 알려진 인물 중에 한 사람인 윌리엄 캐리가 쓴 『이교도 개종에 대한 그리스도인의 의무에 관한 연구』의 일부를 인용한 것이다. 그는 이 글에서 선교의 필요성에 대한 당시의 반대에 대해 어떻게 대응했는가를 잘 보여주고 있다.
>
>> 우리 주 예수 그리스도께서 떠나시기 직전에 가서 자신의 제자들에게 모든 족속으로 제자를 삼으라는 명령을 주었고, 어느 전도자의 표현에 따르면, 세상의 모든 곳에 가서 모든 피조물에게 복음을 전하라고 말씀하셨다.

이 명령은 그리스도인이라면 어떤 예외나 제한도 없이 사람이 사는 곳이라면 땅 끝까지 흩어져 복음을 전파해야 할 의무를 갖게 했다. 그들은 이 명령에 순종했고, 하나님의 능력이 그들과 함께 했다. 이 일은 끊임없이 반복되었고, 많은 열매를 거두었으나, 그 후에는 초대 교회 신자의 열정과 인내를 갖고 순종한 사람들은 극소수에 불과했을 뿐이었다. 마치 지상명령이 사도들과 초대 교회를 통해 충분히 성취되었던 것 처럼, 우리나라 사람들의 구원을 위해 충분한 일이 일어나고 있는 것처럼, 만약 이교도들의 구원이 하나님의 뜻이라면 하나님이 어떻게 하시든 알아서 하실 것이라고 믿었다.

이와 같이 쉽고 편리한 방식으로 신앙 생활을 영위하고 다른 사람들의 구원에는 관심이 없었던 이 시대의 그리스도인들은 무지와 우상숭배에 빠져 있었다. 그들 가운데 일부는 사도들이 탁월한 능력자들이었고, 후계자들이 없었기 때문에 그리고 비록 그들에게는 중요했던 일들이었다 하더라도 우리에게도 반드시 그러해야 한다는 보장이 없기 때문에 지상명령이 그들(사도들과 초대 교회)에게는 의미가 있었겠지만 우리가 그 명령에 종속되어야 할 필요는 없다고 믿었다. 이러한 사람들을 고려하여 필자는 다음과 같은 논지를 제시하고자 한다.

첫째, 만약 모든 족속을 가르쳐 지키게 하라는 예수 그리스도의 명령이 사도들이나 첫 오순절의 성령의 역사를 경험한 사람들에게만 제한적으로 주어진 것이라면 세례(침례)를 주는 것도 중단해야 할 것이다. 만약 그렇다면 퀘이커 교도를 제외한 모든 교단들이 물로 세례를 주는 것은 잘못을 범하고 있는 것이다.

둘째, 만약 모든 족속을 가르쳐 지키게 하라는 예수 그리스도의 명령이 사도들에게 한정된 명령이라면 이교도들에게 복음을 전파하기 위해 떠났던 모든 사역자들은 허락도 받지 않고 떠난 사람들이 되어 버릴 것이다.

셋째, 만약 모든 족속을 가르쳐 지키게 하라는 예수 그리스도의 명령이 사도들에게만 한정된 명령이라면 틀림없이 이 지상명령에 순종하는 사람들과 함께 할 것이라는 하나님의 거룩한 약속도 제한되어야 할 것이다. 그러나 이것은 명백하게 잘못된 발상에 불과하다. "내가 세상 끝날까지 너희와 항상 함께 있으리라 하시니라"(마 28:20).

◆ 토의 질문 ◆
① 맥가브란이 제시한 "올바른 전략"의 요소들 가운데 어떤 부분이 당신에게 유익했는가? 왜 그렇다고 생각하는가?
② 전략이 "좋은 일을 많이 하는 것"에 집중하게 될 때 예상할 수 있는 위험은 무엇인가?

반론 4: 전략 개발은 너무 선형적 과정이기 때문에 급변하는 선교 환경에 부합하지 않는다.

어떤 사람들은 전략 개발이 1단계가 수행되어야 2단계로 나아갈 수 있고, 그 다음에 비로소 3단계로 접근할 있는 선형적 과정으로서 전략 모델은 다양하고 급변하는 상황에 적합하지 않다고 주장한다.

선교 전략이 이러한 순차적 방식으로 개발될 수도 있지만, 올바른 전략은 순차성과 동시성을 모두 포함해야 한다. 예를 들면, 교회배가를 위한 순차적 접근은 다음과 같은 단계를 거쳐 진행될 수 있다.

- 1단계: 전도
- 2단계: 새신자 모임과 교회개척
- 3단계: 개척된 교회의 전도 훈련
- 4단계: 다른 도시에서의 교회개척을 위한 전도팀 파송

물론 교회개척 전략은 제자도(2단계)가 일어나기 전에 전도(1단계)가 먼저 실행되어야 한다. 그러나 1단계 다음에 새신자들이 교회를 개척하기 전에도 전도하는 기술을 익힐 수 있고, 다른 도시에서 전도할 수 있다. 다시 말해서, 일부 단계들은 동시다발적으로 발생할 수 있다. 첫 번째 도시에서 교회가 개척되는 동안 선교사는 새신

자들과 두 번째 도시에서 전도할 수도 있는 것이다.

반론 5: 전략 개발은 상황을 고려하지 않는다.

어떤 사람들은 전략 개발의 개념을 생각할 때 칠판에 복잡한 그림이 그려져 있고, 수많은 스티커 메모지가 여기저기에 흩어져 있고, 여러 개의 도표가 널려있는 회의실의 모습을 연상하기도 한다. 그 다음에는 컴퓨터 앞에서 오랜 시간을 보낸 후에 멋진 전략 계획서를 만들었지만, 세상은 이미 완전히 달라졌기 때문에 선교 현장에 그 계획서가 도착하자마자 용도 폐기되어 버리는 모습도 상상하게 된다.

선교 전략은 결코 우리가 섬기는 지역의 상황과 동떨어져 개발될 수 없다. 물론 선교 팀이 회의실의 삭막한 분위기 속에서도 어느 정도 단계까지의 전략을 개발할 수 있다. 그러나 그 전략 보고서는 반드시 현실에 맞게 재조정되어야 한다. 와그너는 사역 환경의 중요성에 대해 다음과 같이 말한 바 있다.

> 전략을 개발하는 과정에는 많은 선택의 여지가 있어야 한다. 어느 특정한 지역에서 매우 효과적으로 사용되었던 전략이었더라도 만약 다른 지역 상황에서도 목적과 환경이 유사하거나 동일하다고 하더라도 일부 요소들을 차용해서 사용할 수 있겠지만, 같은 결과를 가져올 것이라고 섣불리 단정하지 않아야 한다. 예를 들면, 야구 경기의 어느 특정한 상황에서 타자가 번트(bunt)를 치는 것이 최상의 전략이라고 판단되면 거의 틀림없이 번트를 시도할 것이다. 그러나 상황이 조금만 달

라져도 번트 작전은 취소될 수 있다. 이와 마찬가지로, 일부 전도 방법이 특정한 지역에서 매우 효과적인 전략이었다고 하더라도 다른 상황 가운데서는 거의 무용지물이 될 가능성도 있다(1989, 27).

다음 장에서 보다 더 구체적으로 다루겠지만, 선교 전략은 그 전략이 적용되어야 할 지역의 상황에 대한 융통성과 민감성을 갖고 개발되어야 한다. 우리의 사역은 사람을 대상으로 하는 것이고, 사람은 변화하는 존재이다. 만약 상황에 대한 융통성이 허용되지 않는 전략이라면, 상황적 변화의 바람이 불 때 그 전략도 함께 날려가 버릴 것이다.

반론 6: 전략 개발은 실용주의의 산물에 불과하다.

1970년대와 1980년대에 교회성장운동이 교회성장의 전략과 방법의 개념을 부각시킨 것이 이 운동 전체를 실용주의의 산물에 불과하다는 잘못 이해하게 하는 계기가 되기도 했다. 사실상 이 운동을 추구하는 사람들의 상당수의 주장을 살펴보면 이러한 평가를 받는 것도 타당해 보인다. 최근의 선교 역사를 살펴볼 때도, 몇몇 사람들은 전략 개발이 거의 언제나 방법을 정당화하는 실용주의와 다를 바 없다고 주장하기도 했다. 우리는 어떤 전략이 아무리 많은 성과를 도출했다고 하더라도 그 전략이 성경이 제시하는 원칙에 위배될 때는 이 반대 의견에 전적으로 동의한다. 하나님 나라의 경제 법칙은 목적이 수단을 정당화하지 않는다.

비록 발디어 스튜어나겔(Valdir Steuernagel)이 북미의 전략을 지나치게 일반화한 그의 평가가 정당하지 못했다고 볼 수 있지만, 그는 남아메리카에서의 바람직하지 못했던 서구 전략들에 대해 탁월한 통찰력을 제시해 주고 있다.

> 당신이 어느 지역을 선택하고, 목표와 시간 계획을 설정하여 이 두 가지 모두를 성취하려고 시도하려는 이 같은 전략은 실용주의를 기반으로 세워진 것이다. 문제는 문화가 당신이 원하는 대로 움직여주지 않을 뿐 아니라 사람이 목표보다 중요하다는 성경의 가르침과도 위배된다는 것이다. 성경적인 관점에서 볼 때 전략은 여리고 도상에서 구걸하고 있는 한 맹인과도 같은 사람에 의한 지속적인 개입과 점검이 이루어져야 한다(2008, n.p.).

그럼에도 불구하고, 스튜어나겔이 언급한 실수를 방지하기 위해 노력하는 한편, 왕께서 주신 자원과 기회들에 대한 선한 청지기 직분을 최선을 다해 감당해야 할 의무를 갖고 있다(마 25:14-30). 신자들은 실용주의 철학에 종속되지 않아야 하지만, 그들은 청지기 직분과 관련하여 여전히 실용적(혹은 실제적)인 사람이 되어야 한다. 교회는 전 세계 사람이 믿음을 갖게 하고, 교회를 세우기 위해 성령께서 어떤 방법을 사용하시는지 알기 위해 더 많은 노력을 해야 한다.

반론 7: 전략 개발은 성경에 언급되어 있지 않다.

비록 성경에서 매우 세부적인 전략 개발의 모델은 찾아보기 어렵지만, 우리는 이 문제에 대해 과장해서 표현하는 것은 피해야 할 것이다. 예를 들면, 1974년에 개최된 세계복음화를 위한 로잔대회에서 마이클 그린(Michael Green)은 다음과 같이 말한 바 있다. "초기 기독교 선교는 어떤 놀라운 전략이나 전술에도 의지하지 않았다. 단 하나의 전략도 찾아보기 어렵다. 나는 그들이 어떤 청사진을 따라 선교했다고 믿지 않는다. 그들은 오직 예수님만이 삶과 죽음 그리고 행복과 인생의 목적의 열쇠라는 참을 수 없는 확신을 갖고 있었고, 그들은 단순히 예수님에 대해 침묵할 수 없었을 뿐이다. 예수님의 영이 그들로 하여금 선교하게 한 것이다"(Douglas 1975, 165-66에서 인용).

사도 시대의 교회들이 현대의 전략에 대한 관점에서 볼 때 "놀라운" 계획을 갖고 선교한 것은 아니었지만, 그린은 그의 관점을 강조하기 위해 과장해서 표현한 것으로 보인다.

물론, 성경은 우리에게 초대 교회 신자들이 다락방에 오랜 기간 동안 머무는 가운데 칠판에 둘러 앉아 아시아 복음화를 위해 잘 짜인 전략 보고서를 작성했었다는 이야기는 들려주지 않는다. 그러나 교회가 전략을 가졌다는 것이 의심스럽다는 진술은 분명한 부분을 간과한 것이다.

우리는 그린이 교회가 청사진을 갖는 것을 현대 선교 전략을 성경의 상황에 직접 대입하여 선대 선교 전략을 시대착오적인 발상으로 격하시키고자 했던 그의 의도를 그에게 유리한 방향으로 해석한 수도 있을 것이다.

에카르트 쉬나벨(Eckhard J. Schnabel)는 선교 전략이 성경적인가에 대한 유용한 견해를 제시한 바 있다. 그는 "현대 선교 전략과 방법에 대한 정의와 상관없이, 바울은 구체적인 의사결정을 가능하게 한 보편적인 전략의 맥락에서 계획을 개발하여 사역했다"(2008, 257)고 지적한다. 허버트 케인(J. Herbert Kane)은 보다 더 구체적으로 이 문제를 다루고 있다. "바울에게 선교 전략이 있었는가? 이 질문에 대해 사람들은 서로 상반된 견해를 갖고 있다. 여기에는 전략을 어떻게 정의하는가의 문제가 가장 크게 작용한다. 만약 전략을 인간의 관찰과 경험에 의한 의도적이고, 잘 조직되어 있고, 절차에 따라 실행하는 활동으로 정의한다면 바울은 전략을 갖고 있지 않았다. 그러나 전략이 성령의 인도에 따라 개발된 유연한 방식이고 그의 뜻에 따라 통제를 받는 것이라면 바울은 전략을 갖고 있었다"(1976, 73).

반론 8: 전략 개발은 책임을 요구한다.

이 반론을 주장하는 사람들은 자신의 성격의 결함이 그대로 드러나기 때문에 결코 공개적으로 강조하지 못하는 두 가지 반론들 가운데 하나이다. 모든 전략에는 책임이 따른다. 바로 이 책임의 문제가 전략이 필요한 이유이기도 한 것이다.

만약 어느 선교 팀이 향후 5년간 20개의 교회를 개척할 것을 목표로 전략을 개발한다면, 5년 후에는 누군가가 "20개의 교회가 개척되었는가?"라고 질문할 수 있게 된다. 만약 "그렇게 하지 못했다"고 대답했다면, "왜 그렇게 하지 못했는가?"라는 질문을 할 수 있다. 전략은 그 특성상 책임성을 창출한다. 만약 어떤 사람이 누구에게든 어떤 책임도 지지 않기를 원한다면 그는 전략 개발로부터 손을 떼야 할 것이다.

반론 9: 전략 개발은 게으름을 허용하지 않는다.

공개적으로 강조하지 못하는 또 다른 반론은 전략 개발의 과정이 매우 힘든 작업이라는 것이다. 어떤 사람이 사역 현장에서 나태하고 게으른 사람이라면 전략을 개발하는 모험을 감수하기를 원하지 않을 것이다. 오랫동안의 기도와 금식, 연구 조사, 사람들과 함께 보내야 하는 오랜 시간, 팀 구성원들과의 대화와 토론, 평가, 성찰 등을 요구하기 때문이다.

결론

선교 전략을 개발하는 것은 선교사의 사역에 있어서 매우 중요한 과업이다. 전략 개발은 신학적이고 선교학적인 연구의 결과물이라기보다는 주님께서 교회에 주신 자원들에 대한 지혜로운 청지기 직분의 일부이다. 건강한 신학적, 선교학적 기초 위에 전략을 개발했을 때, 그 전략은 예수님께서 자신의 교회를 세우시기 위해 사용하시는 유용한 도구가 될 수 있다.

전략을 개발하고 사용하는 것이 하나님의 주권을 강탈하고 성령의 역사를 제한하는 것이 아니라 오히려 추수의 주님에게 영광을 올려 드리는 결과를 가져 와야 한다. 전략 개발은 성령의 인도 혹은 상황적 변화의 바람을 고려하지 않는 선형적 과정이 아니며 모든 족속으로 제자를 삼기 위해 사용하는 융통성 있는 도구가 되어야 한다.

Developing A Strategy
For Missions

제4장
전략 개발의 성경적 관점

선교 전략을 개발하는 사람이라면 누구나 겸손하게 최고의 전략가에게 의지해야 한다. 아더 글라서(Arthur F. Glasser)는 어떻게 거룩한 두려움을 갖고 계획을 개발할 수 있는지에 대해 언급하고 있다.

우리의 과업은 이 시대의 예수 그리스도의 교회에 부합하는 전략을 도출하는 것이다. 인간적으로 볼 때 이것은 불가능할 뿐만 아니라 심지어 위험한 과업이라고 할 수 있는데, 이는 어떤 인간의 전략도 하나님의 역사를 완벽하게 포함할 수 없기 때문이다. "하나님의 생각은 우리의 생각과 다르다." 만약 우리가 현대의 정치적, 사회적, 경제적, 지적, 영적 상태를 완벽하게 파악했다고 하더라도, 우리는 이 세상에 대한 우리의 이해로부터 전략을 도출하고자 하는 유혹을 거부해야 한다. 전략은 반드시 세상의 현재 상태를 간파한 가운데 하나님 나라의 중요성에 대한 하나님의 마음과 모든 민족 가운데서의 그리스도의 구속적 활동을 그 핵심에 두어야 한다(1968, 178).

전략가들이 직면해 있는 현실에 대해 경각심을 불러일으키는 글라서의 경고는 성경적 진리의 빛 가운데서 전략을 개발해야 한다는 사실을 환기시켜주고 있다. 만약 모든 전략이 하나님의 말씀의 진리의 토대위에 확립되어 있지 않다면, 어떤 선교 전략도 실행이 "불가능하고 심지어 위험하기까지 한 과업"에 불과할 것이다. 이 장의 목표는 올바른 선교 전략을 위한 성경적 그리고 신학적 기초를 제공하는 데 있다. 우리는 이 장의 서두에서 다음 두 가지 전제를 갖고 전략 개발의 성경적 기초를 진술할 것에 대해 미리 알려두고자 한다.

첫째, 우리는 이 책의 대다수의 독자들은 이미 선교 신학에 대한 기초를 확립한 사람들일 것으로 전제한다.

둘째, 지면 관계상 이 주제와 관련한 모든 세부적인 요소에 대한 완벽한 목록을 제시하기 보다는 핵심적인 논제들을 중심으로 다룰 것이다.

1. 미래 상황에 대하여

전략을 개발하는 활동은 미래지향적 과업이다. 전략을 개발하겠다는 생각 그 자체가 미래를 내다보고자 하는 시도라고 볼 수 있다. 전략가들은 그들의 꿈이 실현될 미래에 대한 기대로 가득 찬 목표를 설정한다.

그러나 전략가들이 다른 사람들에게 복음을 전하기 위한 전략을 개발하기에 앞서 미래에 대한 올바른 신학을 확립할 필요가 있다. 하나님은 영원한 분이시지만 시간을 창조하셨다. 하나님은 첫째 날에 아침과 저녁을 창조하셨고(창 1:5), 넷째 날에 계절과 날과 해를 만드셨다(창 1:14-19). 인간이 타락한 이후 언젠가 시간이 더 이상 존재하지 않게 되는 날이 올 것이라고 성경은 계시하고 있다. 이 일은 곧 새 하늘과 새 땅의 도래를 의미하는 것이다(벧후 3:13). 또한 예수 그리스도는 다시 오실 것이라고 약속하셨다(마 24:3-51; 행 1:11). 야고보는 전략가들에게 미래에 대한 성경의 관점을 제시해 주고 있다.

> 들으라 너희 중에 말하기를 오늘이나 내일이나 우리가 어떤 도시에 가서 거기서 일 년을 머물며 장사하여 이익을 보리라 하는 자들아 내일 일을 너희가 알지 못하는도다 너희 생명이 무엇이냐 너희는 잠깐 보이다가 없어지는 안개니라 너희가 도리어 말하기를 주의 뜻이면 우리가 살기도 하고 이것이나 저것을 하리라 할 것이거늘 이제도 너희가 허탄한 자랑을 하니 그러한 자랑은 다 악한 것이라(약 4:13-16).

앞서 언급한 바와 같이 야고보 시대의 상인들의 문제는 미래에 대한 계획을 개발한 죄가 아니었다. 오히려, 이윤을 창출하고자 했던 그들의 전략에 주님의 뜻이 반영되어 있지 않았기 때문이었다. 그들은 오만할 뿐 아니라 자기만족에 빠져 있었고, 주어진 시간을 당연시하는 것이 문제였다. 계획을 개발하는 것이 잘못된 것은 아니지만, 주님의 뜻이 모든 전략과 생각을 지배해야 한다는 것을 전략가들은 반드시 이해해야 한다.

성경은 교회의 선교가 미래지향적이라는 사실을 잘 보여주고 있다. 교회는 세상 끝날까지 모든 민족으로 제자를 삼는 일을 계속해야 하고(마 28:19-20), 주님이 다시 오실 때까지 증인의 역할을 담당해야 한다(행 1:8, 11). 끝이 오기 전에 복음이 온 세상에 전파될 것(마 24:14)이라는 교회의 미래의 전도적인 활동에 기초하여 성취될 약속을 하셨다. 바울은 사도행전과 그의 서신들에서 미래에 대한 계획을 개발한 것을 자주 볼 수 있다. 예를 들면, 그는 유대에 사는 형제들을 돕기 위해(행 11:29-30), 마게도냐에서 복음을 전하기 위해(행 16:10), 새로 개척한 교회들을 방문하기 위해(행 15:36), 서바나로 가기 위해(롬 15:24) 계획을 세웠다.

심지어 목표를 설정하는 행위도 성경이 지지하는 미래지향적 과업이다. 데이톤과 프레이저는 세계복음화를 위한 전략 개발의 신학적 기초에 대해 다음과 같이 설명하고 있다.

> 미래에 대한 모든 논의는 사실상 믿음을 반영한 견해이기 때문에, 미래에 대한 그리스도인의 반응은 하나님이 미래에 인류에게 무엇을 원하시는가에 대한 믿음에서 출발해야 한다… 우리가 일단 인류에 대한 하나님의 계획이 무엇인가를 인식하게 되면 인류로 하여금 그 미래의 목표가 실현되도록 하기 위해 모든 개인과 공동체가 함께 노력해야 하는 책임을 갖게 된다. 인류의 미래에 대한 하나님의 뜻을 발견하는 것은 우리로 하여금 미래가 어떻게 되어야만 하는가에 대한 확신과 함께 이를 위하여 무엇을 할 것인가에 대한 개인적인 실천 방안을 제시하도록 (혹은 개인적인 목표나 계획을 세우도록) 하고 있다. 이러한 방안을 제시할 때 우리는 새롭게 발견한 진리에 따라 언제나 수정 보완할 준비도 되어 있어야 한다(1980, 12).

하나님에 대한 우리의 지식, 교회를 위한 그분의 사역, 피조물과의 단절된 관계를 회복하기 위한 그분의 구원의 역사의 결과에 비추어 볼 때, 교회는 반드시 믿음으로 목표를 정하고 전략을 개발해야 한다.

참고자료 4.1
불변의 원칙

멜빈 호지스(Melvin I. Hodges)는 올바른 선교 전략의 핵심 요소들에 대한 오순절의 관점을 다음과 같이 제시한 바 있다.

> 오순절 교회는 선교 전략은 융통성이 있어야 한다는 맥가브란(McGavran) 박사의 견해에 동의한다. 그럼에도 불구하고 우리는 불변의 원칙들이 존재하고 있다는 것도 믿고 있다. 우리가 전하는 메시지, 영적 거듭남, 그리스도인의 삶과 교회의 사역에 대한 성령의 인도, 교회 구성원으로서의 그리스도인의 책임, 전도자로서의 사명 등은 어떤 형태의 융통성도 허용될 수 없는 불변의 원칙들이다.
> 그러나 그 접근 방식에 있어서는 다양성과 융통성이 존중되어야 한다. 만약 어느 특정한 부족이나 사회 집단이 추수의 시기를 맞았을 때, 교회는 반드시 이 기회를 놓치지 않기 위해 충분한 융통성을 발휘하여 전략을 개발해야 한다. 성령은 각각의 상황에 적합한 융통성이 있고 다양한 방법을 사용하여 인도하신다는 것이 오순절 교회의 확고한 신념이다.
> 어떤 특정한 지역에서는 선교 사역이 복음의 문을 여는 일에 집중해야 하지만 다른 지역에서는 문서 사역을 통해 가정에서 소그룹 모임을 만드는 일을 시작할 수도 있다. 믿음의 기도를 통해 장애인을 치유하거나 눈먼 자를 치료하는 것은 관심을 불러 일으키고 교회를 개척하는 하나의 방법에 불과하다. 오순절 교회는 이웃의 아픈 사람들을 위해 기도하고 그들을 주님께로 인도한다. 알콜이나 마약에 중독된 자들의 치료를 돕는 것은 한 공동체의 문을 여는 결과를 가져 오기도 한다. 교회의 선교에 대해 제도적인 접근을 시도해 온 전통적인 사람들에게는 이러한 모습이 낯설게 느껴질 수도 있겠지만 오순절 교회에게는 매우 자연스러운 일이고 그리스도의 선교에 대한 신약성경의 가르침과 완벽하게 조화를 이루는 것이라고 믿고 있다(1968, 307-8).

♦ 토의 질문 ♦
① 성경에서 찾아 볼 수 있는 또 다른 "불변의 원칙들"이 있는가?
② 호지스가 제시한 불변의 원칙에 동의하는가? 당신의 견해는 무엇인가?

2. 청지기의 사명

선교 전략의 문제는 청지기 직분의 문제이기도 하다. 청지기 직분은 흔히 재정의 사용과 관련하여 논의하고 있지만 사실상 재정 관리 이상의 의미를 갖고 있다. 청지기 직분은 주님께서 공급해 주신 사람, 시간, 재능, 은사, 기회 등의 사용과 관련이 있다. 하나님 나라의 백성은 열방을 주님께 인도하기 위해 위탁받은 모든 자원들에 대한 선한 청지기 직분을 감당해야 한다는 신학적 기초위에 선교 전략이 세워져야 한다.

복음서들은 여러 차례에 걸쳐 우리의 주님은 착하고 충성된 종들을 찾고 계신다(마 24:25; 25:31; 눅 19:17). 이러한 충성은 왕으로부터 위임받은 모든 것에 대한 적절한 사용과 관련이 있다. 전략가들은 하나님의 비밀을 맡은 자들에게 구할 것은 충성이라는 사실을 기억해야 한다(고전 4:1-2). 예를 들면, 지혜로운 종의 예화를 살펴보면 그 종은 주인이 언제 돌아오는지 몰랐지만 그는 주인이 떠날 때 맡긴 원래의 과업을 충성스럽게 실행했다.

> 충성되고 지혜 있는 종이 되어 주인에게 그 집 사람들을 맡아 때를 따라 양식을 나눠 줄 자가 누구냐 주인이 올 때에 그 종이 이렇게 하는 것을 보면 그 종이 복이 있으리로다. 내가 진실로 너희에게 이르노니 주인이 그의 모든 소유를 그에게 맡기리라. 만일 그 악한 종이 마음에 생각하기를 주인이 더디 오리라 하여 동료들을 때리며 술친구들과 더불어 먹고 마시게 되면 생각하지 않은 날 알지 못하는 시각에 그 종의 주인이 이르러 엄히 때리고 외식하는 자가 받는 벌에 처하리니 거기서 슬피 울며 이를 갈리라(마 24:45-51).

다시 말하면 그 종은 게으르지 않았기 때문에 칭찬을 받았지만 정확히 말하면 그는 주인이 맡긴 집안 사람들에게 제때에 양식을 나누어 줄 계획을 세우고 실행한 사람이었기 때문이었다. 그는 자신이 받았던 자원들을 충실하게 사용하기 위해 계획을 세웠던 것이다.

이 지구상에 수십억 명의 불신자가 살고 있는 상황에서 지혜로운 청지기라면 그들에게 복음을 전하고 교회를 배가하기 위해 최선의 계획을 세워야 할 것이다. 선교 전략은 주인이 돌아올 때까지 종이 위임받는 모든 자원에 대한 선한 청지기 직분을 감당하는 것과 같다. 따라서 전략가는 주님이 내일 오시든지 아니면 천 년 후에 오시든지 계획을 세워 부지런히 일하는 청지기의 신학을 바탕으로 전략을 개발해야 한다.

3. 성공

성공의 개념을 잘못 이해하면 선교 전략에 적용할 때 위험한 개념이 될 수 있다. 특히 성공의 개념에 대한 정의와 문화적 기대가 성경적 관점과 차이가 있을 때 이런 현상이 나타난다. 예를 들면 생산 라인에서 매일 업무 종료 시간까지 생산한 할당량에 따라 나의 가치와 성공이 결정되는 자본주의자의 사고방식은 우리가 추구하는 성공의 개념이 아니다. 단지 오늘 열심히 일했다고 해서 하루(혹은 한 달)의 업무 시간이 끝날 때까지 우리가 기대하는 정량화된 결과를 얻을 수 있다는 보장이 없다.

우리의 전략들은 어느 정도 실용적이어야 한다. 우리는 종족 집단들 가운데서 복음의 의미 있는 진전을 볼 수 있어야 한다. 우리는 선교를 위해 성경적인 방법을 사용해야 한다. 주님의 명령은 결과에 기대와 함께 우리에게 주어진 것이다. 우리는 많은 열매를 맺고 (요 15:1-8) 제자를 삼는(마 28:19) 삶을 살아야 한다. 이러한 이유들과 주님의 또 다른 기대들로 인해 지속적으로 목표를 성취하지 못하는 전략가들은 그들의 전략과 방법을 신중하게 재검토해야 한다. 만약 언제나 예산을 초과하여 사용하는 선교행정가가 있다면 그 직책에 적합한 사람인가에 대해 점검해야 할 필요가 있다. 동물들을 제대로 돌보지 못하는 수의사 출신의 선교사는 수의사로서의 그의 역할에 대해 의구심을 갖게 될 것이다. 학생들이 글을 읽거나 시험에 통과할 수 있도록 가르치지 못하는 교사 선교사는 교사로서의 선교 사역에 대해 의문을 갖게 할 것이고, 언제나 다른 의사가 재수술을 해야만 하는 외과 의사 선교사는 그의 의학적 전문성에 대해 의심을 품게 할 것이다. 이 모든 사람이 주님에 대한 믿음이 있는 사람들이지만 그들의 역할에 대한 기대에 부합하지 못하기 때문에 주어진 임무를 완수하는데 실패했다고 간주할 수 있다.

선교사들은 가서 복음을 전하고 하나님의 말씀을 가르쳐 지키게 하며 교회를 개척하는 과업이 실제로 일어나게 하는 전술적 방법들을 사용해야 한다. 만약 어떤 방법이 효과가 없다면 하나님 나라를 위해 전략을 수정해야 한다. 때로는 이러한 변화가 다른 방법으로의 전환을 필요로 한다. 그리고 사람들이 복음에 대해 강하게 거부할 때는 먼지를 털고(행 18:6-7) 보다 수용성이 높은 지역으로 갈 필요도 있다.

릭 크루즈(Rick Cruse)는, "지역 교회의 사역과 마찬가지로 선교에 있어서 우리가 실시하는 대부분의 일은 '영적'인 일이다. 이 사역의 특성상 우리가 사역을 잘하고 있는가, 얼마나 더 많이 사역해야 하는가, 언제 이 과업이 성취될 것인가에 대해 알기가 어렵다. 언제 사람들이 주님께 돌아올 것인가? 신자들이 언제 변화와 성숙을 이루어갈 것인가? 언제 지도자가 적절한 훈련을 받을 수 있을 것인가? 복음에 대한 반응이 없거나 적대적인 지역에서 충성스럽게 사역하는 동료 선교사들은 어떻게 될 것인가? 효율성과 성공을 어떻게 측정할 것인가?"(1999, 50)라며 선교의 성공과 관련하여 매우 중요한 문제를 제기한 바 있다.

이러한 문제들은 혼란, 좌절, 때로는 환멸을 느끼게 한다. 선교의 부르심에 있어서 효율성과 성과를 측정할 수 있는 올바른 잣대는 무엇인가? 우리가 믿음의 목표를 위해 일하든지 아니면 측정 가능한 목표를 위해 일하든지 선교의 효율성에 대해 어떻게 평가해야 하는가에 대한 성경적인 관점을 명확하게 이해해야 한다. 선교사, 파송 단체, 이사회, 후원 교회, 파송 교회, 희생적으로 후원하는 신자 등을 포함한 우리 모두는 매우 신중하게 이 문제를 다루어야 한다. 우리는 최대한의 선교 자금을 확보하는 일에 가장 큰 가치를 부여하고자 하는 유혹을 경계해야 한다. 이러한 태도는 선교사들에게 영적인 일보다 기업에서 요구하는 상품을 "생산"하도록 부적절한 압력을 가하는 결과를 초래할 수 있다.

전략 개발의 예술은 전략가들로 하여금 개인 혹은 팀의 은사, 성품, 재능 등과 같은 문제들을 바탕으로 한 효율성을 표준적인 측정 체계를 개발할 것을 요청하고 있다(제27장을 보라).

4. 성공의 의미

모든 전략가는 예수님의 명령과 관련하여 어느 정도는 현실적이어야 하기 때문에 우리는 오해를 방지하기 위해 성공의 의미를 분명히 해야 할 필요가 있다. 누군가의 삶에 대한 하나님의 부르심에 대한 순종은 이 현실을 잘 보여주고 있다. 어떤 사람들은 척박한 땅에서 주님을 섬겨야 한다. 이러한 부르심은 오늘날에만 필요한 것이 아니라 역사와 성경에서도 많은 선례를 찾아 볼 수 있다. 예를 들면 예레미야는 성공적이었는가? 에스겔은 어떠한가? 윌리엄 캐리는?

성공에 대한 오늘날의 정의에 의하면 이 신실한 사람들은 다른 많은 사람과 마찬가지로 성공적으로 일했던 사람들이라고 평가할 수 없을 것이다. 그러나 만약 성공적인 전략이 주님의 부르심에 충성하는 것이라면 영적으로 척박한 땅에서도 그들의 활동은 성공적이었다고 말할 수 있을 것이다. 현명한 전략가라면 이러한 상황을 고려해야 한다. 성령의 역사에 근거를 두지 않은 비현실적인 목표들은 지혜롭지 않을 뿐만 아니라 결국에는 선교사의 사역이 성공적이지 않았다고 판단하는 오류를 범할 수도 있다.

5. 하나님이 계획하신다.

하나님은 위대한 전략가이시다. 그분은 과거에도 실행되었고, 현재에도 진행 중이고, 미래에서 지속될 영원한 계획을 개발하셨다. 그는 자신의 계획을 십계명에 계시하셨다(출 26:30). 그분의 계획은 영원하고 그분의 생각은 어느 세대에서나 한결같다(시 33:11). 이사야는 하나님의 계획을 찬송했다(사 25:1). 하나님은 유다 사람들에게 재앙을 내릴 계획을 세우기도 하셨다(렘 18:11). 주님은 에돔과 바벨론에 대항하는 계획을 세우셨다(렘 49:20; 50:45). 주님은 그분의 백성의 평안을 위한 계획을 개발하셨다(렘 29:11).

성경 전체의 수많은 예언적 말씀들은 하나님의 계획의 사례들을 보여주고 있다. 여호수아는 하나님이 약속하신 모든 선한 일이 다

이루어졌다고 고백한 바 있다(렘 23:14). 이스라엘 백성이 40년 동안 광야에서 방황하던 가운데서도 하나님의 계획은 여전히 이루어지고 있었다. 하나님은 만민에게 하나님의 영을 부어 주실 것이라는 자신의 계획을 요엘에게 알려 주셨다(욜 2:28). 수년 후에 초대 교회는 오순절에 이 계획의 성취를 경험했다(행 2:16-21). 바울은 그의 편지의 수신자들에게 하나님이 창세전에 우리의 구원을 계획하셨다는 사실을 알려주고 있다(엡 1:3-14). 그리고 계획하신 때가 되었을 때 우리를 하나님의 자녀가 되게 하기 위해 자기 아들을 보내셨다(갈 4:4).

예수님은 하나님께서 정하신 계획에 따라 십자가에서 죽으셨다(행 2:23). 그리고 예수님께서 전파한 이 복음은 영원부터 만물을 창조하신 하나님 속에 감추어졌던 비밀이었다(엡 3:9). 계획을 개발할 수 있는 인간의 능력은 하나님의 형상에 따라 창조된 것이다.

성경 전체에서 여러 차례에 걸쳐 하나님의 사람들이 계획을 개발하는 것을 찾아 볼 수 있다. 다윗은 솔로몬에게 성전에 대한 그의 계획을 넘겨주었다(대상 28:11). 에스더와 모르드개는 함께 그들의 백성을 구할 계획을 세웠다(에 4장). 시편 기자는 하나님의 사람들의 소원과 계획들이 이루어지는 축복을 간구했다(시 21:5). 느헤미야는 예루살렘으로 돌아와 성벽을 재건할 계획을 세웠다(느 2:1-8). 존귀한 자는 존귀한 계획을 세우는 사람이다(사 32:8).

> **참고자료 4.2**
> **세계복음화 전략**
>
> 짐 몽고메리(Jim Montgomery)는 세계복음화를 위한 자신의 전략을 소개한 바 있다. 그가 필리핀에서 선교했을 때 DAWN 전략을 개발했다.
>
> DAWN은 마태복음 28:19-20의 "모든 족속으로 제자를 삼아"(Discipling a Whole Nation)에서 나온 두음문자의 조합이다.

전 세계의 수많은 선교 지도자가 세계복음화를 위해 이 전략을 채택했다. DAWN의 목표는 한 나라에서 지상명령을 성취하기 위한 확고한 노력으로 전 세계적으로 모든 나라의 모든 교회를 총 동원하여 모든 마을과 부락과 계층의 사람들을 전도하고 제자화하기 위해 그 국가의 전 지역에 복음적인 교회를 세우는 것이다.

DAWN은 모든 종족 집단들을 포함한 모든 민족과 국가들마다 400명에서 1,000명 정도의 모든 소규모 인구 집단 가운데 예수 그리스도의 모든 위대함과 긍휼과 능력과 메시지가 성육신할 것을 기대하고 있다.

한 국가에서 제자화운동이 일어났다고 지상명령이 성취되었다고 단정하는 것은 잘못된 것이며 모든 국가들과 그 국가들 가운데 속해 있는 모든 종족 집단들 가운데서 제자를 삼는 실현 가능하고 측정 가능한 목표가 성취되었을 때 비로소 이 목표가 이루어졌다고 볼 수 있다.

모든 최소 규모의 종족 집단들마다 전도하는 신자 공동체가 존재할 때 그 땅 가운데 있는 모든 사람에게 최상으로 상황화되고 효과적인 방법으로 복음을 전파할 수 있다. 이제 모든 사람이 예수 그리스도를 받아들이거나 거부할 수 있는 타당한 기회를 갖게 되는 것이다. 그리고 누구나 손쉽게 다가갈 수 있는 교회에 참여하여 회심과 제자화를 위한 적절한 훈련받을 수 있는 기회가 주어져야 한다.

이런 일이 일어날 때 모든 국가의 모든 종족들 가운데서 제자를 삼기 위한 끝에서 두 번째의 단계가 완수되는 것이다(1989, 11-12).

◆ 토의 질문 ◆
① 당신은 한 국가에서 지상명령이 성취될 수 있다고 생각하는가? 만약 그렇다면 실제로 지상명령이 성취된 상태는 어떤 모습을 예상할 수 있는가? 만약 아니라면 왜 그렇게 생각하는가?
② DAWN 전략의 장점과 단점을 기술해 보라.

6. 하나님은 주권자이시다.

하나님의 백성이 미래에 대해 계획을 개발할 수 있는 능력을 갖고 있지만 모든 계획은 하나님의 주권 가운데서 개발되어야 한다.

초대 교회는 이 주권을 인정했고(행 4:24) 사람들에게 하나님의 말씀을 전하기 위한 계획을 세웠지만(행 4:31) 지나치게 계획에 얽매이지는 않았다. 바울은 하나님의 주권을 인정하는 가운데(딤전 6:15) 계획을 개발하고(행 21:13-15) 디모데에게 계획을 세울 것을 권면했다(딤후 4:9-13).

사람이 자기 길을 계획할 수 있지만, 그 걸음을 인도하시는 분은 하나님이시다(잠 16:9). 교회는 반드시 주님의 마음과 발맞추어 걸어가야 한다. 사람의 마음에는 많은 계획이 있지만 오직 하나님의 뜻만이 완전히 이루어진다(잠 19:21). 앞서 언급한 바와 같이 우리는 하나님이 기뻐하시는 계획을 세워야 하지만 오직 주님의 뜻이면 그 계획이 성취될 것이라는 믿음을 가져야 한다(약 4:15).

7. 하나님은 교회를 통해 일하신다.

바질 클러터벅(Basil Clutterbuck)은 "하나님의 최고의 전략가이시다. 세상을 구원하는 역사는 오직 그분의 일이다. 그러나 그분은 우리와 함께 그 일을 하기를 원하신다. 그분은 우리를 일꾼으로 사용하신다. 그분은 우리를 자신의 뜻 가운데서 계획을 개발하고 행하기를 원하신다"(1957, 30)고 언급한 바 있다.

그분의 주권적 계획 가운데 하나는 하나님 나라의 복음이 교회의 사역을 통해 전파되는 것이다. 주님께서 자신의 교회를 세우겠다고 약속하셨지만(마 16:18), 이 과업은 그분이 계획한 구원의 역사 가운데서 하나님 나라 백성의 전도적 활동을 통해 성취될 수 있다. 주님이 우주 만물을 다스리시지만 특별한 수단을 사용하기로 결정하셨다. 그 수단이 바로 그분의 몸의 지체들(교회)이다. 서구와 비서구 교회들의 동반자적 협력 관계는 예수 그리스도의 복음과 하나님이 모든 다양성 가운데서 어떻게 교회를 통해 일하시는가에 대한 강력한 증거가 될 수 있다.

교회가 지상명령을 위임받았기 때문에(마 28:18-20) 우리는 이 과업을 위해 최선을 다해 계획을 개발하고 실행해야 한다. 하나님 나라의 백성이 된다는 것은 곧 왕을 위한 대사가 되는 명예를 누리는 것을 말한다(고후 5:20). 그리고 이 위대한 사명에는 교회가 이 세상의 수많은 사람에게 하나님의 이 위대한 사랑을 어떻게 전파할 것인가에 대한 최상의 계획을 개발해야 하는 책임이 포함되어 있다. 따라서 선교 전략가의 계획에는 하나님의 주권적 계획의 하나인, 그분의 백성이 모든 민족에게 나아가게 하는 것이 포함되어야 한다.

8. 지혜의 은사

만약 주님이 지혜를 사용하여 세상을 창조하셨다면 선교를 위해 얼마나 많은 지혜가 필요하겠는가?(잠 8:22-31). 지혜는 하나님으로부터 오는 은사이며 금과 은보다 귀중한 것이다(잠 8:10-11). 전략을 개발하고 자 하는 사람은 지혜의 사람이 되어야 한다. 지혜는 통찰력을 제공한다(잠 8:14). 조언을 해 주는 사람이 많으면 계획한 일이 성공할 가능성이 높아진다(잠 15:22).

지혜는 전략가에게 하나님의 마음을 알게 해 준다. 지혜는 또한 팀 사역자들이 최상의 협력 방안을 모색할 수 있게 해 준다. 더 나아가 지혜는 전략의 다양한 요소들이 어떻게 서로 조화를 이룰 수 있는가를 알게 해 준다. 지혜는 세상의 상식으로는 이해할 수 없는 문제들을 이해할 수 있는 능력을 갖게 해 주기도 한다.

9. 지상명령의 본질과 선교

전략 개발은 선교의 회심주의적 신학을 추구하는 교회의 지상명령에 뿌리를 두고 있다. 선교 전략이 사회 정의와 개선을 포함해야 하지만 성경은 장기적인 사회적 변혁은 마음의 변화로부터 시작된다는 진리를 증거하고 있다.

신약성경은 예수님과 초대 교회는 하나님 나라의 복음 전파에 최고의 우선순위를 부여했다는 사실을 보여준다. 가난한 사람, 귀신들린 사람, 병자들을 만났을 때 그들의 필요를 채워주었지만, 그리스도의 구원의 복음으로 초대하는 것을 결코 잊지 않았다. 교회는 세상과 개인의 필요를 외면하지 않아야 하지만 하나님의 선교는 죄에 대한 회개와 예수 그리스도에 대한 믿음을 촉구하는 사명이 그 중심에 있어야 한다(마 16:26). 선교 전략은 반드시 이 본질적인 문제를 다루어야 한다.

10. 성령의 인도

하나님이 교회를 택하여 세상 끝까지 복음을 증거하게 하지만 이 과업을 성취하는 과정에서 우리를 홀로 내어버려두지 않으셨다(요 14:15-26). 그분의 성령이 가르치시고(요 14:26), 우리가 가야할 길을 인도하신다(행 8:29). 만약 전략가들이 성령을 신뢰하지 않고 전략을 개발한다면 그것은 하나님이 원하시는 계획이 될 수 없다. 데이톤은 "복음화를 위한 어떤 전략도 성령의 강력한 임재와 활동을 대체할 수 없다"(1981, 595)고 주장했다.

전략가들이 기도하는 가운데 전략을 개발해야 하지만 우리는 성령의 인도에 따라 계획을 변경할 수 있어야 한다. 이러한 변경이 작은 부분에서 일어날 수도 있지만 인간의 이성적 판단으로는 실현 불가능하고 심지어 어리석게 보이는 근본적인 변화도 시도해야 한다. 예를 들면 브루스 니콜라스(Bruce Nicholls)는 "인간의 지혜는 하나님의 지혜와 비교할 수 없다. 선교 단체들은 사마리아(Samaria)의 부흥을 떠나 가자(Gaza)의 황량한 사막으로 가는 빌립(Philip)의 무모함이나 투옥될 것이 확실한 곳으로 가고자 하는 바울의 어리석음을 결코 허용하지 않겠지만, 성령의 인도에 순종하는 이러한 행동들은 선교를 위한 어떤 전략들보다 하나님 나라를 위해 더 위대한 일을 이룰 수 있다"(1962, 1)고 말한다.

11. 결론

선교 전략을 위한 성경적 기초를 유지한다고 해서 잘못된 전략을 개발하지 않게 된다는 보장은 없지만, 이러한 기초가 부실하거나 없는 가운데 전략을 개발하면 실패할 수 밖에 없다. 경영 철학, 마케팅 기술, 군사 전략 등으로부터 지나치게 영향을 받을 때 선교 전략이 기독교의 활동에 또 하나의 세속적 접근을 추가하는 위험을 배제할 수 없다는 사실을 염두에 두어야 한다. 선교 전략 개발의 모든 단계들이 성경적이고 신학적인 기초에 깊이 뿌리를 내리고 있을 때 교회는 미래의 복음의 진보를 위한 최상의 준비를 갖출 수 있게 된다.

『농촌 교회배가 전략: 태국 중부 사례 연구』(Strategy to Multiply Churches: A Central Thailand Case Study)에서 알렉스 스미스(Alex G. Smith)는 우리에게 "교회는 반드시 모든 사람을 위한 하나님의 구속적 목적을 성취하는 목표와 계획을 수행해야 한다. 이것은 선교의 성경적 명령에서 나오는 것이다. 하나님의 주권 가운데서 예수 그리스도의 교회의 선택받은 도구는 청지기적 사명을 충성스럽게 감당해야 할 책임과 지구상의 모든 종족 집단들을 제자화해야 하는 임무를 갖고 있다"(1977, 188)는 사실을 상기시켜 주었다.

하나님의 목적에서 벗어난 전략들은 성경의 가르침에 반대되는 잘못된 선교 활동들을 조장하는 위험에 빠지게 할 수 있다. 나름대로 결과를 보여주는 수많은 전략 개발의 원리들이 존재하고 있지만 그 결과가 하나님을 기쁘시게 하는 것인가를 확인해야 한다.

Developing A Strategy For Missions

제5장
전략 개발의 선교학적 기초

　100여 년 전, 로버트 스피어(Robert E. Speer)는 『선교의 이론과 실제』(*Missionary Principles and Practice*)에서 당시의 선교 활동에 대해 기록했다. 선교의 이론과 관련하여 그는 "일반적인 사람은 결코 동의할 수 없었던 반대 의견이 제기되었다. 그 가운데 몇 가지는 의심의 여지가 없었지만, 여전히 많은 사람이 동의할 수 없었다. 그러나 적어도 선교사들은 선교의 핵심적 원리나 대부분의 원리들에 대해 동의했다"(1902, 48)고 말했다.

　오늘날의 선교적 이론에 있어서도 여전히 서로 다른 견해들이 존재하고 있다. "선교의 핵심적 이론"의 실체 혹은 그 이론에 대한 동의의 여부에 대해서도 오늘날의 선교사들에게 있어서 논쟁의 대상이 되고 있는 것도 사실이다.

　만장일치가 불가능한 이유는 단순히 선교의 정의나 신학적 관점의 차이뿐만 아니라 서로 관심과 목적 그리고 희망 사항 자체가 다르기 때문이다. 스피어는 또한 당시에 제기되었던 이 문제에 대해 인식하고 있었고, "차이"에 대한 그의 관심을 다음과 같이 진술한 바 있다.

이러한 가장 중요한 문제에 있어서도 서로 동의하지 못하는 것은 심히 유감스러운 일이다. 선교의 목적이 무엇인가? 다른 모든 문제의 핵심은 바로 이 질문에 있다. 바로 선교의 목적은 복음을 전하는 것이다. 우리는 모두 이 사실에 동의하고 있다. 복음을 전한다는 것은 단순히 알려주는 정도가 아니며, 영혼을 구원하고 교회를 개척하며, 세계를 복음화하는 것을 말한다. 여기까지는 우리 모두가 동의하고 있다. 그러나 교회를 설립한다는 것은 무엇을 의미하는가? 이에 대한 일반적인 대답은 "자치, 자립, 자생이 가능한 현지 교회"를 세운다는 것이다. 그러나 여기에는 서로 동의할 수 없는 다양한 견해가 존재한다. 어떤 사람들은 각 국가마다 독립적인 국가적 교회를 설립해야 한다고 주장하고, 또 다른 사람들은 미국 교회와 똑 같은 교회를 세우고, 미국 교회의 애착과 관심의 범위를 침해하지 않는 범위 내에서 제한적으로 자치를 허용해야 한다고 말하기도 한다(1902, 49-50).

이러한 관점의 차이는 오늘날의 복음주의자들 사이에서도 여전히 존재하고 있지만, 우리는 선교 전략의 목적이 전 세계에서 제자와 지도자 그리고 교회를 배가하는 것이라고 믿고 있다.

에드먼드 데이비슨 소퍼(Edmund Davison Soper)는 "세계 선교 전략은 교회가 미래에 직면할 문제를 해결할 수 있는 프로그램을 결정할 수 있는 잘 알려져 있는 원리들을 요구하고 있다"(1943, 281)고 지적한 바 있다. 이 장에서 언급할 수 있는 수많은 선교 이론이 있지만, 하나님의 구속 목적과 모든 민족 가운데서 제자, 지도자, 교회를 배가하기 위한 선교 전략과 관련된 이론을 중점적으로 다룰 것이다.

1. 필요와 수용성

　필요와 수용성은 선교 전략을 개발하는데 있어서 서로 다른 분야이지만, 하나님 나라의 자원들에 대한 청지기적인 사용에 있어서 서로 긴밀한 연관성을 갖고 있다. 이 두 개념의 결합은 전략가들이 복음에 대한 수용성이 높은 지역과 낮은 지역에 대해 더 잘 이해할 수 있도록 도와줄 수 있다. 따라서 필요와 수용성의 원리는 우리가 어디에서부터 시작해야 하는가에 대해 이해할 수 있게 해 준다. 이렇게 거대한 지구상의 어디에서부터 선교를 시작해야 하는가? 이 개념들의 중요성으로 인해 우리는 이와 관련하여 두 장을 별도로 할애하여 보다 구체적으로 다루기로 하였다(제19장은 수용성, 제20장은 필요에 대해 다룬다).

　교회는 복음의 메시지에 대한 수용성에 상관없이 모든 사람에게 복음을 전파하는 사명을 갖고 있다. 전략이 어떤 특정한 민족이나 집단을 배제할 수는 없지만, 전략은 다음과 같은 질문을 통해 교회로 하여금 한정된 자원을 지혜롭게 사용하도록 요청할 수 있다. "이 국가에서 우리가 어디에서부터 시작해야 할지에 대해 알 수 있게 해 주는 복음에 대한 수용성이 가장 높은 곳은 어디인가?" 만약 하나님이 어느 선교 팀을 복음에 대한 수용성이 매우 낮은 특정한 지역에서 사역하도록 구체적으로 부르시지 않았다면, 추수할 준비가 되어 있는 성령이 역사하시는 곳에서 시작되어야 할 필요가 있다.

　이 세상의 모든 사람이 복음을 필요로 하지만, 이 책에서 "필요"는 특정 민족 혹은 집단 가운데 살고 있는 복음주의적 그리스도인의 비율을 뜻한다. 물론, 단순히 복음주의적인 그리스도인이라는 사실만으로 그가 예수 그리스도를 따르는 사람이라고 말할 수는 없을 것이다. 전통적인 의미로 복음주의적인 그리스도인이라는 것은 성령의 새롭게 하심을 경험하고 복음을 전하는 그리스도인을 뜻한다. 복음주의적이지 않은 그리스도인들 가운데서도 거듭난 그리스도인들이 존재하지만, 우리가 여기서 사용하는 "복음주의적"이라는 용어는 그들이 속한 민족 혹은 인종 집단 가운데서 복음을 전하고 있거나 혹은 전할 수 있는 그리스도인의 비율을 예측하는 가장 손쉬운 기준을 말하는 것이다.

따라서 필요와 수용성의 개념은 사역의 우선순위에 대한 전략적 사고를 가능하게 한다. 전략가는 반드시 선교 전략이 모든 민족을 제자로 삼는다는 목표를 갖고 있어야 한다는 사실을 잊지 않아야 한다. 그러므로 복음에 대한 수용성이 매우 낮고 척박한 영적 환경 가운데서 사역하도록 특별히 부르시지 않았다면 지혜로운 전략가는 가장 수용성이 높고 필요가 많은 지역에 우선순위를 둘 것이다.

참고자료 5.1
필립과 메리

필립과 메리 선교사 부부는 드디어 선교지에 도착했다. 이 부부는 모두 신학교를 우수한 성적으로 졸업했다. 그들은 이 민족 가운데서 교회를 개척하기 위해 부르심을 받았다는 확신을 갖고 있었다. 그 공동체에서 생활하면서 사람들과 교제하기 시작한지 한 달이 지난 어느 날, 메리에게 "우리가 여기에 온 지 한 달이 지났지만, 무엇을 해야 할지, 어떻게 해야 할지, 어디서부터 시작해야 할지 모르겠어. 우리가 복음을 전하고 교회를 개척하러 오기는 했지만, 도저히 안 될 것 같아"라고 말했다.

그들은 이웃들과의 일상적인 대화를 넘어 의미 있는 영적인 대화로 이끌어 가는데 어려움을 겪고 있었다. 대다수의 이웃 주민들은 이 부부와 더 친밀한 관계로 발전시켜 갈 만큼 마음의 문이 열려 있지 않았다. 이 선교지의 문화는 필립과 메리의 문화와는 매우 큰 차이가 있었다. 이웃 주민들은 일과 학교생활로 너무 바쁘게 지내고 있었는데, 이는 필립과 메리과 어렸을 때부터 익숙해져 있던 문화와는 큰 차이가 있었다.

그들은 이같은 문제로 심각하게 갈등하고 있다는데 대해 놀라고 있었다. 그들은 성경을 믿을 뿐 아니라 원어로도 읽을 수 있었다.

그들은 선교를 위해 교육을 충분히 받았지만, 실제 현장에서의 "시험"은 수업 시간에 받던 것과는 많은 차이가 있었다.

♦ 토의 질문 ♦
① 이러한 상황 가운데서 어떤 선교학적 이론들이 필립과 메리에게 도움이 될 수 있겠는가?
② 만약 필립과 메리가 당신에게 조언을 구한다면, 어떻게 도와줄 수 있겠는가?

2. 전도

선교는 어둠의 백성로 하여금 하나님 나라의 빛 가운데로 나아가게 하는 것과 깊은 관련이 있다. 부활하신 후에 다시 나타나신 예수 그리스도께서는 그분의 제자들로 하여금 계속해서 백성을 복음으로 구속하는 사도적인 사역을 계속해야 한다는 사실을 명확하게 일깨워주셨다.

> 예수께서 또 이르시되 너희에게 평강이 있을지어다. 아버지께서 나를 보내신 것 같이 나도 너희를 보내노라. 이 말씀을 하시고 그들을 향하사 숨을 내쉬며 이르시되 성령을 받으라. 너희가 누구의 죄든지 사하면 사하여질 것이요 누구의 죄든지 그대로 두면 그대로 있으리라 하시니라(요 20:21-23).

하나님 나라를 위한 많은 좋은 일을 위해 전략을 개발할 수도 있겠지만, 예수 그리스도의 복음을 전파하는 것 보다 더 중요한 것은 아무 것도 없다. 전도가 그 중심에 있지 않은 전략은 선교 전략이 아니다.

전도를 등한시하는 선교 전략은 비즈니스전략과 다를 바가 없다. 교회는 모든 민족으로 제자를 삼고자 하는 예수 그리스도의 전략을 실천하기 위해 선택받은 도구이다. 그러므로 선교 전략은 거룩한 목적을 가진 전략이다. 단순히 주민들에게 깨끗한 물을 공급해 주기 위해 우물을 파주는 것은 선교 전략이 아니다.

선교 전략은 깨끗한 물을 공급해 줌으로 해서 주민들에게 영원히 목마르지 않는 물(요 4:10)을 주는 것을 포함해야 한다. 배고픈 사람들에게 빵을 제공해 주는 것은 선교 전략이 아니다. 선교 전략은 그들의 굶주린 배를 채우기 위해 빵과 함께 결코 주리지 않는 생명의 빵(요 6:35)을 나누어 주는 것을 뜻한다. 어떤 구호 단체의 전략도 이 필요를 채워 줄 수 없다. 선교 전략은 이보다 훨씬 더 높은 차원의 필요를 채공해 주는 전략이다. 전략이 이러한 자선 활동을 지원할 수 있지만, 반드시 목적을 가진 지원이어야 한다는 것이다. 그 목적은 반드시 전도에 초점이 맞추어져 있어야 한다.

3. 사회적 네트워크

사회적 네트워크는 전도와 밀접한 연관을 갖고 있다. 하나님이 주권적으로 확립하신 사회적 네트워크를 통해 복음이 전파되어 왔다는 사실을 선교 전략에도 반영해야 한다. 전략은 이 사회가 매우 강한 개인주의적 사회나 집단주의적 사회에서도 새로운 회심자를 그들의 사회적 네트워크로부터 축출하여 관계를 단절하지 않아야 할 뿐 아니라 선교사는 기존의 사회적 네트워크를 통해 복음이 전파되는 것을 볼 수 있어야 한다. 이러한 사실은 전략가들로 하여금 지역 사회 공동체 가운데 복음을 전파하기 시작할 때 초기 회심자들의 사회적 네트워크의 전략적 중요성을 이해하게 해 준다.

　선교사들은 선교지의 사회적 네트워크의 외부자들이기 때문에 그들의 관계의 폭은 그리 넓지 않은 것이 사실이다. 성령이 사람들을 주님께로 나아오게 하기 때문에, 훌륭한 전략적 계획에는 인위적으로 외부의 네트워크에서 사람을 찾음으로 복음화의 과정을 계속해서 새로 시작해야 하는 오류를 범하기 보다는 기존의 지역 사회의 네트워크를 적극적으로 활용하는 방안이 포함되어 있어야 한다. 도널드 맥가브란(Donald McGavran)은 종족적 유대감이 반영되어 있는 이러한 사회적 네트워크를 "하나님의 가교"(the bridges of God)라고 말한 바 있다(1955).

4. 상황화

　상황화는 다음에 보다 깊이 논의하겠지만(본서 제15장을 보라), 여기서 모든 선교 전략은 반드시 선교지에 대한 정확한 문화적 지식을 바탕으로 개발해야 한다는 사실을 언급할 필요가 있다. 여기서 말하는 문화적 지식은 그 지역의 비그리스도인들과 잠재적인 동역자가 될 수 있는 기존의 그리스도인들에 대한 이해를 포함하고 있다.

　필자(J. D. 페인)는 교회개척을 위한 자세한 전략을 개발하는 임무가 주어진 어느 교회개척 훈련프로그램에 참여한 바 있다. 필자는 해당 지역에 대한 지식이 거의 없었기 때문에 이 임무를 수행하는 데 있어서 적지 않은 어려움을 겪을 수밖에 없었다. 필자가 속해 있던 소그룹의 한 사람이 매우 제한된 정보만으로 상세하고 인상적인 전략을 개발했다. 그가 소그룹에서 자신의 접근 방식을 발표했을 때 필자는 그에게 도움을 줄 수 없었을 뿐 아니라 단 한 번도 선교 현장을 방문해보지도 않고 어떻게 자세한 전략을 개발할 수 있을까에 대한 의구심이 들었다. 개인적으로, 필자는 몇 가지 단순한 정보만으로 교회개척전략을 개발하는 이러한 활동은 시간 낭비에 불과하다고 생각한다. 그는 매우 정교한 전략을 개발하고 선교지로 떠났지만, 4년 후에 하나의 교회도 개척하지 못한 채 되돌아 왔다.

전략가들은 선교 전략이 선교지를 떠나 이사회 회의실이나 컴퓨터 앞에서 만들어질 수 없다는 사실을 이해해야 한다. 모든 선교 전략은 반드시 상황화의 원리를 적용해야 한다. 전략가들은 선교지의 지리적 환경, 각종 통계, 문화, 영적 환경, 역사적 배경, 정치 상황, 언어생활 등을 비롯한 제반 지역 정보를 숙지하고 있어야 한다. 이러한 정보는 선교지의 상황에 적중하는 목표 설정과 활동 계획을 개발하는데 있어서 핵심적인 역할을 담당하게 될 것이다.

참고자료 5.2
모라비아의 선교 원리

루스 터커(Ruth A. Tucker)는 초기 모라비안 교도들과 지도자인 니콜라우스 진젠도르프(Nikolaus von Zinzendorf)의 선교 원리에 대한 정보를 나눈 바 있다.

진젠도르프는 33년에 걸쳐 모라비안 교회의 범세계적 선교운동을 주도해 온 감독이었다. 그의 방법은 세월의 시험을 견뎌낸 간단하고 실제적인 것이었다. 그가 파송한 모든 선교사는 신학적 교육을 받은 목회자가 아닌 전도자로 훈련 받은 평신도였다. 그들 대다수는 자립이 가능한 기능공이나 노동자들이었고, 언제나 현지인들과 평등한 지위를 갖고 함께 일하는 가운데 말과 행동으로 그들의 믿음을 나누는 사람들이었다. 그들에게 있어서 선교사로서의 우월감은 찾아볼 수 없었다. 그들은 일체 선교지의 정치 혹은 경제적 문제에 관여하지 않고 오직 전도에만 집중했다. 그들의 메시지는 의도적으로 신학적 교리 논쟁을 배제하고 그리스도의 사랑에 집중했다. 신학적 가르침보다는 신비적인 체험에 무게를 두었다.

> 모라비안 선교사들은 편견에 사로잡혀 있기도 했었다. 그들은 오직 선교 사역에만 몰두했다. 전도 사역에 전념하느라 아내와 가족들을 돌보지 않았다.
> 젊은 청년들은 독신으로 남아 있도록 권유를 받았고, 결혼이 허락된 경우에는 추첨을 통해 배우자를 선택했다(2004, 102).

◆ 토의 질문 ◆
① 초기 모라비안 선교운동의 선교 전략과 방법에서 발견할 수 있는 선교학적 원리들은 무엇인가?
② 당신은 이 글에 언급된 방법들에 대해 동의하는가, 아니면 동의하지 않는가? 왜 그렇게 생각하는가?

5. 재생산성

이 글을 쓰는 동안에도 이 지구상의 40억 명이 넘는 사람들이 그들의 창조자와 올바른 관계를 맺지 않고 있다. 단지 이 단순한 사실만으로도 얼마나 거대한 과업이 우리 앞에 놓여 있는가를 알 수 있다. 선교 전략가들이 이 현실에 대한 인식이 없는 가운데 전략을 개발할 때 모든 민족으로 제자를 삼는 비전에 대한 안목을 갖는데 실패할 가능성이 높다.

물론 인간적인 관점에서 볼 때도, 이렇게 많은 사람을 대상으로 이 과업을 성취하기 위해 교회는 반드시 높은 재생산성을 갖춘 전략을 개발해야 한다는 결론에 어렵지 않게 도달할 수 있다. 방법이란 현실 상황 가운데서 전략을 실행하는 수단이기 때문에 우리의 전략은 복음 전파와 교회개척이 급속하게 확산하는데 중점을 두어야 한다. 일반적으로, 우리의 방법의 복잡성과 그 방법을 사용하는 사람들의 능력 사이에는 부정적인 연관성이 있는 것을 볼 수 있다.

페인은『교회개척의 발견: 범세계적 교회개척운동의 방법론』 (*Discovering Church Planting: An Introduction to the Whats, Whys, and Hows of Global Church Planting*)에서 "잠재적인 재생산성 지도"라는 표를 제시한 바 있다(표 5.1을 보라).

표 5.1 잠재적인 재생산성 지도
(Payne 2009, 412에서 인용)

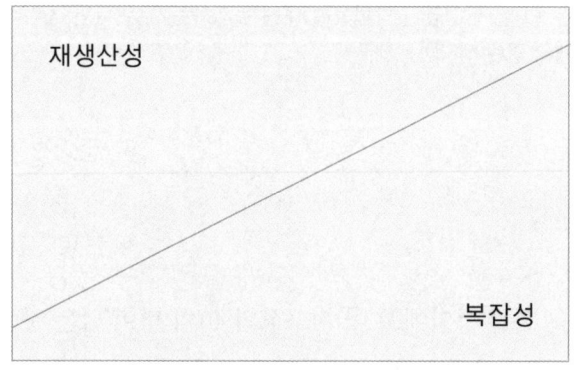

이 표는, 우리의 전략을 실행하는데 있어서 사용되는 모든 방법들이 어느 정도는 사람들이 재생산할 수 있지만, 그들에게 제시된 방법이 복잡할수록 재생산하기가 어려워진다는 것을 보여주고 있다. 복잡성이 아닌 단순성이 우리의 전략과 방법의 핵심 원리가 되어야 한다.

이 잠재적인 재생산성의 지도는 우리가 선교하는 대상을 올바로 이해하지 못하게 할 수 있는 위험성을 갖고 있다. 우리에게는 단순한 방법도 그들에게는 매우 복잡하게 느껴질 수 있고, 그 반대의 경우도 존재한다. 선교 전략을 개발하는데 있어서 문화적 연구의 중요성이 이 책 전체를 통해 언급되고 있지만, 여기서 우리는 재생산성의 원리도 선교 전략에 반드시 반영되어야 한다는 것을 강조하고자 한다.

선교 전략은 그 특성상 사역적인 임무를 주로 다루고 있지만, 이 임무는 반드시 재생산성의 원리에 따라 실행되어야 한다. 전략을 개발하는 과정에 제자, 지도자, 교회의 배가에 대한 원리가 고려되어야 한다. 도널드 맥가브란은 "오늘날의 선교에 있어서 가장 중요한 과업, 기회 그리고 절대적 명령은 복음에 대한 수용성이 높은 지구상의 모든 사람 가운데 교회를 배가하는 것이다"(1970, 62-63)라고 배가의 중요성을 언급한 바 있다. 맥가브란의 이러한 주장은 21세기에도 여전히 유효하다. 세계는 덧셈의 법칙이 아닌 하나님 나라 백성의 기하급수적인 배가에 의해서만 복음화될 수 있다.

비록 교회가 최고의 전략으로도 운동(movement)을 일으킬 수는 없지만, 우리가 모든 민족과 종족 집단들 가운데서 복음이 급격하게 전파되는 것을 가로막을 수도 있다는 사실을 염두에 두어야 한다.

운동은 성령의 주권적 활동이지만, 선교사들이 이를 저해할 수도 있다. 재생산성을 고려하지 않은 전략 개발은 새신자들과 교회들이 그들에게 제시되었던 모델을 재생산할 수 없는 매우 복잡한 전략이 될 위험을 배제할 수 없다. 우리 스스로 배가할 수도 없지만, 선교 전략가들은 배가를 염두에 두고 전략을 단순화해야 할 필요가 있다. 우리가 돛단배를 움직이는 바람을 만들어 낼 수 없지만, 바람이 불 때 돛을 올릴 수는 있다. 선교 전략은 결코 성령을 조작할 수는 없지만, 성령의 바람이 불 때 반드시 전략의 돛을 펼칠 수 있어야 한다.

6. 현지 지도자 개발

올바른 전략은 추수지에서 일할 지도자를 육성하는 방안을 담고 있어야 한다. 만약 선교 전략이 현지 지도자 개발을 고려하지 않고 있다면, 새신자들과 교회들은 지나치게 선교사에게 의존해야 할 수밖에 없는 결과를 초래할 수 있다. 식민주의가 선교 전략을 주도하고 있을 때 가부장주의가 식민지 국가들 가운데 침투해 들어 왔다.

식민주의적 사고방식을 받아들였던 일부 현지인 그리스도인들은 그들 스스로 교회를 이끌어 갈 능력이 없다고 생각했다. 서구 선교사들의 통제가 지속되는 동안 복음의 역동적인 진보는 거의 일어나지 않았다. 지혜로운 전략가들은 반드시 훌륭한 교회 지도자들을 전략을 개발하는데 역점을 두어야 한다. 또한 이미 오래전부터 지도력을 발휘해 온 비서구 교회 지도자들과 함께 사역할 때의 전략적 동반자 관계에서 가부장주의는 더 이상 설 자리가 없다.

7. 출구전략

전략가들은 또한 선교사 자신이 선교지에서 떠날 계획을 개발해야 한다. 선교사가 영구적인 지위를 차지하고 계속해서 영향력을 행사하기 보다는 스스로 그들의 사역을 위임하고 물러날 준비를 해야 한다. 선교사의 역할은 마치 건축 현장의 비계목과 같은 것이다. 비계목은 건축물이 완성될 때까지 필요한 물건이다. 그 후에는 제 몫을 다 했기 때문에 제거되어야 한다.

선교 전략은 출구전략의 원리를 포함해야 한다. 이 개념은 톰 스테판(Tom Steffen)이 쓴 『바톤 넘겨주기: 자율성을 강화하는 교회개척』(Passing the Baton: Church Planting that Empowers, 1980)을 통해 잘 알려졌다. 스테판은 선교사가 선교지에 들어가기 전에 이미 출구전략을 마련해 두어야 한다고 강조했다. 시간이 흐르면서 선교지의 사람들이 점차적으로 하나님 나라의 백성이 되고, 믿음이 성장함에 따라 그들의 은사를 활용하고, 지도력을 발휘하는 등의 사역이 진전함에 따라 선교사의 역할도 달라져야 한다. 출구전략의 원리는 전략가들이 궁극적으로 무엇을 성취할 것인가에 대한 계획을 명확하게 개발해야 한다는 것을 보여 준다. 비록 어떻게 이 과업이 성취될 수 있을 것인가에 대해 정확하게 예견할 수는 없지만, 우리는 어떤 사람이 불신자 단계에서 시작하여 다른 사람들을 섬기는 충성된 선교적 그리스도인이 되기까지 발전 과정에 대한 비전을 갖고 있어야 한다.

표5.2 전략 피라미드

전략
지역 연구
선교학적 이론
성경적, 신학적 기초

8. 결론

선교학적 이론은 선교 전략을 개발하는 데 있어서 매우 중요한 역할을 담당한다. 표 5.2에서 보는 바와 같이 이러한 원리들은 선교 전략을 위한 성경적, 신학적 기초에서 도출되는 것이다. 이러한 성경적, 신학적 기초와 선교학적 이론들을 배제한 전략은 선교 현장에서 잘못된 결과를 양산하는 결과를 가져올 수 있다. 지혜로운 전략가들은 필요, 수용성, 전도, 사회적 네트워크, 상황화, 재생산성, 현지 지도력 개발 등의 원리들을 그들의 전략에 반영할 것이다.

Developing A Strategy For Missions

제6장
사도 바울의 선교 전략

성경학자들과 선교 학자들은 시대를 초월하여 바울을 가장 위대한 선교사로 인정하는데 주저하지 않을 것이다. 그는 로마 제국에 많은 교회를 개척했고, 신약성경의 주요 부분을 기록했다. 오늘날의 많은 선교 전략이 신약성경에 기록되어 있는 바울의 사역을 토대로 개발되고 있다. 바울의 선교 전략을 이해하지 못하면 우리는 아마도 전략이 무엇인가를 이해하거나 평가할 수도 없게 될 것이다.

1. 바울에게 선교 전략이 있었는가?

선교 학자들은 바울이 전략에 따라 선교했는가에 대해 논쟁해 왔다. 마이클 그린(Michael Green)은 이 관점을 거부한 바 있다. 그는 "사도 바울이 책상 앞에 앉아 계획을 개발했었다고 믿는 것은 큰 실수를 범하는 것이다. 기독교의 확산은…대부분 비공식적인 선교사들에 의해 전파되었고, 상당 부분은 거의 닥치는대로 그리고 동시다발적으로 진행되어 왔다"(1970, 256)고 말했다. 로저 헤드룬드(Roger

Hedlund)도 그린의 관점에 동의한 바 있는데, 그는 "바울은 고정된 전략을 사용하지 않았다. 그의 계획은 융통성이 있었고, 그의 프로그램은 언제나 개방적이었다. 따라서 그는 성령의 인도에 따라 사역할 수 있었고, 사람들의 반응과 필요에 따라 유기적으로 대응했다"(1985, 217)고 주장했다.

우리는 바울과 바나바가 1차 선교 여행을 떠나기 전에 마주 앉아 구체적인 전략을 개발했는지에 대해서는 알 수 없다. 그러나 우리는 전략이라고 말할 수 있는 바울의 일정한 사역 형식을 사용한 것은 분명한 사실이다. 다시 말하면, 그는 자신의 사역의 특징이 된 일련의 원리들을 개발한 것이다.

2. 선교 전략에 영향을 준 요소들

어떤 선교 사역도 문화적 진공 상태에서 이루어지지 않는다는 사실은 바울과 그의 팀에게도 마찬가지였다. 여러 가지 요소들이 바울의 선교 사역에 긍정적인 영향을 끼쳤다. 아마도 가장 중요한 요소는 발달한 로마의 도로 체계였을 것이다. 로마인들은 상업을 활성화하고 군사적 영향력을 확대할 목적으로 도로를 만들었다. 이 도로들은 초기 선교사들에게도 큰 도움을 주었다.

로마의 평화(*pax Romana*)도 선교 여행에 도움이 되었다. 로마 군대가 노상강도들을 제거했고, 로마 해군이 해적선들을 제압했기 때문에 바다 여행길이 과거보다 안전해졌다. 이러한 요소들이 선교 여행에도 긍정적으로 영향을 끼쳤다고 볼 수 있다.

초기 선교사들은 헬라어를 사용하여 로마 제국에서 자유롭게 복음을 전파할 수 있었다. 현대 선교사들은 수년 동안 언어를 배워야 하지만, 바울과 그의 동료들은 거의 로마 제국 어디에서나 공식적 무역 언어이었던 헬라어를 사용하여 의사소통할 수 있었다. 사실상, 아시아와 헬라 지역에서 기독교에 대한 유대교의 반대가 심했던 이유는 아마도 그들이 이방인 회심자들을 잃게 된 질투심이 작용했을 것이라고 미루어 짐작해 볼 수 있다.

예수님이 태어난 바로 그 때가 사도들을 준비했던 때이기도 한 시간의 요소도 있었다. 바울은 "때가 차매 하나님이 그 아들을 보내사"(갈 4:4)라고 기록했다. 여기서 말하는 "때가 차매"는 성육신 뿐만 아니라 선교를 위한 때가 되었다는 의미를 내포하고 있다.

3. 바울의 전략

바울은 아그립바 왕 앞에서 "아그립바 왕이여 그러므로 하늘에서 보이신 것을 내가 거스르지 아니하고"(행 26:19)라고 증언했다. 바울이 어떻게 그의 사명을 인식할 수 있었는가? 그는 무엇을 목표로 삼았는가? 그는 로마서1장에서 "그로 말미암아 우리가 은혜와 사도의 직분을 받아 그의 이름을 위하여 모든 이방인 중에서 믿어 순종하게 하나니"(롬 1:5)라고 쓴 글을 통해 자신의 개인적인 전략의 일부를 보여 주었다.

바울은 자신의 사명이 이방인을 위하여 예수님의 일꾼이 되는 것이라는 사실을 명확하게 인식하고(롬 15:16), 광범위한 선교 활동들 가운데서 "표적과 기사의 능력으로 성령의 능력으로 이루어졌으며 그리하여 내가 예루살렘으로부터 두루 행하여 일루리곤까지 그리스도의 복음을 편만하게 전하였노라. 또 내가 그리스도의 이름을 부르는 곳에는 복음을 전하지 않기를 힘썼노니 이는 남의 터 위에 건축

하지 아니하려 함이라"(롬 15:19-20)는 전략적 원칙을 갖고 사역했다. 여기서 분명한 사실은 바울이 자신을 이방인에게 복음을 전하는 개척 선교사로 인식하고 있었다는 것이다.

바울은 교회개척에 우선순위를 두고 사역했다. 그가 상당한 시간을 보낸 곳이라면 어디에서든지 교회를 개척했다. 데이비드 헤셀그레이브(David Hesselgrave)는 다음과 같이 언급한 바 있다.

> 바울과 그의 일행이 삶의 질을 향상시키거나 사회적 상황을 개선하거나, 세속적인 지식을 전하거나, 질병을 치료해 주거나, 기존의 교회들을 도와주는 등의 활동에 집중했었다는 어떤 기록도 성경에서 찾아볼 수 없다. 오히려 초대 교회의 새로운 그리스도인들도 믿음을 발휘하여 그들의 모교회(home church)라고 할 수 있는 예루살렘 교회를 도와주기도 했었다. 초기의 선교사들이 사회와의 관계를 비롯하여 몸과 마음과 정신적인 면에 대해서도 관심을 가졌던 것을 부인할 수 없다. 그러나 바울은 복음이 전파되고, 사람들이 믿음을 갖게 되고, 교회가 세워졌을 때 자신의 사명이 성취되었다고 말하고 있는 것을 볼 수 있다(2000, 24).

바울은 2차 선교 여행과 3차 선교 여행 과정에서 교회를 개척했을 뿐 아니라 그들을 양육하기도 했다. 폴 바우어스(Paul Bowers)는 "바울은 확고하게 세워진 교회들을 통해 그의 선교적 성취감을 느끼고 있었다. '복음을 전파한다'는 바울의 잘 알려진 사역 원칙은 단순히 교회개척의 초기 단계의 활동 가운데 하나일 뿐만 아니라 교회가 안정적으로 성장하게 하기 위한 가장 중심적인 활동이었다"(1987, 198)고 설명한 바 있다.

바울은 교회의 지도력에도 많은 주의를 기울였다. 그는 새로운 교회를 지도자가 없는 상태에서 방치하지 않았다. 우리는, 바울과 바나바가 "각 교회에서 장로들을 택하여 금식 기도 하며 그들이 믿는 주께 그들을 위탁"(행 14:23)했던 것을 볼 수 있다. 바울의 지도력 개발에 대한 관심과 노력은 그의 선교 사역 전체를 통해 계속되었다. 그는 디도에게 "각 성에 장로들을 세우게 하려 함이니"(딛 1:5)라고 말했고, 디모데에게는 편지로 교회의 지도력에 대해 조언했다. 우리는 바울이 구체적으로 어떻게 지도자들을 훈련했는지에 대해 알 수는 없지만, 교회의 지도력이 그의 사역의 우선순위였던 것은 분명하다. 바울은 또한 교회의 지도자를 바로 그 교회의 회중들 가운데서 찾았던 것을 알 수 있다.

케인(Kane)은 바울의 선교적 접근에서 아홉 가지 원칙을 발견하여 목록을 만들었다.

(1) 바울은 그의 모교회(home church)와 긴밀한 관계를 유지했다. 사도행전 13:1-3에서 언급한 바와 같이 안디옥 교회는 바울과 바나바의 첫 선교 여행을 위임하고 파송했다. 여행을 마치고 돌아왔을 때, 그들은 이방인들에 대한 하나님의 놀라운 역사에 대해 교회에 보고했다(행 14:27).

(2) 바울은 갈라디아, 아시아, 마게도니아, 아가야 등, 로마의 네 지방에서 집중적으로 사역했다. 그는 상대적으로 작은 규모의 지역에 자신의 사역을 국한하였기 때문에 새 교회들을 지도하고 자문할 수 있었다.

(3) 바울은 주로 거점 도시에서 전도와 교회개척 사역을 진행했다. 바울과 그의 일행이 도시 중심에 세워진 교회를 모판 혹은 모교회로 삼아 그 주변의 도시와 마을에 복음을 전파했다. 에베소 교회는 이 원리에 대한 좋은 예가 될 수 있다. "두 해 동안 이같이 하니 아시아에

사는 자는 유대인이나 헬라인이나 다 주의 말씀을 듣더라"(행 19:10).

> **참고자료 6.1**
> **확산과 집중**
>
> 모든 선교 전략가는 확산전략과 집중전략 가운데 하나를 택해야 하는 문제에 직면해 있다. 바울과 그의 선교 팀은 집중전략을 선택했다. 바울은 소아시아와 헬라 지역의 네 곳의 로마 속주들을 우선적으로 공략했다. 그는 교회가 세워질 수 있는 충분한 기간 동안 한 도시에 머물렀다. 그는 고린도에서 8개월 동안 머물렀고, 에베소에서는 3년 동안 전도했다.
> 바울의 접근과는 달리 허드슨 테일러와 중국내륙선교회는 확산전략을 택했다. 케네쓰 라토렛은 "중국내륙선교회의 사역 목표는 회심자를 얻거나 중국 교회를 세우는 것이 아니었고 가능한 한 빨리 중국 전역에 그리스도의 복음을 전파하는 것이었다"(1970, 329)고 기술한 바 있다. 중국내륙선교회의 접근은 "모든 사람이 복음을 한 번이라도 들을 수 있을 때까지 어떤 사람도 두 번 들어야 할 필요는 없다"는 그들의 신념에서 잘 드러나고 있다.
> 현대 선교 단체들의 광범위한 문서 보급 사역은 확산전략의 전형적인 사례라고 볼 수 있다. 반면에 교회개척 팀의 사역은 집중전략에 해당한다.
>
> ◆ 토의 질문 ◆
> ① 선교에 있어서 돈은 언제나 부족하다. 선교사들은 그들의 한정된 재정적 자원을 대중 매체의 보급 등과 같은 확산전략을 위해 사용해야 하는가, 아니면 집중전략을 위해 투입해야 하는가?

(4) 바울은 회당을 적극적으로 활용했다. 그는 회당을 처음 방문했을 때는 신약성경을 읽고 강론했다. 회당의 예배자들은 이미 하나님의 유일성을 믿고 메시아를 기다리는 사람들이었다. 회당에는 유대인, 유대교로 개종한 새로운 신자들, 하나님 경외자들에게 복음을 전할 수 있었다. 비록 바울이 회당에서 사역을 시작한지 얼마 되지 않아서 유대교 지도자들에 의해 쫓겨나기도 했지만, 유대인들에게 먼저 복음을 전했다(롬 1:16).

(5) 바울은 마음이 열린 사람들에게 먼저 복음을 전하는 것을 선

호했다. 그는 충성스러운 그리스도인이면서 동시에 열매 맺는 사역자가 되기를 원했다. 따라서 그는 관심을 보이는 사람들에게 복음을 전했고, 좋은 결과를 얻을 수 있었다(행 18:6).

(6) 바울은 그리스도에 대한 믿음을 고백하는 회심자들에게 세례(침례)를 주었다. 바울과 그의 일행은 회심 후에 세례(침례)를 받기까지 오랜 준비기간을 두지 않았다(행 9:18; 16:33).

(7) 바울은 교회가 개척될 수 있을 만큼 한 지역에 충분한 기간을 머물렀다. 그는 전도한 후 아무런 후속조치도 없이 회심자들을 방치한 채 떠나버리는 실수를 범하지 않았다.

(8) 바울은 팀을 구성하여 사역했다. 많은 사람이 팀 사역을 현대 선교의 산물이라고 생각하지만, 바울은 자신의 사역에 있어서 지속적으로 팀 사역을 진행해 왔었다. 그는 팀으로 일할 때 보다 더 안전한 선교 여행을 할 수 있다는 사실을 잘 알고 있었다. 더 많은 사역자들이 참여할 때 더 많은 열매를 맺을 수 있었기 때문에 바울은 새로운 선교사들을 육성하는 일에도 심혈을 기울였다.

(9) 바울은 모든 사람에게 기꺼이 모든 것이 되고자 했다. 그는 복음이나 그가 가르치는 교리를 변형시키지 않았지만, 의사소통의 방법에 대해서는 많은 융통성을 발휘했다. 더 나아가, 그가 복음을 전하기 위해 방문했던 지역의 문화에 적응하기 위해 노력했다(고전 9:12-23).

헤셀그레이브(Hesselgrave)는 『타문화 교회개척』(*Planting Churches Cross-Culturally*)에서 "바울의 사이클"(Pauline Cycle)을 제시한 바 있다. 헤셀그레이브는 바울의 사역을 분석하여 열 가지 특성을 발견하고 이를 순차적으로 배열했다. 그는 바울이 모든 도시에서 이 열 지의 사역 특성을 모두 적용한 것은 아니지만, 교회개척을 위한 바울의 접근 방식을 잘 보여주고 있다고 말했다.

① 선교사로 임명을 받다(행 13:1-4; 15:39-40).
② 청중을 만나다(행 13:14-16; 14:1; 16:13-15).
③ 복음을 전하다(행 13:17-41).
④ 청중이 회심하다(행 13:48; 16:14-15).
⑤ 신자들의 모임을 만들다(행 13:43).
⑥ 믿음을 견고하게 하다(행 14:21-22; 15:41)
⑦ 지도자를 육성하다(행 14:23)
⑧ 신자들에게 위탁하다(행 14:23; 16:40)
⑨ 관계를 유지하다(행 15:36; 18:23).
⑩ 교회에 보고하다(행 14:26-27; 15:1-4) (1980, 47-48)

4. 바울의 성공 요인

선교사로서의 바울의 성공에는 여러 가지 요인이 작용했다.

첫째, 바울은 이방인을 위한 사도로서의 부르심에 대한 확고한 믿음을 갖고 있었다. 그는 자신의 편지에서 거듭 이 사실을 언급한다(롬 1:1; 고전 1:1; 갈 1:15). 하나님의 부르심에 대한 확신은 그로 하여금 고난과 박해를 극복할 수 있게 하는 원동력이 되었다.

참고자료 6.2
바울의 전략을 반드시 본받아야 하는가?

오늘날의 선교사들이 바울을 선교사의 모델로 삼아야 하는가? 혹은 다르게 표현하여, 오늘날의 선교사가 바울의 전략을 적용해야 할 의무가 있는가? 롤랜드 알랜(Roland Allen)는 바울을 본받아야 한다고 주장했다. 그는 『바울의 선교 vs. 우리의 선교』(*Missionary Methods: St. Paul's or Ours*)에서 선교사들이 바울을 본받지 않는 것에 대해 비판했다.

바울의 전략과 방법을 적용할 때 선교지에서 더 많은 전도의 열매를 맺을 수 있고, 교회도 더 건강해 질 수 있다고 주장했다.

많은 선교 학자들과 선교사들이 알렌의 주장에 동의했고, 바울의 접근 방법에 대한 많은 후속 문헌들이 쏟아져 나왔다. *그러나 적어도 전략과 관련하여 모든 선교사들이 이 견해에 동의하는 것은 아니다. 예를 들면, 위대한 역사학자인 케네스 스코트 라투렛(Kenneth Scott Latourette)은 다음과 같이 말한 바 있다.

> 우리가 믿음을 전파하기 위해 역사의 어느 특정한 시기의 경험에서 교훈을 도출하여 현대의 상황에 독단적으로 적용하는 것은 매우 신중해야 한다. 복음을 전파하고, 교회를 개척하는데는 많은 요소들이 작용한다. 각각의 방법들은 각각의 특정한 시기와 환경 가운데서 장점과 단점이 검증되어야 한다(1953, 143).

라투렛은 바울의 모델에서 아무것도 배울 것이 없다고 말하는 것이 아니다. 오히려, 그는 1세기에 효과적이었던 전략이 21세기에도 같은 결과를 가져 오는 것은 아니라는 것을 강조하고자 했다.

오늘날의 선교사들은 어떻게 해야 하는가? 우리는 성경에서 모든 시대와 모든 상황에 적용될 수 있는 원리들을 도출할 수 있다. 현대 선교사들은 바울을 본받기 위해 당나귀나 돛단배를 타고 다녀야 할 필요가 없지만, 바울은 많은 영역에서 우리가 본받아야 할 모본을 보여 주고 있다. 헤셀그레이브가 제시한 세 가지 이유가 그 예가 될 수 있다. (1) "바울은 신약성경의 모범적인 선교사이다." (2) "바울이 전파한 복음은 기독교 선교의 규범적 메시지이다." (3) "바울의 선교와 방법론은 기독교 선교 전략의 모범적인 사례이다."(2011, n.p.).

◆ 토의 질문 ◆
① 당신은 로랜드 알렌와 케네스 스코트 라투레트의 견해 가운데 어디에 동의하는가? 그 이유를 설명해 보라.

*호지스(Hodges 1953)와 길리랜드(Giliand 1983) 등이 좋은 예가 될 수 있다.

둘째, 바울은 하나님의 뜻을 성취하기 위해 자신의 생애를 바친 사람이었다. 그는 빌립보 교회에 보내는 편지에서 "이는 내게 사는 것이 그리스도니 죽는 것도 유익함이라. 그러나 만일 육신으로 사는 이것이 내 일의 열매일진대 무엇을 택해야 할는지 나는 알지 못하노라. 내가 그 둘 사이에 끼었으니 차라리 세상을 떠나서 그리스도와 함께 있는 것이 훨씬 더 좋은 일이라 그렇게 하고 싶으나"(빌 1:21-23) 라고 자신의 소명에 대해 증거했다. 로마 감옥에서 쓴 글에서 바울은 무슨 일이 있어도 하나님의 뜻에 대해 전적으로 복종할 것이라는 결연한 의지를 보여 주었다.

셋째, 바울은 자신의 모든 선교 활동을 실행하는 과정에서 전적으로 성령에 의지했다. 바울은 오직 성령 안에서만 그리고 성령을 통해서만 자신의 사명을 감당할 수 있다고 확신하고 있었다. "내 말과 내 전도함이 설득력 있는 지혜의 말로 하지 아니하고 다만 성령의 나타나심과 능력으로 하여 너희 믿음이 사람의 지혜에 있지 아니하고 다만 하나님의 능력에 있게 하려 하였노라"(고전 2:4-5).

바울은 또한 성령의 인도하심에 겸허하게 순종했다. 사도행전 16장에서 바울과 그의 일행은 아시아로 가고자 하였으나 성령이 막았다. 따라서 그들이 북쪽 방향의 비두니아로 갈 계획을 세웠지만, 예수님의 영이 허락하지 않았다. 결국 그들은 드로아로 갔고, 그곳에서 마게도니아의 환상을 보았던 것이다. 그 선교 팀은 즉각적으로 성령의 인도에 순종하여 마게도니아로 떠났다. 물론, 빌립보에서 그들은 강력한 교회를 개척할 수 있었다.

바울은 성령의 능력에 힘입어 기적을 베풀기도 하였다(행 19:12; 20:10). 초대 교회의 전승에 따르면, 바울은 시력이 좋지 않은 작은 체구를 가진 사람이었다. 그는 탁월한 설교가도 아니었다. 그럼에도 불구하고, 그는 하나님의 능력으로 약한데서 온전하여 질 수 있다(고후 12:9)고 선언하고, 오직 성령의 능력에 의지하여 많은 위대한 과업을 성취했다.

사례 연구
바울 그리고 마음이 열린 사람들

어느 무슬림 도시에서 사역하고 있던 마틴(Martin) 선교사는 여러 가지 난관에 직면해 있었다. 사실상 그가 맺은 열매는 그리 많지 않았다. 그가 그 도시를 떠나려고 결심했을 무렵에 필리핀에서 온 근로자들을 만나게 되었다. 마틴은 그들과 친분을 쌓았고, 집에 초청하여 성경공부를 시작했다. 그는 가정교회를 시작했고, 그 모임은 곧 매우 역동적인 공동체로 성장했다. 그러나 그의 팀 지도자는 필리핀 사람들을 대상으로 하는 사역을 폄하하지는 않았지만, 마틴에게 주어진 최우선적인 임무는 무슬림을 전도하는 것이라는 사실을 환기시켜 주었다.

마틴은 무슬림들 보다 필리핀 사람들에게 집중하는 것이 바울의 모델에 더 가깝다고 주장했다. 그는 사도행전 18:6을 그 증거로 제시했다. 고린도의 회당에서 바울은 "그들이 대적하여 비방하거늘 바울이 옷을 털면서 이르되 너희 피가 너희 머리로 돌아갈 것이요 나는 깨끗하니라 이 후에는 이방인에게로 가리라" (행 18:6)고 말한 바 있다.

◆ 토의 질문 ◆
① 만약 당신이 마틴의 팀 지도자라면 어떻게 반응하겠는가?

Developing A Strategy
For Missions

제7장
초대 교회의 선교 전략

　예루살렘의 다락방에서 시작되었던 소그룹 모임이 주후 500년 경에는 로마 제국의 주요 종교가 되기까지 기독교 교회는 어떻게 성장해 왔는가? 초대 교회의 선교 전략을 이해하는 것은 21세기의 효과적인 선교 전략을 개발하는 데에도 도움이 될 수 있다. 우리가 과거의 전략들을 이해할 때 비로소 오늘날의 교회의 발전에 대해서도 올바로 이해할 수 있다. 기독교 초기 전략의 성공과 실패는 우리의 미래의 사역에도 유용하게 활용할 수 있는 중요한 정보를 제공해 준다.

　교회 역사학자들은 일반적으로 주후 100년부터 500년까지의 기간을 325년에 개최된 니케아 회의의 전과 후로 나눈다. 니케아 이전은 니케아 회의 이전 시대(ante-Nicene), 그 후는 니케아 이후 시대(post-Nicene)라고 부른다. 이 장에서는 주로 니케아 회의 이전 시대의 전략을 다루는데 그 이유는 그 후에 사용된 전략도 큰 차이가 없기 때문이다. 당신이 이 장을 읽은 후 이 시기의 교회 선교 전략에 대한 이해가 더 깊어질 수 있기를 바란다.

1. 사도 시대 후기의 교회

사도 시대는 에베소에서의 사도 요한의 죽음(주후 95-100)과 함께 막을 내린다. 당시의 교회 상황은 어떠했는가? 사도행전과 서신서들은 팔레스타인, 소아시아, 그리스, 구브로, 아가야, 그레데, 로마의 가정 교회들에 대한 정보를 제공해 주고 있다. 바울과 그의 일행은 이 모든 지역에서 많은 교회들을 개척했다.

초대 교회 전승에 따르면, 다대오(Thaddeus)는 에데사(Edessa)에서 복음을 전했고, 마가는 알렉산드리아 지역에서 교회를 개척했으며, 베드로는 비두니아와 갑바도기아에서 설교했다. 또 다른 고대 전승들은 바울은 스페인으로, 도마는 인도로 떠났다고 증언하고 있다. 만약 이러한 전승들을 사실로 받아들인다고 하더라도 전 세계로 흩어져 있는 교회의 숫자는 극소수에 불과했다. 또한 각 교회의 규모도 그리 크지 않았다. 예루살렘, 안디옥, 에베소, 로마에는 상당한 규모의 교회들이 있었지만, 그 밖의 대다수의 교회들은 소그룹 공동체의 외형을 갖고 있었다.

신약성경은 대다수의 당시 그리스도인들은 빌레몬의 사례와 같이(몬 2절) 주로 가정에서 모였다고 기록하고 있다. 이러한 형태의 교회 모습은 콘스탄티누스(Constantine) 시대까지 지속되었다(Guy 2004, 24). 로드니 스타크(Rodney Stark)는 주후 약 100년경의 그리스도인의 숫자를 약 7,530명 정도로 추정한 바 있다(1996, 7). 그들 대다수가 도시에 거주하고 있었는데 이는 바울이 주로 거점 도시들을 중심으로 선교 활동을 펼쳐 왔기 때문이었다. 이러한 형태의 선교는 바울 선교의 특징이라고 할 수 있지만, 이것이 그의 의도적인 전략이었는가는 분명하지 않다.

초기의 교회는 강한 유대인의 영향을 배제할 수 없었다. 그러나 이방인 교회들이 증가함에 따라 교회들은 점차적으로 그리스 문화의 영향을 더 많이 받을 수밖에 없었다. 이러한 경향은 주후 70년에 예루살렘이 파괴되었을 때 유대인 그리스도인들이 흩어짐에 따라 급속하게 가속화되었다. 그 결과로, 2세기에는 헬라어로 기록된 성경이 당시 기독교 공동체의 핵심 문서로서의 역할을 담당했다.

따라서 사도 시대 후기의 교회는 그 규모가 작았고(100명 미만의 회중이나 가정 교회 정도의 규모로 추정) 도시에 위치해 있었으며, 주로 헬라어를 사용하고 있었을 것으로 예측할 수 있다.

2. 기독교 확장의 요인들

초대 교회의 선교사들은 오늘날의 선교사들이 누릴 수 없는 여러 가지 특권을 갖고 있었다. 로마 제국 전체에서 널리 사용되고 있었던 헬라어는 교회의 확장에 큰 도움을 주었다. 선교사들과 전도자들이 사역을 시작하기 전에 일 년 혹은 수년간 새로운 언어를 배우기 위해 시간을 보내야 할 필요가 없었던 것이다. 대다수의 초기 선교사들은 동로마 제국의 다문화도시들의 원주민들이었다. 그들은 헬리어를 자유롭게 사용할 수 있었고, 유대인, 로마인, 헬라인, 또 다른 민족들과 접촉하는데 별 다른 어려움이 없었다. 그들의 다중 언어와 문화적 배경은 선교사로서의 사역에 있어서 매우 유용한 도구가 되었다.

초기 선교사들이 누릴 수 있었던 또 다른 특권은 시리아에서 시작하여 스페인에 이르기까지의 광대한 로마 제국의 지리적 개방성이었다. 초기 선교사들은 시리아에서 스페인까지 여행하는 과정에서 국경을 넘어야 할 필요가 없었던 것이다. 입국 사증(visa)과 거주의 제한으로부터 자유로울 수 있다는 것은 오늘날의 선교사들이 가장 부러워하는 요소들이 아닐 수 없을 것이다.

3. 불법 교회

초대 교회 시기에 로마 통치자들은 기독교를 유대교의 한 분파라고 생각했었다. 왜냐하면 유대교는 합법적 종교(religio licita)였고, 그리스도인들은 로마법의 보호를 받고 있었기 때문이었다. 주후 100년 이후 기독교는 이 지위를 상실했다. 로마 정부는 기독교를 비밀 조직으로 간주했고, 제국의 안정에 위협이 될 수 있다고 보았다. 로마 관리들은 기독교를 박해하기 시작했는데 그 이유는 가이사 황제에게 절하면서 "가이사는 주님이시다"라고 고백하지 않았기 때문이었다. 로마 관리들이 볼 때 그리스도인들의 거부는 곧 황제에 대한 모욕일 뿐만 아니라 위협적인 존재로 인식되었던 것이다. 또한 많은 이교도들이 기독교의 무신론에 대해 공격을 가했는데, 이는 그들이 우상숭배를 거부하고, "평화의 입맞춤"(the kiss of peace)이라는 명분으로 근친상간을 할 뿐 아니라, 주의 만찬에서 "이것은 너희를 위하는 내 몸이니"라는 말씀을 식인 관습을 가진 종교라고 잘못 해석한데서 기인했다.

주후 250년 이전의 그리스도인에 대한 대부분의 박해는 지역적이었고, 일시적이었다. 그러나 249년에 데키우스(Decius)가 황제가 된 후 로마의 옛 영광을 되찾고, 과거의 문화로 되돌아가기 위해 기독교를 제물로 삼았다. 그는 모든 로마 시민들은 반드시 로마의 신들과 황제에게 제물을 바치고 숭배해야 한다고 명령했다. 이 명령에 불복종하면 고문을 받거나 사형에 처해 질 것이라고 선포했다. 기독교 신학자 오리겐(Origen)도 제물을 바치지 않았기 때문에 혹독한 고문을 당했다. 감사하게도 이 박해는 데키우스의 죽음과 함께 1년 만에 중단되었다. 로마 제국 전체에 걸쳐 가장 가혹하고 조직적인 박해가 주후 303년부터 시작되었다.

디오클레티아누스(Diocletian) 황제가 기독교의 예배를 금지하고, 교회를 파괴할 뿐 아니라 성경책을 불태우고, 기독교 신앙을 포기하지 않는 모든 그리스도인을 체포하여 투옥할 것을 명령했다. 이 조치에 복종하지 않은 그리스도인들은 추방, 재산 박탈, 고문을 당했고, 소금 광산 노예가 되거나, 심지어 사형에 처해지기도 했다. 이 박해는 신앙의 자유를 허용하는 주후 313년 콘스탄티누스 황제가 밀라노 칙령을 선포할 때까지 계속되었다. 이러한 박해에도 불구하고 혹은 박해로 인해 니케아 회의 이후에는 교회가 안정적으로 성장할 수 있었다.

4. 2세기의 기독교 성장

기독교는 로마의 주요 도로와 강을 따라 자연스럽게 확장되어 갔다. 기독교가 동쪽으로는 다마스쿠스(Damascus)와 에데사(Edessa)를 거쳐 메소포타미아(Mesopotamia)까지, 남쪽으로는 보스트라(Bostra)와 페트라(Petra)를 지나 아라비아(Arabia) 반도까지, 서쪽으로는 알렉산드리아(Alexandria)와 카르타고(Carthage)를 통해 북아프리카에 이르기까지, 북쪽으로는 안디옥(Antioch)을 지나 아르메니아(Armenia), 폰투스(Pontus), 비티니아(Bithynia)까지 전파되었다. 얼마 후에는 스페인, 지금의 북이탈리아와 프랑스 그리고 벨기에등을 포함하는 갈리아(Gaul), 심지어 영국에까지 그 범위가 넓어졌다(Kane 1975, 10).

2세기에는 이집트와 북아프리카가 기독교의 주요 활동 무대가 되기도 했다. 전승에 따르면, 마가는 알렉산드리아에서 교회를 개척했다. 이집트의 초대 교회는 헬라어를 사용하는 사람들을 대상으로 제한되어 있었지만, 그 후에는 강력한 콥트 교회로 발전했다. 아마도 복음은 이집트의 그리스도인들을 통해 북아프리카로 전파되었을 것이다(Neill 1986, 34).

북아프리카는 최초로 라틴어를 사용하는 교회들을 개척했다. 초기에는 주로 상류 계층의 라틴어 사용자들이 이 교회들의 주된 회중이었다. 그리고 이 시기의 교회는 주로 도시들을 중심으로 개척되었고 대다수의 시골 지역들은 접근하지 못했다(Neill 1986, 34).

바울, 베드로, 요한 등은 주로 소아시아에서 교회를 세웠고, 이 지역의 교회들은 안정적으로 성장했다. 로마의 정치가였던 플리니우스(Pliny)는 주후 112년에 트라야누스(Trajan) 황제에게 비티니아의 기독교 활동에 대해 "수많은 사람이 위험에 처해 있습니다…이 미신이 도시들뿐만 아니라 모든 시골과 농촌 마을들까지 전염시키고 있습니다"라고 하였고, 그는 또한 "모든 세대와 성별을 초월하여 수많은 사람"이 여기에 관여되어 있다는 내용을 덧붙여 항의 서한을 보냈다(Kidd 1920, 1:29). 여기서 비티니아의 교회들이 얼마나 성장하고 배가했는가를 잘 이해할 수 있는데 이러한 현상은 에베소에서도 나타나고 있었다.

많은 학자들은 로마의 교회들은 오순절날에 회심한 "유대인들과 이방인들"(행 2:10)에 의해 세워졌다고 믿고 있다. 이것은 단지 하나의 이론에 불과하지만, 로마 교회의 규모와 세력이 해가 갈수록 커져 갔다는 것은 분명한 사실이다. 이 시기의 초기 100년 동안은 교회의 공식적인 예배에서 헬라어를 사용했다. 이것은 교회의 성도들이 당시 사회의 가난한 계층에서 주로 나왔다는 것을 보여준다. 주후 251년의 노바티안(Novatian) 논쟁 전까지의 로마 교회 회중의 규모에 대한 기록은 알려진 바가 없다. 유세비우스(Eusebius)는 로마의 코르넬리우스(Cornelius) 주교가 쓴 편지를 인용하여 로마 교회는 46명의 장로들과 7명의 집사들, 7명의 부집사들, 42명의 성직자들, 52명의 퇴마사들, 전례 집행자들, 관리자들 그리고 1,500명의 과부들과 가난한 사람들로 구성되어 있었다고 기록한 바 있다(Eusebius 1984, 265). 일부 학자들은 당시 교회의 규모를 약 3만명 정도로 추정하고 있다.

라투렛(Latourette)은 2세기 말의 로마 기독교는 로마 제국의 모든 지방들과 메소포타미아 지역에서 활발하게 확장했을 것이라고 추측했다(1937, 85). 터툴리안(Tertullian)의 문헌을 살펴보면 이러한 추측은 역사적 사실일 가능성이 높아 보인다. 주후 200년경, 그는 "많은 사람이 그리스도인이 되었는데 여기에는 가이툴리족(Gaetuli) 부족들, 마우리(Mauri) 부족들, 스페인의 모든 접경 지역들, 프랑스의 다양한 부족들, 독일의 일부 지역들을 비롯하여 로마에 접근하기 어려운 지역 주민들도 포함되어 있었다. 또한 슬라브족, 덴마크인, 독일인, 스키타이인(Scythians), 우리에게 잘 알려져 있지 않은 지방들과 섬들에도 복음이 전파되었다"(Roberts and Donaldson 1951, 3:44)라고 쓰고 있다.

터툴리안은 다른 곳에서 이교도들에게 이를 자랑하기도 했다. "너희에게 속해있던 모든 도시들, 섬들, 마을들, 조직들, 거처들, 종교적 시설, 부족들, 단체들, 왕궁, 의사당, 토론회에도 복음으로 가득 채워졌다! 너희들에게는 이제 신전밖에 남지 않았다"(Kidd 1920, 1:143). 터툴리안이 다소 과장했을 수도 있겠지만, 주후 200년경에 로마 제국의 모든 지역에까지 교회가 침투했었다는 사실은 분명해 보인다.

5. 3세기의 교회성장

주후 200년부터 260년까지 기독교는 급격하지는 않았지만 안정적으로 유지되었다. 그러나 260년 이후 디오클레티아누스 황제의 박해가 시작된 313년 이전까지 교회가 매우 급속한 성장했다. 주후 260년까지의 교회는 도시를 중심으로 발전했지만, 3세기 후반의 기독교 대중운동은 주로 시골 마을에서 일어났다. 이러한 변화에는 여러 가지 요인들이 작용했다.

첫째, 이 시기에는 로마의 사회적 갈등이 팽배해 있었다. 대외적으로는 게르만족의 침략을 받고 있었고, 대내적으로도 로마 자체가 통제 불능의 혼란에 빠져 있었던 이른 바 "군인 황제"(barrack emperors) 시대였다.

둘째, 경제적인 침체도 장기화되고 있었다. 높은 물가 상승률은 시골 사람들이 그들의 생산품 판매의 어려움을 가중시켰고, 이는 곧 생존의 위협으로 다가 왔다. 사회의 공공질서가 와해되어 생산품의 운송 체계도 와해되어 있는 상황이었다(Frend 1982, 110-11).

시골 사람들은 생활고가 가중됨에 따라 그들이 전통적으로 믿고 있는 종교적 신념에 대해 회의를 품기 시작했다. 이와는 반대로, 그리스도인들은 사회 정의와 악한 영을 물리치는 성령의 능력을 포함하는 단순하면서도 강력한 복음을 제시하고 있었다. 그 결과로 수백만의 사람들이 그들의 오랜 우상을 거부하고 그리스도를 영접했다. 바로 이 시기가 니케아 회의 이전 시대의 기독교 부흥운동의 절정기였다.

기독교가 이 40년의 기간 동안 박해로부터 자유로웠던 것도 대 부흥의 원인으로 작용했다. 로마 정부도 다른 문제들에 몰두해 있었기 때문에 교회는 그들의 관심의 대상이 되지 못했다. 이 평화로운 부흥의 시기는 디오클레티아누스 황제의 통치 초기까지 지속되었다.

기독교의 평화와 확장은 주후 303년에 시작된 디오클레티아누스 황제의 박해와 함께 끝을 맺었다. 이 가혹한 박해는 콘스탄티누스 대제가 권력을 행사하기 시작한 311년까지 지속되었다. 이 기간 동안 약 1만 5,000명의 그리스도인들이 순교했고, 이보다 훨씬 더 많은 사람이 박해를 받았다. 로마의 주교를 포함하여 많은 그리스도인들이 혹독한 고문과 협박에 못이겨 신앙을 버리기도 했다. 로마 교회의 지속적인 평화는 콘스탄티누스 대제의 관용 칙령(edict of toleration)과 그의 유명한 밀라노 칙령(Edict of Milan)이 공포된 313년 이후에 찾아 왔다(Kane 1975, 32).

6. 주후 325년의 기독교 확장

주후 300년 경, 기독교의 복음은 로마 제국의 모든 도시와 마을에 전파되었다. 그러나 교회의 분포는 고르지 못했다. 교회는 주로 로마의 중심지와 리용(Lyons)을 비롯하여 시리아, 소아시아, 이집트, 북아프리카 등의 지역에서 빠르게 성장했다. 프랑스와 같은 다른 지역에서는 상대적으로 지체되고 있었다. 아돌프 폰 하르낙(Adolf von Harnack)은 당시의 일부 지역 주민들의 절반 이상이 그리스도인이 되었고, 많은 도시에서 그리스도인들이 절대 다수의 주류 사회를 형성했었다고 주장했다. 그는 콘스탄티누스 대제가 집권하던 당시에 약 3~400만 명 정도의 그리스도인들이 있었을 것으로 추정한 바 있다(Harnack 1908, 2:325). 콘스탄티누스 대제가 통치하던 기간 동안 그리스도인의 숫자가 빠르게 늘어났는데 이는 그리스도인들에게 특권이 주어졌기 때문이기도 했다. 기독교가 혜택을 받는 종교가 되었을 때, 질적인 면에서 일부 문제가 있었지만, 교회 회중의 숫자는 급격하게 증가했다. 여전히, 니케아 회의 이전에는 교회가 엄청난 박해를 견뎌내는 가운데 놀라운 진전을 이루어 내었던 것이다. 여기서 우리는 "교회가 어떻게 성장했는가?"라는 질문을 하게 된다.

7. 니케아 회의 이전의 선교사들

기독교는 그 시작에서부터 선교적인 종교였다. 2세기와 3세기의 선교사들은 사도들의 전례를 따랐다. 유세비우스는 그들을 두고 "우리 구주의 사도들과 제자들은 전 세계로 흩어졌다. 전승에 의하면 도마는 파르티아(Parthia)로 보냄을 받았다고 믿었고, 안드레는 스키타이(Scythia)로, 요한은 그가 사망한 에베소로, 베드로는 폰투스(Pontus), 갈라티아(Galatia), 비티니아(Bithynia), 카파토키아(Cappadocia), 아시아와 유대인들에게 복음을 전파했고 마침내 로마에 도착했다"(1984, 82)고 말했다. 유세비우스는, 열두 제자는 그들이 알고 있었던 모든 세상에 복음을 전하기 위해 최선을 다해 노력했다고 증거하고 있다.

2세기의 순회 선교사들은 그들의 사역에 있어서 바울의 전례를 따른 것으로 보인다. 유세비우스는 그들의 사역을 기독교 역사에 기록했다. 2세기에 기록된 『12사도의 교훈』(*Didache*)에서 순회 "사도들과 선지자들"에 대해 언급하고 있다(Bettenson 1956, 71). 이러한 증거들을 종합해 볼 때 2세기에 이미 전임 선교사들이 존재하고 있었다는 것을 알 수 있다.

오리겐(Origen)은 이러한 순회 선교사 전통이 3세기에도 계속되었다고 증언했다. 그는 "그들 가운데 일부는 도시들뿐만 아니라 시골 마을의 구석 구석까지 순회하면서 하나님의 말씀을 전파했다"(Roberts and Donaldson, 1951, 4:468)고 기록했다. 사실상, 클레멘트(Clement)와 오리겐의 선조(predecessor)였던 판테누스(Pantaenus)는 알렉산드리아를 떠나 아시아에 선교사로 갔는데, 유세비우스는 그가 인도까지 여행했었다고 기록하고 있다(Eusebius 1984, 190). 이러한 자료들을 살펴볼 때 1세기 이후에도 선교 활동이 지속된 것을 볼 수 있다.

8. 주교 선교사들

니케아 회의 이전에는 주교들이 사도들의 선교 활동을 계승했다. 주요 거점 도시의 주교들은 인접 마을들과 시골 지역의 복음화를 주도했다. 더 나아가 기존의 교회들은 새로운 지역에 교회를 개척하기 위해 주교들을 파송했다. 주교 선교사들은 인근 지역의 그리스도인들의 공동체가 그들 스스로 주교를 세울 수 있도록 가르치기도 했다(Conner 1971, 208).

이레니우스(Irenaeus)와 그레고리우스 타우마투르구스(Gregory Thaumaturgus)는 전형적인 주교 선교사들이다. 이레니우스(주후 130-200)는 리용의 주교였다. 그는 자신의 책에서 리용 인근의 부족 마을에서 켈트어로 설교했다고 기록했다(Neill 1986, 31). 그레고리는 오리겐을 통해 그리스도를 믿게 되었다. 주후 240년경 그의 고향인 폰투스에서 주교로 임명받았다. 전승에 의하면, 그가 주교가 되었을 때 그 마을의 그리스도인은 단 17명에 불과했지만, 그가 죽었을 때는 단 17명의 이교도만이 남았을 뿐이었다. 이 숫자는 다소 과장되었겠지만, 그레고리가 성공적으로 전도한 것은 분명한 사실이다. 그는 이교도들의 기적이 조작되었다는 것을 폭로하고 자신은 많은 기적을 일으켜 "기적의 사역자"라는 별명을 얻기도 했다. 그는 또한 이교도의 축제를 순교자들을 명예롭게 하는 축제로 대체하기도 했다. 이와 같이 그는 이교도를 전도하는 일에 앞장섰다(Latourette 1937, 89-90).

9. 평신도 선교사들

선교사들과 주교들이 전도의 모범을 보여 주었지만, 실제로 대부분의 지역에 복음을 전파하는 일은 평신도들이 담당했었다. 그들은 일상의 삶 가운데서 만나는 사람들에게 복음을 전했다. 평신도들은 그들의 집에서, 시장에서, 길모퉁이에서 만나는 가족과 이웃들이 주님께 돌아오도록 하기 위해 그리스도의 복음을 소개했다(Green 1970, 173).

그리스도인들은 어디에서든지 복음을 나누었다. 그리스도인 상인들은 마치 예루살렘 교회(행 8:4)처럼 로마 제국 전역을 여행하면서 전도했다. 로마 군대에 복무 중인 그리스도인들은 그리 많지 않았지만, 그들도 주둔지를 어디로 옮겨가든지 그곳에서 복음을 전했다. 일부 학자들은 로마 군인들이 최초로 영국에 복음을 전했다고 믿고 있다. 더 나아가 정부로부터 연금을 받는 퇴역 군인들은 새로운 영토에 일정 구획의 토지를 하사받았다. 이 퇴역 군인들도 도시로부터 먼 지역에 교회를 개척하기도 했다. 이러한 사례는 유럽의 남동부에서 흔히 볼 수 있었다(Carver 1932, 51).

여성들이 교회의 확장에 핵심적인 역할을 담당했다. 하르낙은 "신약성경과 기독교 초기 문서들을 신중하게 읽는다면, 그 누구도 사도 시대와 속사도 시대의 여성이 전 기독교 공동체가 그리스도의 복음을 전파하는데 있어서 중요한 역할을 담당했다는 사실을 간과할 수 없을 것이다. 하나님의 은혜와 구원이 남성과 여성 모두에게 평등하게 주어졌다는 것은 여성들의 종교적 독립성을 강화시켜 주었고, 기독교 선교에도 긍정적으로 작용했다"(1908, 2:64). 초기 교회들은 주로 가정에서 모였기 때문에 많은 여성이 그들의 가정을 가정 교회로 만들 수 있었다. 또한 많은 여성이 그리스도에 대한 믿음을 증거하는 가운데 담대하게 순교했다.

> **참고자료 7.1**
> **퍼피튜아**
>
> 초기 기독교는 퍼피튜아(Perpetua)를 위대한 영웅으로 받아들였다. 비비아 퍼피튜아와 그녀의 여종 펠리시타스(Felicitas)는 같은 시기에 그리스도인이 되었다. 카르타고(Carthage)의 로마 관료들은 개종을 금지하는 셉티무스 세베루스(Septimus Severus) 황제의 칙령에 따라 이 두 사람을 체포했다. 퍼피튜아의 가족들은 그녀에게 가족의 행복과 어린 자녀를 위해서라도 신앙을 포기할 것을 강요했지만 뜻을 굽히지 않았다. 사형장에 끌려가면서 퍼피튜아는 그녀는 자신의 믿음을 증거했다. 그녀는 슬픔에 잠긴 그리스도인들에게 "형제, 자매들에게 이 말씀을 전해 주세요. 믿음 안에 굳게 서고 서로 사랑하며 우리가 당한 환란이 믿음의 거침돌이 되지 않기를 바랍니다"(Tucker 2004, 33-34)라는 말을 남겼다.

♦ 토의 질문 ♦
① 초기 기독교는 박해에 어떻게 대응했는가? 그들의 대응이 오늘날의 창의적 접근 지역의 박해받는 그리스도인들에게도 모델이 될 수 있겠는가?

10. 선교 방법

바울과 베드로는 자주 공개적인 장소에서 복음을 전했는데, 이러한 방식은 2세기와 3세기에도 여전히 지속되었다. 유세비우스는 테디우스(Thaddeus)는 에데사에서 공개적으로 설교했다고 기록했다. 유세비우스는 테디우스가 "나는 말씀을 전하기 위해 보냄을 받았기 때문에, 당신의 모든 시민들이 모인 자리에서 나는 영원한 생명의 말씀의 씨를 뿌릴 것이다"(1984, 47)라고 말했다고 증거했다. 초기 전도자들은 열정적으로 설교했다. 데이비스(J. G. Davis)는 "청중으로 하여금 회개와 믿음에 이르게 하고…양심의 가책을 느끼게 했다"(1967, 19)고 말했다. 그들의 노력은 곧 교회의 지속적인 성장으로 나타났다.

카버(W. O. Carver)는 가르침이 또 다른 중요한 방법이었다고 말했다. 안디옥, 알렉산드리아, 에데사, 카이사리아(Caesarea) 등을 포함한 많은 지역에서 초기의 교리학교들이 영적 지도자들을 양성하는 학교로 발전하기도 했다(Carver 1932, 47-50). 이 모든 학교들이 선교사들을 파송했다. 때로는 알렉산드리아의 판테누스(Pantaenus)와 같은 교사들이 이러한 모델의 사례가 되었다. 그들은 학교의 안과 밖에서 전도자들로 사역했다. 새로 입교하는 사람들과 함께 이교도들도 학교에 들어와서 이들의 가르침을 받았다. 그레고리우스 타우마투르구스 주교와 같은 위대한 선교사도 알렉산드리아의 학교에서 오리겐의 가르침을 받았다(Harnack 1908, 2:362).

초기 그리스도인들은 그들의 가정을 활용하여 복음을 전했다. 왜냐하면 주후 250년까지 교회 건물이 존재하지 않았기 때문에 회중들은 하나 혹은 여러 가정에서 모임을 가졌다. 가정에서의 모임은 참여자들에게 편안하고 안정된 분위기를 제공해 주었다. 그리스도인 가족의 따뜻한 환대는 많은 사람에게 큰 감명을 주었을 뿐만 아니라 때로는 마치 사도행전 16장의 옥문을 지키던 간수의 사례와 같이 가족 전체가 주님께 돌아오기도 했다. 신약성경은 가정 혹은 가정 교회에 대한 이야기들로 가득차 있고, 니케아 회의 이전에는 이러한 모델이 지속적으로 유지되었다(Green 1970, 207).

설교와 간증을 통한 구술적 증거가 핵심적인 전도 방법이었지만, 기독교 문서들도 복음을 전파하는 효과적인 방법으로 활용되고 있었다. 문서 전도는 변증, 서신, 논쟁, 성경 보급 등을 포함하고 있다. 카버는 니케아 회의 이전의 모든 교부는 "다양한 형태의 문서 선교사들이었다"(1932, 49)고 말했다.

초대 교회는 주로 개인적인 만남과 모범적인 삶을 통해 복음을 증거했다. 이것은 사도 시대에도 마찬가지였다. 교회는 잘 조직된 선교 단체나 조직에 의해서가 아니라 평범한 그리스도인들이 그들의 일상적인 생활 가운데서 만나는 사람들에게 말과 행동으로 복음을 전한 결과로 세워졌다. 저스틴 마터(Justin Martyr)는 그의 변증서에서 "그분은 우리 모두에게 사람들을 회심하게 할 것을 촉구했다… 그 결과로 나는 그들의 이웃의 일관성 있는 삶을 관찰해 왔던 사람들이거나 부당하게 추방을 당한 동료 여행자들의 위대한 인내를 발견했던 사람들 혹은 동료 상인들로부터 시련을 받아 온 사람들이 자신의 폭력적이고 포악한 성품을 극복하고 변화된 많은 사람을 보게 되었다"(Kidd 1920, 70)고 기록한 바 있다.

그리스도인들은 또한 박해와 순교를 각오하고 공개적으로 복음을 전파했다. 일부는 극심한 억압과 고문으로 인해 믿음을 포기하기도 했지만, 수많은 그리스도인들이 여전히 그리스도에 대한 그들의 믿음을 지켜 나갔다. 믿음을 철회하지 않으면 죽이겠다는 위협을 받았을 때, 스미르나(Smyrna)의 폴리캅(Polycarp)은 "나는 86년 동안 그분을 섬겨 왔지만, 그분은 한번도 나를 잘못 인도하신 적이 없다. 나를 구원하신 나의 왕을 내가 어떻게 배반할 수 있겠는가?"(Eusebius 1984, 147)라고 말했다. 로마의 박해는 기독교를 파괴하지 못했을 뿐 아니라 오히려 더욱 더 강하게 만들었다. 터툴리안은 선교자의 피가 교회의 씨앗이 되었다고 증거한 바 있다. 수많은 이교도가 그리스도인들의 간증을 통해 주님께 돌아 왔다.

초기 기독교는 사회 봉사 활동에 있어서도 모범을 보여 주었다. 하르낙은 일반적인 자선, 교사들과 관리들에 대한 지원, 고아들과 과부들에 대한 지원, 병자들과 노약자들에 대한 지원, 죄수들과 그들의 가족들에 대한 돌봄, 극빈자의 매장, 노예들에 대한 돌봄, 자연재해 피해자들에 대한 지원, 취업 기회 제공, 도움을 필요로 하는 자들에 대한 환대 등 그리스도인들이 실천했던 열 가지 활동을 열거했다(1908, 1:153).

그리스도인들의 이러한 자비로운 활동은 전도에도 긍정적인 영향을 끼쳤는데, 이는 배교자 율리아누스(Julian) 황제가 "황제를 숭배하지 않는 기독교들은 낯선 이방인들을 환대하고 연고가 없는 시신을 매장해 주는 등의 사랑을 베푸는데 앞장서고 있다…갈릴리 사람들은 그들 자신뿐만 아니라 다른 사람들의 어려움을 보살폈다"(Neill 1986, 37-38)고 불평을 늘어놓은 데서도 확인할 수 있다. 이와 같이 기독교 초기의 교회는 사회 봉사와 전도를 구분하는 이분법이 존재하지 않았다. 이 두 가지 모두 교회의 자연스러운 선교 활동이었다.

11. 기독교의 확장에 영향을 준 요인들

기독교 초기 교회의 확장에 대해 지금까지 전해 내려오는 자료들을 종합해 볼 때, 특히 교회가 사용해 온 방법들과 관련하여 우리는 "왜 교회가 성장했는가?"라는 질문을 하게 된다. 여기서 일곱 가지 요인을 열거하면 다음과 같다.

(1) 교회성장의 가장 중요한 요인은 무엇보다도 하나님의 축복

때문이었다. 교회가 성장하는 것은 하나님의 뜻이었고, 초기 기독교의 노력에 대해 하나님께서 축복하셨다. 초기 기독교는 하나님의 구속적 목적을 성취하기 위한 성령의 도구였다. 오리겐은 "숫자가 얼마 되지도 않는 기독교의 교사들은 전 세계 어디에서든지 복음을 전파했다…우리는 그 결과가 어떤 인간의 능력도 넘어서는 것이었다고 망설이지 않고 말할 수 있다"(Roberts and Donaldson 1951, 4:350)고 말했다.

(2) 교회가 성장한 것은 그리스도인들의 열정 때문이었다. 그들은 믿음을 지키기 위해 희생적인 삶을 살았다. 기독교 초기의 그리스도인들은 선교 활동을 통해 믿음을 표현하고자 하는 뜨거운 확신을 갖고 있었다.

(3) 교회의 호소력 있는 메시지가 또 다른 중요한 요인으로 작용했다. 라투렛은 예수님의 독특성이 핵심이었다고 말했다. 하나님의 사랑과 그리스도를 통한 용서와 영원한 삶의 메시지가 로마 제국의 시민들의 마음을 흔들어 놓았다(Latourette 1937, 168).

(4) 교회의 조직과 제자훈련도 교회성장을 도왔다. 월트 하이드(Walter Hyde)는 군대를 연상하게 하는 교회 조직이 긍정적으로 작용했다고 말했다(1946, 187). 주교들의 확고한 충성심은 박해에 직면한 교회를 보존하는 결정적인 요인이 되었다. 또한 교회의 엄격한 제자도는 이교도들의 음란한 문화와는 큰 차이를 보였다.

(5) 교회의 포용성이 또 하나의 요인이 되었다. 교회는 모든 인종과 모든 계층의 사람을 포용했다. 이는 곧 기독교를 보편적인 종교로 자리잡게 했다. 즉 기독교는 유대교의 배타성을 넘어 범세계적 종교가 된 것이다.

(6) 초기 기독교의 높은 윤리성이 기독교를 융성하게 했다. 그들이 비록 완벽한 사람들은 아니었겠지만, 그들의 이교도 이웃들과는

완전히 다른 삶의 방식이 수많은 사람에게 매력적으로 다가왔다. 그들의 도덕성과 구호 활동은 그 자체로 믿음의 강력한 증거가 되었다.

(7) 기독교가 성장하는 것은 그리스도인들이 자녀들에게 큰 의미를 부여했기 때문이기도 했었다. 그리스도인들은 로마 제국의 다른 어떤 집단들보다 더 많은 자녀들을 낳았다. 세월이 갈수록 그들의 높은 출산율은 교회성장의 강력한 원동력 가운데 하나로 작용했다(Feddes 2007).

12. 결론

주후 325년경 교회는 로마 제국의 전 지역으로 퍼져 있었다. 스테픈 닐(Stephen Neill)은 이 당시의 그리스도인들의 숫자를 약 500만 명으로, 로드니 스타크(Rodney Stark)는 600명 에 다다랐을 것이라고 추산한 바 있다(Neill 1986, 7). 주후 500년경에는 로마 제국 시민의 절대 다수가 그들 스스로를 그리스도인이라고 불렀고, 선교사들은 제국의 국경을 넘어 복음을 전파하기 시작했다. 교회는 성장하기 위해 어떤 비밀스런 공식을 사용하지 않았다. 오히려, 교회는 복음을 전파하고 진리를 가르치는데 있어서 사도들의 모범을 따랐다.

속사도 시대 교회의 혁신적인 방식 가운데 하나는 변증을 위한 문서 선교였다. 오늘날까지도 여전히 유효한 가장 핵심적인 교회성장의 요인은 평범한 그리스도인들의 삶과 행동을 통한 증거였다. 순회 선교사들과 주교들이 그리스도의 기치를 높이 들고 앞장섰지만, 대부분의 전도와 회심은 평범한 그리스도인들에 의해 이루어졌다.

제8장
로마 가톨릭의 선교 전략

　이 장에서 우리는 주후 500년부터 1600년까지의 로마 가톨릭 선교 전략에 대해 논의할 것이다. 이 기간 동안 일부 반대파들을 제외하면 종교개혁이 일어나기 전까지는 로마 가톨릭교회가 서구 유럽의 유일한 교회였다. 로마 가톨릭교회가 어떻게 막강한 권력을 갖게 되었나? 그들은 어떤 전략을 갖고 있었나? 우리는 여기서 그레고리 대제(Pope Gregory the Great)의 전략을 살펴보는 것으로부터 시작하고자 한다.

참고자료 8.1
성례주의

신약성경 시대의 선교사들은 죄를 자백하고 예수 그리스도를 믿을 때 용서와 구원을 받을 수 있다고 확신하고 복음을 전했다. 중세 시대의 선교사들은 로마 가톨릭교회와의 연합을 이룰 때 구원받을 수 있다고 믿었다. 수도사들은 교회의 성례전, 특히 세례와 성체성사(주의 만찬)를 통해 구원이 온다고 확신했다.

성례주의 신학에 따르면, 예수 그리스도의 십자가에서의 죽음과 무덤에서의 부활을 통해 하늘에 있는 은혜의 보화를 얻게 되었고, 로마 가톨릭교회는 이 은혜의 보화의 청지기라고 믿고 있다. 그러므로 가톨릭교회는 사람들이 이 은혜를 받을 수 있도록 세례성사, 견진성사, 신품성사, 혼인성사, 고해성사, 성체성사, 병자성사 등을 포함하는 교회의 7성사를 제정한 것이다. 따라서 중세 선교사들은 사람들에게 세례를 받도록 권유했는데, 왜냐하면 세례를 통해 구원을 받을 수 있다고 믿었기 때문이었다. 이 장에서 언급한 바대로 강요된 개종은 유럽 기독교에 부정적인 영향을 끼친 것이 부인할 수 없는 사실이다. 물론 세례를 받았던 대다수의 사람들이 그 의미를 알지 못했던 것은 자명한 일이었다. 또한 세례를 받은 후에도 그들은 과거의 이교적인 세계관과 종교 의식들을 그대로 유지했었다(J. M. Terry 1994, 54-55).

◆ 토의 질문 ◆
① 죄을 범한 사람들이 어떻게 하나님의 은혜를 받을 수 있는가? 누가 은혜를 줄 수 있는가?

1. 그레고리 대제의 선교 전략

그레고리 대제는 로마 가톨릭교회에 천 년이 넘는 기간 동안 영향을 끼쳤다. 그는 비록 주후 590년부터 604년까지의 짧은 기간 동안만 교황직을 수행했지만, 중세 시대 전체에 걸친 로마 가톨릭교회의 토대를 형성했다. 그것은 다음과 같은 세 가지 활동을 포함한다.

첫째, 그는 가톨릭 미사의 형식을 확립했는데, 성가대가 사용하는 노래를 작곡하기도 했다.

둘째, 그는 로마 가톨릭교회를 공인했다.

셋째, 그는 자신이 꿈꾸어 왔던 유럽 복음화 전략을 개발했다.

그레고리 대제는 모든 유럽인이 바티칸(Vatican)의 자비로운 통치권 아래로 들어오기를 기대했다. 이 목표를 성취하기 위해 그는 프랑스, 사르디니아(Sardinia), 영국에 선교사를 파견했다. 물론 영국에는 이미 켈트 교회가 존재하고 있었다. 그레고리는 켈트 교회를 비롯하여 영국의 이교도들이 로마 가톨릭교회로 수용되기를 바라고 있었다. 그레고리 대제는 유럽을 기독교화하기 위해 네 단계의 전략을 개발했다.

첫째, 그는 수도사들을 선교사로 파견하여 유럽인들에게 세례를 베풀고 교회를 세웠다.

둘째, 그는 로마 제국의 왕들과 통치자들에게 그들의 모든 백성이 세례를 받게 하도록 강력하게 권고했다(그레고리 대제는 세례성사를 통해 구원받을 수 있다고 믿고 있었다. 참고자료 8.1을 보라).

셋째, 그는 주교들에게 복음을 전파할 것을 요청했다.

넷째, 그는 로마 가톨릭교회가 새로운 지역에 접근하는 방식으로 적응(accommodation) 모델을 제시했다(참고자료 8.2를 보라). 개신교에서는 토착화(indigenization)와 상황화(contextualization)라는 용어를 주로 사용하고 있지만, 로마 가톨릭 저술가들은 적응이라는 용어를 선호한다. 적응은 새로운 문화를 만났을 때 반드시 이루어져야 할 교회의 변화 그리고 교회가 들어갔을 때의 일어나야 하는 문화의 조정을 뜻한다.

참고자료 8.2
적응

적응(accomodation)은 선교사를 파송한 교회의 의식, 관례, 방식 등을 수용자의 문화에 적응하는 것을 뜻한다. 이것은 선교사를 파견하는 서구 기독교의 전통적 관습의 일부를 내려 놓고 수용자의 기독교 신앙이 반영된 문화적 양식에 대한 의도적 수용 과정을 나타내는 것이다(Hunsberger 2000, 31).

적응은 그레고리 대제가 어거스틴과 그의 수도사 선교단에게 권면한 접근 방식이었다. 영국을 기독교화하는 과정에서 그들은 이교도들을 직면하게 되었는데, 그레고리 대제는 그들에게 다음과 같은 서한을 발송했다.

> 이교도의 신전은 파괴하지 말고, 그 안에 있는 우상들만 제거하라…만약 그 신전이 잘 지어져 있다면 참된 하나님을 예배하는 장소로 사용하라. 그들이 마귀에게 소를 잡아 희생제물로 바치는 관습에 익숙해 있다면 축제 가운데 하나를 지정하여 다른 것으로 대체하는 것도 좋을 것이다(Neill 1986, 59).

어거스틴과 그의 수도사 선교단이 영국에서 이 전략을 성공적으로 수행했고, 다른 선교단들도 이와 같은 방식으로 선교했다. 적응 모델은 다음과 같은 논의의 여지를 갖고 있다. 첫째, 적응 모델은 어떤 의식과 관습들을 수용하고 거부해야 하는가를 선교사가 결정한다. 둘째, 적응 모델은 내면적인 세계관의 변화보다는 외적인 변화에 관심을 두고 있다. 셋째, 적응 모델은 수용자 문화에 전하고자 하는 메시지의 내용과 전달하는 방법에 직접적인 영향을 주는 선교사의 문화적 배경을 고려하지 않는다(Hunsberger 2000, 32).

◆ 토의 질문 ◆
① 선교사들이 어떻게 현지인 신자들로 하여금 전통적인 문화적 관습과 조화를 이루는 의사결정을 하도록 도울 수 있겠는가?

2. 수도원운동

중세 시대의 로마 가톨릭교회는 수도사들이 선교의 핵심 자원이었다. 누르시아(Nursia)의 베네딕트(Benedict)는 수도원운동의 창시자였다. 그는 주후 529년에 로마 근처에 위치한 몬테카시노(Monte Cassino)에서 수도원을 설립했다. 그는 수도원 생활의 규범을 기록한 『수도규칙서』(*The Regula*)를 저술하였다. 『수도규칙서』에는 다음과 같은 요구 사항이 적혀 있다.

첫째, 모든 수도원들은 수도원장에 의해 운영되어야 한다.

둘째, 모든 수도사들은 수도원장 앞에서 순결과 가난 그리고 복종의 서약을 해야 한다.

셋째, 수도사는 매일 정해진 예배, 기도, 노동, 연구 등의 활동을 엄격하게 준수해야 한다.

넷째, 수도사는 최대한 검소하게 살아야 한다.

수도사들은 로마 가톨릭교회를 상징하는 중요한 자원이다. 그들은 중세 시대에는 흔치 않았던 글을 쓰고 읽는 법을 배웠다. 수도사들에게는 가정이 없었기에 배치에 대한 제약도 없었다. 그리고 수도사들의 엄격한 훈육과 복종 서약은 설교자들과 전도자들을 양성하는데 있어서 매우 유용한 자원으로 준비될 수 있게 해 주었다. 주교들과 수도원장들은 가톨릭교회를 유럽 전역에 확장하기 위해 수도사들을 선교사로 파견했다.

수도사를 통한 선교는 다음과 같은 일정한 형식을 취하고 있었다. 교회 지도자들이 복음화해야 할 지역을 선정한다. 그 다음에는 그 지도자가 가톨릭 통치자에게 추천서를 요청한다. 수도원장은 교회 지도자가 제시한 새로운 지역에 수도사들을 파견한다. 그들은 과거의 수도원에서 받은 추천서를 새로운 지역에 제시한다. 새로운 지역의 통치자는 통상적으로 파견되어 온 수도사들이 활동을 시작할 수 있도록 허락해 준다. 수도사들은 임시 거처를 짓고, 일상적인 활동을 시작한다. 수도사들이 영구적인 수도원을 건립한 후 인근의 도시와 마을들을 방문한다. 수도사들은 점차적으로 수도원 인근 지역에 교회들을 설립한다.

수도사들은 교회에 사제들이 부임할 때까지 회중들을 위한 목회적 돌봄을 실시한다. 새로운 수도원의 건립이 완료되었을 때 수도원장은 또 다른 지역에 다른 수도사들을 파견한다. 대다수의 서구 유럽 지역들이 이와 같은 방식으로 기독교권이 되었다(Rudnick 1984, 43). 콜롬바(Columba)는 수도원 중심의 선교에 대한 좋은 사례를 제시해 주고 있다. 그는 아일랜드에서 수도사로 재직한 수년 동안 여러 개의 수도원들을 건립했다. 563년에 콜롬바는 열두 명의 수도사로 하여금 스코틀랜드의 서해안에 위치한 아이오나(Iona) 섬에 수도원을 건립했다. 콜롬바가 사망한 후 아이오나 수도원은 지속적으로 수도사들을 파견했다. 이들 가운데 한 수도사였던 에이단(Aidan)은 영국 북부의 노섬브리아(Northumbria)에 가서 많은 사람에게 세례를 주고 수도원을 건립했다(Starkes 1984, 65-66).

3. 군주들

유럽의 대다수 민족 집단들은 강압적인 개종을 통해 로마 가톨릭교회의 지배를 받게 되었다. 앞서 언급한 바와 같이 그레고리 대제와 그를 따르던 교황들은 각 국가의 통치자들로 하여금 그들의 국민들에게 세례를 줄 것을 강요했다. 통치자들에게 이렇게 하도록 요구하는 것은 그리 어려운 일이 아니었다. 중세 시대의 통치자들은 그들이 국민의 종교를 선택할 권리를 갖고 있다고 믿었다. 다시 말하면, 왕의 종교가 곧 국민의 종교가 되어야 한다고 믿었던 것이다.

샤를마뉴(Charlemagne) 대제도 이러한 태도를 견지하고 있었다. 프랑크족의 왕이었던 샤를마뉴의 말년의 기간 동안에는 현재의 프랑스와 독일 대부분의 지역을 통치했다. 그는 선교사를 파견하고 지원하여 자신의 영토를 기독교화하고자 했다. 800년 무렵, 교황 레오(Leo) 3세는 자신을 신성 로마 제국의 황제로 선포했.

샤를마뉴는 색슨(Saxon) 족을 정복하기 위해 군사작전을 지시했다. 그가 이 땅을 점령했을 때 수도사 선교단을 대동하고 입성했다. 그는 수도사들이 색슨 족을 개종시킬 뿐 아니라 성난 민심을 달래 주기를 바랐다. 색슨 족이 정복과 개종에 강력하게 저항했지만, 점차적으로 샤를마뉴에게 굴복할 수밖에 없었다. 그는 색슨 족에게 세례와 죽음 가운데 하나를 택할 것을 명령했다. 대다수가 세례를 택했다. 샤를마뉴의 이러한 행위에는 복잡한 동기가 작용하고 있었다. 샤를마뉴는 진정으로 교황을 기쁘게 하고 기독교권을 확장하기를 원했다. 그러나 그가 기독교를 강요한 것은 정복한 나라의 국민들이 평화롭고 순응적인 사람이 되도록 하기 위한 하나의 방편이기도 했다(Rudnick 1984, 59-60).

동방 정교회도 이와 유사한 방식으로 불가리아에 들어갔다. 키릴로스(Cyril)와 메토디오스(Methodius)는 864년에 불가리아로 파견된 형제 선교사였다. 메토디오스는 예술에 재능이 있어 불가리아의 보고리스(Bogoris) 국왕은 그의 궁전에 그림을 그려 줄 것을 요청했다. 메토디오스는 천국의 즐거움과 지옥의 고통을 묘사하는 그림을 그렸다. 이 그림이 국왕에게 강력한 영향을 주었고, 그 결과로 그를 비롯하여 많은 신하들이 세례를 받았다. 국왕은 모든 국민에게 세례를 받든지 처형을 당하든지 둘 가운데 하나를 택할 것을 명령했다(Carver 1932, 69). 보고리스 국왕과 샤를마뉴 대제이 행동은 많은 유럽 국가의 통치자들에게 동기를 부여했고, 유럽이 어떻게 기독교권이 되었는가를 보여주는 전형적인 사례가 되었다.

4. 십자군

1095년에 교황 우르바노 2세는 클레르몽 공의회(Council of Clermont)의 참석자들에게 무슬림이 점령하고 있는 팔레스타인 성지를 탈환하기 위해 십자군을 조직할 것을 권고했다. 팔레스타인은 수백 년 동안 아랍 무슬림들이 지배하고 있었지만, 그리스도인들의 성지 순례를 방해하지는 않았다. 그러나 터키 무슬림들이 팔레스타인을 점령했을 때는 여러 기독교 순례단들을 박해했다. 이러한 사태에 대한 분노와 기독교가 성지를 통제하고자 하는 욕망이 교황으로 하여금 이와 같은 명령을 내리게 하는 요인으로 작용했다. 이 밖에도 비잔티움의 황제가 유럽 기독교의 통치자들에게 터키에 의해 그의 제국에 가해진 압박을 덜어줄 것을 호소했다.

유럽의 왕자들은 교황의 권고에 부응하여 1096년에 제1차 십자군 원정대를 출정했다. 제1차 십자군은 1099년에 원정의 핵심 목표였던 터키로부터 예루살렘을 정복하는데 성공했다. 십자군은 예루살렘에 약 100년간 유지되었던 기독교 왕국을 건설했다. 점차적으로, 터키는 십자군에게 강탈당했던 도시와 영토들을 탈환했다. 1248년에 출정했던 마지막 십자군은 처음을 제외한 다른 원정들과 마찬가지로 실패로 막을 내렸다.

십자군은 결코 선교 전략이 될 수 없다. 십자군의 목표는 중동의 무슬림들의 회심이 아니었고, 사실상 살육과 노예화에 혈안이 되어 있었다. 그러나 십자군은 지금까지도 유럽의 문화와 기독교 선교에 다양한 방식으로 영향을 주고 있다. 많은 십자군들이 사망할 때 그들의 재산을 교회에 물려주었기 때문에 결과적으로 로마 가톨릭교회는 엄청난 부를 축적할 수 있었다. 부정적으로는, 십자군에 대한 열정과 관심이 사라진 후에도 계속해서 십자군 원정을 강요했기 때문에 교황의 지위는 점점 약화될 수밖에 없었다. 또한 1024년의 십자군의 약탈과 비잔티움 침공(콘스탄티노플/이스탄불)은 동방 정교회와 로마 가톨릭교회의 재결합의 가능성을 닫아 버렸다.

십자군은 유럽 봉건제도의 쇠퇴를 가속화했다. 십자군들은 중동에서 무슬림 대학에 대한 강한 인상을 받았다. 이것은 유럽의 통치자들로 하여금 유럽 대학의 설립을 촉진하게 했다. 십자군들이 가져 온 비단과 향신료가 유럽에서 큰 관심을 불러 일으켰다.

이러한 경제적 필요가 유럽과 중동의 상업적 그리고 문화적 상호 교류를 가속화했다. 궁극적으로는 십자군이 유럽의 안전에 위협을 가중시켰다. 사실상 비잔틴 제국은 중동 이슬람과 유럽 기독교의 완충 지대의 역할을 담당해 왔었다. 비잔틴 제국에 대한 이슬람의 압박을 완화시키기 보다는 오히려 이 제국을 약화시키는 결과를 초래했던 것이다. 그 결과로, 오스만 터키는 비잔틴을 점령했고, 유럽 남부를 침공하기에 이르렀다. 십자군은 유럽의 많은 그리스도인에게 이슬람권 선교의 중요성을 각성하게 했고, 무슬림들로 하여금 기독교에 대한 적대적 원한을 품게 하는 등의 두 가지 측면에서 기독교 선교에도 영향을 끼쳤다(Neill, 1986, 97-98).

레이몬드 룰(Lamon Lull, 1235-1315)은 무슬림들을 전멸하지 않고 복음을 전해야 한다고 생각한 유럽인이었다. 그는 스페인 마조르카(Majorca) 섬의 원주민이었고, 30세에 하나님의 부르심을 받기 전까지 궁전에서 안락한 삶을 살았다. 그는 방탕한 삶을 청산하고, 프란체스코 수도회에 합류했다. 그는 북아프리카 무슬림들을 위한 부르심을 확신하였고, 그의 남은 생애를 그들을 위해 헌신했다.

룰은 무슬림들을 전도하기 위한 네 가지 전략을 개발했다.

첫째, 그는 무슬림들을 위한 선교사들은 반드시 그 사역에 합당한 훈련을 받아야 한다고 주장했다. 그는 선교사들이 무슬림의 언어와 문화, 꾸란에 대해서 알아야 할 필요가 있다고 말했다. 그는 미라마대학교(Miramar College)를 설립하여 무슬림 선교를 위한 선교사들을 훈련했고, 로마 가톨릭교회에 선교 훈련을 위해 여러 개의 대학을 세울 것을 촉구하기도 했다.

둘째, 선교사들은 무슬림들의 질문에 대한 대답과 변증을 위해 필요한 독서를 게을리 하지 않아야 한다고 믿었다. 그는 이 문제를 해결하기 위해 여러 권의 책을 저술하기도 했다.

셋째, 그는 선교사들이 무슬림들에게 설교할 수 있는 능력을 갖추어야 한다고 강조했다. 이 목적을 달성하기 위해 그는 네 차례에 걸쳐 북아프리카를 여행하면서 무슬림들에게 하나님의 말씀을 가르치기도 했다.

넷째, 룰은 선교사들이 필요할 경우에는 순교할 각오를 해야 한다고 말했다. 그는 "선교사는 설교를 통해서 뿐만 아니라 피와 눈물과 고된 노동과 억울한 죽음을 통해서도 세상을 변화시킬 수 있어야 한다"(Neill 1986, 117)고 주장한 바 있다. 그는 자신의 주장대로, 네 번째의 북아프리카 여행 도중에 순교를 당했다.

5. 식민주의를 통한 기독교화

16세기와 17세기에 스페인과 포르투갈은 매우 공격적으로 대다수의 남아프리카와 라틴아메리카 국가들을 탐험하고 정복했다. 이 식민주의적 탐험은 스페인과 포르투갈의 가톨릭 군주의 지원을 받았고, 군주들은 이 탐험대와 함께 선교사들을 파견했다. 그들은 교황의 지시에 복종하기 위해 이와 같은 조치를 취했다. 교황 알렉산더 6세는 1493년에 이 세계를 서구와 동구로 분리하였다. 그는 포르투갈이 경계선의 동구 지역의 새로운 땅을 차지할 권한을 주었다. 그는 스페인에 서구의 새로운 땅에 대한 소유권을 부여했다. 이 조치에 따라 포르투갈은 앙골라와 모잠비크 등과 같은 아프리카 국가들과 남아메리카 대륙의 브라질 등을 획득했다.

스페인은 남아메리카 대륙의 대다수 국가들, 카리브 해(Caribbean Sea) 섬들, 중앙아메리카, 멕시코, 북아메리카, 필리핀 등을 차지하는 권한을 부여 받았다. 이러한 권한을 부여한 대가로 가톨릭 국가의 통치자들은 그들이 정복한 식민지를 가톨릭화하기로 약속했다. 통치자들은 그들의 책무를 가볍게 여기지 않았다. 그들은 진정으로 정복한 국가들이 훌륭한 가톨릭 국가가 되기를 바랐다. 그러나 그들도 역시 가톨릭교회를 하나의 평정의 수단으로 간주했다.

식민지 국가의 관점에서 볼 때, 가톨릭 선교사들이 일부는 강압적으로, 또 다른 사람들에게는 설득으로 개종시키고자 했다. 정복자들은 일부 토착민들이 세례를 받도록 강요했지만, 모든 사람이 이와 같은 방식으로 가톨릭을 받아들인 것은 아니었다. 많은 사람이 유럽인의 하나님이 그들의 토착 종교의 신들보다 더 우월한 분이라는 판단에 따라 세례를 받기도 했다. 여기에는 두 가지 이유가 작용하고 있었다.

첫째, 유럽인이 원주민에게는 면역력이 없는 질병들을 갖고 들어왔다. 수백만 명의 북미 원주민이 천연두, 홍역, 성병 등의 질병으로 죽어 갔다. 그들의 토착적인 주술사들이 아무런 도움이 되지 못했던 광범위한 전염병으로 수많은 사람이 죽게 된 것이다. 그들이 볼 때, 유럽인은 이러한 질병으로 사망하지 않았는데, 이는 곧 유럽인의 하나님이 그들의 신들보다 더 강하기 때문이라고 믿었다.

둘째, 원주민은 소수의 유럽인이 숫자적으로 훨씬 우세한 그들의 군사력보다 더 강하다는 사실에 놀라움을 감추지 못했다. 물론, 유럽인들은 원주민이 한 번도 경험하지 못했던 막강한 군사적 기술을 보유하고 있었다.

많은 스페인과 포르투갈 선교사가 "백지 상태의 마음"(tabula rasa) 이라는 개념을 갖고 있었고, 이것이 원주민들을 개종하는 그들의 접근 방법에 영향을 주었다. 이 선교사들은 그들이 정복한 신세계를 비롯하여 모든 나머지 국가들의 문화에는 구원에 이르게 할 만한 어떤 것도 존재하지 않은 토착 종교의 영향을 받고 있다고 믿었다. 선교사들은 그들의 지역 문화를 기독교 가치관이 반영되어 있는 라틴 아메리카의 문화로 대체해 주어야 한다고 믿고 있었다.

예수회(Jesuit)의 마테오 리치(Matteo Ricci, 1552-1610)를 비롯한 일부 다른 선교사들은 적응 모델을 실천했다. 리치는 중국에서 사역했다. 그는 중국어에 능통했고, 중국 문화에 대한 깊은 이해를 갖고 있었다. 그는 전통적인 유교 학자의 옷을 입었다. 중국 남부에서 수년 간 사역한 후, 마침내 수도인 북경에서 살 수 있는 거주 허가증을 받았다. 그는 자신이 갖고 있는 시계를 만드는 기술을 활용하여 황제에게 특별한 시계를 제작하여 선보였다. 황제는 그 시계를 좋아했고, 그에게 황제의 "시계를 만드는 리치"라는 이름을 지어 주었다. 이를 계기로 리치는 특별한 지위를 갖게 되었고, 궁궐에도 자유롭게 출입할 수 있었다.

리치는 그가 사망하기 전에 다른 예수회 선교사들을 북경에 데려 왔고, 리치와 이 선교사들이 약 2,000명의 중국인에게 세례를 주었다. 리치와 그의 동료 선교사들은 중국인들이 외국의 문화에 대한 편견을 갖고 있다고 확신했기 때문에 유교의 용어들을 사용하여 성경과 신학적 용어들을 번역했다. 그는 회심자들에게 그들의 조상을 숭배하는 것을 허용했다. 리치는 제사 의례가 종교적 의식이 아닌 하나의 문화적 관습으로 보았다. 마카오(Macao)의 프란시스코 수도사들은 예수회의 이러한 결정에 반대하여 바티칸(Vatican)에 공식적인 항의 서한을 발송했다. 이 논쟁은 "중국전례논쟁"(Chinese Rites Controversy)로도 잘 알려져 있다. 이 논쟁은 적응 모델의 문제를 잘 보여 주고 있다. 어떤 선교사에게는 수용할 수 있는 적응의 대상도 다른 선교사들에게는 혼합주의(두 종교의 조합)를 초래할 수 있는 위험성이 있기 때문에 받아들이기 어려운 개념일 수도 있다.

사례 연구
잭과 제니퍼

잭(Jack)과 제니퍼(Jennifer)는 무슬림들 가운데서 사역하고 있다. 언어 습득 과정을 마친 후 그들은 마을 사람들을 전도하기 시작했다. 인내심을 가지고 전도하고 제자 훈련을 하기 시작한 지 2년이 지난 후에 그들은 회심자 모임을 만들었다. 함께 모여 하나님께 예배를 드리기로 결정하는 과정에서 무슬림 회심자들이 금요일에 예배드릴 것을 제안했다. 잭과 제니퍼는 왜 금요일에 예배드리기를 원하는지 대해 물었다. 회심자들은 "금요일이 우리의 휴일입니다. 그 날이 우리에게 가장 좋습니다"라고 대답했다. 잭과 제니퍼는 당황했고, 어떻게 대답해야 할지 망설였다. 그들은 항상 "주의 날"인 일요일에 예배를 드렸기 때문이다.

◆ 토의 질문 ◆
① 당신은 이 회심자들에 어떻게 대답하겠는가?

Developing A Strategy For Missions

제9장
개신교 개척자들의 선교 전략

1. 개신교 개척자들의 선교 전략

이 장에서 우리는 개신교 선교에 있어서 개척자의 역할을 한 몇 명의 선교사들이 개발하고 실행한 전략들에 대해 배우게 될 것이다. 그들이 개발한 전략들은 현재까지도 그 영향을 끼치고 있다. 지면의 제약상 그들의 헌신과 희생에 대한 놀라운 이야기들을 다 다룰 수는 없지만, 오늘날의 선교사들은 그들이 남겨 준 값진 선교적 유산을 배워야 할 것이다.

1) 존 엘리엇의 전략

존 엘리엇(John Eliot, 1604-1690)은 미국 매사추세츠(Massachusetts) 주에서 사역한 청교도 목사이다. 그는 자신의 집 근처에 거주하던 알곤킨(Algonquin) 부족의 영적 상황에 대해 관심을 갖고 있었다. 식민주의 정부와 자신의 교회 지도자들에게 실망했지만, 그는 알곤킨 부족을 위해 사역하기 시작했다. 그는 1644년에 알곤킨 부족의 어려운 언어를 배우기 시작했고, 1646년부터 그들에게 전도하기 시작했다. 그의 사역의 초기 단계에서는 별다른 변화가 없었지만, 1674년에 이르러 약 1,100명의 알곤킨 부족 회심자들이 엘리엇이 설립한 14개의 인디언 그리스도인들의 "기도하는 마을"(Praying Towns) 모임에 참여했다.

엘리엇은 성경 번역에도 전념하여 1663년에는 알곤킨어로 성경 전체의 번역을 완료했다. 그의 사역은 영국복음전도회(Society for the Propagation of the Gospel, SPG)에 영향을 끼쳤다. 복음전도회는 영국의 아메리카 식민지 국가의 원주민들을 복음화하는 목적을 갖고 있었다. 엘리엇은 알곤킨 부족 회심자들을 전도자들로 훈련했고, 그들은 약 4,000명의 원주민을 주님께로 인도했다. 불행하게도, 필립 왕 전쟁(1675)에서 엘리엇이 전도한 대다수의 회심자들이 사망하거나 포로수용소에서 극심한 고난을 당했다(Neill 1986, 192-93).

참고자료 9.1
축출

존 엘리엇은 알곤킨 부족의 회심자들을 그들의 가정과 부족 마을에서 축출했다. 그는 회심자들을 "기도하는 마을"로 이주시켰고, 그 공동체는 오직 회심자들로만 구성되어 있었다. 그의 활동은 기독교 선교 역사에 있어서 최초의 축출 모델의 사례라고 할 수 있다. 엘리엇은 회심자들이 기존의 마을에 남아 있을 때 그들의 새로운 믿음을 포기하고 과거의 종교로 되돌아갈 수 있다고 우려했다. 그는 회심자들이 함께 생활할 때 배교의 가능성이 낮아질 것이라고 확신했다.
19세기와 20세기 초에 중국에서 사역했던 선교사들도 축출 모델을 채택했다. 그들도 엘리엇과 마찬가지로 중국의 회심자들이 조상을 숭배하고 공동체의 압박에 굴복하거나 그리스도에 대한 믿음을 져버릴 수 있다고 염려했다. 따라서 그들은 중국 회심자들을 선교 기지에서 살게 하면서 직업을 제공하고 믿음을 강화해 나갔다.
북아프리카와 중동에서 사역하던 선교사들은 다른 이유로 축출 모델을 사용했다. 그들은 회심자들이 직면하고 있는 물리적인 안전 문제 때문에 이 방법을 사용할 수 밖에 없었다. 무슬림 배경을 가진 많은 회심자들이 체포, 채찍 질, 죽임을 당하고 있었다.

이 사실을 잘 알고 있는 선교사들은 회심자들을 다른 안전한 국가로 이주하게 해야만 했다. 이와 같이, 선교사들은 회심자들의 영적 상황과 물리적 안전을 위해 축출 모델을 채택해 왔다. 축출 모델의 단점은 회심자들을 그들의 가정, 직장, 학교 등으로부터 떠나게 했기 때문에 그들의 가족, 친구, 이웃, 직장 동료들에게 복음을 전할 수 있는 기회를 잃어버릴 수 밖에 없었다는 것이다. 오직 극소수의 회심자들만이 존재하는 지역에서 복음을 전하는 것은 아직도 여전히 어려운 과제로 남아 있다.

◆ 토의 질문 ◆
① 회심자들에게 박해가 가해지는 지역에서 사역하는 선교사들이 회심자들의 안전과 복음 전파의 균형을 유지할 수 있는 방법은 무엇인가?

2) 경건주의자들의 전략

경건주의는 독일 루터교의 필리프 슈페너(Philipp Spener) 목사의 사역에서 시작되었다. 1675년에 그는 개신교 신자들이 단지 머리로가 아닌 가슴으로 믿어야 한다고 주장하는 『경건의 갈망』(*Pia Desideria*)을 출간했다. 경건주의자들은 당시 루터교의 냉담한 정통주의를 배격하고 경험주의적 기독교에 심취했다. 그들은 기본적인 교리 체계를 부인하지 않았지만, 유럽의 그리스도인들이 믿음으로 살아갈 것에 대해 촉구했다. 슈페너는 그리스도인들에게 개인적으로 그리고 그룹으로 성경공부에 참여할 것을 요청했다. 그는 또한 평신도들에게 교회를 섬기고, 도덕적인 삶을 살며, 주님을 증거하는 신자의 제사장 직분을 감당하도록 도전했다. 그는 자신의 교회에서 주간 기도회와 성경공부 모임을 인도했다.

평신도들이 슈페너의 부흥운동에 적극적으로 참여했지만, 많은 성직자들의 반대에 직면하기도 했다. 그는 프랑크푸르트(Frankfurt)에 있던 자신의 첫 번째 교회에서 쫓겨났지만, 베를린(Berlin)의 한 교회에서 다시 사역을 시작했다. 슈페너는 베를린에서 목회하는 동안 경건주의의 본산이 된 할레대학교(University of Halle)를 설립했다. 그는 아우구스트 헤르만 프랑케를 경건주의로 이끌었고, 프랑케는 슈페너의 뒤를 이어 경건주의 지도자가 되었다. 프랑케는 할레대학교를 발전시켰고, 학생들에게 선교 정신을 불어 넣었다. 이는 당시로서는 매우 이례적인 일이었다.

최초의 경건주의 선교는 덴마크 국왕이 인도에 있는 덴마크의 새 무역 조차지(trading concession)에서 복음을 전할 선교회를 설립할 것을 요청한 1705년에 시작되었다. 왕실전담목사가 할레대학교를 방문하여 선교사를 모집했을 때 바돌로메 지겐발크(Bartholomew Ziegenbalg)와 헨리 플뤼차우(Henry Plutschau)가 지원했다. 그들이 인도에 가서 "덴마크-할레선교회"(Danish-Halle Mission)를 조직했다. 그들은 비록 경험도 없었고, 별다른 재능도 없었지만, 이 두 젊은 선교사들은 신약성경에서 놀라운 전략을 도출해 냈다. 그들은 인도에서 사역하는 선교사들은 회심의 장애 요소가 무엇인가를 올바로 이해하기 위해 힌두교에 대해 신중하게 연구해야 한다고 주장했다. 그들은 또한 선교사들이 선교 지역에서 사용하는 언어로 성경을 번역해야 한다고 강조했다. 선교사들은 반드시 개인 전도에 헌신해야 한다고 말했다. 그리고 가능한 한 빨리 기독교 교육 기관을 설립하고 현지인 목회자를 양성할 것을 촉구하기도 했다.

참고자료 9.2
모라비아의 선교 원리

경건주의는 다음의 요소들을 비롯하여 복음주의 기독교에 큰 영향을 끼쳤다.

거듭남. 경건주의자들은 루터가 강조한 믿음에 의한 칭의에 대해서도 확신을 갖고 있었지만 그들은 유아 세례가 거듭남을 보장하지 않는다고 주장했다. 경건주의 목회자들은 그들의 교회 회중들에게 거듭남에 대해 강조했다.

그리스도인의 삶의 기쁨. 경건주의자들은 그리스도와의 기쁨에 찬 관계에 대해 많은 저술과 설교를 남겼다.

성화. 경건주의자들은 성화의 교리와 경험을 강조했다. 그들은 성령이 그리스도인의 삶 가운데 역사하셔서 그들로 하여금 더욱 더 그리스도를 닮게 하신다고 확신했다.

성경주의. 경건주의자들은 그들의 신자들에게 성경을 공부할 것을 촉구했다. 그들은 하나님의 말씀으로 모든 교리와 실천 사항들을 평가했다. 그들은 평신도들도 스스로 성령의 인도에 따라 성경을 해석할 수 있다고 믿었다.

신학적 교육. 경건주의자들은 학식이 있는 목회자의 중요성에 대해 강조했다. 그들은 높은 지적 수준과 따뜻한 마음을 겸비한 목회자들을 배출하기 위해 노력했다.

선교와 전도. 경건주의자들은 회중들에게 복음을 전하고 선교에 참여할 것을 촉구했다. 니콜라우스 폰 진젠도르프(Nikolaus von Zinzendorf) 경은 "내가 죽을 때까지 누릴 수 있는 가장 큰 기쁨은 어린 양을 위해 영혼을 구원하는 것이다"라고 기록한 바 있다.

사회적 관심. 일부 비평가들은 경건주의자들이 오직 영적인 일에만 관심이 있었다고 지적하지만 할레의 경건주의자들은 가난한 어린이들을 위해 학교를 세우고, 병자들을 위해 무료 진료소를 운영하고, 가난한 사람들에게 주택을 제공해 주었다(J. M. Terry 1994, 89-90).

◆ 토의 질문 ◆
① 경건주의가 현대 기독교에 어떻게 영향을 끼쳤는가?

1715년에 지겐발크가 유럽으로 돌아와 할레대학교에서 연설했다. 그의 연설을 들은 청중에는 니콜라스 폰 진젠도르프(Nikolas von Zinzendorf)라는 학생도 있었다. 진젠도르프는 매우 부유한 독일 귀족 출신이었다. 경건한 그리스도인이었던 할머니가 그를 할레대학교에 보냈다. 훗날 그는 모라비안 교회의 지도자가 되었다. 모라비안 교도들은 박해를 피해 독일에 온 존 후스(John Hus)의 후예들이다. 진젠도르프는 그들에게 자신의 영토를 내 주어 "하나님의 보호하심"이라는 뜻을 가진 헤른후트(Herrnhut)라는 공동체를 설립했다. 진젠도르프는 모라비안 교도들에게 선교에 참여할 것에 대해 도전했고, 그들은 기도를 통해 선교에 헌신하기로 결정했다. 1732년부터 1760년까지 이 교회는 약 600명의 회중들 가운데 226명이 선교사로 떠났는데, 이는 열두 명의 회중이 한 명의 선교사를 파송하는 전례가 없었던 비율이었다. 모라비안 교도들은 카리브 해의 섬들, 그린란드, 가나, 남아프리카공화국, 북아메리카 등을 비롯한 많은 지역에 선교사들을 파송했다. 모라비안 교도들은 다음과 같은 원칙을 가지고 선교 사역에 임했다.

① 선교사는 평신도들이다.
② 선교사는 자급자족해야 한다.
③ 선교사는 현지 언어와 문화를 배워야 한다.
④ 선교사는 현지 언어로 성경을 번역해야 한다.
⑤ 선교사는 학교를 설립하고 성경을 가르쳐야 한다.
⑥ 선교사는 대중 전도보다는 개인 전도에 참여해야 한다.
⑦ 선교사는 예수님을 죽임당한 하나님의 어린 양으로 소개해야 한다.
⑧ 지역 교회는 반드시 자치(self-governing)해야 한다.
⑨ 선교사는 가장 복음을 전하기 어려운 곳으로 가야 한다.

3) 윌리엄 캐리의 전략

역사가들은 윌리엄 캐리(William Carey)를 현대 선교운동의 아버지라고 불렀는데(Anderson 1998, 201), 그는 이 명예로운 찬사를 받을 자격이 있다. 윌리엄 캐리는 개신교 최초의 선교사가 아니라 선교를 대중화한 사람이다. 그의 모범과 서신들은 유럽과 북아메리카 기독교에 선교에 대한 영감을 주었다. 그의 사역은 라투렛이 표현한바 대로 "개신교 선교의 위대한 세기"의 서막을 알리는 지표가 되었다(Latourette 1941, 2).

1792년에 윌리엄 캐리가 했던 두 가지 사역이 현대 선교운동을 시작하게 했다.

첫째, 그는 『이교도 개종에 대한 그리스도인의 의무에 관한 연구』(An Enquiry into the Obligations of Christians to Use means for the Conversion of the Heathens)라는 제목의 책을 출간했다. 이 책에서 윌리엄 캐리는 선교의 성경적, 신학적 기초를 제시하고, 전 세계에서의 기독교의 확장에 대한 진술과 함께 어떻게 선교사를 파송하는 단체를 설립해야 하는가에 대해 설명했다. 이 책이 널리 배포되었고, 선교에 대한 관심을 불러 일으켰다.

둘째, 캐리는 영국의 침례교회연합회 연례 모임에서 선교에 대한 설교를 했다. 그는 이사야 54:2-3의 말씀으로 "하나님으로부터 위대한 일을 기대하라. 그리고 하나님을 위해 위대한 일을 시도하라!"(Anderson 1998, 201)고 도전했다. 이 설교는 청중에게 깊은 감명과 도전을 주었고, 그들은 즉각적으로 침례교선교회(Baptist Missionary Society)를 조직했다. 그는 여기서 인도 선교사가 되기로 자원했다.

1793년에 캐리와 그의 가족은 인도로 떠났다. 그들은 인도에서의 초기 정착 과정에서 어린 아들 피터(Peter)가 사망하는 등 많은 고난을 겪었다. 캐리의 상황은 1799년에 윌리엄 워드(William Ward)와 조슈아(Joshua)와 한나 마쉬맨(Hannah Marshman)이 캐리와 합류한 후부터 안정되기 시작했다.

그들은 당시에 덴마크의 식민 지배를 받고 있던 캘커타(Calcutta) 북부의 세람포르(Serampore)에서 선교단을 조직했다. 세람포르의 삼총사(Serampore Trio)라고 불리었던 그들은 성경 출판, 세람포르 대학교 설립, 교회개척 등의 활발한 선교 활동을 전개했다. 윌리엄 캐리와 그의 동료들은 다음과 같은 전략을 실했다.

① 선교사는 선교지의 언어와 문화를 매우 신중하게 배워야 한다.
② 선교사는 선교지의 종교적 신념에 대해 이해해야 한다.
③ 선교사는 가능한 한 많이 복음을 전파해야 한다.
④ 선교사는 선교지의 언어로 성경을 번역하는데 우선순위를 두어야 한다.
⑤ 선교사는 지역 교회를 개척해야 한다.
⑥ 선교사는 현지인 목회자를 양성하고 가급적이면 빠른 시간 내에 그들에게 교회 사역을 위임해야 한다(Neill 1986, 224-25).

참고자료 9.3
선교 팀

폴 하트포드(Paul Hartford)는 선교 팀을 "주어진 과업을 성취하기 위해 상호의존적 관계를 강조하고 소그룹 형식을 사용하는 하나의 사역 전략과 조직적 구조"(2000, 22)라고 정의했다. 이 장에서 언급한 바와 같이 선교 팀은 전혀 새로운 개념이 아니다. 윌리엄 캐리는 우리에게 사도 바울이 거의 언제나 팀으로 사역했다는 것을 상기시켜 주고 있다. 선교 팀은 다음과 같은 장점을 갖고 있다.

① 동반자 관계: 선교사들이 외로움의 고통에서 벗어날 수 있다.
② 지속성: 동료 선교사가 질병에 걸리거나 중도 탈락해도 선교 사역이 지속될 수 있다.
③ 다양한 영적 은사: 팀 구성원들의 다양한 영적 은사들을 활용할 수 있다.
④ 더 큰 목표: 집단적 의사결정은 좁은 시야를 극복할 수 있게 해 준다.
⑤ 격려: 팀 구성원들이 서로 격려함으로 힘과 용기를 줄 수 있다.
⑥ 동질성: 팀 구성원들이 공동의 비전과 목표를 공유할 수 있다.
⑦ 성경적 모델: 사도 바울을 비롯한 많은 선교사들이 팀으로 사역했다.

♦ 토의 질문 ♦
① 선교 팀이 많은 장점을 갖고 있음에도 불구하고 모든 선교 단체들이 팀 사역 모델을 사용하는 것은 아니다. 그 이유가 무엇이라고 생각하는가?
② 다양한 문화적 배경을 가진 선교사들로 구성된 팀을 인도할 때 어떤 어려움이 예상되는가?

윌리엄 캐리는 여러 가지 측면에서 지난 200여 년 동안 개신교 선교 전략의 토대를 제공해 주었다.

첫째, 그는 성경 번역과 배포에 우선순위를 두었다.

둘째, 그는 교회개척을 강조했다.

셋째, 그는 인도 목회자를 양성하기 위해 세람포르대학교를 설립했다. 초등학교의 학력만을 가진 사람으로서 그의 업적은 실로 놀라운 일이 아닐 수 없다.

4) 아도니람 저드슨

아도니람 저드슨(Adoniram Judson, 1788-1850)은 버마(Burma) 개척 선교사였다. 저드슨과 아내 앤(Ann)은 인도에 정착하려고 했으나 영국 동인도 회사의 방해로 선교지를 버마로 옮겼다. 그들은 1813년에 버마에 도착했다. 그들은 최선을 다해 버마 언어를 배웠고, 마침내 능통하게 의사소통할 수 있게 되었다. 저드슨은 현지인들에게 자주 설교할 기회를 가졌지만 초기 6년 동안은 회심자가 없었다. 이 기간 동안 그는 성경 번역에 전념하여 1834년에 이 프로젝트를 완료했다. 그가 사랑했던 아내 앤이 1826년에 사망한 후 그는 상당 기간 동안 심한 우울증에 시달리다 동료 미망인 선교사였던 사라 보드맨(Sarah Boardman)과 재혼했다. 그녀는 1845년에 사망했고, 아도니람은 또 다시 결혼했다. 거듭되는 가족의 사망과 우울증의 재발에도 불구하고 저드슨은 사역에 몰두했다. 아도니람 저드슨은 다음과 같은 자신의 사역 전략을 개발하고 실천했다.

① 그는 선교 단체의 필요성을 절실하게 깨달았고, 미국해외선교위원회(American Board of Commissioners for Foreign Missions)와 미국침례교해외선교회(American Baptist Missions Society)의 설립에 기여했다.
② 그는 버마의 언어와 문화를 익히는데 헌신했다.
③ 그는 버마어 성경의 필요성을 확신하고, 반복해서 번역해야 하는 오류를 방지하기 위해 영어가 아닌 히브리어와 헬라어 성경으로부터 버마어로 번역했다. "저드슨 성경"이라고 불리는 그의 번역은 현재까지도 사용되고 있다.
④ 그는 회심자들이 상당 기간 동안 집중적인 제자훈련을 받아야 한다고 주장했다.
⑤ 그는 선교사들에게 전 생애에 걸쳐 선교에 헌신해야 한다고 도전했다.

참고자료 9.4
상황화

상황화는 보는 관점에 따라 다양한 정의를 내려 왔다. 여기에는 이 용어에 대한 데이비드 헤셀그레이브(David Hesselgrave)의 정의를 소개한다.

상황화는 언어적이고 비언어적인 측면을 모두 갖고 있으며, 신학화와 관련이 있다. 성경 번역, 해석과 적용, 성육신적 생활 방식, 전도, 기독교 교육, 교회개척과 성장, 교회 조직, 예배 형식 등의 상황화 작업은 지상명령을 수행하는데 있어서 필요불가결한 활동이다(1995, 115).

복음주의 선교사들에게 있어서 상황화는 주로 청중이 올바로 이해하고 적절한 반응을 보일 수 있는 방식으로 성경적 진리를 전달하는 것과 관련이 있다. 아도니람 저드슨은 버마의 랭군(Rangoon)에서 상황화된 의사소통을 위해 자야트(zayat, 휴식과 대화를 위한 공간)를 지었다. 그는 사람들에게 자주 설교했지만, 반응은 냉담했고, 초기 수년간은 거의 열매를 맺지 못했다.

결국, 그는 불교 스님들이 가르치는 방식을 연구했다. 스님들은 자야트에 앉아 오고가는 사람들이 던지는 질문에 대답하는 것을 관찰할 수 있었다. 저드슨은 이 방식을 도입하기로 결정했다. 그는 자신의 집 앞에 자야트를 짓고 매일 많은 시간을 그곳에 앉아 있었다.

사람들은 가던 길을 멈추어 그와 대화하기 시작했고, 얼마 지나지 않아 첫 회심자를 얻을 수 있었다.

이것은 상황화에 대한 하나의 좋은 예라고 할 수 있을 것이다. 저드슨은 자신이 전해야 할 메시지를 알고 있었고, 현지의 언어를 습득했다. 그럼에도 불구하고 그의 전도적인 노력은 적절한 형태의 의사소통 방법을 찾기전까지는 성공적이지 못했다. 상황화는 적절한 언어와 적절한 방식으로 성경적 진리를 전달하는 것을 말한다.

◆ 토의 질문 ◆
① 어떤 언어를 배우고 사용해야 하는가에 대해 선교사가 어떻게 결정할 수 있는가?
② 현대의 선교사들은 아도니람 저드슨과 같은 초기 개척 선교사에 비해 어떤 장점을 갖고 있는가?

5) 로버트 모펫

로버트 모펫(Robert Moffatt, 1795-1883)은 스코틀랜드 출신의 정원사였고, 공식적인 학교 교육을 제대로 받지 못했다. 그럼에도 불구하고, 런던선교회(London Missionary Society)는 그의 가족을 남아프리카로 파송했다. 그들은 1816년에 케이프타운(Cape Town)에 도착하였고, 얼마 후에는 현재의 보츠와나(Botswana)에 해당하는 쿠루만(Kuruman)으로 이동하여 48년 동안 사역했다. 모펫은 1857년에 츠와나(Tswana)족 언어로 성경 번역을 완료했다. 이 번역은 곧 베추아나(Bechuana) 부족의 영적 각성운동을 촉진했다. 모펫은 쿠루만 지역의 마을마다 교회를 개척했지만, 선교 기지(mission station)의 원형을 설립한 것으로도 잘 알려져 있다. 선교 기지란 선교 사역을 위해 자급자족할 수 있는 공동체를 말한다. 선교 기지에는 선교사와 현지인 사역자들을 위한 주택, 창고, 학교, 진료소, 인쇄소, 고아원, 관개 수로, 비옥한 농장 등을 갖추고 있었다.

그들이 필요로 하는 대부분의 생필품은 이 선교 기지에서 생산했다. 선교 기지 혹은 자립형 공동체(compounds)는 아프리카, 중국, 인도에서 개신교 선교 활동의 전형적인 모델이 되기 시작했다. 모펫에게는 많은 자녀들이 있었는데, 그의 딸 메리(Mary)는 모펫이 세운 선교 기지에서 진료소 사역을 담당했던 데이비드 리빙스턴(David Livingstone)과 결혼했다.

2. 요약

19세기의 개척 선교사들은 100여 년 이상 지속되어 온 개신교 선교의 전례를 만들었다. 그들 대다수는 선교지의 언어로 성경을 번역했다. 그들은 성경 번역에 대한 전문적인 훈련을 받지 못했었기 때문에 놀라운 업적이 아닐 수 없다. 그들은 또한 전도와 교회개척에 심혈을 기울였다. 현지인 목회자를 양성하는 것도 중요한 한 부분을 차지했다.

윌리엄 캐리는 아무리 많은 외국 선교사가 전도해도 인도를 복음화할 수 없다고 선포한 바 있다. 만약 인도가 복음화되어야 한다면, 그것은 인도인들이 주도해서 해야 한다는 것이다. 오늘날의 인도 상황을 보면, 윌리엄 캐리의 말이 옳았다는 것을 확인할 수 있다. 이러한 전략은 인도 기독교의 발전에 긍정적인 영향을 끼쳤다. 그러나 선교 기지 혹은 선교사 마을 등의 전략은 부정적인 결과를 가져 온 것이 사실이다. 아프리카의 선교 기지는 선교사의 장기적인 사역을 유지하기 위해 필요한 조치였다. 그러나 중국과 인도의 선교 기지는 점차적으로 그리스도인들의 천국으로 변질되어 갔다.

이 책의 다른 장에서 다루고 있는 토착 선교 부분에서 언급하겠지만, 존 네비우스(John Nevius)는 중국에서 사역하는 선교사들에게 선교 마을에서 나와서 사람들 속으로 들어갈 것을 요청했다.

사례 연구
당신은 정확하게 의사소통하고 있는가?

윌 마틴(Will Martin)은 미국의 유명한 복음주의 신학교를 졸업했다. 그의 신학교는 강해 설교를 강조했고, 윌은 설교학 수업을 통해 이 주제에 대해 열심히 배웠다. 그는 성경 본문을 분석하여 그 본문의 전체적인 개요를 작성하는 방법을 배웠다. 그가 미국의 교회에서 강해 설교를 했을 때 청중은 긍정적인 반응을 보였다.

그는 타문화 선교를 위해 떠났고, 선교 단체는 그에게 어느 산족에게 가서 복음을 전할 것을 요청했다. 언어를 습득한 후에 그는 여러 개의 강해 설교 원고를 현지어로 번역해서 설교했다. 산족들은 그의 설교가 혼란스러웠다. 그들은 논리 정연한 윌의 강해 설교의 논지를 이해할 수 없었다. 윌은 혼란스러웠고 좌절감에 사로잡히기도 했다. 결국, 그는 신학교에서 배웠던 대로 가르칠 수밖에 없었다.

◆ 토의 질문 ◆
① 윌의 혼란의 원인은 무엇이라고 생각하는가? 윌은 어떻게 해야 한다고 생각하는가?

Developing A Strategy
For Missions

제10장
믿음 선교 전략

믿음 선교의 철학을 가진 선교 단체들은 지난 150여 년 동안 복음주의 선교의 중추적인 역할을 담당해 왔다.

이 장에서 우리는 이 운동이 어떻게 시작되었는가를 설명할 것이다. 특히 중국내륙선교회(China Inland Mission)의 창시자이며 다른 믿음 선교 모델의 원형이 되었던 허드슨 테일러(Hudson Taylor)에 대해 중점적으로 다룰 예정이다.

1. 제임스 허드슨 테일러

제임스 허드슨 테일러(James Hudson Taylor, 1832-1905)는 영국에서 성장했다. 그의 부모는 경건한 그리스도인들이었으며 아버지는 감리교회의 평신도 설교자였다. 테일러는 일곱 살이 되던 해에 예수님을 영접했고 얼마 지나지 않아서 하나님이 자신을 중국 선교사로 부르셨다고 확신한 다음 영국의 헐(Hull)에서 의학을 공부했다. 의학 공부가 끝나기 전 1853년에 중국복음화협회(China Evangelization

Society)에서 그를 중국 선교사로 초청했다.

테일러는 1854년에 중국에 도착했다. 이 당시에 중국에 파송되어 온 대다수의 서구 선교사들은 5개의 조약항(treaty ports)에 머물러 있었다. 테일러의 두 가지 경험이 그로 하여금 선교사들이 그곳에서 어떻게 사역해야 하는지에 대한 확신을 심어 주었다.

첫째, 그는 중국복음화협회의 행정 체계에 크게 실망했다. 그의 선교 후원금은 불규칙하거나 불안정하게 도착했다. 그보다 더 큰 문제는 행정 본부가 런던에 위치해 있다는 점이었다. 그의 사역과 관련하여 질문이 있을 때 그는 배편으로 런던에 서신을 보내야 했고, 이사회가 열리도록 기다린 다음 또 다시 배편으로 회신을 받기까지 거의 1년이 걸리기도 했다. 회신이 도착했을 때는 이미 상황이 달라져 런던에서의 결정이 아무런 의미가 없어져 버렸을 때가 많았다.

둘째, 중국 내륙 여행 경험이 그로 하여금 중국의 해안 지역 뿐만 아니라 중국 전체가 복음화되어야 한다는 확신을 갖게 했다. 그는 중국복음화선교회의 행정 체계에 크게 실망한 나머지 탈퇴하고 독립 선교사로 활동하기 시작했다. 1858년에 그는 마리아 다이어(Maria Dyer)와 결혼한 후 중국에서 함께 사역하기 시작했다. 1860년, 테일러는 건강이 악화되어 영국으로 돌아간 후 수개월 간의 회복 기간을 가졌다.

테일러가 영국에 머문 동안 남은 의학 공부를 마칠 수 있었다. 그는 또한 새로운 선교 단체를 설립하기 위해 기도하고 계획을 세웠다. 1865년에 테일러는 중국내륙선교회(China Inland Mission, CIM)라는 최초의 "믿음" 선교 단체를 설립하고 선교사를 모집하기 시작했다. 1866년에 그는 열일곱 명의 새로운 선교사들과 함께 중국으로 돌아왔다.

2. 중국내륙선교회

　중국내륙선교회라는 이름은 자신의 중국 사역 경험을 반영한 것이었다. "내륙"(Inland)이라는 용어를 사용한 것은 주로 해안 지역에 초점을 맞추었던 초기의 중국 선교에 대한 반작용과 중국의 모든 성과 마을에 복음을 전해야 한다는 그의 확신이 내포되어 있었다. "중국"(China)은 특정 지역을 중점적으로 선교한다는 의미를 갖고 있었다. CIM은 1950년대 초기에 중국의 공산 정권이 선교사들을 축출할 때까지 중국에서만 사역을 해 왔다.

　테일러는 다른 단체들과는 달리 혁신적인 정책을 적극 도입했다.

　(1) 그는 선교사들이 직접적으로 선교 헌금을 요청하지 않고 하나님께서 그들의 필요를 채워주시도록 기도할 것을 강조했다. 테일러는 만약 선교사들이 중국의 영적 필요를 채워준다면 하나님은 그리스도인들의 마음을 움직여 선교사들의 필요를 채워주실 것이라고 굳게 믿고 있었다. 다시 말해서 그는 선교사들에게 믿음 선교라는 용어의 모태가 된 "믿음"으로 살 것에 대해 도전했다.

　(2) 테일러와 CIM은 선교사를 선발하는데 있어서 글을 읽고 쓰는 정도 이외의 어떠한 학문적 수준도 요구하지 않았다. 그는 당시 대다수의 선교 단체들과는 반대로 대학이나 신학교 혹은 의학 학위를 허입 조건으로 요구하지 않았다.

　(3) 테일러는 독신 여성 선교사들을 초청했다. 이것은 진정한 혁신적 정책이 아닐 수 없었다. 빅토리아 시대의 대영제국은 젊은 여성들이 이와 같은 일을 하는 것에 대해 바람직하게 생각하지 않았다. 더 나아가 많은 선교 단체 지도자들이 "남자의 보호"가 없는 상태로 중국과 같은 위험한 국가에 독신 여성 선교사를 보내겠다는 테일러의 발상에 대해 비판적이었다. 테일러는 여성 독신 선교사들이

효과적으로 사역할 수 있다고 믿었고, 여성 선교사들은 그의 판단이 옳았다는 사실을 증명해 보였다. 테일러의 이같은 정책은 여성 선교 운동의 발전에 크게 기여하는 결과를 가져 왔다.

(4) 테일러는 어떤 개신교 교회나 교단의 선교사들도 지원할 수 있도록 허용함으로써 CIM을 국제 선교 단체로 발전시켰다. 지원자들은 믿음에 대한 기본적인 복음적 진술만으로 허입될 수 있었다. 물론, 이와 같은 개방적 선교사 허입 정책은 새로운 회심자에게 주는 세례 혹은 침례의 형식 등에서 혼란을 가져 오기도 했다. 침례교 배경을 가진 선교사들은 물에 완전히 잠기는 침례를 주장하는 반면 영국 성공회 출신의 선교사들은 물을 뿌리는 세례를 선호했다. 테일러는 이 문제를 이들을 서로 다른 지역에 배치하는 것으로 해결했다.

(5) 테일러는 선교 본부가 반드시 중국내에 있어야 한다고 주장했다. CIM은 런던을 비롯하여 다른 주요 서구의 도시들에도 사무실을 운영하고 있었지만, 중요한 선교행정은 중국에서 처리했다.

(6) 모든 CIM 선교사들에게 최대한 중국 문화를 자기 것으로 삼을 것을 촉구했다. 테일러는 중국어와 지역 방언을 익히고 문화를 배울 것을 권고했다. 그는 선교사들에게 중국인들과 같은 옷을 입고, 중국인처럼 말하고, 중국인처럼 먹고, 중국인의 집에서 생활할 것을 요청했다. 테일러 자신이 먼저 모범을 보였다. 그는 중국 옷을 입고 가르쳤고, 중국식의 두발 형태를 유지했다. 이러한 동일성(identification)에 대한 그의 입장과 정책은 많은 서구 선교사들의 비난을 받았다. 그러나 점차적으로 그의 결정이 받아들여지기 시작했고, CIM 소속 선교사들은 다른 선교사들보다 효과적으로 사역할 수 있었다.

(7) 중국내륙선교회는 신속한 복음화를 강조했다. 테일러는 선

교사들에게 교회개척보다는 광범위한 전도에 더 집중할 것을 요청했다. 그는 선교사들에게 도시와 마을을 순회하면서 설교하게 했다. 제6장에서 언급한 바와 같이 이러한 전략을 "확산전략"(diffusion strategy)이라고 한다. 이 접근 방식도 다른 선교사들과 선교 단체들의 비판을 받았고 테일러는 점차적으로 교회개척의 필요성을 인식하기 시작했다(Neill 1986, 283).

(8) 테일러는 도청소재지나 지방의 주요 거점 도시들을 점령할 것을 지시했다. 그 지역에 선교 거점이 확보되면 시작되면, 그 주변의 소도시들과 마을들을 순회하면서 복음을 전할 수 있었다. 이러한 모델은 로마 제국의 주요 도시들을 중심으로 선교했던 사도 바울의 전략을 도입한 것이었다.

참고자료 10.1
믿음 선교

"믿음 선교는 일반적으로 오직 하나님으로부터만 재정적인 필요를 공급받고자 했던 초교파선교 단체에 적용되는 용어이다"(Kindsell 1971, 206). 대다수의 초기 선교 단체들은 교단적인 배경을 갖고 있었다. 윌리엄 캐리가 속해 있던 침례교해외선교회(Baptist Missions Society)와 대영제국의 성공회 소속 단체인 교회선교협회(Church Missions Society) 등이 그 예가 될 수 있다. 1925년경에는 개신교 선교사들의 75%가 교단 선교 단체에 소속되어 있었다(Covell 2000, 353).

믿음 선교 단체들의 발전에는 여러 가지 이유가 있었다. 첫째는 기존의 교단 선교 단체들의 활동이 아시아와 아프리카의 내륙 지역에는 들어가지 않는 등의 한계가 있었기 때문이었다. 둘째는 많은 보수적인 그리스도인들이 당시에 성장하고 있던 일부 개신교 교단들의 신학적 자유주의에 대해 우려하는 가운데 그들이 추구하고 있는 근본주의적 기독교 신앙에 부합하는 선교 단체를 지원하고자 했었다. 셋째는 교단 선교 단체들이 선교지의 재정적 필요를 채워줄 수 있는 여력이 충분하지 않았다. 믿음 선교는 이 부분을 해소할 수 있는 하나의 대안이 된 것이다. 믿음 선교 단체들은 다양한 공통적인 특성을 지니고 있었다. 그들은 소속 선교사들에게 스스로 모금할 것을 요청했다.

선교사들이 공식적으로 교회를 방문하고, 개인 후원자들을 만나 사역을 소개하고 그들의 필요가 무엇인가에 대해 설명했다.

오랜 기간 동안 선교사들이 직접 돈을 요청하는 것을 금지했지만, 대다수의 선교 단체들이 이 정책을 엄격하게 준수하지는 않았다. 더 나아가 믿음 선교 단체들은 선교사 후보자들에게 보수적인 기독교 신앙에 대한 신앙 고백을 요구했다. 마지막으로, 대다수의 선교사들은 무디신학교(Moody Bible Institute)와 나이액선교대학(Nyack Missionary College) 등을 졸업했다.

오랜 세월 동안 믿음 선교가 보편적인 선교 방식으로 자리 잡았고, 각 선교 단체는 전도, 의료 활동, 교육 등 다양한 사역을 펼쳐 나갔다. 그러나 제2차세계대전 이후에 항공선교회(Missionary Aviation Fellowship)과 극동방송(Far Eastern Broadcasting Company) 등과 같은 특정한 사역에 전문화된 선교 단체들이 등장하기 시작했다.

점차적으로 많은 믿음 선교 단체들이 1917년에 설립된 초교파해외선교협의회(International Foreign Mission Association, IFMA)에 가입했다. IFMA는 다시 2010년 당시 76개의 선교 단체들과 많은 교회들이 소속된 크로스글로벌링크(CrossGlobal Link)로 이름을 변경했다. 2011년에는 과거에 EFMA로 불리었던 미션익스체인지(Mission Exchange)라는 하나의 조직으로 병합되었고, 2012년에는 북미 최대의 선교 네트워크인 미시오넥서스(Missio Nexus)라고 하는 협력 기관으로 발전했다.

◆ 토의 질문 ◆
① 아마도 믿음 선교 단체들이 직면한 가장 큰 과제는 재정적인 모금 문제일 것이다. 최근의 세계 경제의 침체와 함께 향후의 경제 전망도 어두운 상황 가운데서 믿음 선교 단체들이 직면하고 있는 재정적 문제들을 어떻게 해결해 가야 할 것이라고 생각하는가?

테일러의 충성스러운 사역이 마침내 열매를 맺었다. 1882년에 CIM은 중국의 모든 성마다 선교사를 파견하고자 했던 목표를 달성했다. 1895년에는 CIM 소속 선교사가 641명에 달했는데 이는 당시 개신교 선교사 전체의 절반을 차지하는 규모였다. 1929년에는 중국에서 사역하는 CIM 선교사가 1,300명이 넘는 전 세계에서 단연코 가장 큰 개신교 선교 단체로 성장했다.

참고자료 10.2
동질화

선교사의 동질화는 선교사들이 선교지의 사람들과 하나가 되고자 하는 노력을 말한다. 동질화는 2개의 문화권에서 편안함을 누리고 자신의 역할을 원활하게 수행할 수 있는 "이중문화"(bicultural)의 사람이 되는 것이다. 선교사들은 2개의 양 극단 사이에서 모험하는 사람들이다. 하나의 극단은 현지의 문화를 완전히 거부하는 것이다. 그들은 본국에서 누리던 생활 방식을 그대로 선교지에서 재현하고자 하는 선교사들이다. 그들은 새로운 국가에서 살고 있지만 현지인들과 함께 살지 않는다.

또 다른 하나의 극단은 자신의 고유한 문화를 거부하고 선교지의 문화를 완전히 수용하기 위해 "현지화"되고자 하는 선교사들이다. 이 극단에 해당하는 선교사들은 심지어 자신의 종교인 기독교를 포기하고 현지의 종교를 받아들이기도 한다. 이중문화적 선교사는 자신의 고유한 문화를 사랑하고, 동시에 현지 문화의 내부자가 되기 위해 노력하는 사람들이다.

선교사가 추구해야 할 동질화의 모델은 인간이 되심으로 인류와 하나가 되고자 했던 예수 그리스도이다. 물론 선교사가 나이지리아 사람이나 일본 사람으로 다시 태어날 수는 없지만, 가능한 한 그들과 동질화되기 위해 노력해야 한다.

동질화는 선교사의 생활 방식과도 관련이 있다. 현지의 언어를 습득하고, 의복, 음식, 주거 형태 등을 비롯한 문화적 특성들을 수용하는 것도 여기에 포함된다. 이 장에서 언급한 바와 같이 허드슨 테일러는 중국 전통 의상을 입었고, 중국식 변발을 하고 성경을 가르쳤다.

궁극적으로는 어떤 선교사도 선교지의 문화에 완전하게 동질화될 수 없다. 캐나다에서 온 백인 선교사가 결코 남부 아프리카의 현지인 문화에 완전히 동질화될 수는 없겠지만, 그 문화와 사회 속에 받아들여진 선교사가 될 수는 있을 것이다. 선교사는 예수 그리스도의 복음이 명확하게 전달할 수 있을 만큼 선교지의 문화와 언어를 배워야 한다(King 2000, 349-50).

◆ 토의 질문 ◆

① 예수 그리스도는 하나님이 육신이 되신 분이시다. 선교사가 어떻게 해야 "복음"이 성육신할 수 있겠는가?
② 선교사가 이중문화를 갖기까지 얼마나 오랜 시간이 필요할 것이라고 예상하는가?

테일러와 CIM이 이룩한 가장 큰 업적 가운데 하나는 선교사가 중국의 모든 지역에서 생존할 수 있고 복음을 전할 수 있다는 사실을 보여 주었다는 사실이다. CIM의 선례에 영감을 받은 많은 선교 단체들이 그들의 사역을 중국 내륙에까지 확대하기도 했다 (Neill 1986, 284).

테일러 자신도 복음을 위해 많은 희생을 감수했다. 그는 두 명의 아내와 네 명의 자녀를 중국 땅에 묻었다. 1900년도 전후에 발생한 중국 북부지방에서 일어난 민족주의운동이었던 의화단 사건은 반외세, 반기독교운동으로 격화되었다. 의화단은 서국 열강들이 설립한 공장과 철도 등을 파괴했고, 특히 외국 선교사들과 중국 그리스도인들을 학살하기도 했다. 이때 수천 명의 중국 그리스도인이 순교했다. 로마 가톨릭교회와 CIM이 많은 피해를 입었는데, 이는 이 조직들에 속한 선교사들이 중국 내륙에서 사역하고 있었고, 해안으로 피신할 수 없었기 때문이었다. CIM은 135명의 선교사들과 53명의 자녀들을 잃었다. 이 끔찍한 사건은 테일러로 하여금 깊은 우울증에 빠지게 했고, 결국 CIM 대표직을 내려놓는 계기가 되었다. 이 우울증에서 벗어나면서 중국으로 다시 돌아온 테일러는 1905년에 사망할 때까지 선교사로 중국 국민들을 섬겼다.

3. 믿음 선교 단체들

중국내륙선교회는 다른 선교 단체들에게 믿음 선교의 모범을 보여 주었다. CIM의 믿음 선교는 1950년부터 시작된 중국 공산주의 정부에 의해 강제로 축출될 때까지 지속되었다. 오늘날에는 CIM이 OMF 선교회(Overseas Missionary Fellowship, OMF)로 명칭을 바꾸었고, 대만을 비롯한 아시아 전역의 중국 이주민들과 부족 사역 등을 진행하고 있다. CIM과 비슷한 철학을 갖고 설립된 단체들은 다음과 같다.

① 기독교연합선교회(Christian and Missionary Alliance, C&MA) 1887
② 미국팀(TEAM)선교회(The Evangelical Alliance Mission, TEAM) 1890
③ 중미선교회(Central American Mission, CAM) 1890
④ SIM국제선교회(Sudan Interior Mission, SIM) 1895
⑤ 아프리카내지선교회(African Inland Mission, AIM) 1895

사례 연구
집중인가 확산인가?

릭(Rick)과 그의 팀은 필리핀 남부의 산족 가운데서 사역하도록 임명받았다. 그 산족들은 광범위한 지역에 흩어져 살고 있었다. 많은 산족들이 험하고 구불구불한 산길을 걸어가야 만날 수 있었다. 릭과 그의 팀은 마을 부족장(datu)의 허락을 받고서야 거점 마을에 해당하는 카부키란(Kabukiran)에 머물 수 있었다. 그들은 2년에 걸쳐 언어와 문화를 익혔다. 그들은 또한 수개월에 걸쳐 그 부족이 이해할 수 있는 방식으로 성경 이야기들을 만들었다.

이러한 준비 과정을 마쳤을 때, 그 팀은 다음 단계의 사역에 대해 토론했다. 팀 구성원들 가운데 일부는 마을 마을마다 방문하여 그들이 번역한 성경 이야기를 들려주어야 한다고 말했다. 릭은 팀 사역자들의 모든 역량을 카부키란에 집중해야 할 것을 촉구했다. 그는 "우리 마을에 크고 강력한 교회 하나를 먼저 세우고, 그 다음에 그 교회의 신자를 훈련시킨 다음에 그들로 하여금 다른 마을에 가서 성경 이야기를 가르치게 하자"고 말했다.

◆ 토의 질문 ◆
① 만약 당신이 그 팀에 속한 사역자라면 릭의 제안에 대해 어떻게 반응하겠는가?

Developing A Strategy
For Missions

제11장
미국 개척자들의 선교 전략

　신생국가였던 미합중국(the United State of America)은 서부를 개척하기 시작했다. 독립전쟁을 거쳐 정부 조직을 확립한 이후 거의 두 세대에 걸쳐 서부로 인구 이동이 시작되었다. 이러한 인구 변동에 따라 미국의 교회 지도자들도 새로운 도전에 직면하게 되었다. 서부 개척 지역에 어떻게 교회를 설립할 것인가? 이 장에서 우리는 미국 개척 시대의 교회가 사용한 전략에 대해 논의할 것이다.

1. 영적 영향

　2개의 영적 대각성운동이 미국 기독교에 큰 영향을 끼쳤다. 첫 번째 대각성운동은 테오도르 프레링하이젠(Theodore J. Frelinghuysen)에 의해 뉴저지(New Jersey)에서 시작되었다. 그는 네덜란드개혁교회(Dutch Reformed Church) 출신의 목회자였다. 그가 1719년에 뉴저지에 도착한 후 그 지역의 교회에 만연해 있는 불신앙과 부도덕성에 큰 충격을 받았다. 그는 자신이 목회하고 있는 교회의 회중들을 다시 전도하기 시작했고, 헌신된 삶을 살 것을 촉구했다. 처음에는 그의 회중들과 인근의 많은 목회자들이 그의 접근 방식에 대해 거부하기도 했지만 점차적으로 영적 각성이 일어나기 시작했다. 이 각성운동은 곧 인근의 장로교회로 번지기 시작했다.

장로교 목사였던 길버트 테넌트(Gilbert Tennent)는 프레링하이젠을 만나 영적 각성을 위해 헌신해야 할 필요에 대해 공감하기에 이르렀다. 테넌트는 자신의 회중들에게 "터무니없는 안도감"(presumptuous security)에 대해 도전했다. 그들은 세례(침례)와 교회의 정회원 자격을 획득하면 천국을 보장받는 것으로 믿고 있었다. 테넌트는 그들에게 거듭남과 변화된 삶에 대해 설교하기 시작했다(Hatch, Noll, and Woodbridge 1979, 139).

뉴잉글랜드의 부흥운동은 회중 교회 목사였던 조나단 에드워즈(Johathan Edwards)가 이끌었다. 1727년에 그는 매사추세츠 주의 노샘프턴(Northampton)에 있는 회중 교회에서 목회하기 시작했다. 테넌트와 프레링하이젠과 마찬가지로 에드워즈도 그 도시 교회들의 방탕함에 대해 매우 실망했다. 에드워즈는 개인적인 설득과 도전적인 설교를 통해 회개와 그리스도에 대한 헌신을 촉구했다.

영적 각성이 일어나자 회중들과 마을 전체가 달라졌다. 대각성운동이 일어났을 때 그의 교회는 약 300명의 새신자가 그리스도에 대한 믿음을 고백했다. 이 소식은 빠르게 퍼져 나갔고, 40여개의 도시와 마을에서 이 각성운동이 일어났다. 에드워즈는 자신이 쓴 유명한 책 『놀라운 회심이야기』(*Faithful Narrative of the Surprising Work of God*)에 이 운동에 대한 기록을 남겼다. 이 책의 원문 제목에서 보는 바와 같이 에드워즈는 영적 대각성운동을 하나님의 주권적 역사와 하나님의 은혜로부터 오는 기적이라고 확신했다(Hatch, Noll, and Woodbridge 1979, 139-40).

물론 최초의 영적 대각성운동을 이끌었던 핵심 인물은 조지 휫필드(Whitefield)라는 사실에는 의심의 여지가 없어 보인다. 테넌트와 프레링하이젠은 주로 중부 식민지 지역에서, 조나단 에드워즈는 뉴잉글랜드(New England)에서 사역했지만, 조지 휫필드는 북미 식민지의 동부 해안 지역 전체에 걸쳐 영적 대각성운동을 주도했다.

그의 사역은 여러 지역에서 산발적으로 일어나고 있던 영적 부흥운동들을 통합했고, 대영제국의 복음주의 부흥운동과도 연결했다. 우람한 체격과 우렁찬 목소리를 가진 조지 휫필드의 설교는 수천 명이 운집한 옥외집회에서도 청중을 사로잡았다. 1740년에 휫필드는 뉴잉글랜드에서 73일에 걸쳐 130여 차례의 순회 설교를 성공적으로 마쳤다. 휫필드가 보스톤(Boston)을 떠날 때는 2만여 명의 청중이 그의 마지막 설교를 듣기 위해 몰려오기도 했다(Hatch, Noll, and Woodbridge 1979, 139-40).

이러한 부흥운동은 반대자들(구파, the Old Lights)이 감성적 극단주의라고 비판하는 등 논란에 휩싸이기도 했다. 신파(the New Lights)파는 이 대 부흥운동을 지지했고, 긍정적인 결과를 이끌어 냈다. 특히 침례교와 감리교도 부흥운동을 지지한 결과로 많은 수확을 얻을 수 있었다. 예를 들면, 매사추세츠 주에는 침례교회가 6개에서 30개로, 로드아일랜드 주에는 11개의 교회가 36개의 교회로 증가했다. 1740년부터 1760년까지 뉴잉글랜드 지역에 새로운 회중 교회가 조직되었다. 이 대각성운동의 시기에 뉴잉글랜드 지역의 교회들이 약 4만 명의 새신자를 얻게 된 것으로 추산하고 있다.

대각성운동은 또한 무형적인 변화도 일으켰다. 이 운동은 북미 종교의 본질을 개인주의적으로 바꾸어 놓았다. 개인적 회심을 강조한 이 운동은 기복이 심한 개인주의적 문화에 더 적합했다. 이 대각성운동은 또한 전도의 가장 보편적인 방법이 된 부흥회를 발전시켰다. 마지막으로, 대각성운동은 즉흥적인 설교를 대중화시켰다. 조지 횟필드가 이 방법을 사용했고, 많은 설교자들이 그를 모방했다(J. M. Terry 1994, 123-24).

두 번째 대각성운동은 1786년에 미국의 동부지역의 버지니아(Virginia)주의 햄튼-시드니대학교(Hampton-Sydney College) 대학의 캠퍼스에서 시작되었다. 코네티컷(Connecticut) 소재의 예일대학교(Yale College)는 티모시 드와이트(Timothy Dwight) 총장의 일련의 감동적인 설교를 통해 1802년에 부흥을 경험했다. 이 부흥운동이 예일대학교의 1/3에 해당하는 학생들이 예수 그리스도를 영접했다. 예일대학교에서 일어난 부흥의 불길은 뉴잉글랜드 지역의 다른 대학과 교회로 번져갔다.

미국 서부의 부흥은 1800년경부터 일어나기 시작했다. 다른 모든 교회들과 마찬가지로 장로교회도 서부 개척지로 흩어져 있는 회중들을 돌보는데 적지 않은 어려움을 겪고 있었다. 제임스 맥그리디(James McGreedy) 목사는 켄터키(Kentucky) 주와 테네시(Tennessee) 주의 경계에 가까운 레드 강(The Red River) 인근에 있는 자신의 교회에서 예배와 성만찬을 집례했다. 많은 군중이 교회로 몰려와 설교를 듣고 결실했다. 한 달 후에는 개스퍼 강(The Gasper River)가에서 더 큰 집회를 개최했다. 이 집회는 최초의 야영 집회(camp meeting)로 알려져 있는데, 이는 집회 장소 근처에 강단을 만들고, 천막을 치고, 나무를 잘라 의자를 만들어 며칠 동안 계속되는 집회에 참석했다. 설교자들은 오전, 오후, 저녁 시간에 야외에서 집회를 인도했다. 예배 순서는 단순했다. 찬양과 열정적인 설교, 결신 초청이 전부였다. 설교자들은 이른 새벽에도 기도회를 개최했다. 군중은 예배에 참석하여 부흥을 경험했고 또한 서로 교제하는 기회도 가질 수 있었다.

1805년에 이르러 장로교는 너무 감성적인 측면으로 치우칠 수 있다는 우려로 인해 야영 집회를 중단했다. 침례교와 감리교는 1840년까지 이러한 집회를 계속 지원했다. 감리교 회중들은 그들의 야영 집회를 "추수의 시간"이라고 불렀고, 프랜시스 애즈베리(Francis Asbury, 1745-1816) 감독은 1811년에 개최된 야영 집회가 500개가 넘을 것으로 추산한 바 있다. 애즈베리 감독은 1808년에 오하이오(Ohio) 주의 한 야영 집회에 참석하여 그 집회에 23명의 설교자와 약 2,000명의 예배자들이 참석했다고 보고했다(Sweet 1944, 136).

첫 번째 대각성운동과 마찬가지로 두 번째 대각성운동도 특히 서부 개척지를 중심으로 미국의 종교에 있어서 지각 변동을 가져 왔다. 야영 집회를 통해서 수많은 사람이 회심했고 교회는 빠르게 성장했다. 예를 들면, 1800년부터 1805년 사이에 켄터키 주의 감리교 신자는 3,030명에서 10,158명으로 증가했다. 야영 집회 설교자들은 구원을 선택할 수 있는 인간의 자유 의지를 강조했다. 이러한 설교는 곧 칼빈주의(Calvinism)에서 알미니안주의(Arminianism, 예수 그리스도의 죽음은 일부 선택받은 자들만을 위한 것이 아니라 만인의 구원을 위한 것이라고 주장하는 것-역주)로의 변화를 가져왔다. 두 번째 대각성운동은 미국 남부에서 감리교와 침례교가 주요 교단들로 자리잡게 했다. 1850년경에는 미국 남부의 12개 주에 1,647개의 장로교회 그리고 408개 교회 가운데 315개가 대서양 해안에 집중되어 있었던 미국감독교회에 비하면 6,061개의 감리교회와 5,298개의 침례교회로 큰 대조를 이루었다(J. M. Terry 1994, 137). 이러한 대각성운동은 술꾼들을 경건주의자들로 바꾸어 놓는 등 서부 개척자들의 도덕성에도 변화를 가져 왔다.

2. 감리교회개척

감리교회는 서부 개척지들을 따라 교회를 개척하는데 심혈을 기울여 놀라운 성과를 얻었다. 여기에는 네 가지 요인이 작용했다고 볼 수 있다.

첫째, 그들은 훌륭한 지도자들을 갖고 있었다. 미국 감리교의 탁월한 감독은 프랜시스 애즈베리였다. 존 웨슬리(John Wesley)로부터 안수를 받은 그는 더 많은 시간을 사역하기 위해 학사학위에만 머물러 있었다. 그는 끊임없이 여행하면서 미국 전역의 감리교회들을 방문했다. 그는 약 3,000명의 순회설교자를 안수했고, 그의 사망 당시에는 미국 감리교인은 25만 명에 달했다(Starkes 1984, 149). 애즈베리의 비전과 활동은 이 놀라운 성장에 있어서 핵심적인 역할을 담당했다.

둘째, 감리교의 전도와 교회개척 전략이 적중했다. 그들은 순회설교자들을 고용하여 전도와 교회개척 그리고 새신자 교육 등을 담당하게 했다. 초기 감리교의 설교자들은 거의 대다수가 일정한 경로를 따라 방문 사역을 하는 순회설교자들이었다. 그들은 주로 감리교 신자들을 대상으로 사역했지만, 일반 가정과 새로운 마을들을 방문해서 전도하기도 했다. 그들의 관할 지역의 범위는 그 지역의 감리교 규모에 따라 달랐다. 감리교회가 없는 지역에서는 순회설교자들이 새로운 교회를 개척했다. 하나의 관할 구역에는 20개에서 30개 정도의 기도처들이 속해 있었다. 각각의 기도처들은 교회로 발전하는 것을 목표로 했고, 거의 대다수가 이 목표를 성취했다.

순회설교자들은 한 번에 모든 지역을 방문할 수는 없었기 때문에 평신도 설교자들을 세워 그들로 하여금 해당 지역에서 사역하도록 위임했다. 이 평신도 설교자들이 새로운 개척 지역의 복음화를 위한 매우 유용한 자원들이었다. 어느 젊은 청년이 믿음의 증거를 보이고 일반 대중들에게 연설하는 재능이 있으면 순회설교자들은 설교하는 방법을 가르쳐주고 실습을 하게 했다. 만약 청중이 그 설교에 만족하면 순회설교자들은 그에게 "평신도 설교자"의 자격을 부여했다. 일부 평신도 설교자들은 순회설교자가 되기도 했지만, 대다수는 전 생애에 걸쳐 평신도 설교자의 직분을 유지했다. 이 평신도 설교자들은 일반적으로 고등 교육을 받지 못했지만, 그리스도에 대한 헌신적인 믿음과 열정을 갖고 있었다.

셋째, 감리교는 성장을 촉진하는 훌륭한 조직 정책을 갖고 있었다. 존 웨슬리는 매주 정기적으로 모여 기도하고 성경을 공부하는 모임을 조직했다. 그는 경건주의자들의 소그룹 기도 모임에서 영감을 얻어 이 모임을 만들었다. 특정 지역에 살고 있는 감리교신도회(the Methodist Society) 만들었다. 이 신도회는 다시 "기도처"로 나뉘어 졌다. 이 기도처의 구성원들은 매주 정기적으로 모였다. 평신도들이 이 모임을 이끌었고, 순회설교자들은 정기적으로 이 기도처들을 방문했다. 존 웨슬리는 또한 각 지역마다 감리교 신도회를 위한 예배(chapels) 처소를 설립했다. 감리교가 대영제국의 성공회와 미국의 감독교회로부터 분리되어 나왔을 때 이 예배 처소들이 교회로 발전했다. 웨슬리는 주교를 세워 순회선교자들을 관리하게 했다. 점차적으로 감리교회가 성장함에 따라 주교는 교구 감독을 임명하여 교단적 행정 체계를 확립하고 지원하는 업무를 위임했다.

넷째, 보편적 구원, 자유 의지, 확실한 구원, 온전한 구원 등으로 요약할 수 있는 존 웨슬리의 신학도 감리교 성장에 크게 기여했다. 이러한 신학은 오직 믿음에 의한 칭의, 인간 의지의 진정한 자유, 성령의 증거를 통한 구원의 확신, 성화 등과도 일치한다. 웨슬리는 알미니안 신학을 지지했고, 자신의 신학과 종교적 신념을 25개의 조항에 담아 감리교 신도회와 순회설교자들을 위한 지침으로 활용했다. 감리교 설교자들은 죄인들에게 값없이 주시는 은총(free grace)과 그리스도를 택할 수 있는 인간의 자유 의지를 설교했다. 이러한 주제들은 민주주의와 평등성을 추구했던 서부 개척지의 정착민들에게 강한 영향을 끼쳤다. 설교자들은 사람들에게 (1) 설득하고, (2) 그리스도를 소개하고, (3) 초청하며, (4) 육성하도록 이끌어주는 "감리교 장정"(The Book of Discipline)의 지침을 준수하도록 가르침을 받았다. 설교자들은 모든 설교에 이 네 가지를 모두 포함하도록 가르침을 받았다. 이 가르침에 대한 그들의 충실함이 서부 개척자들 가운데서 감리교가 성장하게 된 중요한 요인으로 작용했다.

3. 침례교 농부설교자들

미국 침례교 초기는 감리교만큼 조직 체계를 갖추지 못했지만, 서부에 많은 교회를 개척했다. 침례교의 성장에는 복음에 대한 단순한 메시지, 감성적인 설교, 융통성있는 정책 등이 크게 작용했다. 이러한 요소들은 특히 개척 지역에 매우 적합한 전략이었다. 서부 개척지에서의 침례교의 성장은 자비량 목회자들이 주도했다. 일부 목회자들은 그들의 가족을 부양하기 위해 학교에서 교사로 재직하고 있었고, 일부는 상점에서 점원으로 일하기도 했지만, 대다수는 농부였다. 이 농부설교자들은 정식 교육을 거의 받지 못했지만, 하나님의 부르심에 대한 확고한 신념이 있었고, 예수 그리스도의 복음을 담대함과 확신을 가지고 설교했다.

농부설교자들은 그들의 이웃과 더불어 살았고 그들과 함께 일했다. 대다수는 흙바닥의 통나무집에서 살았다. 그들은 이웃의 다른 농부들과 함께 나무 그루터기를 뽑고, 농작물을 재배하고, 헛간을 짓는 등의 일을 했다. 그들은 다른 이웃들과 마찬가지로 가족을 먹여 살리는데 적지 않은 어려움을 겪었다. 이 설교자들은 이웃들과 같은 생활 방식으로 살아 왔기 때문에 누구보다도 이웃과 지역사회의 필요를 잘 알고 있었다.

존 테일러는 농부설교자의 전형적인 사례이다. 1783년에 테일러와 그의 가족은 버지니아 주의 산악 지대를 넘어 켄터키 주에 이르는 고된 여행을 했다. 그들은 우드워드(Woodward) 카운티에 정착하고 농작물을 재배하기 위해 땅을 개간했다. 테일러는 몇몇 신자들과 함께 클리어크릭침례교회(Clear Creek Baptist Church)를 개척했다. 그는 이 교회에서 9년 동안 목회했다. 그의 농업이 번창함에 따라 매년 여름에는 설교 여행을 떠날 수 있었다. 이 여행을 하는 과정에서 버지니아 주, 노스캐롤라이나 주, 테네시 주 등에 7개의 교회를 개척했다. 그는 정식 훈련이나 교회나 선교 단체로부터 재정 지원을 받은 적도 없었다(Sweet 1950, 216).

> **참고자료 11.1**
> **존 메이슨 펙**
>
> 존 메이슨 펙(John Mason Peck, 1789-1858)은 서부 지역의 개척 선교사였다. 펙은 뉴욕(New York)에서 성장했고, 1811년에 침례교 목사가 되었다. 그는 곧바로 하나님께서 자신을 설교자로 부르셨다고 선언했고, 청중은 그가 이 사명을 잘 감당할 수 있도록 격려해 주었다. 그는 뉴욕에서 두 교회의 목회자로 사역하는 가운데 학교 교사로 활동하면서 부족한 수입을 보충했다. 1815년에 펙은 루터 라이스(Luther Rice)의 선교에 대한 설교를 듣고 선교에 헌신했다. 펙은 자신에 대한 하나님의 부르심이 해외 선교가 아닌 국내 선교라고 믿었고, 펙은 그에게 침례교단에 선교사로 파송해 줄 것을 신청하라고 권면했다.
>
> 1817년에 침례교단은 펙과 제임스 웰치(James Welch)를 미주리(Missouri) 주 선교사로 임명했다. 펙과 웰치가 세인트루이스(St. Louis)에 도착하여 복음을 전하고 주일 학교를 설립하고 교회를 개척했다.

그들은 또한 세인트루이스를 중심으로 여선교회(mite societies)를 조직했다. 1820년에 침례교단은 재정난으로 미주리 주 선교 활동을 중단할 수밖에 없었다. 침례교단은 펙에게 인디애나(Indiana) 주로 이동하여 원주민들을 대상으로 선교할 것을 요청했다. 그는 이 요청을 거부하고 1822년에 매사추세츠 주 침례교선교회가 그를 고용하여 매주 5달러의 선교 헌금을 줄 때까지 세인트루이스에 남아 독립적으로 사역했다. 1822년에 그는 일리노이(Illinois) 주의 록 스프링(Rock Spring)으로 이주하여 주일학교를 조직하고 성경을 배부하는 선교회들을 설립했다.

그는 자신이 세운 선교회들과 주일학교들이 지속적인 돌봄이 없이는 크게 약화되거나 소멸될 수 있다고 진단하고 감리교와 같은 순회설교자를 임명했다. 1832년에 그와 조나단 고잉(Jonathan Going)은 미국침례교국내선교회(American Baptist Home Mission Society)를 설립했다. 그는 록 스프링에 위치한 자신의 농장에 신학교를 설립했다. 점차적으로, 그 신학교는 일리노이 주의 알톤(Alton) 시로 옮겼고, 후에 셔틀레프대학교(Shurtleff College)로 발전했다. 1830년대와 1840년대에 그는 지속적으로 일리노이 주, 미주리 주, 아이오와 주를 순회하면서 사역했다. 그는 사역 현장에서 주일학교와 교회를 위한 문서 사역의 필요성을 절감했는데, 이는 그가 미국침례교출판부(American Baptist Publication Society)의 지도자가 되는 계기가 되었다. 1852년에는 하버드대학교(Harvard University)가 그에게 신학 박사 학위(Doctor of Divinity)를 수여했다. 펙에 대한 전기를 저술한 편집자는 "그가 오기 전에는 아무것도 없었던 땅에 그가 떠날 때는 약 2,000개의 교회가 남아 있었다"고 진술했다(Southern Baptist Historical Library and Archives, http://www.sbhla.org/bio_peck.htm).

◆ 토의 질문 ◆
① 교회론에 대한 교회개척자의 신념이 교회개척에 어떻게 영향을 끼칠 수 있겠는가?
② 공식적 신학 교육이 교회개척에 어떻게 영향을 끼칠 수 있겠는가?

서부 개척지에 세워진 대다수의 침례교회들은 클리어크릭침례교회와 유사한 형태를 유지했다. 농부설교자가 어느 새로운 지역에 정착했을 때 그는 이웃 사람들의 영적 상태를 파악하고 근처에 침례교회가 있는지를 살펴보았다. 그리고 오두막집, 헛간, 숲 속의 빈 터 등 사람들이 모이기 편리한 장소에 주일학교를 개설했다. 교회가 성장하면 회중들이 통나무로 된 교회를 건축했다. 이들 대다수의 초기 교회들은 그 교회 근처에 있는 개울(creek)의 이름을 따서 교회의 이름을 지었다. 따라서 과거에는 켄터키 주와 테네시 주의 많은 교회가 터키크릭침례교회(Turkey Creek Baptist Church) 혹은 록키크릭침례교회(Rocky Creek Baptist Church) 등과 같은 이름을 갖고 있었다.

농부설교자들의 설교 방식도 정착민들에게 잘 어울렸다. 설교자들은 지옥을 불구덩이로, 천국을 아름다운 곳으로 묘사했다. 그들은 모호하거나 영적 중립 상태를 용납하지 않았다. 사람들은 예수님을 따르든지 아니면 사탄을 섬기든지 둘 중에 하나를 선택해야 했다. 이러한 방식의 설교가 서부 개척지의 상황에 적중했다. 서부정착민들 대다수가 교육을 제대로 받지 못했고, 교리적 차이에 대해서도 관심이 없었다. 그들은 단순하고 강력한 설교를 원했다.

침례교의 정책도 서부 개척지의 교회성장에 한 몫을 담당했다. 침례교는 각각의 교회가 독자적으로 자치권을 행사하는 개교회주의 정책을 갖고 있었다. 이 정책은 어떠한 규제도 받지 않고 교회를 배가하는 결과를 가져오게 했다. 몇 명의 신자들이 모여 침례교회를 조직하고자 했을 때 그들은 어떤 규제나 허락을 받을 필요가 없었다. 침례교회는 또한 민주적인 회중적 의사결정 방식을 채택했다. 이러한 정책이 서부 개척지의 정착민들에게 큰 호응을 얻었다.

감독교회나 장로교의 목회자들은 반드시 정규 신학 교육을 받아야 했지만, 침례교는 이러한 규정을 두지 않았다. 침례교회의 목회자 후보생은 설교자로서의 부르심에 대한 확신과 설교에 대한 은사, 성경에 대한 가장 기본적인 지식만으로 안수를 받을 수 있었다. 이 단순한 요구 조건으로 인해 많은 사람이 설교자로 안수 받을 수 있었고, 개척 지역이 필요로 했던 많은 교회와 목회자를 공급해 줄 수 있었다. 장로교회와 감독교회들은 사역을 위한 높은 교육 수준을 요구했기 때문에 상대적으로 성장 속도가 느릴 수밖에 없었다. 높은 수준의 요구 조건은 결국 적은 수의 사역자를 배출하는 결과를 초래했다(Baker 1974, 87).

사례 연구
지역 교회 지도자 훈련

샌디 마틴(Sandy Martin)은 수년 동안 서아프리카의 아이다타(Idata) 부족을 대상으로 사역했다. 점차적으로 아이다타 부족은 예수님을 영접하고 세례(침례)를 받기 시작했다. 샌디는 교회를 개척해야 할 필요를 느꼈지만, 그들을 인도할 목회자가 없었다. 그녀의 신학교 교수는 수업 중에 "추수지에서 일꾼이 나온다"고 말했다. 샌디는 이 말을 잊지 않았지만, 어떻게 해야 할지에 대해서는 확신이 없었다. 샌디가 만든 모임에는 영적으로 성숙하고 사역에도 재능을 가진 사람들이 있었지만 그들은 아무도 훈련을 받은 경험이 없었다. 그들이 교회를 인도할 수 있도록 어떻게 훈련해야 하는가? 샌디는 그 국가의 수도에 신학교가 있다는 사실을 알고 있었지만, 그녀의 사람들이 그 신학교에서 요구하는 조건에 적합할 지에 대해서도 확실하지 않았다.
그녀는 그 부족 사람들에게 적합한 훈련과정을 개발하는 것도 생각해 보았지만, 어떤 내용이 포함되어야 하는지에 대해 알 수 없었다.

◆ 토의 질문 ◆
① 당신은 샌디에게 어떤 조언을 해줄 수 있겠는가?

제12장
토착 선교 전략

토착(indigenous)이라는 단어는 특정 지역에 살고 있는 식물이나 동물을 지칭할 때 사용하는 생물학적인 용어이다. 예를 들면, 두리안(durian) 나무는 말레이시아의 토착 식물이고, 소나무는 북아메리카의 토착 식물이다.

19세기의 선교 학자들은 특정한 인종언어집단의 문화적 특성을 반영하고 자생적으로 배가하는 교회를 지칭하여 이 단어를 적용했다. 선교사들은 서구에서 온 교회가 아니라 선교지의 고유한 문화적 배경을 가진 교회를 재생산하기 위한 토착적 전략을 도입했다(J. M. Terry 2000, 483-85).

1. 사도 바울의 전략

토착적 선교를 지지하는 모든 사람은 바울의 선교 전략에서 그 근거를 찾고 있다. 그들은 바울의 선교 전략을 연구하고 있고 현재의 상황 가운데 적용하려고 노력하고 있다. 제6장에서 바울의 선교 전략을 다루었다. 요약하면, 우리는 바울이 소아시아와 헬라의 주요 도시에서 교회를 개척하였고, 그 교회들이 또 다른 교회들을 개척할 것을 기대했다. 그는 이 교회들을 위한 재정적인 지원을 요구하지 않고 새 교회들이 스스로 자립하게 했다. 바울은 새로운 교회들을 관리하고 있었지만, 일상적인 돌봄은 교회 장로들에게 위임했다. 그는 선교 팀과 함께 일했고, 안디옥교회와 예루살렘 교회와는 지속적으로 모교회와 파송선교사의 관계를 유지하고 있었다.

2. 초기 토착 선교 개척자들

1) 헨리 벤

영국 성공회의 교회선교회(Church Missionary Society)의 헨리 벤(Henry Venn, 1796-1873)과 미국해외선교위원회(American Board of Commissioners for Foreign Missions)의 루퍼스 앤더슨(Rufus Anderson, 1796-1880)은 19세기 중반에 토착 교회(indigenous church)라는 용어를 만들었다. 그들은 서로 다른 상황 가운데서 개인적으로 전략을 개발했지만, 서로 서신을 통해 교류하는 가운데 전략을 통합하기에 이르렀다.

그들은 모두 선교사가 아니었지만, 성경을 통해 바울의 전략을 연구했었다. 그들은 교회가 자치(self-governing), 자립(self-supporting), 자생(self-propagating)해야 한다는 의미를 가진 "삼자운동"(three-self-propagating)을 주장했다(헨리 벤은 처음에 "자전"[self-extending]이라는 용어를 사용했다). 그들은 선교사들에게 재정적으로 자립이 가능하고, 그들 스스로 의사결정을 하고 교회 회중들이 자발적으로 전도하는 교회를 세울 것을 요청했다. 그들은 선교사가 한 교회에서 목회하고 유지하는 일로 교착 상태에 빠지는 것을 우려했다. 그들은 선교사들이 독립적이고 토착적인 교회를 개척해야 한다고 믿었다. 그들은 선교사들에게 현지인 목회자들을 훈련하여 가능한 한 빨리 교회의 지도력을 위임해야 한다고 가르쳤다. 벤도 선교사는 개척만 하고 다른 지역으로 떠나야 한다는 의미에서 선교의 "안락사"를 주장했다. 그는 선교사들을 영원한 인력이 아니라 일시적인 사역자로 보았다.[1]

2) 존 네비우스

중국에 파송된 장로교 선교사였던 존 네비우스(John L. Nevius, 1829-1893)는 그의 저서 『선교지 교회개척과 발전』(*Planting and Development of Missionary Churches, 1899*)에서 벤과 앤더슨의 토착 교회 원리를 발전시켰다. "네비우스 정책"(Nevius Plan)이라 불리우는 그의 원리는 다음과 같이 요약할 수 있다.

① 그리스도인들은 계속해서 이웃과 함께 생활하는 가운데 직업을 통해 재정적으로 자립하고, 그들의 동료와 이웃들에게 복음을 전해야 한다.
② 선교 단체는 현지의 교회가 필요로 하고 자발적으로 지원할 수 있는 프로그램과 조직을 개발해야 한다.
③ 교회는 그들의 목회자를 자체적으로 선정하고 재정적으로 지원해야 한다.

---

1 헨리 벤에 대해서는 M. Warren 1971을 참고하라. 루퍼스 앤더슨에 대해서는 Beaver 1967을 보라.

④ 교회 건물은 회중들의 자발적인 재정적 지원으로 고유한 문화적 양식을 고려하여 지어야 한다.
⑤ 교회 지도자들에게 매년마다 성경과 교리에 대한 집중적인 연구 프로그램을 제공해야 한다.

네비우스는 중국에서 선교사들이 과도하게 재정을 지원하는 것에 대해 반발했다. 그는 개인적으로 이 정책을 자신의 사역에 적용했고 좋은 결과를 얻었다. 그러나 거의 대다수의 선교사들이 네비우스의 정책을 거부했기 때문에 중국에서는 성공을 거두지 못했다.

선교사들은 선교 기지를 계속 유지하고 중국 교회를 통제할 뿐만 아니라 교회와 목회자들과 기관들에 대한 재정적인 지원하는 정책을 유지하고자 했다. 그러나 미국 장로교와 감리교가 1880년대부터 한국에서의 사역을 시작하면서 신임선교사들이 네비우스를 초청하여 자문을 구했다. 네비우스와 그의 아내는 1890년에 한국을 방문하여 몇 주간 동안 신임선교사들을 지도했다. 그들은 네비우스 정책을 적용했고 현대 역사가들은 오늘날의 한국 기독교의 강점은 일정 부분 이 정책의 산물이었다고 평가하고 있다(Nevius 2003; Reapsome 2000).

3) 롤랜드 알렌

롤랜드 알렌(Roland Allen, 1868-1947)은 성공회 선교사로 1892년부터 1904년까지 중국에서 사역했다. 네비우스와 마찬가지로 중국에서 사역하는 대다수의 선교사들이 실행하고 있는 전략에 대해 비판했다. 그는 자신의 토착 선교 전략에 대해『바울의 선교 vs. 우리의 선교』(*Missionary Methods: St. Paul's or Ours?*, 1912)와 『교회의 자발적 확장』(*The Spontaneous Expansion of the Church*, 1927)에 기록했다.

    토착적 접근에 대한 다른 지지자들과 마찬가지로 알렌도 선교사들이 바울의 원리를 따라야 한다고 권고했다. 알렌을 또한 선교에 있어서의 성령의 역할을 강조하였고, 선교사들이 순회하면서 교회를 개척하고 성령이 그 교회들을 돌보실 것에 대해 신뢰해야 한다고 말했다. 그는 "삼자원리"를 지지했지만, 그 가운데서도 "자생"(self-propagating)에 대해 더 큰 의미를 부여했다. 그는 토착 교회는 반드시 교회를 재생산해야 한다고 믿었다. 알렌의 전략은 다음과 같다.

① 성경적 진리를 누구나 쉽게 이해할 수 있도록 가르쳐서 배운 사람이 그 내용을 간직하고, 사용하고, 전달할 수 있어야 한다. 선교사가 쉽게 이해할 수 있도록 가르친 내용은 그 가르침을 받은 새신자가 또 다른 사람들에게 가르칠 수 있어야 한다.
② 모든 조직과 단체는 현지 그리스도인들이 운영하고 유지할 수 있는 방식으로 설립되어야 한다. 알렌 시대의 중국 선교는 선교 기지(선교사 거주지), 학교, 기독교 대학, 고아원, 신학교, 출판사, 농업 기관, 병원, 진료소, 직업 교육 훈련원 등 서구 선교 단체들이 세운 기관 사역이 주류를 이루고 있었다. 알렌은 이 모든 기관들의 필요성과 중국 교회가 자체적으로 재정을 조달할 수 있는 능력이 있는가에 대해 의문을 제기했다.
③ 교회 운영 재정은 현지 교회 신자들이 충당하고 조절해야 한다. 지역 교회들의 모든 재정적인 필요는 각 교회 신자들의 십일조와 헌금으로 채워져야 한다.
④ 신자들은 서로 목회적 돌봄을 제공해야 한다. 중국인들은 가뭄, 홍수, 메뚜기 떼 등으로 인한 기근을 경험해 왔다. 주기적인 기근으로 인해 선교사들은 교회 신자들에게 쌀을 공급했었

다. 선교사들이 신자들의 굶주림을 보고만 있을 수 없었던 것이다. 기근이 들 때마다 중국인들은 쌀을 공급받기 위해 교회를 찾았다. 여기에서 이른 바 "명목상의 신자"(rice Christian)라는 말이 생겨났다. 굶주린 사람들을 외면할 수 없지만, 현지인 신자들은 선교사에게 의존하기 보다는 서로 돌보는 법을 배워야 한다.
⑤ 선교사들은 현지인 신자들이 자유롭고 즉각적으로 그들의 영적 은사들을 사용할 수 있는 권한을 부여해야 한다. 성령께서 교회 지도력을 위해 필요한 모든 영적 은사들을 주셨다. 선교사들이 현지 지도자들에 대한 권한을 내려놓지 않으면 교회의 성장에 방해가 될 수 있다.

알렌의 글들은 교회성장운동의 창시자인 도널드 맥가브란을 비롯한 20세기의 선교 학자들에게 많은 영향을 끼쳤다.

4) 멜빈 하지스

라틴 아메리카에서 사역한 선교사로 활동한 바 있고 하나님의 성회(Assemblies of God)의 선교행정가였던 멜빈 하지스(Melvin Hodges, 1909-1986)는 『토착 교회』(The Indigenous Church, [1953] 1976)를 저술했다. 성경학교와 신학교 등의 선교학 과정에서 널리 사용된 이 책은 벤, 앤더슨, 네비우스, 알렌 등의 전략을 인용하여 보다 대중적이고 현대화한 것이 특징이다.

하지스는 의존적인 교회가 토착적인 교회로 전환하는 것이 얼마나 어려운 것인가를 설명했다. 그는 또한 현지인 사역자 훈련과 그들이 교회들을 책임감과 사명감을 갖고 볼 수 있도록 격려할 때 선교사들은 자유롭게 또 다른 새로운 교회들을 개척할 수 있다는 것을 강조하고 있다.

5) 앨런 티펫

1955년에 도널드 맥가브란은 교회성장운동을 시작했다. 맥가브란이 1965년에 풀러신학교의 선교학과를 개설했을 때 그가 최초로 임용한 교수가 호주 출신의 남태평양 선교사였던 앨런 티펫(Alan Tippett, 1911-1988)이었다. 티펫은 자신의 책 『선교 이론에 대한 신학적 판단』(*Verdict Theology in Missionary Theory*)에서 앤더슨과 벤의 삼자원리를 확장하고 재구성했다.

이 책에서 티펫은 토착 교회의 여섯 가지 특징(sixfold description)을 소개했다.

① **자아상**(self-image). 교회는 외부의 선교적 영향으로부터 독립적 존재로 인식하는 것이 교회의 자기 정체성이 되어야 한다. 교회는 해당 지역에서 예수 그리스도의 교회로 존재하며 그들을 섬겨야 한다.
② **자기능**(self-functioning). 교회는 외국 선교사들의 지원이 없이도 전도와 선교, 예배, 제자도, 교회, 사역 등 교회의 정상적인 기능을 자체적으로 수행할 수 있는 역량을 가지고 있다.
③ **자결정**(self-determining). 교회는 스스로 의사결정을 할 수 있어 또 그렇게 해야 한다(삼자정책에서는 "자치"[self-governing]라는 용어 사용). 지역 교회는 선교사의 의사결정에 의존하지 않고 성경의 가르침과 성령의 인도에 의지해야 한다. 티펫은 벤과 마찬가지로 선교가 죽어야 교회가 산다고 말했다.

④ **자립**(self-supporting). 교회의 운영과 사역을 위해 필요로 하는 재정을 스스로 충당해야 한다. 현지 교회는 외국 교회의 재정적 지원에 의존하지 않고 신자들의 십일조와 헌금 등으로 모든 재정적 필요를 자체 조달해야 한다.

⑤ **자전**(self-propagation). 교회는 반드시 지상명령의 성취에 대한 정당한 책임성을 갖고 최선을 다해 이 사명을 완수하기 위해 노력해야 한다. 교회는 해당 지역, 국가, 전 세계를 대상으로 전도와 선교의 사명과 책무를 헌신적으로 감당해야 할 책임을 갖고 있다.

⑥ **자섬김**(self-giving). 토착 교회는 그 교회가 속해 있는 사회와 공동체의 필요를 파악하고, 그 필요를 채우기 위해 모든 노력을 기울여야 한다.

티펫은 토착 교회에 대한 자신의 이해를 다음과 같이 설명하고 있다.

> 한 공동체의 토착민들이 낯선 외국의 그리스도가 아닌 그들 자신의 주님으로 생각할 때, 그들이 무슨 일을 하든지 주님께 하듯 하고, 문화적 필요를 채우고, 그들이 이해하고 있는 방식으로 예배를 드릴 때, 신자들이 조직적으로도 토착적인 몸의 일부로써 전 기능을 발휘할 때 토착 교회라고 할 수 있다 (1969, 136).

폴 히버트(Paul Hiebert)는 이 목록에 자신학화(self-theologizing)를 추가했다. 그는 진정한 토착 교회는 성경적으로도 진리이며 문화적 상황도 고려한 그들 자신의 신학을 발전시킬 수 있어야 한다고 확신했다.

이러한 신학들은 기독교 신앙의 핵심적 교회에 대한 확신을 심어 줄 뿐만 아니라 그들 자신의 고유한 문화적 정체성을 반영한 비유와 개념을 사용하여 표현할 수 있게 해 줄 것이다. 역사적으로, 젊은 교회들은 자신학화에 어려움을 겪어 왔고, 이 과업은 일반적으로 마지막 목표가 되기도 한다.

3. 현대적 적용

오늘날의 선교사들은 "토착 선교"보다는 "상황화"에 대해 더 활발하게 논의하고 글을 쓰고 있는 것을 볼 수 있다. 학생들은 이 두 용어들의 차이에 대해 혼란스러워하기도 한다. 개신교 초기의 복음주의적 저술가들은 구원의 성경적 메시지를 정확하면서도 이해할 수 있는 방식으로 전달하기 위해 상황화를 강조했다. 다시 말하면, 그들은 효과적인 타문화 의사전달에 초점을 맞추어 이 용어를 사용했다. 최근 수십 년간 복음주의자들은 상황화의 개념을 보다 폭넓게 이해하려고 하는 경향을 보이고 있다. 여기에는 단순히 의사전달이나 신학뿐만 아니라 기독교 신앙의 모든 영역을 포함하고 있다 (Moreau 2012를 보라). 토착화는 훌륭한 선교 사역의 결과로 개척된 교회에 초점이 맞추어져 있고, 상황화는 더 나아가 신자 공동체의 필요를 비롯하여 신자들의 개인적이 필요에 대해서도 신중하게 다루는 것을 포함한다.

토착 교회의 설립을 추구하는 선교사들은 그들의 사역에 있어서 다음의 원리들을 고려해야 한다.

(1) 선교사들은 분명한 목표를 가지고 교회를 개척해야 한다(제5장에서 언급한 Steffen 1993과 같이). 때로는 선교사 훈련자들이 이 목

표를 "예견"(End Vision)이라고 부르기도 한다. 이 목표는 선교사가 사용하기 위해 선택하는 방법론에도 직접적인 영향을 준다. 성경은 우리에게 "심은 대로 거둔다"(고후 9:6)고 가르치고 있다. 이 말씀은 교회개척 사역에 있어서 확고한 진리이다. 만약 당신이 많은 외부의 지원을 투입하여 교회를 개척했다면 자립 교회로 전환하는데 있어서 많은 어려움을 겪게 될 것이다.

(2) 초문화적 교리와 변동적인 문화적 특성 사이에는 언제나 역동적 긴장이 존재한다. 예수 그리스도의 몸의 부활과 재림 등의 기본적인 교회들은 모든 시대와 모든 문화를 초월하여 불변의 진리이다. 그러나 이러한 진리가 특정한 문화 가운데 들어갈 때 교회는 다양한 조정 과정을 거쳐야 한다. 예를 들면, 인도네시아의 많은 교회들이 공휴일에 해당하는 금요일에 예배를 드린다. 주일이 예배를 드리는 정상적인 날이지만, 금요일의 예배가 허용되고 있다. 또 다른 예는, 북아메리카의 교회들은 의자에 앉아 예배를 드리지만, 인도네시아의 예배자들은 마룻바닥에 펼쳐놓은 카펫위에 앉아 예배를 드리기도 한다. 이와 같은 예들은 흔히 찾아볼 수 있다.

(3) 교회개척자들은 개척하는 교회들이 처음부터 자립해야 한다는 것을 염두에 두어야 한다. 바울은 소아시아의 교회들을 돕기 위해 예루살렘 교회나 안디옥교회의 재정 지원을 요청하지 않았다. 오히려, 헬라 지역과 소아시아의 새로운 교회들에게 기근으로 고통당하고 있는 예루살렘을 돕기 위해 기부할 것을 당부하기도 했다(고전 16:1-3). 일부에서는 토착 교회개척을 "강인한 사랑"(tough love)라고 표현하기도 한다. 선교사는 재정적인 도움을 주고자하는 유혹을 극복해야 한다. 토착 교회를 목표로 교회를 개척할 때는 새신자들이 처음부터 자립하도록 격려해야 한다. 때로는 초기 단계에서 성장이 느리게 보일 수도 있다. 만약 교회개척자가 많은 재정을 투입

하여 교회를 개척하면 모금 상황이 개척되는 교회의 수를 결정하는 결과를 초래할 수 있다. 그러나 만약 교회개척자가 토착 교회 전략을 시도하면 개척되는 교회의 수에 있어서 어떠한 제한도 받지 않게 되는 것이다.

(4) 성경공부 그룹은 그들이 교회로서 조직화되기 전부터 그들이 무엇을 결정하는데 도움을 줄 수 있다. 종종 교회개척자는 정기적인 성경공부 모임을 갖도록 사람들을 초청할 것이다. 이러한 성경공부 그룹들은 자연스레 가정 교회로 발전한다. 교회개척자는 그 성경공부 그룹의 구성원들이 스스로 결정을 내리도록 도와주면서, 조직화된 교회가 되기 훨씬 이전부터 그 그룹을 자치하는 교회로 만들어 줄 수 있다.

(5) 선교사들은 새로운 신자들에게 그들이 속한 지역 사회에서 복음을 전하고 새로운 교회를 개척할 수 있는 기회를 조성하도록 격려해야 한다. 교회개척자들은 새신자들에게 전도, 교회개척, 선교의 유전자를 심어주어야 한다. 교회개척자는 새신자들에게 그들의 가족, 친구, 이웃, 학교 급우, 동료 직원들에게 간증을 나누도록 도와주어야 한다. 교회개척자들은 새신자들에게 교회를 개척할 수 있는 여건을 조성하도록 요청하고, 성경의 선교적 명령에 대해서 가르쳐야 한다. 이렇게 할 때 기존의 신자들은 물론이고 새신자들도 그들의 선교적 책임과 사명을 이해할 수 있게 될 것이다.

(6) 전도, 교육, 설교, 지도력에 있어서 언제나 재생산이 가능한 방법을 사용해야 한다. 선교사는 반드시 현지인 신자들이 모방할 수 있는 방식으로 전도하고, 기도하고, 예배하고, 설교하고, 사역해야 한다는 것이다. 다시 말하면, 교회개척자는 의도적으로 현지인 목회자와 신자들이 본받을 수 있는 방법을 제시해야 한다. 예를 들면, 1950년대에 어느 교회개척 선교사가 필리핀 남부에서 교회를 개척

하기 위해 최선을 다했다. 그는 트럭, 천막, 조명기구, 의자, 발전기, 영사기, 각종 기독교 영화 필름 등을 구입했다. 이 장비들을 갖춘 후에 그는 주민들에게 무료로 영화를 상영했다. 이 사역은 당시의 시골 사람들로부터 상당한 호응을 얻었다. 그는 영화 상영 도중에 잠시 중단하고 복음을 전한 후에 나머지 부분을 상영했다.

　그는 사람들이 주님을 영접할 때까지 한 마을에 머물러 이와 같은 사역을 진행한 후 세례(침례)를 주고, 제자 훈련을 실시하고, 교회를 개척했다. 그 다음에 다른 마을로 떠났다. 그는 이와 같은 방법으로 최선을 다해 40여개의 교회를 개척했다. 그러나 불행하게도 이 가운데 일부 교회들은 한 번도 재생산을 하지 않았다. 현지인 신자들이 그가 보여준 방법대로 교회를 재생산하려면 트럭, 천막, 발전기, 영사기, 영화 필름 등이 갖추어져야만 했던 것이다. 현지 그리스도인들은 이 장비들을 구입할 수 있는 재정적인 여력이 없었기 때문에 새로운 교회를 개척할 수 없었다.

　(7) 선교사들은 교회 지도자로 섬길 현지인 신자들을 육성하는데 우선순위를 두어야 한다. 해외선교사들만으로는 결코 세계가 복음화될 수 없다. 효과적인 세계복음화는 목회자, 전도자, 교회개척자, 선교사들의 배가를 필요로 한다. 예수 그리스도께서는 열두 제자를 훈련하는데 많은 시간을 할애했고, 그 제자들이 계속해서 그분의 사명을 완수해 나갔다(요 20:21). 바울은 여러 명의 사역자들을 훈련하여 자신을 도와 선교 사역을 감당하게 했다. 교회개척 선교사들은 처음부터 새로운 제자들이 사역자로 세워지도록 하나님께 간구해야 한다(마 9:35-38). 선교사들은 이 부분에서 성령의 인도에 민감해야 하고, 영적 은사를 보이는 제자들에게 조언자가 되어 주어야 한다.

　(8) 선교사는 영구적인 목회자가 아니라 일시적으로 사역하는 교

회개척자가 되어야 한다. 벤과 앤더슨은 선교 사역의 일시적 특성을 강조했다. 그들은 교회개척자들이 가능한 한 빨리 그들의 사역을 위임해야 한다고 가르쳤다.

만약 그들이 사역을 잘했다면 그 지역이나 그 종족 집단이 더 이상 선교사를 필요로 하지 않는 때가 올 것이다. 일부 선교사들은 이러한 현실을 받아들이기가 쉽지 않을 수 있다. 그들이 교회를 개척했을 때 그 교회에 머물러 계속해서 영향을 끼치고자 하는 본능적인 욕구를 갖고 있다. 이러한 접근을 이른 바 기업가적 교회개척(entrepreneurial church planting)이라고 부른다. 이 방식이 일부 지역에서 훌륭한 사례가 될 수 있겠지만, 세계복음화를 위해 사역하는 선교사들은 사도적 교회개척자(apostolic church planters)로서의 사명을 잊지 않아야 한다.

이것은 선교사들이 사도 바울이 보여 준 모범을 따라 일련의 교회들을 개척한 후 다른 지역으로 떠나야 한다는 것을 의미한다. 교회개척 선교사들이 경험하는 또 다른 어려움은 심리적 결속이다. 선교사들이 특정한 종족 집단을 위해 깊이 헌신해 있다가 떠나는 것은 결코 쉬운 일이 아니다.

사도행전 20장은 바울과 에베소의 신자들 사이의 깊은 신뢰 관계를 보여 주고 있다. 에베소의 신자들이 바울과 헤어지는 것을 힘들어 했는데, 바울도 마찬가지였다는 사실을 어렵지 않게 짐작할 수 있다. 앞서 언급한 바와 같이, 스테픈(Tom A. Steffen)의 탁월한 저서인『타문화권 교회개척』(Passing the Baton)에서 그는 교회개척자가 효과적인 출구 전략을 어떻게 개발하고 실행해야 하는가에 대해 설명하고 있다(1993).

> **참고자료 12.1**
> **현지 지도자들과 함께하는 전략 개발**
>
> 제15장에서 우리는 적절한 상황화는 오직 현지 지도자들과의 대화와 협의에 의해서만 이루어질 수 있다는 것을 강조하고 있다. 토착화도 마찬가지이다. 개척 지역에서 선교사나 선교 팀은 사역 초기에 이러한 주제들을 논의할 수 있는 현지 지도자가 존재하지 않을 수 있다. 신자들도 없는 상황 가운데서 현지 지도자는 더욱 더 찾기가 어려운 것이 현실이다. 그러나 선교사들은 여건이 조성됨에 따라 점차적으로 그들의 전략 개발 과정에 현지 지도자들이 참여하게 해야 한다.
>
> 그들이 참여할 때 두 가지 장점이 있다. 첫째, 현지 지도자는 깊은 문화적 통찰을 제공해 줄 수 있다. 둘째, 현지 지도자도 선교 전략 개발에 대해 배울 수 있다.
>
> 필자(마크)가 필리핀에서 14년간 사역한 후에 어느 모임에 필리핀 지도자들의 지도자들의 초대를 받아 참석한 적이 있다.
>
> 그들은 "오랫동안 미국 선교사들이 전략을 개발해 왔고, 우리가 협력해 왔다는 사실을 당신이 알고 있을 것입니다"라고 말했다.
>
> 나는 "그렇지요. 사실입니다. 당신들의 협력으로 인해 우리는 많은 교회들을 개척할 수 있었습니다"라고 대답했다.
>
> 그 지도자들은 "맞아요. 우리가 많은 교회를 개척했지요. 이제는 우리가 전략을 세우고 선교사들이 우리와 협력하기를 원합니다"라고 말했다.
>
> 필자는 "동의합니다. 당신들은 무엇을 해야 할지에 대해 이미 모든 것을 알고 있습니다. 이제 당신들이 선교 전략을 개발해야 할 때입니다"라고 대답했다.
>
> 그 지도자들은 "당신이 동의해 주어서 기쁩니다. 이제 당신이 다른 선교사들에게 가서 우리가 무엇을 원하는지에 대해 알려 주시기 바랍니다"라고 당부했다.
>
> 필자는 그들의 뜻을 다른 미국 선교사들에게 전달했다. 미국 선교사들도 그들의 요청을 받아들이기로 합의했다. 진정한 토착 선교는 가능한 한 빨리 현지 지도자들에게 지도력의 책임을 위임할 때 일어난다.
>
> 마지막으로, 일부에서는 새롭게 개척된 교회에 무엇이 올바른 결정인가를 알려주기 위해 선교사 중심의 토착적 접근이 필요하다고 주장하기도 한다.
>
> 이 견해는 교회가 자치권을 가져야 한다는 사실을 간과하고 있다. 선교사가 전략을 올바로 실행했을 때 새신자들이 성경 말씀과 성령의 인도를 따라 그들의 예배 형식, 윤리, 문화적 관습 등에 대한 주님의 뜻을 발견할 수 있을 것이다.

(9) 선교사들은 각종 기관들을 설립하고 현지 교회가 주도권을 가질 수 있을 때까지 기다리고자 하는 유혹으로부터 벗어나야 한다. 선교사들이 자신의 본국에서 운영되고 있는 각종 기독교 시설들과 기관들을 선교지의 교회들도 반드시 필요로 할 것이라고 주장하고 싶은 유혹을 받게 된다. 여기에는 기독교 캠프 시설, 병원, 수양관, 선교 센터, 고아원, 기독교 학교, 기독교 서점, 성경학교, 신학교 등과 같은 시설이나 기관 등이 포함된다. 이러한 시설을 설립하는 것이 잘못된 것은 아니지만, 현지의 신자들이 필요하다고 느낄 때 그들의 참여와 헌신 그리고 그들의 방식으로 이루어져야 한다.

(10) 선교사들은 현지 교회들이 성경적이면서 동시에 그들의 문화적 상황에 적합한 신학과 전통을 만들어 가도록 허용해야 한다. 전 세계에서 기독교가 받는 비판 가운데 하나는, 기독교는 외국 종교라는 것이다. 진정한 토착 교회는 성경적 가르침에 충실하면서 동시에 문화적 상황도 반영하고 있는 예배와 교회 활동 등을 갖추어야 한다.

4. 토착 교회에 대한 비판

이 토착 교회 모델은 거의 150여 년 전에 벤과 앤더슨이 개발한 것이다. 이 전략은 그 이후 복음주의 진영에서 다양한 형태로 적용해 왔기 때문에 오랜 기간에 걸쳐 많은 비판을 받아 온 것도 놀라운 일이 아닐 것이다. 독일 선교 학자인 피터 바이어하우스(Peter Beyerhaus)는 교회들은 반드시 자립과 자전을 해야 하지만, 자치(self-governed)가 아닌 "그리스도의 통치"(Christonomous 혹은 Christ-governed)로 바뀌어야 한다고 주장했다(Beyerhaus 1964, 393-407).

그러나 현재에 이르기까지 폭넓게 받아들여지고 있는 자치(self-governed)의 대안적 용어는 나오지 않고 있다.

한편, 선교사들이 삼자정책(three selfs)의 원리에 따라 교회를 개척하고 있지만, 토착화의 또 다른 요소들을 간과할 수 있다는 비판이 제기되고 있다. 예를 들면, 한국에서 사역한 초기 교회개척 선교사들은 삼자정책을 도입했지만, 토착적인 예배에는 거의 관심을 기울이지 않았다. 한국 교회의 예배는 거의 서구 교회와 유사한 음악과 형식을 취하고 있다. 이러한 이유 때문에 티펫은 삼자정책에 세 가지 다른 정책을 추가한 바 있다(1969).

일부 비평가들은 토착 전략이 바울의 사례를 따르고 있다는데 대해서는 동의하지만, 바울의 전략이 반드시 현대 선교 전략의 절대적 기준이 되어야 한다고 생각하지는 않는다.

> ### 사례 연구
> ### 누가 램프를 가져 올 것인가?
>
> 크리스티(Christi)는 중앙아메리카의 산악지대에서 사역하고 있다. 그는 주간 성경공부 프로그램에 주민들을 초대했다. 그들의 자유 시간은 저녁 무렵이었기 때문에 목요일 저녁에 만나기로 결정했다. 그 마을에는 전기가 없었기 때문에 불을 밝히는 도구가 필요했다. 마을 주민들 가운데 한 사람이 "우리가 어떤 도구를 사용할 계획인가요?"라고 물었다. 크리스티는 석유램프를 갖고 있었지만, 그것을 사용하겠다고 말하지 않고 기다렸다. 어느 할머니가 "나에게 석유램프가 있는데 가져 올까요?"라고 물었다. 다른 사람들도 그 할머니의 의견에 동의했다.
>
> ◆ 토의 질문 ◆
> ① 대다수의 선교사들은 새로 개척된 교회를 돕고자 하는 강한 욕구를 갖고 있다. 선교사가 개척 교회를 돕는 일에 있어서 무엇을 거부해야 하는가? 왜 그렇게 해야 하는가?

제13장
교회성장운동

교회성장운동(Church Growth Movement)은 1955년부터 20세기 말까지의 복음주의 선교에 큰 영향을 끼쳤다. 피터 와그너(Peter Wagner)는 이 운동을 다음과 같이 정의한 바 있다.

> 교회성장은 성경적, 사회학적, 역사적, 행동과학적 연구를 통해 교회가 성장하거나 퇴보하는 원인에 대해 탐구하는 학문이다. 진정한 교회성장은 "지상명령"에 순종하는 제자들이 교회의 책임있는 구성원들로써 그 사명을 실천할 때 이루어질 수 있다. 교회성장운동은 도널드 맥가브란(Donald McGavran)에 의해 시작되었다. 이 운동은 교회성장의 원리를 파악하고 실천하기 위해 필요한 모든 인적 자원, 기관, 출판물 등을 포함한다(2000, 199).

교회성장운동은 선교의 목표와 선교의 진전을 평가하는 척도에 대한 선교사들과 선교행정가들의 사고 방식을 바꾸어 놓았다. 이 운동은 전도와 교회개척을 강조하는 선교의 새로운 철학을 제시했다.

교회성장운동은 1955년에 출간된 도널드 맥가브란의 『하나님의 선교 전략』(The Bridges of God)을 통해 처음 소개되었다. 1955년 이전까지는 선교 단체들이 영구적인 선교 기지를 설립하고 유지하는 일에 그들의 역량을 집중해 왔었다. 이러한 선교 기지들은 유지와 보수를 위해 선교사들의 많은 관심과 노력을 필요로하는 상당한 규모의 재산과 건물들과 관련이 있다.

선교사들은 그들의 전 생애를 한 곳의 선교 기지에서 보내기도 했다. 대다수의 선교사들은 병원, 학교, 고아원, 신학교, 농업시험장, 나병요양소 등의 기관에서 봉사하고 있었다. 이 모든 기관들은 많은 선교 인력과 재정을 필요로 했다. 선교 단체들은 막대한 비용을 들여 세워 놓은 이 기관들을 유지하는 데 있어서 적지않은 어려움을 겪고 있었다. 그 결과로 전도와 교회개척에 집중하고 있던 선교사들도 사역 현장에서 정기적으로 불려와서 이 기관들을 운영하는 행정 업무에 참여해야만 했었다. 많은 "현장" 선교사들이 수년에 걸쳐 이 비생산적인 일을 위해 시간을 보내고 있었다. 이러한 기관 사역에 종사하던 선교사들은 많은 사람을 전도하여 세례(침례)를 주고 여러 개의 교회를 개척하고 있는 다른 선교사들과 비교하여 "열매는 없었지만, 열심히 일했다"는 틀에 박힌 말을 자주 하곤 했다.

신학적으로는 세계선교협의회(World Council of Churches)가 소속 교회들의 선교적 동기를 약화시키는 결과를 초래했다. 세계선교협의회는 점차적으로 선교를 전도와 교회개척 보다는 사회 참여, 경제적, 정치적 활동에 중점을 두기 시작했다. 도널드 맥가브란은 이 문제를 지적하고, 교회로 하여금 선교의 본질적 목적으로 돌아갈 것을 촉구했다.

1. 창시자: 도날드 앤더슨 맥가브란

도날드 맥가브란은 1892년에 선교사였던 조부모와 부모의 자녀로 인도에서 태어났다. 그는 인도에서 성장했고, 고등교육을 위해 미국으로 떠났다. 그는 버틀러대학교(Butler University)에서 학사학위를 취득했고, 예일대학교(Yale University)에서 신학을 전공한 후 인디애나폴리스(Indianapolis)의 선교대학교를 졸업했다. 그 후 그는 콜럼비아대학교(Comumbia University)에서 교육학으로 박사 학위를 받았다. 학생이었을 때 그는 학생자원운동(Student Volunteer Movement)에 참여했고, 그는 선교사로 자원하여 인도로 돌아갔다.

1923년에 맥가브란은 인도에 돌아가 연합기독교선교회(United Christian Missionary Society) 소속으로 사역했다. 선교사로 활동하던 34년 동안 그는 교육감, 병원행정가, 시골전도자, 성경 번역가 등으로 봉사했다. 이러한 다양한 지위를 통해 그는 다양한 관점에서 선교를 볼 수 있었다.

인도에서 선교하는 동안 맥가브란은 와스콤 피켓(J. Waskom Pickett) 감독과 그의 동료들이 인도에서의 기독교 선교의 진전에 대한 조사에 주목하기 시작했다. 피켓 감독은 "대중운동"(mass movements)에 각별한 관심을 갖고 있었다. 피켓이 말하는 대중운동은 짧은 기간 동안에 많은 사람이 회심하는 것을 뜻한다. 피켓의 연구 결과는 1933년에 『인도의 기독교대중운동』(Christian Mass Movements in India)이라는 보고서로 출간되었다.

피켓은 맥가브란에게 인도 중부의 기독교에 대해 계속해서 연구해 줄 것을 요청했다. 맥가브란은 이 요청에 동의했고, 이는 그의 삶이 변화되는 중요한 계기가 되었다. 맥가브란은 이때부터 교회성장에 큰 관심을 갖게 되었다고 회상한 바 있다. 왜 어떤 지역에서는 교회가 성장하고, 왜 인근 지역에서는 전혀 성장하지 않는가? 그는 "왜 교회가 성장하는가?"라는 질문에 대한 해답을 찾는데 남은 생애를 보냈다. 맥가브란은 자신의 첫 연구 결과를 1936년에 『인도 중부의 기독교 선교』(Christian Mission in Mid-India)를 출간했다. 이 책은 1956년에 『교회성장과 집단 개종』(Church Growth and Group Conversion)라는 제목으로 재출간되었다.

1953년에 맥가브란은 정글속의 오두막집을 임대하여 칩거하는 가운데 선교에 대한 자신의 철학을 정립하기 시작했고, 그 결과로 『하나님의 선교 전략』이 나오게 된 것이다. 이 책에서 맥가브란은 선교 기지 중심의 접근 방식에 대한 문제를 제기하고 그 대안을 제시했다. 반응은 엇갈렸다. 케네쓰 라투렛(Kenneth Scott Latourette)은 이 책의 서문에서 "사려깊은 독자들에게 이 책은 전통적인 방식으로 접근하고 있는 사람들에게 마치 신선한 공기를 마시는 것과 같이 아무도 가보지 않은 길을 갈 수 있는 용기를 불어넣어 줄 것이다. 이 책은 선교의 방법에 대한 가장 중요한 책이 될 것이다"라고 썼다.

맥가브란의 제안은 당시로서는 진정한 혁명이었다. 그는 거의 모든 전통적인 선교 방식에 대해 의의를 제기했다. 신학적으로, 그는 선교사의 최우선적 과업이 잃어버린 바 된 사람들을 전도하여 그리스도인이 되게 하는 것과 아울러 단순한 회심의 차원을 넘어 제자화할 것을 강조했다. 선교학적으로, 그는 선교행정가들에게 선교사들로 하여금 선교에 대한 책무에 충실하고 모든 선교 현장의 통계를 분석할 것을 권면했다. 맥가브란은 선교의 방법을 평가하는데 있어서 철저한 실용주의자가 될 것을 요청했다.

그는 개인적인 회심보다는 새로운 회심자의 사회적 관계 네트워크를 가교로 활용하여 "대중운동"으로 나아갈 것을 제안했다. 맥가브란은 대중들이 집단적으로 회심하는 것을 보기 원했고, 그의 연구가 집단 회심이 가능하다는 사실에 대해 확신을 갖게 해 주었다.

『하나님의 선교 전략』이 출판된 후 맥가브란의 삶은 획기적으로 달라졌다. 많은 신학교들이 그를 초청하였고, 그가 속한 단체는 그에게 전 세계를 여행하면서 선교 현장을 조사하고 자문하도록 그를 파견했다. 1957년에 맥가브란과 그의 아내는 현장 선교 사역에서 은퇴하고 미국으로 돌아 왔다. 은퇴 후 첫 4년 동안 그는 많은 선교지를 방문하여 『교회는 어떻게 성장하는가?』(How Churches Grow?)를 출판했다. 그는 여기서 선교에 대한 자신의 철학을 보다 더 심화하고, 자신의 논지에 대한 많은 비판들에 대해 반박했다.

1961년에 그는 노스웨스트기독교대학(Northwest Christian College)에 "교회성장연구소"를 설립했다. 그는 이 연구소가 교회성장에 대한 연구와 세미나를 개최하는 "두뇌 집단"이 되고자 했다.

이 무렵에 맥가브란이 발행한 교회성장에 대한 각종 자료를 담은 「교회성장회보」(Church Growth Bulletin)는 수많은 가입자들을 확보하기도 했다. 1965년에 풀러신학교(Fuller Theological Seminary)는 선교대학원(School of World Mission)을 설립하고 맥가브란을 학장으로 초대했다. 풀러신학교는 맥가브란의 전략을 심화하고 발전시키는 기반이 되었다. 그는 아더 글라서(Arthur Glasser), 랄프 윈터(Ralph Winter), 앨런 티펫(Alan Tippett), 피터 아그너(Peter Wagner), 찰스 크레프트(Charles Kraft) 등과 같은 탁월한 교수들을 영입했다. 풀러신학교에 지원하는 학생들이 넘쳐났다. 그가 학장으로 재임하는 기간 동안 해외선교의 전략을 정리한 『교회성장의 이해』(Understanding Church Growth)를 펴냈다.

맥가브란은 1951년부터 1971년까지 선교대학원의 학장으로 재임했고 은퇴 후에는 명예교수로 가르쳤다. 그는 1990년에 사망할 때까지 계속해서 글을 쓰고 가르치는 일을 계속했다.

2. 교회성장운동의 발전

앞서 언급한 바와 같이 교회성장운동은 1955년에 출판된 『하나님의 선교 전략』에 의해 시작됐다. 맥가브란은 이 운동을 공식적으로 시작한 것도 아니고, 의도적으로 교회성장운동이라는 명칭을 사용하지도 않았다. 그의 주된 관심은 "대중운동"을 일으키는데 있었다. 후일에 맥가브란은 이 용어 대신 "효과적인 전도"라는 용어를 사용해야 했었다고 회상한 바 있다. 교회성장에 대한 저술을 할 때 맥가브란은 진보적 목회자들이 갖고 있었던 선교와 전도에 대한 부정적 인식을 배제하고 사용하고자 했다.

진보주의자들은 선교를 사회 참여로, 전도는 타종교와의 "대화"(dialogue)로 재정립하여 사용하고 있었다. 맥가브란은 선교를 제자를 삼고 교회를 개척하는 의미로 되돌리기 위해 노력했다. 1955년부터 1972년까지 맥가브란과 그의 동료들은 세계 선교에 대한 연구, 강의, 저술 활동에 전념했다.

1972년 이후 교회성장운동은 북미주의 핵심적인 전략으로 부상했다. 여기에는 맥가브란이 가르친 풀러신학교의 교회성장학 강의가 크게 기여했다. 많은 학생들이 이 과목을 수강했는데, 심지어 선교사로 갈 계획이 없는 학생들에게서도 큰 호응을 얻었다. 그들이 졸업하고 교회에서 사역하기 시작함에 따라 맥가브란의 원리가 북미주의 상황 가운데서도 적용할 수 있다는 사실을 인식하게 되었다. 1975년에 풀러신학교가 교회성장학으로 목회학 박사 학위 과정을 개설했을 때 수백 명의 북미주 목회자들이 수강하기 시작했고, 수많은 학생들이 교회성장학 석사 학위를 수여했다. 1972년에 맥가브란과 피터 와그너는 풀러신학교에서 북미주 교회성장학 과목을 함께 가르쳤다. 이 과목을 수강하는 학생들 가운데 윈 안(Win Arn)과 존

윔버(John Wimber)가 있었다. 안은 "미국교회성장연구소"를 설립했고, 윔버는 후에 풀러교회성장연구소(Charles E. Fuller Institute)로 알려진 풀러복음전도협회(Fuller Evangelistic Association)를 창립했다. 이 두 단체는 세미나, 연구 자료, 교회성장에 대한 자문 등을 제공했다. 1970년대는 이 운동이 높인 인기를 누린 기간이었다.

1980년대에는 교회성장운동이 여러 갈래로 세분화되었다.

(1) 대형교회운동이었다. 이 운동은 매주 교회 출석 신자의 수가 2,000명이 넘는 대형교회를 개발하는데 중점을 두고 있었다.

(2) 셀교회(Cell Church)운동이었다. 이 운동은 랄프 네어버(Ralph Neighbour Jr.)가 주도했다. 그가 저술한 『셀교회 지침서』(Where Do We Go From Here?)는 이 운동의 확산에 크게 기여했다.

(3) 기적과 치유운동이었다. 맥가브란 이후에 피터 와그너가 이 운동의 후계자로 지명될 것으로 예상되었다. 그러나 와그너는 『당신의 교회에 문제를 일으키지 않고 치유 사역을 하는 방법』(How to Have a Healing Ministry without Making Your Church Sick)을 출간했다. 이 책은 기적과 치유운동(오순절 성령운동이라고 부르기도 했다)에 대한 와그너의 관심과 열정을 잘 보여 주고 있다. 와그너의 기적과 치유운동에 대한 신념은 교회성장의 지지자에게 있어서 와그너의 기적과 치유운동에 대한 확고한 신념은 부정적으로 인식되기도 했다.

(4) 전략적 영적 전쟁이었다. 피터 와그너와 그의 동료들은 영적 전쟁의 중요성과 지역 영과 관련된 전략적 영분별을 위한 지도그리기 등을 가르치기 시작했다. 와그너는 다수의 악령들이 하나님 나라의 확장을 가로막고 있다고 믿기에 이르렀다. 이러한 접근을 지지하는 사람들은 역사적 정보와 현재의 상황을 고려하여 특정 지역에 대한 악한 영의 실체를 연구해야 한다고 주장했다. 그들은 악한 영들에 의해 고통받는 사람들속에 있는 악한 영들을 추궁하는 것도 연구

에 포함해야 한다고 믿었다. 기도를 통해 마귀를 물리치는데 있어서 악한 영을 추궁하여 얻은 정보를 사용할 수 있다고 보았다. 와그너는 이 주제와 관련한 자신의 관점을 『영적 전투를 통한 교회성장』(Confronting the Powers, 1996)와 『전투적 기도』(Warfare Prayer, 1992) 등에서 주장했다.

(5) 교회건강운동이다. 이 분야는 릭 워렌(Rick Warren)과 크리스티안 슈바르츠(Christian Schwarz)가 주도했다. 1980년에 릭 워렌이 캘리포니아 남부에 개척한 새들백교회(Saddleback Community Church)에는 약 1만 6,000명이 출석하고 있다. 그는 베스트셀러가 된 『새들백교회 이야기』(The Purpose Driven Church, 1995)를 출간했다. 워렌은 교회성장이 아니라 교회의 건강이 중요하다고 말했다. 그는 교회가 건강할 때 자연적으로 성장한다고 믿었다. 크리스티안 슈바르츠는 그의 책과 세미나의 주제였던 『자연적 교회성장』(Natural Church Development, 1996)에서 워렌과 비슷한 개념을 주장했다.

(6) 미전도 종족운동이다. 맥가브란은 선교사들에게 국가를 문화적 단일체로 간주하지 않고 문화적 모자이크(Mosaics)로 보아야 한다고 가르쳤다. 대다수의 선교 학자들이 맥가브란의 주장에 동의했지만, 실제적인 진전은 거의 없었다. 1974년에 스위스 로잔(Lausanne)에서 개최된 제1차 세계복음화국제대회(The First International Congress on World Evangelism)에서 랄프 윈터는 전 세계의 "모든 종족-언어집단"(ethno-linguistic)을 규명하고 전도하는 과업에 참여할 것을 촉구했다. 윈터의 연설은 종족 집단을 연구하는 많은 단체가 설립되는 계기가 되었고, 선교 단체들도 이 개념을 정책에 반영하기 시작했다. 여기에는 "기독교 21세기운동"(AD 2000 & Beyond), "갈렙프로젝트"(Caleb Project), "종족정보네트워크"(Peoples Information Network) 등도 포함된다. 이 조직들과 복음주의 선교 단체들이 현

대 선교 전략을 주도하고 있는 "미전도 종족 집단"(unreached people groups, UPGs)이라는 개념을 발전시켰다.

(7) "교회개척운동"(Church Planting Movements, CPMs) 전략이다. 데이비드 게리슨(David Garrison)과 그의 동료 사역자들은 선교사들에게 급속하게 배가하고 번식하는 교회를 개척해야 한다고 가르쳤다. 그들은 이 배가운동을 "교회개척운동"이라고 불렀다. 이 개념은 맥가브란이 제시한 대중운동의 개념에서 추론된 것으로 보인다.

여기에서 언급한 분야들을 살펴보면 "현대의 교회성장운동은 어떻게 일어나고 있는가?" 혹은 "이 운동이 아직까지 존재하고 있는가?"라는 의문을 갖게 한다.

도널드 맥가브란이 예상하거나 의도한 것과는 전혀 다른 방향으로 진행된 것은 분명한 사실이다. 그가 의도한 교회성장은 때로 굳이 도널드 맥가브란이라는 이름을 거론하지 않거나 그들이 적용하고 있는 선교 전략에 대한 그의 공로를 인정하지도 않지만 여전히 해외 선교사들이 아직까지 실천하고 있는 것을 볼 수 있다. 모든 종족 집단을 규명하고 복음화하고 교회를 배가해야 한다는 현대 선교의 관심은 이미 맥가브란의 초기 저술에서도 찾아 볼 수 있다.

3. 교회성장의 원리

다음의 원리들은 맥가브란의 문헌들을 요약하여 정리한 것이다.

1) 전도와 교회개척에 선교의 우선순위를 두어야 한다.

맥가브란은 전도를 강조했다. 그는 "하나님께서는 잃어버린 바된

양들을 찾고 계신다"는 말을 수없이 반복했다. 맥가브란은 전도와 교회개척이 항상 선교 사역의 최우선순위가 되어야 한다고 믿었다. 전도의 우선순위에 대한 그의 강조는 세계교회협의회(WCC)와의 오랜 논쟁의 맥락에서 이해해야 한다.

　맥가브란은 세계교회협의회가 영적 구원을 사회 참여와 정치적 자유로 대체해 버렸다고 믿었다. 그가 사회 참여의 중요성을 부인한 것은 아니었다. "복음의 우선순위"(gospel lift)에 대한 그의 저술은 인간의 필요에 대한 그의 관심을 잘 보여주고 있지만, 전도에 우선순위가 있어야 한다고 주장하고 있다. 맥가브란은 사람들이 예수 그리스도를 믿을 때 그들의 가족과 공동체에 해를 끼쳤던 습관과 생활 방식을 버릴 수 있게 될 것이라고 믿었다. 이러한 결과적인 발전이 "복음의 우선순위"를 증거하고 있는 것이다.

　2) 종족 집단 단위로 선교해야 한다.

　맥가브란의 가장 위대한 유산은 단일 민족 국가를 문화적 모자이크로 본 것이다. 오늘날의 "종족 입양" 개념은 맥가브란의 통찰에서 직접적으로 영향을 받은 것이다. 지금은 당연하게 받아들여지지만, 1955년에 처음 소개되었을 때는 놀랍고 충격적인 개념이었다. 맥가브란과 훗날의 랄프 윈터는 선교 전략가들에게 모든 족속의 상황을 파악하여 상황화된 방식으로 조직적으로 복음화할 것을 촉구했다. 그들은 현재도 사용되고 있는 종족 집단 개념의 기초를 확립했다.

　3) 사회학과 인류학이 도움이 될 수 있다.

　맥가브란의 교육학적 학문 배경은 사회과학이 어떻게 선교사에게 도움이 될 수 있는가를 이해하는데 기여했다고 볼 수 있다. 풀러 신학교의 선교대학원을 창립한 맥가브란과 그의 동료들은 문화인류학을 강조했다. 지금은 인류학이 선교 훈련의 가장 기본적인 요소로 받아들여지고 있지만, 과거에는 그렇지 않았다.

4) 완전화보다는 제자화(전도) 강조해야 한다.

맥가브란은 인도에서 사역하는 많은 선교사들이 몇 명의 회심자를 얻은 다음 "완전화"(perfect)를 위해 전도를 위한 노력을 중단하는 것을 관찰했다. 맥가브란은 이러한 선교 방식이 대중운동의 가능성을 억제하는 원인이 될 수 있다고 보았다. 그는 성령께서 종족 집단을 서로 다른 시간에 무르익게 할 수 있다고 믿었다. 따라서 어느 종족이 무르익었을 때는 곡간에 완전히 거두어 들일 때까지 선교사는 추수하는 일을 멈추지 않아야 한다고 확신했다.

이러한 주장에 대해 일부에서는 맥가브란이 새신자를 양육해야 할 필요성을 인정하지 않았다고 비판하기도 했다. 이는 맥가브란의 관점을 잘못 해석한 결과에 불과하다. 그는 대중운동의 일부로 주님께 돌아온 사람들은 가르침이 필요하다고 주장했다. 그는 가르치고 육성하기 위해 전도하는 노력을 중단하는 것을 거부한 것이다.

5) 선교사들은 교회성장의 방해 요소들을 파악하고 방지해야 한다.

맥가브란의 『교회성장의 이해』에서 교회성장의 방해 요소들을 다음과 같이 열거하고 있다.

① 통계적인 장애

맥가브란은 교회의 수, 세례(침례)받은 새신자, 새로 개척된 교회, 전도처 등에 대한 통계를 잘 관리하고 있는 단체들이 극히 소수에 지나지 않는다는 사실을 개탄했다. 그는 이러한 기록들은 마치 환자의 의료 기록과 같아서 건강과 질병, 진보와 퇴보 등을 알려주는 지표가 될 수 있다고 주장했다.

② 행정적 장애

맥가브란은 선교행정가들이 선교사들의 성과에 대해 적절한 보상을 하지 않음으로 모두를 평범한 사람으로 만들어버리고 있다고 지적했다. 일반적으로 모든 선교사들은 그들의 성취나 실패와 상관없이 똑같은 취급을 받고 있다. 그는 행정가들이 교회가 성장하는 곳에 재정과 인력을 투입해야 한다고 확신했다.

③ 문화적 장애

많은 경우에 선교사들이 북미주에서 효과적이었던 방식은 전 세계 어디에서도 같은 결과를 가져올 것이라고 생각했다. 예를 들면, 때로는 효과적일 수도 있겠지만, 많은 경우에 문화적 차이로 인해 그렇지 않을 수도 있다.

④ 의미론적 장애

맥가브란은 선교사들이 사용하고 있는 모호한 언어가 혼란을 가중시킬 수 있다고 보았다. 예를 들면, 어느 선교사가 "산타크루즈(Santa Cruz)에서 사역(work)을 시작했다"고 보고했을 때 이것은 무엇을 의미하는가? 이 말은 그가 "교회를 개척했다," "설교를 했다," "어느 가정을 방문해서 전도지를 주었다" 등 다양한 의미로 전달될 수 있다. "증거"(witness)도 또 하나의 불분명한 용어이다. 어떤 사람이 "우리가 파다고르(Padagor) 주의 7개 마을에서 증거했다"고 보고했을 때, 이 보고서를 읽는 사람은 7

개의 교회를 개척했다는 것인지, 7개의 전도처를 세웠다는 것인지, 아니면 단순히 7개의 마을을 방문했다는 것인지 이해하기가 어려운 것이 사실이다.

⑤ **심리학적 장애**

일반적으로, 선교사들 혹은 선교행정가들은 그들의 실패를 합리적으로 보고하는 경우가 많지 않다. 보고서나 홍보지 등은 정확한 통계를 제시하지 않고 화려한 수사학적 용어들로 대체하기도 한다. 맥가브란은 모든 통계 수치는 하나님 나라에 한 사람의 영혼이 더 추가되었다는 것을 의미한다고 주장했다. 그는 가능한 한 많은 사람에 예수 그리스도를 영접해야 한다는 사실에 대해 타협의 여지를 두지 않았다.

⑥ **홍보의 장애**

선교사들과 선교행정가들은 선교 사역에 필요한 재정을 모금해야 한다. 따라서 홍보 자료는 일반적이고 낙관적인 방향을 제시하는 것이 관례이다. 그들은 인간의 관심에 대한 이야기들로 후원자의 감성을 자극하고자 한다. 매우 이례적인 감동적 회심 이야기를 들려주면 청중은 마치 이러한 일들이 일상적으로 일어나고 있는 것처럼 느낄 때가 있다. 이러한 접근 방법을 사용하고자 하는 충동은 자연스러운 것이겠지만, 맥가브란은 이러한 현상이 교회성장의 실체를 이해하기 어렵게 만들고 후원자들로 하여금 그들이 정확하게 무엇을 위해 헌금을 하고 있는가에 대해 알기 어렵게 할 수도 있다는 사실을 지적하고 있다.

⑦ **신학적 장애**

맥가브란은 여러 가지 신학적 요소가 교회성장의 장애 요소가 되고 있다고 언급했다. 그 가운데 하나는 비회심주의적 신학

(nonconversioinist theology)이다. 예를 들면, 오늘날의 많은 신학자들이 궁극적으로는 모든 사람이 구원을 받게 될 것이라고 주장하고 있다. 이러한 보편주의(universalism)는 필연적으로 전도와 선교를 약화시킨다. 또 다른 신학적 장애는 다원주의(pluralism)이다. 다원주의는 최악의 경우 이 세상의 모든 종교들은 동일한 가치를 지니고 있기 때문에 선교사들은 그들을 개종시키는 것을 삼가해야 한다는 결론에 도달한다. 또 다른 신학적 장애는 인도주의(humanitarianism)에 대한 배타적 관심이다. "현존 전도"(presence evangelism)를 주장하는 사람들은 선교사들이 현존과 그리스도를 닮은 삶의 자세로 사람들에게 영향을 끼치고 세상 사람들의 물리적 필요를 채우는 일에 중점을 두어야 한다고 믿고 있다. 맥가브란은 이러한 입장을 이해하지만, 받아들이지는 않았다.

6) 수용성이 높은 지역에 자원을 투입해야 한다.

이것은 흔히 "추수의 원리"라고 부르기도 한다. 맥가브란과 그의 제자들은 영적 추수는 마치 곡물을 추수하는 것과 같아서 제한적인 수명을 갖고 있다고 가르쳤다. 선교사들은 어느 종족 집단이 복음에 대해 무르익었을 때 영혼의 추수를 통해 수확을 거두어야 한다.

제2차세계대전 후의 일본의 반응이 하나의 예가 될 수 있다. 1945년부터 1955년까지 일본은 복음에 대해 긍정적인 반응을 보였지만, 1955년 이후에는 급격하게 관심이 멀어졌다. 맥가브란은 선교 단체들이 이 현상에 주목하고 복음에 대해 수용적인 지역에 인력과 재정을 집중적으로 투입해야 한다고 주장했다.

7) 선교사는 선교지의 문화에 적응해야 한다.

교회성장운동을 지지하는 사람들은 선교사들이 선교지의 언어를 능통하게 구사하고 문화에 적응하기 위한 모든 노력을 기울여야 한다고 생각했다. 맥가브란은 사람들이 일상 언어로 복음을 들어야 할 필요가 있다고 믿었다. 그는 또한 선교사들이 더 많은 사람을 주님께 인도하기 위해 그들의 삶의 방식에 적응해야 한다고 확신했다.

8) 선교사는 재생산이 가능한 방법을 사용해야 한다.

교회성장운동 지지지들은 선교사들이 실행하는 모든 것은 현지인 그리스도인들이 감당할 수 있는 방식이어야 한다는 신념을 갖고 있다. 맥가브란은 그의 학생들에게 현지인들에 의해 되풀이될 수 있는 방식의 교회성장 전략을 사용하고 있는가를 신중해야 점검해야 한다고 가르쳤다.

9) 새로운 교회가 교회를 개척할 때 가장 빠르게 배가할 수 있다.

교회성장운동은 교회개척이 지상명령(마 28:18-20)을 성취하는 핵심적 과업이라고 보았다. 초대 교회의 그리스도인들은 로마 제국 전역에 걸쳐 교회를 개척함으로 예수님의 명령에 순종했다. 교회성장에 관한 연구에 따르면 새로운 교회가 기존의 교회보다 더 전도를 잘하고, 교회개척에도 더 활발하다. 즉, 새로운 집단이 오래된 집단보다 더 신속하게 배가한다. 교회성장운동이 왜 공격적으로 교회를 개척해야 한다고 주장하는 이유가 여기에 있다.

10) 동질집단이 더 신속하게 성장한다.

도널드 맥가브란이 제시한 이 원리가 가장 논쟁의 여지가 많은 것은 분명한 사실이다. 일부에서는 심지어 교회성장운동의 인종차별주의를 비판하고 있다. 사실상, 맥가브란의 이 이론은 단순한 사회학적 관찰에서 나온 것이었다. 그는 사람들이 자신과 같은 민족적 배경을 가진 사람들과 함께 예배드리는 것을 선호하고, 그들이 언어, 민족 혹은 문화적 장벽이 없을 때 주님께 나아올 가능성이 가장 높다고 확신한 것이다. 그는 선교사들이 동질의 계층이나 언어 집단에 초점을 맞추어 교회를 개척할 때 교회가 가장 잘 성장할 것이라고 믿었다.

맥가브란은 인종차별주의자가 아니었다. 그는 자신의 생애의 대부분을 인도에서 보냈다. 그가 미국에 돌아와서 미국이 인종차별주의의 문제를 해소하기 위한 다양한 방안들을 제시하기도 했다. 교회성장운동에 있어서 동질집단의 원리는 언어, 직업, 계층, 나이 혹은 예배 형식 등 거의 모든 영역을 포괄한다. 맥가브란의 논지는 하나님 나라에 들어오기 전까지는 왕국적인 도덕성을 보여줄 수 없다는 것이었다. 그는 동질집단의 교회가 더 많은 사람을 하나님 나라로 나아오게 할 수 있다고 믿었다.

11) 정기적이고 정직하게 선교 방법을 평가해야 한다.

맥가브란과 와그너는 철저하게 실용주의적이었다는 사실에 대해 자부심을 갖고 있었다. 그들은 선교사들이 그들의 선교 방법에 대해 정기적으로 평가해야 한다고 말했다. 그들은 세계복음화의 과업은 너무도 중요하기 때문에 선교사들은 비효과적인 방법으로 돈이나 시간을 낭비하지 않아야 한다고 주장했다. 맥가브란은 이러한 평가를 위해 사회과학적 통계 연구를 활용해야 한다고 가르쳤다. 그들의 실용주의적 가치에 대해 비판하는 사람들에게 교회개척운동의 지지자들은 그들의 비판이 선교사들로 하여금 비실용적인 방법을 사용하도록 조장할 수 있다고 우려했다. 이 문제의 요지는 분명하다. 선교사들은 어디에서 진전을 이루고 있는지에 대해 알 수 있도록 그들의 접근 방식을 정기적으로 분석하고 평가해야 한다는 것이다.

4. 교회성장운동의 영향

교회성장운동을 되짚어보면 몇 가지 중요한 업적이 드러나는 것을 볼 수 있다.

(1) 이 운동이 개신교선교운동의 발전에 도움을 주었거나 적어도 복음주의적 관점에서 볼 때, 전도와 교회개척에 대한 전통적인 강조를 재발견하게 했다는 점에서 의미가 있다.

(2) 교회성장운동의 동질집단에 대한 강조는 북미주의 선교 지도자들에게 종족 집단을 위한 교회개척을 촉진하는 결과를 가져 왔다. 오늘날의 많은 교단들이 그들의 가장 역동적인 성장이 종족의 회중들 가운데서 일어나고 있다고 보고하고 있다.

(3) 이 운동은 세계교회협의회(WCC)의 신학에 도전했다. 세계교회협의회의 신학이 자유주의를 추구하는 가운데 맥가브란과 그의 동료들은 모든 그리스도인은 아프리카, 아시아, 라틴 아메리카에 살고 있는 수억 명의 미전도 종족을 복음으로부터 소외되지 않게 해야 한다고 확신했다.

(4) 교회성장운동은 북미주의 신학교와 기독교 대학에 큰 영향을 끼쳤다. 오늘날의 많은 신학교와 기독교 대학이 교회성장학을 가르

치고 있다. 교회성장학이라는 정식 과목이 개설되어 있지 않는 학교에서도 다른 과목에서 이 주제를 다루고 있는 것을 볼 수 있다.

(5) 교회성장운동은 지역 교회에 영향을 주었다. 매년마다 지역 교회의 목회자들을 대상으로 수많은 교회성장 세미나가 개최되고 있다. 교회성장 자문가들은 북미주 전체에서 교회의 프로그램들과 시설들을 평가하는 등 다양한 형태로 교회를 지원하고 있다. 「성장하는 교회들」(Growing Churches) 와 「교회성장회보」(Church Growth Bulletin) 등을 비롯한 많은 연구지와 회보들이 발간되고 있다.

(6) 교회성장운동은 다양한 방법으로 선교사들을 돕고 있다. 이 운동이 강조하는 연구의 중요성은 선교사들과 현장 행정가들에게 미전도 지역에서의 교회성장에 대한 잠재력을 예측하고, 기존의 지역의 진전을 평가하는 방법을 배우게 해 주었다. 이 운동은 또한 인류학에 대한 관심을 갖게 해 주었고, 이러한 변화는 새로운 선교사들이 보다 신속하고 효과적으로 사역할 수 있도록 준비시켜주는데 유용하게 사용되었다.

교회성장운동이 가져다 준 혁신 가운데 하나는 "신학연장교육" (Theological Education by Extension)과 같은 지도자 훈련 프로그램을 제공하여 교회의 신속한 배가를 가능하게 해 주었다. 이 운동은 선교사들에게 어떻게 교회를 개척해야 하는가에 대해 가르쳐 주기도 했다. 많은 선교사들이 교회를 개척해야 한다는 사실은 알고 있었지만, 그 방법에 대해서는 잘 알지 못했다. 이 운동은 많은 선교사들이 "현장 전도자"에서 "교회개척자"가 되게 만들어 주었다.

5. 현대 교회성장운동의 개선 방안

오랫동안 선교학 교수로 재직하였고 맥가브란의 제자인 에비 스미스(Ebbie Smith)는 오늘날의 교회성장운동이 개선해야 할 내용들을 다음과 같이 열거한 바 있다(1994).

① 교회성장운동은 다시 그 본래의 정신으로 돌아가야 한다. 오늘날의 대다수의 교회개척운동에 대한 문헌들은 10/40창의 미전도 종족 가운데서의 교회배가운동이 아닌 북미주의 개인주의적 성장을 위해 존재하고 있다.
② 오늘날의 대부분의 교회성장운동과 관련된 대다수의 문헌들이 베이비 붐 세대(baby boomer)와 "X 세대"(baby buster 혹은 Generation X)를 대상으로 하는 중산층 교회의 성장에 초점을 맞추고 있다. 맥가브란은 가난한 자들과 억압받는 자들의 필요를 고려한 운동으로 되돌아 갈 것을 촉구하고 있다.
③ 교회성장운동은 대형교회의 중요성과 역할을 지나치게 강조하는 것에 대해 신중해야 한다. 물론 대형교회는 흥미로운 현상이 아닐 수 없지만, 대다수의 교회들은 규모가 작다. 이러한 사실은 변하지 않을 것이다. 작은 교회들이 이 운동으로부터 지지와 관심을 받아야 한다.
④ 교회성장운동은 재생산성에 대한 강조를 재확인해야 한다. 과학 기술과 미디어에 대한 서구의 관심은 이해할 수 있지만, 전근대 사회에서 사용된 방법들이 교회성장에 기술적으로 더 적합할 수도 있다.
⑤ 교회성장운동은 특정한 선교 방법이 모든 상황에 적합하다고 가르치고자 하는 유혹을 경계해야 한다. 모든 선교 방법은 선교

지의 고유한 문화적 특성에 적합하게 상황화되어야 한다.
⑥ 교회성장운동은 결코 완전한 신학적 기초를 제공하지 않는다. 맥가브란은 실천가였지, 신학자가 아니었다. 교회성장운동의 신학에 대한 완벽한 책은 아직 쓰여지지 않았다.
⑦ 선교지에서 채택하고 있는 각종 제도들에 대한 교회성장운동의 반감은 이해할 수 있지만 지나치게 광범위하다는 사실을 지적하지 않을 수 없다. 교회성장운동은 이 문제에 대해 신중하게 재검토할 필요가 있다. 교회성장학을 배운 한 학생은 맥가브란의 마음에 든 기존의 선교 정책은 하나도 없었다고 말한 바 있다. 그의 후계자들은 보다 정교하고 세밀한 선교 정책들을 개발할 필요가 있다.

6. 결론

1973년에 피터 와그너는 「크리스채니티 투데이」(*Christianity Today*)에 교회성장에 대한 기고문을 실었는데, 그는 다음과 같은 결론을 내린 바 있다.

교회성장운동을 지지하는 모든 사람에게서 내가 발견한 세 가지 특성은 이 운동의 특성이라고 말해도 과언이 아닐 것이다.

① **순종.** 하나님의 말씀과 뜻에 대한 완전한 순종은 이 운동의 핵심이다. 어떤 타협도 용납하지 않는 변함없는 순종이 필요하다.
② **실용주의.** 교회성장운동을 추구하는 사람들은 목표를 성취하기 위해 하나님이 허락하신 모든 방법을 동원하여 최선을 다하는 것을 주저하지 않는다. 그들은 사람들을 주님께 인도하기

위해 무엇이 필요한가를 논하기 보다는 실제로 무엇을 해야 하는가에 관심이 있다.

③ **낙관론.** 그리스도는 "내가 이 반석위에 내 교회를 세우리니 음부의 권세가 이기지 못하리라"(마 16:18)고 말씀하셨다. 그리스도인의 사역에는 비관적이어야 할 이유가 없다. 우리는 궁극적으로 승리의 편에 서 있다. 만약 하나님이 우리와 함께 하신다면, 누가 우리를 대항할 수 있겠는가?(1973, 14).

사례 연구
추수지에 더 많은 자원을 투입하라.

리처드 고든(Righard Gordon)은 신학교에서 교회성장학을 공부했고, 좋은 전략이라고 확신했다. 그는 수년간 선교사로 사역했고, 그가 속한 선교 단체는 그를 아시아 지역 책임자로 임명했다. 그는 자신의 새로운 직책에 따라 신임 선교사를 어디에 배치할지에 대해 결정해야만 했다. 태국과 필리핀에 대한 통계를 비교해 본 후 그는 필리핀이 더 시급한 추수지라는 것을 알게 되었다. 따라서 그는 신임 선교사를 필리핀에 배치했고, 태국에서의 인력 요청을 거절했다.

◆ 토의 질문 ◆
① 리처드의 결정에 대한 당신의 초기 반응은 무엇인가?
② 교회성장 전략에 따라 어떻게 그의 결정을 지지할 수 있겠는가?
③ 교회성장 전략에 따라 어떻게 그의 결정을 비판할 수 있겠는가?
④ 만약 당신이 그의 직책을 맡은 사람이라면 어떻게 결정하겠는가?

Developing A Strategy
For Missions

제14장
전방 개척 선교 전략

　기독교의 전 선교 역사에 걸쳐 선교행정가들과 선교사들은 국가 차원에 초점을 두고 선교해 왔다. 그들은 선교사가 파견된 국가의 수를 바탕으로 세계복음화의 진전을 보고해 왔다. 그러나 20세기 말에 접어 들어 복음주의자들은 전 세계의 미전도 종족들에게 그들의 관심을 집중하기 시작했다. 미전도 종족 선교에는 미전도 종족 집단, 숨겨진 종족, 전방 개척 선교, 미전도 지역, 최전방 선교, 10/40창 등 다양한 용어가 사용되고 있다. 이 장에서는 전방 개척와 관련된 세 가지 전략을 소개하고자 한다.

1. 미전도 종족 전략

　앞서 언급한 바와 같이 『하나님의 선교 전략』(The Bridges of God)에서 맥가브란은 선교사들이 국가를 문화적 단일체가 아닌 문화적 모자이크로 볼 것을 촉구한 바 했다. 그는 선교사들이 한 국가내의 모든 종족 집단들을 규명하고, 각 종족 집단에 적합한 다양한 전략들을 사용하여 선교해야 한다고 말했다. 선교 공동체들이 맥가브란으로부터 듣기는 했지만, 그의 조언대로 실천하지는 않았다.

랄프 윈터가 1974년에 스위스 로잔에서 개최된 제1차 세계복음화대회에서 전 세계의 수천개가 넘는 미전도 종족 집단들(UPGs)에게 복음을 전하기 위한 전략을 개발할 것을 도전한 바 있다. 윈터는 "우리가 모든 국가에 복음이 침투했다고 기뻐할 때 마치 모든 문화권에 복음이 들어간 것처럼 착각하고 있지는 않는지 두려움을 느낀다"고 연설했다. 그는 그 대회의 청중에게 헬라어로 번역된 마태복음 28:19의 "민족"은 사실상 "종족 집단"을 뜻한다는 사실을 상기시켜 주었다(Winter 1981, 302). 점차적으로 복음주의자들은 윈터의 도전을 열광적으로 지지했고 수많은 단체들이 조직되었고, "여호수아프로젝트," "갈렙프로젝트," "기독교 21세기운동," 패트릭 존스톤(Patrick Johnstone)의 『세계기도정보』(*Operation World*) 등을 포함한 다양한 종족 집단에 대한 연구 보고서들이 쏟아져 나왔다.

참고자료 14.1
얼마나 많은 미전도 종족들이 남아 있는가?

미전도 종족에 대한 정확한 숫자를 파악하는 것은 쉬운일이 아니다. 인터넷 상에 올라와 있는 미전도 종족들에 대한 통계들도 서로 일치하지 않는다. 예를 들면, 여호수아프로젝트는 2010년에 전 세계의 종족 집단은 16,350개라고 발표한 바 있다. 한편, 세계기독교데이터베이스(World Christian Database)는 13,647개의 목록을 제시했고, 미국남침례교 해외선교회(International Mission Board)는 11,642개로 추정했다. 왜 이런 차이가 발생하는가?
한 가지 단순한 현실은 일부 종족 집단들의 수를 헤아리는 것 자체가 쉬운 일이 아니라는 것이다. 예를 들면, 어느 특정한 종족 집단은 7개의 하부 집단으로 나뉘어 진다. 이러한 문제에 직면할 때 연구자들은 이 종족을 하나로 목록에 올릴 것인가, 7개를 목록에 올릴 것인가에 대해 어려움을 겪게 된다. 왜냐하면, 다른 연구자들과 단체들은 다른 관점과 기준을 갖고 통계를 만들기 때문에 결과도 다양하게 나타날 수 밖에 없다(Mandryk 2010, 1).

연구자들은 적어도 대략적으로 일반적으로 통용되고 있는 정의에 따라 분류할 때 복음적인 그리스도인이 2%미만인 미전도 종족이 6만 6,000개가 존재하고 있다는 사실에 동의하고 있다. 6만 6,000개의 미전도 종족들 가운데 3,800개의 미전도 종족들은 어떤 선교사나 선교 단체도 접촉하지 않은 채 남아 있는 것으로 파악되었다. 바로 이 종족 집단들을 미개척미전도 종족(Unreached Unengaged People Groups, UUPG)이라고 지칭하기도 한다. 이 3,800개의 UUPG들 가운데 565개는 10만 명 이상의 인구를 가진 도시들이다(Mandryk 2010. 1: groups with a population of greater than 100,000 are referred to as "megapeoples").

미전도 종족 집단을 언어로 분류할 때 연구 단체들마다 서로 다른 통계를 제시하고 있다. 2013년에 『문화기술지』(ethnologue)에서 7,105개의 언어가 존재한다고 보고했다. 『세계기독교백과사전』(World Christian Encyclopedia)은 1만 3,511개로 보고했고, 『국제복음음반선교회』(Global Recordings Network)는 1만개로 추정했다(Mandryk 2010, 1).

미전도 종족의 개념에 대한 폭넓은 관점들이 점차적으로 체계화되고 있다. 그러나 여전히 연구자들이 같은 수치를 제시하기가 어려울 만큼 이 용어의 경계가 모호한 것은 사실이다. 여러 연구 기관들과 연구자들이 보다 정확한 통계를 제시하기 위해 이 용어에 대한 정의와 관점을 확립해 나가도록 돕는 협력 운동이 일어나고 있다(예를 들면, World Mission Atlas project at http://www.worldmap.org를 보라).

◆ 토의 질문 ◆
① 이 참고자료를 참고하여, 만약 당신이 종족 집단에 대한 정의를 내리고자 한다면 어떤 특성들을 포함하겠는가?

1982년에 로잔위원회(Lausanne Committee)는 미전도 종족을 "외부의 도움이 없이는 그 종족의 사람들을 복음화할 수 있는 충분한 수의 신자나 자원을 가진 토착적 공동체가 없는 종종이나 종족 집단"(Winter 1984, 37)라는 정의를 채택한 바 있다.

미전도 종족은 가시적인 그들 스스로 자신의 종족을 복음을 할 수 있는 신자 공동체가 존재하지 않는 종족 집단을 말한다. 현대 선교운동은 200여년 전에 윌리엄 캐리의 사역으로부터 시작되었다.

그런데 왜 아직도 이렇게 많은 미전도 종족이 남아있는가? 여기에는 다음과 같은 여러 가지 이유가 있다.

① **정치적 문지기**: 미전도 종족이 포함되어 있는 대다수 국가들의 정부들은 기독교 선교사들을 받아들이지 않고 있는 실정이다. 그들은 기독교가 그들을 종교적으로나 사회적으로 분열시킨다고 믿고 있다.

② **지리적 요소**: 많은 미전도 종족들은 사막, 산악, 정글 등 지리적으로 고립된 지역에 위치해 있다.

③ **종교적 적대감**: 대다수의 미전도 종족들은 세계의 주요 종교들이 자리잡고 있는 사회에서 찾아볼 수 있다. 이러한 문화적 상황 가운데 있는 종교 지도자들은 그들의 종교적 지위와 권력을 유지하려고 한다. 그들은 기독교 선교사들의 침입에 대해 매우 민감하게 거부한다. 새신자들에 대한 박해는 이례적으로 신속하고 가혹해져 가고 있다.

④ **의사소통과 교통 문제**: 많은 미전도 종족들은 복음을 접할 수 있는 미디어에 접근하기가 어렵고, 그 내용 자체도 통제를 받고 있다. 더 나아가 그들이 고립된 지역에 살고 있기 때문에 작은 규모의 미전도 종족들은 교통 수단이 발달되어 있지 않아 접근하기가 쉽지 않다.

⑤ **가난**: 많은 미전도 종족들이 세계에서 가장 가난한 인구 집단에 해당한다. 이 사실은 곧 기초적인 교육과 보편적인 정보에 대해서도 접근하기 어려운 실정에 처해 있다는 것을 의미한다.

⑥ **구술 학습자**: 대다수의 미전도 종족들은 글 보다는 말로 정보를 얻고 있는 사람들로 구성되어 있다. 대부분의 현대 선교 방법들은 전도지, 성경 배부, 전도를 위한 가정 성경공부, 강해식

설교 등과 같은 문서적인 형식에 바탕을 두고 있다. 전 세계의 구술 학습자 비율은 60%, 일부에서는 70%에 달한다고 보고하고 있다(Steffen 1996).

⑦ **관심의 부족**: 현대 선교운동이 시작된 1792년부터 1982년에 이르기까지 이 종족들 가운데서 사역한 선교사들은 극소수에 지나지 않는다. 이 종족들을 방문하기 위해 여행하는 것도 어려웠고, 정부들은 입국을 허가해 주지 않았다. 또한 선교행정가들은 이러한 종족들은 복음에 대해 마음의 문이 닫혀 있는 사람들이기 때문에 한정된 인력과 재정을 이들에게 투입하는 것은 청지기적인 사명에 위배된다고 믿었다.

⑧ **일부 그리스도인들과 교회들**: 이 종족 집단들에는 그들의 이웃과 친구들에게 증거할 수 있는 복음적인 그리스도인들이 매우 적은 실정이다. 얼마되지 않는 교회들마저도 복음을 전하기 보다는 그 척박한 영적 환경 가운데서 살아남기에도 힘겨운 상황에 처해 있다.

1989년 마닐라에서 개최된 제2차 로잔대회에서 루이스 부쉬(Luis Bush)는 "10/40창"(10/40 Window)을 복음화할 것을 요청했다. 그는 서부 아프리카에서 동아시아에 이르기까지 위도 10도에서 40도까지의 지역에 대한 관심을 촉구했다. 부쉬는 이 대회에서 90%의 미전도 종족들이 10/40창에 살고 있다고 말했다. 이 지역에는 60개의 국가들이 위치해 있고, 20억명이 넘는 인구가 밀집되어 있다. 여기에는 이슬람, 힌두교, 불교, 중국의 다양한 종교들을 비롯한 세계 주요 미전도 인구 집단들을 포함하고 있다. 그가 연설한 당시에는 복음주의 선교 자원의 3%만 10/40창에서 투입되어 있었다. 그의 도전에 대한 반응으로 1999년에는 8%, 2008년에는 15%까지 증가했다.

그림 14.1 10/40창

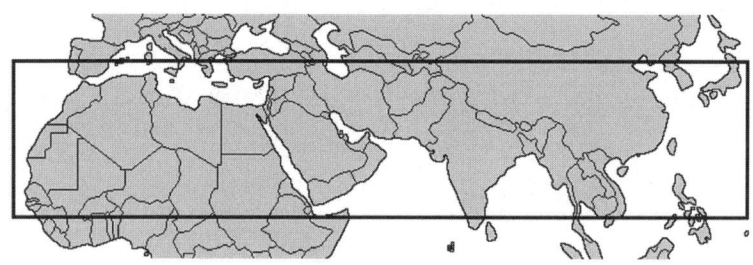

개척 선교의 필요성을 지지하는 사람들은 기도와 집중이라는 두 가지 핵심적인 요소를 갖춘 전략이 필요하다고 주장한다. 기도와 관련하여 그들은 모든 교회와 그리스도인들이 종족을 입양하여 그들의 구원을 위해 기도해 줄 것을 촉구했다. 종족 정보를 연구하는 기관들과 종족 입양 단체들이 신자들과 미전도 종족을 연결시켜주고 있다(예를 들면, http://www.worldmap.org 등을 참고하라).

이 10/40창 선교운동가들은 선교 단체들과 선교사들이 특정한 미전도 종족에 그들의 사역을 집중해 줄 것을 요청하고 있다. 남아있는 미전도 종족의 목록을 만들기 위해 많은 모임들이 열렸고, 선교 단체들이 이 지역에 그들의 역량을 집중해 줄 것을 당부하고 있다. 다시 말하면, 그들은 교회와 그리스도인들로 하여금 미전도 종족들의 복음화를 위해 기도할 것과 선교 단체들이 관심을 집중해 줄 것에 대해 도전하고 있는 것이다. 선교 단체들이 미전도 종족을 복음화하기 위한 단계적 전략을 개발했다. 그 단계는 다음과 같다.

① 미전도 종족을 선정한다.
② 그 미전도 종족과의 접촉을 위해 헌신한다.
③ 전략조정가(strategy coordinator, 전략을 개발하고 자원을 동원하는 등의 임무를 맡은 선교사)를 선임한다.
④ 중보 기도 네트워크를 만든다.
⑤ 전략조정가의 지도력에 따라 함께 동역할 선교사들을 모집한다.
⑥ 언어와 문화를 배운다.
⑦ 종족 집단 프로파일(people-group profile)을 작성한다.
⑧ 그들의 일상 생활 언어를 사용하여 복음을 전한다.
⑨ 재생산이 가능한 교회를 개척한다.
⑩ 현지 지도자들을 훈련한다.
⑪ 출구 전략을 실행한다.

일부 단계는 순차적으로 진행되어야 하지만, 어떤 단계들은 동시에 이루어질 수도 있다. 예를 들면, 종족 집단 프로파일을 개발하는 것은 문화를 배울 수 있는 좋은 방법이기도 하다. 선교사들은 언어 습득과 전도를 동시에 할 수도 있다.

2. 교회개척운동

1990년대에 미국남침례교 해외선교회(International Mission Board, IMB)는 10/40창 지역에서의 매우 보잘 것 없는 결과에 대해 좌절을 경험했다. IMB가 100개가 넘는 국가에 선교사를 파견했지만, 새신자들이 침례를 받고 새로운 교회가 개척되고 있는 국가는 브라질, 케냐, 나이지리아, 필리핀, 한국 등, 다섯 국가에 불과했다. 같은 시기에 그들은 교회의 숫자가 이례적으로 급속하게 증가하는 것을 경험한 선교사들의 사례들을 수집하고 분석하기 시작했다.

1998년에 IMB는 버지니아(Virginia) 주의 리치몬드(Richmond)에서, 그 후 싱가포르(Singapore)에서 왜 그리고 어떻게 이러한 배가 현상이 나타나고 있는가에 대한 논의를 계속했다. IMB의 전략 책임자였던 데이비드 게리슨(David Garrison)은 그들이 발견한 내용을 『교회개척운동』(Church Planting Movement)이라는 소책자로 출판했다. 그는 나중에 같은 제목으로 책을 출판했다(2004). IMB는 교회개척운동을 핵심 전략으로 채택했고, 많은 선교 단체들이 이 전략을 도입했다(Garrison 2004).

교회개척운동은 "특정한 종족 집단이나 인구 집단 가운데서 교회를 개척하는 토착 교회들의 급속한 배가"(Garrison 2004, 21)를 말한다. 이 정의에 사용된 여러 가지 용어가 이 전략이 추구하는 핵심 요소들을 잘 반영하고 있다.

첫째, "급속한"은 새로운 교회들을 빠르게 재생산하는 것으로 교회개척운동의 핵심 전략 가운데 하나다.

둘째, "배가"는 교회개척운동의 본질로서 많은 새로운 교회가 그 종족 전체가 복음화될 때까지 그들 스스로 확산해 나가는 것을 말한다. 교회개척운동은 배가를 새로운 교회들의 유전자로 심어준다.

셋째, "토착적"이라는 것은 비록 처음에는 외국 선교사가 교회개척운동을 시작하지만, 이 운동의 목표는 현지인들에 의해 신속하게 재정적으로나 신속한 재생산이 일어나게 하는 것이다.

넷째, "교회를 개척하는 교회"는 선교사가 첫째 교회를 개척하지만, 교회개척운동은 그 교회가 즉각적으로 다른 교회들을 개척할 것을 기대한다. 게리슨이 이 운동을 "교회를 배가하는 운동"이라고 표현한 것은 이러한 목표가 있기 때문이다.

이 전략을 개발하는 과정에 참여한 사람들은 다음과 같은 열 가지 보편적인 요소를 열거했다.

① 특별한 집중적 기도
② 풍부한 전도
③ 의도적인 재생산하는 교회개척
④ 성경의 권위
⑤ 현지 지도력
⑥ 가정 교회
⑦ 교회를 개척하는 교회들
⑧ 신속한 재생산
⑨ 평신도 지도력
⑩ 건강한 교회들(예배, 전도/선교, 제자도, 교제, 사역 등의 전 기능을 발휘하는 교회) (Garrison 2004, 172)

이들은 대다수의 교회개척운동을 연구하는 과정에서 다음과 같은 열 가지 공통 요소를 발견했다.

① 불확실한 사회 환경
② 외부자의 개입
③ 신앙 생활에 따르는 댓가
④ 두려움 없는 강인한 신앙
⑤ 가족 중심의 회심
⑥ 새신자들의 신속한 협력(교회와 지도자들에 대한)
⑦ 실생활 언어로 드리는 예배
⑧ 기적과 치유

⑨ 현장에서 배우는 지도력 훈련
⑩ 교회개척 선교사와 가족의 고난 (Garrison 2004, 221)

교회개척운동을 지지하는 사람들은 교회의 급속한 재생산을 늦추거나 방해하는 요소들이라면 무엇이든지 거부한다. 예를 들면, 그들은 교회 건물, 장기 기숙을 필요로 하는 신학 훈련, 안수 등에 대한 거부감을 갖고 있다. 그들은 이러한 요소들을 교회들을 배가하는 데 있어서 성경적이지 않을 뿐 아니라 오히려 방해 요소들로 작용한다고 보았다.

교회개척운동에 대한 평가에 있어서 심지어 이 전략을 비판하는 사람들까지도 이 전략을 권하는 이유는 많이 있다. 이 운동은 남아시아의 힌두권과 이슬람권에서 놀라운 결실을 맺었다. 과거에는 선교사들이 거의 열매를 맺지 못한 이 지역에서 전례없는 성공을 거둔 것이다. 교회개척운동은 열정적인 기도와 광범위한 전도, 토착적인 교회개척을 강조한다. 이 운동은 또한 현지 지도력, 재생산성, 제한적인 외국 자원의 참여 등을 강조하기도 한다. 이러한 것들은 어떤 기준으로 평가를 하더라도 긍정적인 요소들이다.

교회개척운동은 비판을 받아 온 것도 사실이다. 데이비드 실즈(David Sills)는 그의 책 『가르쳐 지키게 하라』(Reaching and Teaching)에서 교회개척운동이 체계화된 제자도와 지도자 훈련의 중요성을 간과하고 있다고 비판한 바 있다. 교회개척운동에 대한 또 다른 비판 가운데 하나는 교회론이 약하다는 것이다. 예를 들면, 교회개척운동은 새신자를 목회자로 활용하기도 한다. 교회개척운동을 비판하는 사람들은 이러한 정책은 새로 입교한 자를 교회 지도자로 세우지 말라는 바울의 가르침에 어긋난다고 지적하고 있다(딤전 3:6). 더 나아가 교회개척운동과 관련된 문헌들을 살펴보면 교회의 본질에 대해서는 거의 다루지 않고 있고, 이 운동의 실천가들은 교회론에 대해 최소한의 범위 내에서만 다루고자 하는 것을 볼 수 있다. 예를 들면, 게리슨은 마태복음 18:20의 "두세 사람이 내 이름으로 모인 곳"을 교회라고 설명하고 있다(2004, 259). 또한 이 운동으로 세워진 교회들의 수명이 매우 짧다는 비판도 있다. 이 운동을 통해 개척된 교회들을 몇 년 후에 방문해 보면 그 교회들을 찾아볼 수가 없다는 것도 한계로 지적되고 있다. 이 운동을 홍보하는 문헌에 소개되어 있는 다양한 성공 사례도 이미 사라져버렸다.

요한복음 15:16에서 예수님이 제자들에게 "너희가 나를 택한 것이 아니요 내가 너희를 택하여 세웠나니 이는 너희로 가서 열매를 맺게 하고 또 너희 열매가 항상 있게 하여"라고 말씀하신 바 있다. 교회개척운동 전략이 강조하는 신속성이 언제나 지속성을 보장하는 것은 아닌 것으로 보인다.

많은 선교 지도자들과 교회개척자들이 교회개척운동을 실천하고 있지만, 헤셀그레이브(Hesselgrave)와 같은 선교 학자들은 신중한 태도를 견지하고 있다(Hesselgrave 2005, 235-36). 학자들과 실천가들 사이에 왜 이러한 관점의 차이가 발생하는가? 아마도 학자들은 신학적 관심에 보다 더 민감하고, 실천가들은 눈에 보이는 결과물에 더 많은 관심을 갖고 있기 때문일 것이다. 그동안 제기되어 온 교회개척운동의 약점들은 제자 훈련, 지도자 훈련, 성경적 교회론을 보완할 때 충분히 극복될 수 있을 것이다.

3. 교회배가 전략

　　교회배가 전략은 오랫동안 교회개척 선교사와 교회개척 자문가로 활동해 왔던 조지 패터슨(Jeorge Patterson)이 개발했다. 패터슨은 온두라스에서 사역했다. 그는 오랫동안 기숙사 시설을 갖춘 신학교에서 가르쳐 왔지만, 학생들이나 졸업생들에 의해 개척된 교회는 거의 볼 수가 없었다. 그는 교회개척자를 효과적으로 훈련하는 더 나은 방법을 찾아야겠다고 다짐했다. 많은 시행착오 끝에 그는 연장신학전도교육(Theological Education and Evangelism by Extension, TEEE)이라는 지도자 교육 프로그램을 개발했다.

　　연장신학교육(Theological Education by Extension, TEE)은 1961년부터 이미 존재하고 있었지만, 패터슨은 여기에 교회개척을 위한 훈련을 추가했다. 그의 연장신학전도교육 프로그램을 통해 교회개척을 강조함으로 온두라스 북부에 100개 이상의 교회를 개척할 수 있었다. 후에 그는 교회개척 자문가로 활동하는 중에 뉴잉글랜드(New England)에서 리처드 스코긴스(Richard Scoggins)를 만났다. 패터슨은 스코긴스와 그의 동료들을 대상으로 교회개척 훈련을 시켰고, 그 결과로 가정 교회 네트워크가 만들어 졌다. 스코긴스는 패터슨과 함께『교회배가 가이드』(*The Church Multiplication Guide, Patterson and Scoggins* 1993, 6)를 저술했다. 이 저자들은 독자들에게 북아메리카를 포함하여 전 세계에서 교회가 배가될 수 있다는 확신을 심어주기 위해 노렸했다.

　　교회배가 전략은 재생산이 가능한 교회개척에 중점을 두고 있다. 물론, 이것은 자연적이고 건강한 모델이다. 외국 선교사는 언제나 이방인이고 언제나 나그네일 뿐이다. 교회들은 선교사가 떠난 후에도 오랫동안 유지되어야 한다.

패터슨과 스코긴스는 "교회배가"를 강조하고 있는데 그 이유는 "교회는 단순히 조금씩 더 추가(addition)하는 것 보다 배가(multi-plication)하는 것이 더 전략적이고 성경적이기 때문"이라고 말했다 (1993, 6). 만약 선교사가 교회들로 하여금 교회를 개척할 수 있게 하는 적절한 도움을 줄 수 있다면, 선교사가 떠나도 교회개척은 계속될 것이라는 것이다. 다시 말하면, 교회들이 교회들을 개척하는 것은 자연스럽고 실현 가능한 전략이라는 것을 강조하고 있다.

패터슨은 자신의 연장신학전도교육 프로그램에서 "순종 중심"의 훈련을 강조하고 있다. 그는 학생들이 성경이 제시하는 교훈을 배우고 순종해야 한다고 주장한다. 그는 자신의 학생들에게 교회개척의 성경적인 원리를 가르쳤고, 학생들로 하여금 그 원리를 따라 사역할 것을 요청했다. 그는 또한 학생들에게 그들의 사회적 관계 네트워크를 활용하여 전도할 것을 가르쳤다. 맥가브란이 "거미줄운동"(web-movements)이라고 불렀던 이 원리가 믿는 자의 수를 급속하게 증가하게 했다.

교회배가 전략은 북아메리카와 전 세계에서 그 효과가 입증되었다. 이 전략은 먼저 교회 지도자들을 훈련한다는 점에서 다른 전략들과 차이가 있다. 대다수의 전략들은 전도와 제자 훈련을 최우선 과제로 두고 있고, 지도자 훈련은 부차적인 것으로 취급했던 것을 볼 수 있다. 교회배가 전략은 체계적인 제자 훈련과 잘 준비된 지도자를 지속적으로 교회들을 재생산하는데 있어서 기본적인 구성 요소들이라고 인식하고 있다.

교회성장에 대한 최근의 연구는 적절한 수의 교회 지도자들을 육성하는 것이 교회배가의 지속성을 유지하는 핵심 원리라고 보고하고 있다. 교회 지도자들은 제자들 가운데서 나온다. 그러므로, 제자 훈련과 지도력 훈련은 교회개척을 추진하는 연료가 되는 것이다.

사례 연구
누구에게 후원할 것인가?

당신이 교회의 선교위원회 회원으로 임명되었다고 생각해 보라. 첫째 모임에서 두 명의 선교사들이 후원을 요청했다. 잭 마틴(Jack Marcin)은 브라질에서 15년간 전도와 교회개척 사역을 해 왔다. 그는 12개의 교회를 개척했고, 많은 전도 모임을 이끌고 있다. 제이콥 몰톤(Jacob Morton)과 그의 아내는 10/40창에 있는 우즈베키스탄(Uzbekistan)에서 사역할 계획을 갖고 있다. 이 두 선교사들은 그들의 사역과 필요에 대해 잘 보고했지만, 교회 예산은 한 명에게만 후원할 수 있는 실정이었다. 선교위원회가 회의를 진행하는 동안 어떤 위원들은 추수지에서 사역하고 있는 선교사를 후원해야 한다고 주장했고, 또 다른 위원들은 10/40창에 선교사를 보내야 한다는 의견을 제시했다.

◆ 토의 질문 ◆
① 당신은 어떤 의견을 제시하겠는가?
② 당신은 누구에게 후원하겠는가?

제15장
상황화 전략

최근 수년 간 복음주의 선교 학자들이 상황화의 주제를 다룬 많은 논문들과 서적들을 출간했다. 상황화는 이제 선교 전략의 핵심 요소로 자리 잡았다. 이 장에서는 상황화 이론을 도입한 네 가지 전략을 살펴 볼 것이다.

1. 상황화의 정의

1972년에 두 학자들이 세계교회협의회(WCC)의 신학교육기금(Theological Education Fund)을 새로운 용어인 상황화(Contextualization)와 결부했다. 그들은 "상황화는 토착화에 내포된 모든 것을 포함하지만 그 이상을 의미한다. 상황화는 세속성, 기술 문명, 비서구 국가역사적 상황에 큰 영향을 끼쳐 온 정의를 위한 투쟁 등을 고려한다"(Nicholls 1979, 21)고 진술했다. 이들은 "상황"(context)을 복음이 뿌리내려야 할 문화적 상황으로 규정했다. 세계교회협의회에서 이 견해를 지지하는 사람들은 절대적이거나 영원한 신학은 존재하지 않는다고 주장했다. 오히려, 그들은 진리(text)와 상황(context) 사이의 지속적인 대화가 특정한 상황에 부합하는 신학을 만든다고 믿고 있었다. 기본적으로, 세계교회협의회는 상황을 우월적 지위에 올려 두고, 진리를 종속적 지위로 내려 놓았다.

복음주의 진영의 저자들은 상황화를 복음주의 선교를 위해 재정립했다. 그들은 복음주의 선교사들은 성경과 신학적 정통성은 매우 중요하게 다루지만, 선교지의 문화는 등한시하는 경우가 많았다는 사실을 깨달았다. 때로는 선교사들과 신학자들이 서구 신학과 성경 신학을 구분하지 못하여 비서구 세계의 교회들에게 상처를 주기도 했다. 브루스 니콜스(Bruce Nicholls)는 "선교사들이 서구 신학의 문화적 배경의 한계를 인식하는데 실패함으로 인해 비서구 교회들은 많은 피해를 보게 되었다"(1972, 25)고 개탄한 바 있다.

> **참고자료 15.1**
> **비판적 상황화**
>
> 폴 히버트(Paul Hiebert)는 인생의 후반부를 트리니티복음주의신학교(Trinity Evangelical Divinity School)에서 보냈다. 그는 "비판적 상황화"(Critical Contextualization)라는 상황화에 대한 이론을 제시했다. 이 이론은 적절한 상황화를 위한 네 가지 단계를 포함하고 있다(1994, 88-91).
>
> **첫째 단계**: 히버트는 선교사들과 현지 교회 지도자들이 그 문화의 관습과 전통을 습득해야 한다고 말했다. 이 단계는 문화적 자료에 대한 무비판적 수집을 목표로 한다.
> **둘째 단계**: 현지 목회자 혹은 선교사는 수집한 문화적 관습과 관련된 성경적 가르침을 연구한다. 선교사들은 신자들로 하여금 그들의 문화적 관습과 연관성을 가진 성경의 본문을 접할 수 있도록 도와 줄 수 있다.
> **셋째 단계**: 현지 교회 신자들은 그들의 전통적 관습을 성경적 교훈에 비추어 평가한다. 이 단계는 현지인 신자들 스스로 진행해야 할 필요가 있다. 그들은 문화적 관습, 특히 그 관습의 종교적 색채에 대해 선교사들보다 더 잘 이해하고 있다. 그들 스스로 이 과정을 통과하도록 격려해야 한다.

> 이렇게 할 때 그들 스스로 또 다른 상황에도 적용할 수 있는 성경적인 의
> 사결정 방법을 발전시켜 갈 수 있을 것이다. 그들의 결정은 그들의 문화적
> 이해와 성경의 가르침, 기도를 통한 성령의 인도에 의해 이루어져야 한다.
> **넷째 단계**: 마지막 단계는 신자 공동체가 함께 도달한 결론을 적용하는
> 것이다. 많은 문화적 관습들을 유지하거나 거부하기도 하고 또한 일부 관
> 습들은 수정하거나 대체하기도 한다.
>
> 히버트는 이와 같은 접근이 선교사들과 현지 교회들로 하여금 혼합주의의 위
> 험을 극복할 수 있게 해 줄 것이라고 말했다. 그의 이러한 확신은 다음 네 가
> 지 사실에 근거하고 있다. (1) 비판적 상황화는 성경을 믿음과 생활의 표준으
> 로 인정한다. (2) 이 접근은 새로운 교회들을 인도하는 성령의 역할을 인정한
> 다. (3) 이 접근 방식은 교회가 그리스도의 지체로서 성경을 탐구하는 "해석학
> 적 공동체"(hermeneutical community)로서의 기능을 발휘하게 한다. 그리고
> (4) 새로운 교회들이 도출한 결론은 다른 문화적 상황 가운데 있는 신자들과
> 신학자들에게도 유익이 될 수 있다.

여기에서 복음주의적 관점에서 상황화의 정의를 제시하면 다음과 같다. 애즈베리신학교(Asbury Seminary)의 데럴 화이트맨(Darrell Whiteman)은 "상황화는 말과 행위로 복음을 전하고자 하는 시도이며, 선교지의 문화적 상황에 적합한 방식으로 교회를 세우고, 그 교회가 사람들의 가장 깊은 필요를 채워주고 그들의 세계관을 변화시키는 방법으로 기독교를 제시하여 그들로 하여금 그리스도를 따르고 동시에 그들 자신의 고유한 문화 가운데 머물러 있도록 하는 시도"(1997, 2)라고 정의했다.

이 정의는 두 가지 중요한 요소를 제시했다는 점에서 유용하다.

첫째, 화이트맨은 복음이 명확하게 전달되어야 한다고 말했다. 상황화는 적절한 사람이 적절한 메시지를 적절한 언어와 적절한 방식으로 적절한 장소에서 적절한 사람에게 의사전달하는 것을 말한다.

둘째, 상황화는 복음의 메시지 뿐만 아니라 특정한 상황 가운데

있는 교회의 형태, 조직, 생명력 등을 포함하는 것이다(Moreau 2012).

이런 의미에서 상황화된 교회는 그 교회가 속해 있는 사회 혹은 문화와 조화를 이룰 수 있다. 현지인들에게 낯선 문화가 아닌 친숙한 문화로 느껴져야 한다는 것이다. 상황화된 선교 활동의 결과로 설립된 교회는 그들의 고유한 문화로부터 신자들을 분리하지 않으면서도 성경적 진실을 선포할 수 있어야 한다. 따라서 만약 선교사들이 적절하게 상황화했다면 네팔에 있는 새로운 교회는 성경의 가르침에 충실하면서도 네팔 문화에도 적합해야 한다.

문화적인 고려가 중요하지만, 교회의 믿음과 실천은 반드시 성령의 인도와 성경의 가르침에 따라야 한다. 따라서 개척 선교사들은 성경과 상황화된 해석 방법을 함께 가르쳐야 한다. 새신자들이 성경과 올바로 해석하는 방법을 배운다면 그들은 성경적이면서도 그들의 문화적 환경에 적합한 교회 조직과 윤리적 체계를 개발할 수 있을 것이다.

복음주의적 선교사들은 항상 성경적 원칙과 문화적 민감성 사이의 균형을 유지하기 위해 노력해야 한다. 상황화되지 않은 교회는 외국적이고 "수입된" 교회가 되어 버릴 수 있다. 잘못된 상황화도 또한 문제를 초래할 수 있다. 릭 브라운(Rick Brown)은 상황화의 가장 큰 위험은 혼합주의라고 경고한 바 있다. 혼합주의는 2개 혹은 그 이상의 종교 혹은 문화의 조합을 말한다. 많은 지역에서 개척 선교사들이 문화와 세계관에 대해 충분한 관심을 기울이지 못했던 것도 사실이다. 이는 곧 전통적인 종교의 겉치장에 불과한 혼합주의적인 기독교를 양산하는 결과를 가져올 수 있다. 이러한 형태의 기독교를 흔히 "민속 기독교"라고 부르기도 한다. 혼합주의적 교회의 회중들은 그들 스스로 "그리스도인"이라고 말하지만, 그들의 세계관은 변하지 않은 채 남아 있게 된다(Brown 2006, 128). 현대의 선교사들은 세계관의 변화에 대해 이해하고 있고, 민속 기독교의 문제를 피하는 방법도 알고 있다. 그러나 회심을 위해 문화와 종교의 장벽을 제거하는데 열중한 나머지 선교사들이 너무 멀리 나가고 성경적 진리를 타협하는 위험에 처할 수도 있다. 이와 같이 상황화는 마치 계란 요리에 소금을 치는 것과 같다. 당신에게는 적당량의 소금이 필요한 것이다. 선교사들과 선교 학자들이 "적당량"이 어느 정도인지에 대해 언제나 동의하는 것은 아니다.

> **참고자료 15.2**
> ### 왜 무슬림을 전도하는 것이 어려운가?
>
> 선교 전략가들은 무슬림 전도의 중요성을 잘 알고 있다. 16억 명이 넘는 신자들을 가진 이슬람은 세계에서 가장 큰 미전도 종교 집단이다. 많은 선교사들과 선교 단체들이 무슬림들을 주님께 인도하는 일을 위해 헌신하고 있다. 그럼에도 불구하고 성공적인 사례는 극히 제한적이고, 많은 좌절을 경험하고 있다. 왜 무슬림들은 복음을 거부하는가? 30여 년 전에 허버트 케인(J. Herbert Kane)이 무슬림 세계의 복음화가 어려운 여섯 가지 이유를 제시한 바 있다 (1982, 114-17).
>
> ① **이슬람은 기독교보다 젊다.** 이슬람은 유대교와 기독교로부터 교리와 관습들을 차용했다. 이슬람은 진품에 대항하여 꼭 필요한 만큼만의 기독교라는 예방 주사를 접종했다(Kane 1982, 114). 무슬림들은 알라가 무함마드에게 계시한 꾸란이 정확하고 성경을 대체한 것이라고 확신하고 있다.
>
> ② **이슬람은 그리스도의 신성과 죽음을 부인한다.** 이슬람은 예수 그리스도가 하나님의 아들이라는 믿음을 절대적으로 부인한다. 케인은 "만약 선교사가 그리스도의 신성에 대해 언급하면 열광적인 무슬림들은 그 선교사의 그림자에 침을 뱉는 것으로 그와 같은 신성모독적인 발언에 대한 자신의 절대적인 경멸을 보여 준다"(1982, 115)고 말했다. 무슬림들은 또한 예수 그리스도의 십자가에서의 물리적인 죽음과 부활을 거부한다. 선교사들은 기독교와 이슬람 사이의 여러 가지 공통점에 대해서도 발견하고, 이 부분들을 최대한 활용하기를 원한다. 그러나 얼마가지 않아 그는 십자가라고 하는 복음의 핵심에 도달하게 된다. 여기서 그는 막다른 골목에 도달하게 된다.

그는 첨예하게 대립되는 부분들을 제거해보려고 노력하지만 결코 십자가를 피해갈 수는 없다. 그리스도의 신성과 십자가에서의 죽음은 결코 제거될 수 없는 장애물들이다(Kane 1982, 115).
③ **이슬람은 배교자를 가혹하게 처벌한다.** 케인은 "가장 광범위한 종교인 힌두교를 포함하여 모든 종교들은 그 신자들이 다른 종교로 개종하는 것을 싫어한다"고 언급한 바 있다. 그는 "이슬람은 믿음을 져버린 사람들을 지역 사회가 사형에 처하도록 허용하는 배교자에 대한 법률적 근거를 갖고 있다"(1982, 115)고 말했다. 모든 무슬림 공동체가 배교자에 대한 사형 제도를 적용하는 것은 아니지만, 세계 모든 지역의 무슬림들은 다른 종교로 개종할 때 자신이 속한 사회에서 적어도 배척당하거나 박해를 받아야 한다는 사실을 알고 있다.
④ **무슬림 사회는 강력한 결속력을 갖고 있다.** 무슬림들은 종교와 국가를 분리하지 않는다. 그들은 종교, 정치, 경제, 교육, 문화의 통합을 추구한다. 그들은 또한 공동체가 이슬람의 기치 아래 결속되기를 바라고 있다. 그들은 기독교 선교사들을 가정 파괴자 혹은 공공질서를 분열시키는 사람으로 보고 있다. 무슬림 공동체는 회심자를 문화적 결속력을 깨트리는 반역자로 본다.
⑤ **종교에 대한 공적 헌신이 이슬람의 특징이다.** 기독교 신앙은 그리스도인들의 개인적인 믿음을 중요하게 여기지만, 신실한 무슬림들은 그들의 이슬람에 대한 신앙을 공적인 기도와 예배를 통해 드러낸다. 그리스도를 영접한 무슬림이 이슬람 사원에서의 예배를 중단하면 즉각적으로 의심의 대상이 될 밖에 없는 실정이다. 공적인 기도와 예배에 대한 이러한 기대는 이슬람에 대한 헌신을 강화하고 개종을 제지하는 역할을 담당하기도 한다.
⑥ **십자군에 대한 인식이 무슬림 세계의 생명력을 유지하게 한다.** 서구 그리스도인들에 있어서 중세 시대의 십자군은 이미 옛날 이야기가 되었지만, 무슬림들에게는 바로 엊그제 일어난 사건이다. 무슬림들은 서구의 군대와 선교사들은 무슬림과 이슬람 사회를 파괴하는 존재들이라는 왜곡된 인상을 갖고 있다.

◆ 토의 질문 ◆
① 허버트 케인이 이 글을 쓴 1982년 이후 많은 변화가 있었다. 오늘날의 현실에 비추어 볼 때 당신은 케인이 제시한 위의 목록에서 무엇을 갱신하겠는가?

1) 필 파샬의 전략

필 파샬(Phill Parshall)은 상황화 전략을 최초로 시도한 복음주의 선교사들 가운데 한 사람이다. 파샬은 처음에는 방글라데시에서, 그 다음에는 필리핀에서 무슬림들을 대상으로 오랫동안 사역해 왔다. 그가 방글라데시에서 사역하는 동안 무슬림 전도와 교회개척을 위한 상황화 전략을 개발한 바 있다. 그는 『무슬림 전도의 새로운 방향』(New Paths in Muslim Evangelism, 1980)에서 자신의 전략을 소개했다. 파샬은 자신의 사역에서 가능한 한 많은 장애물을 제거하기 위해 노력했다. 그는 자신이 개척한 교회들에서 예배자들이 성경적 가르침에 대한 타협이 없이도 "편안함"을 누릴 수 있기를 바랬다.

파샬의 팀이 개척한 교회들은 신자들이 금요일에 예배를 드렸고, 신발을 벗고, 손을 씻은 다음에 예배당에 들어오게 했다. 성경 교사들과 예배자들은 마루에 펴 놓은 카페트 위에 앉았다. 그들은 무슬림들처럼 손을 들고 기도했고, 성경은 무슬림들이 꾸란을 다루는 것처럼 접이식 탁자위에 올려 놓고 높이 받들었다. 예배자들은 현지의 고유한 음율에 맞추어 찬송했다. 무슬림들이 거부감을 갖고 있는 "그리스도인"(Christian)이라는 용어 대신 신자들은 그들 스스로를 "이사의 추종자"("이사"는 "예수"의 아랍어식 표기이다)로 불렀다.

파샬의 팀에 속한 선교사들은 효과적인 전도를 위해 생활 방식을 바꾸었다. 남성 선교사들은 현지 남성 무슬림들의 옷을 입고 수염을 길렀다. 여성 선교사들은 현지의 여성들의 전통 의상을 입었고, 필요할 때는 베일을 착용했다. 선교사들은 매우 단순한 생활 방식을 유지했고, 돼지고기를 먹지 않았다. 그들은 새신자들의 사진을 찍지 않았고, 외국에서 온 방문자들이 새신자들을 만나게도 하지 않았다. 방글라데시에서 선교사들이 교회를 개척하기 위해 이와 같은 상황화된 접근을 사용했을 때 무슬림 전도에 있어서 효과를 경험하기도 했다(Parshall 1980).

2) 존 트래비스의 C-스펙트럼과 후속 전략

존 트레비(John Travis, 필명)은 수년 동안 아시아의 무슬림들을 대상으로 전도하고 교회개척하는 사역을 해 왔다. 그는 상황화의 정도에 따라 선교 사역의 범주를 구분하는 유용한 스펙트럼(spectrum)을 개발했다. 그가 개발한 C1-C6 스펙트럼은 그 자체가 전략은 아니다. 그러나 트레비스를 비롯한 많은 선교사들이 무슬림 선교에 있어서 이 접근법을 활용했다(예를 들어 Brown 2007; Higgins 2006, 2007; Lewis 2009 등을 보라).

> 참고자료 15.3
> **C1-C6 스펙트럼 (트레비스 1998a에서 인용)**
>
> C1은 무슬림 사회에 존재하고 있는 전통적 교회를 말한다. 이들 가운데 대다수는 매우 오래된 역사를 갖고 있고, 이슬람의 정복과 지배하에서 생존해 온 교회들이다. 이러한 교회들은 주로 소수집단의 언어를 사용한다. 예를 들면, 이집트의 콥트 교회는 예배에 국가의 공식 언어인 아랍어가 아닌 고대 콥트어를 사용한다. C1 교회들은 전통적 기독교 용어, 형식, 의식 등을 사용한다. 그들은 주일에 예배를 드리고 그들 스스로 그리스도인이라고 부른다. 그들은 일반적으로 무슬림 주류 사회를 복음화하는데 관심을 갖고 있지 않고 무슬림 문화 가운데서 소수 집단으로 살아가는데 만족한다.
> C2는 국가의 공식 언어나 주류 사회의 언어를 사용하는 전통적 교회를 말한다. 일반적으로 100여년 전에 개신교 선교사들에 의해 개척된 교회들이 여기에 속한다. 이러한 교회들은 기독교 용어를 사용하고, 그들 스스로 그리스도인이라고 부른다. 그들은 주일에 예배를 드리고 20세기 초의 서구 개신교의 예배 형식을 취하고 있다.
> C3은 복음적 그리스도인들의 상황화된 공동체를 지칭한다. 이 범주에 속한 교회들은 주류 사회의 언어와 문화적 양식을 사용하지만, 종교적 영향은 배제한다. 주로 무슬림 배경을 가진 그리스도인들이 여기에 속한다.

교회들은 그 지역의 고유한 민속 음악, 예술, 옷차림 등을 사용한다. 그들은 스스로 그리스도인이라고 부르고 교회 건물이나 중립적인 장소에서 예배를 드린다. 여기에는 주로 지난 30여년 간 복음주의 개신교 선교사들에 의해 개척된 교회들이 해당된다.

C4는 필 파샬이 개척한 교회들과 같은 상황화된 그리스도인의 신자들을 지칭한다. 이 회중들은 모두 무슬림 배경의 신자들이다. 그들은 공식적 언어 혹은 주류 사회의 언어를 사용하고 성경적으로 허용할 수 있는 문화적 그리고 이슬람의 전통을 사용한다. 그들은 금요일에 예배를 드리고, 그들 스스로 "이사의 추종자"라고 부른다. 그들은 돼지고기와 술을 먹지 않는다. 그들은 신발을 벗고, 손을 씻은 후 예배 장소에 들어가고 마루에 펴놓은 카페트 위에 앉아 손을 들고 기도한다.

C5는 메시아적 무슬림의 그리스도 중심적 공동체이다. 모든 신자들은 과거에 무슬림들이었다. 신자들은 계속해서 이슬람 사회의 일원으로 살아가고자 한다. 그들은 이사(Isa)를 메시아로 추종하는 무슬림(복종하는 사람)으로서의 정체성을 갖고 있다. 일부 신자들은 계속해서 이슬람 사원에서 예배를 드린다. 그들은 이사에 대한 믿음을 무슬림들과 나눈다. 무슬림들은 그들을 종종 변질된 무슬림으로 인식하고 이슬람 사원에서 추방하기도 한다.

C6은 그리스도 중심의 지하 교회 신자들로 구성된 소규모의 비밀 공동체이다. 일반적으로, 이 범주에 속하는 신자들은 그들의 회심이 외부에 알려지면 죽임을 당할 수도 있다. 그들은 개인적으로나 소규모로 예배를 드린다. 많은 신자들이 꿈이나 환상을 통해 회심하고, 일부는 라디오, 텔레비전 방송, 전도지 혹은 해외 여행 등을 통해 믿음을 갖게 되기도 한다. 이러한 신자들은 이슬람 사원의 예배에 지속적으로 참석하는 가운데 그들의 믿음을 비밀스럽게 유지하려고 노력한다.

◆ 토의 질문 ◆
① 당신이 동의할 수 없는 스펙트럼은 무엇인가? 왜 그렇게 생각하는가?

3) C5의 전략적 접근

트레비스와 많은 선교사들이 무슬림들을 전도하기 위해 C5 접근 방식을 사용해야 한다고 주장해 왔다. 트레비스는 예수 그리스도를 영접한 무슬림들이 이슬람 사원에서 정기적으로 예배드릴 수 있다고 주장했다. C5를 지지하는 사람들은 "무슬림"(Muslim)이라는 단어의 의미들 중에 하나가 "복종하는 사람"(submitted one)이라는데 주목했다. 이와 같이 그들의 관점에서 볼 때, 무슬림 배경을 가진 신자는 "무슬림"이다.

그는 지금 예수 그리스도께 복종하는 사람이 되었다. 무슬림들은 회심자를 그의 가족, 공동체, 신앙을 배신하고 그리스도께로 돌아선 자로 보기 때문에 트레비스는 회심자들이 무슬림 공동체에서의 그들의 지위를 유지하도록 격려하고 있다. 이렇게 할 때 그들은 이슬람 사원에서 예배드리는 무슬림들을 전도할 수 있고, 그들의 공동체로부터의 박해와 강제 축출을 피할 수 있다는 것이다(1998a).

트레비스는 C5 접근이 초래할 수 있는 혼합주의의 위험에 대해서도 인정했다. 그러나 그는 이 C5 접근 방식이 이 위험을 감수할만한 충분한 가치가 있다고 믿었다. 그는 이 접근법이 초래할 수 있는 혼합주의를 최소화하기 위해 다음과 같은 제안을 한 바 있다.

① 예수 그리스도는 구세주와 주님이시다. 그리스도를 떠난 구원은 존재하지 않는다.
② 새신자는 세례(침례)를 받고, 정기적인 예배와 성례전에 참여해야 한다.
③ 새신자는 인질(Injil, 사복음서)을 공부한다.
④ 새신자는 무속신앙, 주술, 마술, 이슬람 성인들을 향한 기도 등을 포함한 이슬람과 결부되어 있는 정령숭배적 행위를 거부해야 한다.
⑤ 할례, 금식, 구제, 이슬람 예배, 베일 착용, 돼지고기와 알콜 금지 등의 일반적인 이슬람 전통을 유지한다. 그들은 새신자들이 하나님에 대한 사랑과 이웃에 대한 존중을 표현하도록 격려한다.

⑥ 새신자들은 무슬림 신앙과 실천에 대해 성경적인 관점에서 평가하고 검증하도록 가르친다. 성경적으로 수용할 수 있는 이슬람의 신앙과 실천들은 그대로 유지한다. 다른 신앙과 실천 사항들에 대해서는 수정하거나 거부한다.

⑦ 새신자들은 성령의 열매에 대한 증거, 사랑의 관계, 그리스도에 대한 증거 등의 영적인 삶에 있어서 성장해야 한다(Travis 1998b).

참고자료 15.4
C5 교회개척에 대한 현장 조사

풀러신학교 선교대학원의 교수였던 딘 길리랜드(Dean Gilliland)는 C5 전략을 사용한 교회개척팀의 노력을 통해 회심한 남아시아에 있는 어느 무슬림 배경의 신자들(MBBs)에 대한 조사 결과를 다음과 같이 발표했다(Travis 1998a).

① 76%가 정기 예배에 참석했다.
② 55%가 삼위일체 하나님을 믿었다.
③ 97%가 예수 그리스도를 유일한 구세주라고 말했다.
④ 100%가 예수 그리스도에게 자신을 죄에 대해 용서를 구하기 위해 기도했다.
⑤ 50%가 지속적으로 이슬람 사원의 예배에 참석했다.
⑥ 96%가 꾸란은 하나님으로부터 온 것이라고 말했다.
⑦ 66%가 꾸란이 성경보다 더 중요하다고 말했다.
⑧ 45%가 꾸란을 들을 때 평화를 느낀다고 말했다.

◆ 토의 질문 ◆
① 필 파샬은 이 조사가 C5 전략이 혼합주의를 초래할 수 있다는 자신의 견해가 옳다는 사실을 증명해 주고 있다고 말했다. 당신은 파샬의 의견에 동의하는가? 동의하지 않는가? 왜 그렇게 생각하는가?

트레비스는 많은 C5 신자들이 그들의 이슬람 사원에서 추방되었다는 사실을 지적하면서 많은 무슬림 배경의 신자들에게 있어서 C5는 하나의 전환기적 단계라고 믿었다. 여전히 그는 C5 접근이 무슬림 공동체에서의 전도를 위한 훌륭한 방법이라고 주장하고 있다.

C5 전략은 많은 논쟁과 비판을 초래했다. 세계에서 가장 큰 선교 단체 가운데 하나인 미국남침례교 해외선교회는 소속 선교사들이 C5 접근을 사용하는 것을 금지했다. 파샬도 C5가 초래할 수 있는 혼합주의에 대해 경고한 바 있다(1998). 그는 새신자들로 하여금 이슬람 사원에서의 예배에 계속 참여하게 하는 것에 대해 반대했다. 왜냐하면 이슬람은 무함마드가 가장 위대한 선지자라고 가르치고 예수 그리스도의 신성, 죽음, 부활을 거부하기 때문이다. 파샬은 혼합주의를 피하기 위해 다음과 같은 지침을 제시했다.

① 선교사들은 혼합주의에 대한 성경적 가르침에 대해 알고 있어야 하고 예수 그리스도의 유일성에 대해 강조해야 한다.
② 선교사들은 이슬람과 이슬람 문화에 대해 신중하게 연구해야 한다.
③ 혼합주의에 대한 확고한 안전 장치가 마련되어 있을 때 실험 정신을 발휘할 수 있다.
④ 적절한 상황화는 지속적인 관찰과 평가를 필요로 한다.
⑤ 선교사들은 서구 문화와 혼합된 복음을 가르치지 않도록 주의해야 한다.

4) 내부자운동 전략

이 장에서 언급한 다른 전략들과 마찬가지로, 내부자운동(The Insider Movement)도 무슬림들을 주님께 인도하고자 하는 복음주의 선교사들의 열정에서 나온 전략이다. 이 전략은 힌두교(무명 2004)와 불교(DeVeui 2002) 사회에서 먼저 사용되었다는 점에서 다소의 차이가 있다. 이 전략은 트레비스의 C5 전략과 관련된 하나의 유형이라고 볼 수 있지만, 인도에서의 선교 경험에서 얻은 교훈을 반영하고 있다. 레베카 루이스(Rebecca Lewis)는 내부자운동을 "(1) 그리스도의 복음이 기존의 공동체들과 사회적 관계 네트워크를 통해 뿌리를 내리고 (2) 신자 공동체가 사회 종교적 공동체 내부의 구성원으로서의 정체성을 유지하는 가운데 예수 그리스도의 주권과 성경의 권위에 순종하며 살아가는 그리스도 중심의 공동체"(2007, 75)라고 정의했다.

내부자운동은 다음 네 가지 목표를 성취하기 위해 노력한다.

첫째, 그들은 보다 많은 무슬림, 힌두인, 불교인들이 주님께로 나아오기를 원한다. 이 3개의 종교 집단들 모두 회심을 강하게 거부한다.

둘째, 이 전략을 사용하는 선교사들은 회심자들이 기존의 종교적 정체성을 유지하여 그들이 속해 있는 사회의 구성원으로 받아들여지기를 바란다. 이렇게 할 때 박해가 완화되고, 가족, 친구, 이웃에게 복음을 증거할 수 있는 능력이 강화될 수 있기 때문이다. 루이스는 "오늘날 우리는…종족 집단들이 역효과를 초래하는 사회적, 종교적 회심의 부담과 기독교라는 용어와 연계되어 있는 기독교권의 종교적 기관들과 전통들의 제약으로부터 자유롭게 해 주어야 한다" 2007, 76)고 말했다.

셋째, 선교사들은 신자들에게 그리스도를 믿는 것과 "그리스도인"이 되는 것에 대한 이중적인 결정을 뜻하는 이중적 회심의 문제를 제거해 주기를 원한다(2007, 76). 일부 문화권에서 "그리스도인"(Christian)이라는 용어에 대해 역사적으로나 문화적으로 강한 거부감을 갖고 있다. 이러한 지역에서 "그리스도인"이 된다는 것은 곧 자신의 종교를 바꾸고 문화를 거부하는 것을 뜻한다.

넷째, 이 운동의 지지자들은 새신자들을 그들의 공동체로부터 추출(extractionism)하는 것을 거부한다.

내부자운동의 지지자들은 이 운동의 신학적 지지 기반의 하나로 예수 그리스도께서 힌두교를 완성하실 수 있다는 의미로 "완성신학"(fulfillment theology)을 제시한다. 완성신학(혹은 성취신학)은 일반 계시를 내포하고 있는 세계의 종교들은 예수 그리스도에 의해 완성 혹은 성취될 수 있다는 전제를 갖고 있다. 대다수의 내부자운동 지지자들은 초대 교회의 유대인 신자들의 사례에서 그 근거를 찾고 있고 (Higgins 2007을 보라), 이 운동에 대한 반대자들에게 신약성경의 신자들은 그리스도에 대한 믿음을 고백한 후에도 지속적으로 유대교 회당에서 예배를 드렸다는 사실을 상기시켜주고자 한다.

내부자운동에 대해 비판하는 사람들은 신약성경을 낭독하고 야웨 하나님을 예배하던 회당에서의 예배하는 것은 힌두교 제단이나 이슬람 사원에서 예배하는 것과는 큰 차이가 있다는 것을 지적한다.

그들은 또한 초대 교회의 신자들이 회당에서 예배드린 것은 오랫동안 지속되지 않았다고 주장한다. 이 운동을 비판하는 사람들도 "이중적 회심"의 문제는 인정하지만, 적절하게 상황화된 교회는 이 문제를 충분히 최소화할 수 있다고 강조한다. 그들은 힌두교 사원이나 이슬람 사원에서 지속적으로 예배드릴 때 혼합주의의 가능성이 높아질 수 있다는 것을 우려하고 있다(*Mission Frontiers* 2005년 10월호; Tennent 2006; Corwin 2007; http://www.stfrancismagazine.info/ja의 *Francis Magazine* 등을 참고하라). 내부자운동의 지지자들은 혼합주의의 위험을 인정하고 있지만, 이 운동이 어떻게 발전해 가고 있는가를 시간을 두고 지켜봐 줄 것을 당부하고 있다.

5) 낙타전도법

낙타전도법(The Camel Method)은 남아시아의 무슬림 배경의 신자들에 의해 개발되었고, 이 지역에서 사역해 온 케빈 그리슨(Kevin Greeson)이 이 방법을 책으로 펴냈다(2004). 낙타전도법에서 전도자는 성경의 메시지를 전하는 하나의 수단으로서 예수 그리스도에 대해 언급하고 있는 꾸란(Quran)의 구절들을 활용한다. 꾸란은 알라의 99개의 속성들을 포함하고 있다. 무함마드는 사실상 알라의 100개의 속성이 있다지만 나머지 1개는 오직 낙타만 알고 있다고 선언한 바 있다.

그리슨은 무슬림들에게 알라의 100번째 이름과 이사(예수)에 대한 꾸란의 가르침에 대해 무슬림들에게 질문해 보라고 가르친다. 꾸란이 예수님에 대해 많이 언급하고 있지만, 대다수의 무슬림들은 이 사실에 대해 잘 모르고 있다. 만약 만약 이 질문을 받은 무슬림이 관심을 보이면 전도자는 그의 관심을 성경으로 이끌어주어야 한다. 그리슨은 영어의 머릿글자(CAMEL)를 사용하여 전도하는 순서를 제시하고 있다(2007, 58-60).

① 마리아는 이사(예수)를 낳기 위해 선택받았다(Chosen).
② 천사들(Angels)은 마리아에게 기쁜소식을 전했다.
③ 그 소식은 이사가 기적(Miracles)을 행할 것이고,
④ 이사는 영원한(Eternal)
⑤ 생명(Life)에 이르는 길이라는 것이다.

많은 선교사들이 낙타전도법을 사용해서 효과적으로 전도하고 있다는 사실을 보고하고 있다. 이 방법은 다음과 같은 장점을 갖고 있다.
첫째, 이 방법은 훌륭한 접촉점을 제공해 준다. 적절한 질문을 하

고 배우는 자세를 견지하는 것은 언제나 유용하다.

둘째, 그들의 관심에서부터 시작하여 그들이 관심을 가져야 할 부분으로 이끌어 가는 것은 좋은 방법이다.

셋째, 이 방법은 전 세계의 많은 무슬림들 가운데서 그 효과가 입증되어 왔다.

낙타전도법에 대한 반응은 대체로 긍정적이지만, 다음과 같은 몇 가지 비판에 직면해 있다.

첫째, 낙타전도법은 꾸란을 거룩한 책으로 인정하고 높이 평가하고 있다. 꾸란으로 대화를 시작함으로 인해 선교사는 무의식중에 꾸란과 성경이 동일한 권위를 가진 경전이라는 메시지를 줄 수 있다.

둘째, 이 방법은 기만적이라는 비판을 받고 있는데, 이는 선교사가 이슬람에 대해 진지하게 배우고자 하는 탐구자의 자세를 보여주면서 대화를 시작하지만, 진정으로 이슬람에 대해 탐구하기 위해 질문하는 것은 아니기 때문이다(Walker 2010을 보라).

사례 연구
무엇을 입을 것인가?

켈리(Kelli)와 제이콥(Jacob)은 북아프리카에서 선교하고 있다. 그들이 도착했을 때 그 종족 집단은 그들의 문화적 가치에 매우 충실한 전통적인 공동체라는 사실을 알게 되었다. 여성들은 모두 머리부터 발끝까지 몸 전체를 가리는 부르카(burka)를 착용하고 있었다. 켈리는 부르카를 입는 것을 거부했고, 자신의 옷차림을 바꾸고 싶지 않았다. 그녀는 선배 선교사에게 "우리는 이 여성들을 영적 문화적 억압으로부터 자유케 하기 위해 이곳에 왔습니다. 제가 어떻게 잘못된 관습이라고 생각되는 것을 받아들여야 합니까?"라고 말했다.

◆ 토의 질문 ◆
① 켈리의 관점에 내포되어 있는 긍정적인 요소들과 부정적인 요소들을 설명해 보라.
② 케리의 생활 방식이 여성들에게 복음을 증거하는데 있어서 어떤 긍정적인 요소들과 부정적인 요소들이 작용할 것이라고 예상하는가?

제16장
문화적 연구에 대한 이해

올바른 선교 전략을 개발하는데 있어서 핵심적인 부분이 바로 팀과 동역자들이 섬겨야 할 특정한 종족 집단에 대해 이해하는 것이다. 지난 수백 년간 선교사들은 그들이 사역해야 할 다른 세계에 대한 사전 지식이 거의 없는 상태로 그곳을 향해 떠났다. 그러나 최근에는 교회가 선교 전략을 개발하는데 유용한 정보들을 과거 어느 때보다 풍부하게 접할 수 있는 축복을 누리고 있다.

주님의 일을 하는 데 있어서 열정은 매우 중요한 요소이다. 그러나 지식이 없는 열정은 심각한 문제를 초래할 수 있다(잠 19:2). 다음과 같은 불행한 상황을 생각해 보라.

우리 친구 라주(Raju)는 가출 청소년을 위한 사역을 시작하면서 현장 실태 조사를 하지 않은 실수를 범했다. 그는 이 사역의 필요를 느꼈고, 일련의 논리적 추론에 근거해서 이 필요를 채워줄 수 있다는 확신을 얻었다. 이런 일은 위험에 처한 아동들을 돕는 사역자들의 경우에도 마찬가지다. 많은 사람이 절박한 필요에 신속하게 대응해야 한다고 느끼고 있지만, 시간을 두고 이 문제나 상황에 대해 이해하고자 하는 노력은 부족한 실정이다. 라주는 청소년들이 왜 거리에서 방황하는지, 왜 학교에 가지 않는지 혹은 누가 이 일을 하고 있는지에 대해 이해하는 과정을 간과해 버렸다. 학교들은 학생들을 거의 방치하고 있었다. 그는 학교에 가지 않고 있는 청소년을 고용해 가출 청소년을 위한 자신의 활동을 돕게 했다. 그러나 그는 이 과정에서 아동노동법을 위반했다. 가출 청소년들은 이미 다른 프로젝트가 실시하는 직업 훈련을 받고 있었지만, 그들이 학교에 가기 시작했기 때문에 직업 훈련 과정을 수료할 수가 없었고, 한 해 전체를 잃어버리는 결과를 초래했다 (Burch, Sexton, and Murray 2009, 478).

이 장의 목적은 사회과학이 세계 선교의 핵심이라고 주장하는 것이 아니다. 오히려 선교사들에게 문화적 연구의 가치에 대한 이해와 전략 개발을 위한 유용한 도구를 제공하는데 그 목적이 있다. 그 다음에는 종족 집단 프로파일 작성, 복음에 대한 수용성 분석, 의사소통 전략 등과 같은 구체적인 내용들을 다룰 것이다.

1. 상황화

상황화는 예수 그리스도의 복음을 효과적으로 전달하기 위해 대상 종족을 이해하고 그들의 문화적 환경을 비롯한 전 세계에서 성경적인 가치가 반영된 삶을 살 수 있도록 돕는 것을 포함한다. 데이비드 헤셀그레이브(David Hesselgrave)와 에드워드 롬멘(Edward Rommen)은 "기독교 상황화는 청중의 고유한 문화적, 실존적 상황에 적중하는 방식으로 성경의 가르침에 충실하게 하나님의 인성, 사역, 말씀, 계획에 대한 메시지를 전달하는 것"(1989, 200)이라고 말했다.

상황화를 전체의 주제로 다룬 문헌들이 출간되었지만(Kraft 1979; Hesselgrave and Rommen 1989; Moreau 2012), 우리는 여기서 문화적 연구와 관련된 중요한 영역에 대해 잠깐 살펴보고자 한다. 이러한 연구는 전략가들에게 특정 종족 집단의 신념 체계, 사고 방식, 의사 전달 방식, 생활 방식 등에 대한 올바른 이해를 도와 준다.

이러한 정보를 아는 것은 상황화된 전략을 개발하기 위한 기본 과정에 해당한다. 이러한 이해는 데이톤과 프레이저가 "종족을 이해하는 것은 복음화를 위한 전략 개발의 핵심이다. 이것은 전략 개발에 있어서 반드시 다루어야 할 모든 단계들을 위한 기초를 제공해 준다. 특정 종족 집단에 대한 다양한 측면들을 이해할 때 비로소 복음을 전하는 최상의 방법을 볼 수 있게 된다"(1980, 147)고 언급한 바와 같이 선교 전략을 개발하는 데 매우 중요한 역할을 담당한다.

2. 그들을 어떻게 이해할 것인가?

문화적 연구에 대한 많은 방법론들이 존재하고 있지만, 우리는 다음에 열거한 기본적인 영역들에 대해 올바른 정보와 지식을 갖고 있을 때 전략 개발에 큰 도움이 될 것이라고 믿는다. 비록 사회적이고 인류학적인 지혜가 전략가들에게 매우 큰 가치가 있는 것이 사실이지만, 사회과학자를 양성하는 것이 우리의 목표는 아니다. 우리는 이러한 영역들이 선교사들과 팀이 섬겨야 할 종족을 더 깊이 이해하고 복음을 전달하는 최상의 방법을 모색하고 그들 가운데서 지상명령을 성취하는데 도움을 줄 것이라고 기대한다(문화적 연구와 관련된 다양한 온라인 자료들을 탐구하는 출발점으로 http://www.mislinks.org/understanding/을 참고하라).

1) 지리적 영역

지리적 영역은 그들이 어떻게 살고 있는가에 대한 많은 정보를 제공해 준다. 한 도시의 변두리에 위치한 판자촌이나 빈민가 집단은 도심 한복판에 있는 고층 아파트 주민들과는 전혀 다른 사고 방식과 생활 방식을 갖고 있다. 인디애나폴리스(Indianapolis)에 사는 필자(J.D. 페인)는 이 현실을 경험한 바 있다.

필자가 사는 지역의 기차 철길을 건너 북쪽으로 두 세구역 정도를 지나면 멋진 백화점들과 고급 식당들로 가득차 있는 도시의 변화가 있다. 반면에 이 철길의 남쪽 지역은 낡고 초라한 주택들과 상점들로 채워져 있고, 창문들은 강도를 예방하기 위해 철창으로 막혀 있다. 전략가들은 해당 지역의 지도를 입수해야 한다. 숲이나 강 혹은 산과 같은 자연 지대와 도로나 철길 혹은 산업 공단과 같은 인공적으로 개발한 지역을 구분하는 경계 표지를 파악해야 한다. 지도를 보며 전략가들은 다음과 같은 질문을 할 수 있다.

① 이러한 경계 표지가 사람들의 일상적인 교통 경로에 어떤 영향을 주고 있는가?
② 이 지역의 지리적 특성이 사람들이 일하고 휴식하고 생활하는 데 있어서 어떤 영향을 주고 있는가?
③ 이 지역의 지리적 특성이 사람들의 관계 네트워크에 어떤 영향을 주고 있는가?
④ 서로 다른 집단들이 서로 다른 모임 장소를 찾게 하는 지리적

장애물이 존재하는가?(지리적 영역에 대한 보다 자세한 자료는 http:/www.mislinks.org/understanding/maps/를 참고하라).

2) 인구통계학적 영역

인구통계학적 영역은 통계를 사용하여 사람과 사회를 이해할 수 있게 해 준다. 많은 국가, 지역, 지방 정부가 통계학적 정보들을 수집하고 활용하고 있지만, 세계의 일부 지역에서 이러한 정보를 입수하는 것은 다른 지역에서 보다 더 어려운 경우가 많이 있다.

다행히도, 사회과학자들은 정부가 제공하는 통계 자료외에도 풍부한 자료들을 입수할 수 있게 되었다(예를 들면, http://www.mislinks.org/understanding/statistics/ 와 http://www.worldmap.org/를 참고하라). 인구통계학적 자료들을 입수하여 전략가들은 다음의 질문을 할 수 있을 것이다.

① 어떤 사람들이 여기에 살고 있는가?
② 그들의 연령은 어떻게 분포되어 있는가?
③ 그들의 결혼 상태는 어떠한가?
④ 그들의 소득 수준은 어떠한가?
⑤ 그들의 교육 수준은 어떠한가?
⑥ 그들의 문자해독율은 어떠한가?
⑦ 그들의 주요 직업은 무엇인가?
⑧ 사회가 발전하고 있는가? 쇠퇴하고 있는가? 변화율이 어떻게 되는가?
⑨ 어떤 종족 집단들로 구성되어 있는가?
⑩ 각 종족의 규모는 어느 정도인가?

⑪ 가장 자주 발생하는 범죄 유형은 무엇인가?
⑫ 주요 종교는 무엇인가?

이러한 정보는 팀사역자들에게 그 지역에서 발견할 수 있는 일반적인 생활수준을 파악할 수 있게 해 준다. 만약 많은 다양성이 존재한다면, 인구통계학적 정보는 그 사회에 대한 올바른 안목을 갖도록 도와 줄 수 있다. 인구통계학적 정보는 해당 종족에 대한 접근 전략을 개발하는데 있어서도 유용하다. 만약 그 종족이 구술적 학습 방식을 선호한다면 이 현실을 고려하여 의사소통 전략을 개발해야 할 것이다.

참고자료 16.1
북미 원주민 선교

다음의 인용문에서 브루스 테리(Bruce Terry)는 선교 활동에 장애가 될 수 있는 북미원주민과 미국 주류 사회의 영국계 미국인들 사이의 문화적 장벽에 대해 언급한 바 있다. 그의 관찰은 선교 전략을 개발하는데 있어서 문화적 연구의 중요성을 일깨워 주고 있다.

인디언 원주민과 백인들 사이에 존재하는 전도에 대한 장벽은 적대감이다. 적대감은 인디언 부족들마다 그 정도가 차이가 있다. 아리조나(Arizona)의 호피(Hopis) 족은 오래된 오라이비(Oraibi) 마을 입구에 "경고. 경고. 외부의 백인 출입을 금지한다. 그 이유는 당신들은 우리 부족의 법을 준수하지 않았고, 당신들의 법도 지키지 않았기 때문에 이 마을은 당신들의 출입을 허가하지 않는다"는 경고문을 내 걸었다. 이러한 적대감을 극복하고 신뢰를 회복하는 데에는 오랜 시간이 필요하다. 일부 부족들은 과거의 전통과 부족의 결속을 유지하는데 있어서 엄청난 사회적 압박을 받고 있다. 특히 그리스도인이 된 사람은 그가 속한 사회에서 추방되기도 한다. 이러한 현상은 특히 푸에블로(Pueblo) 부족과 같은 공동체 중심적 부족 사회에서 더 강하게 나타난다. 그리고 복음을 받아들이는 것에 대해 강한 사회적 압력을 행사하고 있는 어느 부족이 외부자들에 대해 패쇄적인 입장을 취하고 있을 때, 그 사회 내부의 반대파들도 또 하나의 장애 요소가 되기도 한다. 미남침례교가 선교해 온 주니(Zuni) 족의 경우도 어린이들을 교육하는데 있어서 몇 개의 큰 그룹보다는 여러 개의 작은 그룹으로 나누는 것이 매우 효과적이라는 사실을 알게 되었다. 그 이유는 만약 주니 족의 어느 분파가 속해 있는 큰 그룹에 다른 파벌 세력의 자녀들이 포함되어 있다는 사실을 알게 되면 더 이상 자녀들을 교회에 보내지 않는 것을 볼 수 있다.

그러나 대다수의 선교 단체들에 경험해 온 사역의 실패는 단순히 인디언의 독특한 문화 때문만은 아니었다. 오히려 가장 큰 문제는 선교사들이 인디언 문화에 대한 적절한 이해가 부족했기 때문이었다. 최근에 인디언 복음화를 위해 개최된 어느 초교파적 세미나에서 MARC 소식지는 "미국의 인디언 부족들을 위한 선교가 실패한 것은 선교사들과 인디언 부족들 사이에 엄청난 문화적 차이가 있다는 사실을 올바로 인식하는데 실패했다는 것을 의미한다"고 강조했다. 문제는 선교사들이 오랫동안 미국에서 사용해 온 전통적인 방식으로 그들을 전도하기 위해 노력해 왔는데, 사실상 그들은 외국의 타문화 선교에 필요한 전도 방법을 필요로 하고 있었다. 대다수의 인디언들이 제2의 언어로 영어를 사용하고 있었기 때문에 선교사들은 인디언의 고유 언어를 배울 필요를 느끼지 못했다. 그러나 영어는 그들의 고유 언어와 같은 의사소통을 하지 못하게 하는 장애물이 되었다. 더 나아가 언어의 제약으로 인해 인디언 문화의 깊은 영역에까지 접근할 수 없는 한계를 드러냈다. 사실상 선교사들은 인디언 문화에 대해 거의 이해하지 못했던 것이 사실이다(1975).

◆ 토의 질문 ◆
① 만약 당신이 호피 족을 대상으로 사역하고자 한다면, 사역을 시작하기 전에 어떤 문화적 그리고 역사직 배경을 알아야 할 필요가 있겠는가?
② 왜 일부 선교사들이 인디언 언어를 배우지 않았다고 생각하는가? 이 문제가 선교사들의 단기 전략과 장기 전략에 어떤 영향을 줄 수 있겠는가?

3) 문화적 영역

문화적 연구를 통해 얻은 정보는 사람들의 마음을 이해하는데 있어서도 도움을 줄 수 있다. 문화적 연구는 공동체의 정신을 들여다

보는 창을 제공해 주기도 한다.

어느 종족 집단이 불교를 공식적인 종교로 인정하고 있어도 가정에서나 일터에서 불교 신자로서 살고 있기 보다는 오히려 정령숭배적 세계관에 더 큰 의미를 부여하고 있을 수도 있다. 이 영역과 관련하여 다음과 같은 질문을 할 수 있을 것이다.

① 그들의 일상적인 생활 방식은 어떠한가?
② 그들의 일반적인 마음 가짐은 어떠한가?
③ 그들의 주된 관심사는 무엇인가?
④ 그들은 무슨 일에 의미를 부여하는가? 왜 그런가?
⑤ 그들의 마음의 상처는 무엇인가?
⑥ 그들은 무엇을 두려워하는가?
⑦ 그들은 무엇을 가장 기뻐하는가?
⑧ 그들의 미래의 희망은 무엇인가?
⑨ 그들은 가족과 자녀에 대해 어떤 의미를 부여하고 있는가?
⑩ 그들은 교육에 어떤 의미를 부여하고 있는가?
⑪ 그들은 일에 대해 어떤 의미를 부여하고 있는가?

4) 영적인 영역

사람들의 종교성은 선교 전략가들에게 매우 중요한 정보이다. 단순히 그들의 종교가 무엇인가를 이해할 뿐만 아니라 그들의 영성을 파악해야 한다. 전 세계의 많은 지역에서 한 개인이 공식적으로, 민족적으로 혹은 가족적으로 세계 주요 종교 가운데 하나의 회원이 될 수 있겠지만, 그 종교의 공식적 교리가 그의 일상 생활에는 큰 영향을 주지 못하는 경우가 많이 있다. 특정 종족 집단의 영성을 연구하는 사람은 다음과 같은 질문을 할 수 있을 것이다.

① 그들은 어떤 영적 환경 가운데서 살고 있는가?
② 일상 생활 가운데서 영적인 문제에 대해 얼마나 관심을 갖고 있는가?
③ 영적인 문제에 대해 적대적인가, 매우 높은 관심을 갖고 있는가, 무관심한가, 아니면 무지한가?
④ 종교적 건축물들의 양적인 규모가 어느 정도인가?
⑤ 서로 다른 종교 집단의 인구 비율은 어떻게 되는가?
⑥ 종교적 상품을 판매하는 상인들이나 주술사 등이 얼마나 되는가?
⑦ 그들 가운데서 사역하고 있는 팀들이 있는가?
⑧ 복음적인 그리스도인들이 있는가?
⑨ 전체 인구와 대비하여 복음적인 교회의 비율이 어떻게 되는가?

이러한 질문들에 대해 정보를 제공하고 있는 온라인 자료들이 많이 있지만(예를 들면, http://www.mislinks.org/understanding/folk-religions/ 등), 우리가 반드시 알아야 할 세부적인 질문들에 대한 모든 정보를 제공해 주지는 않는다.

5) 역사적 영역

과거는 언제나 현재에 영향을 끼친다. 연구자는 사람들과 종족 집단의 역사에 대해 연구해야 한다. 만약 그 사회가 유동인구가 많거나 매년 높은 이주 비율을 보일 때는 이민의 역사에 대해서도 살펴 보아야 한다. 왜 그들이 이주하는가? 무엇이 그들을 공동체를 "떠나게" 하고, 무엇이 그들을 새로운 공동체로 "들어오게" 하는가? 역사에 대한 연구는 그 종족 집단과의 접촉점을 발견할 수 있도록 도와줄 뿐만 아니라 피해야 할 대화의 주제들에 대해서도 알려 준다.

6) 정치적 영역

정치는 사람들의 일상 생활과 사고 방식에 직접적인 영향을 준다. 어떤 정당이나 정치적 이념을 선호하는가? 만약 그들이 다른 지역에서 이주해 왔다면 그들이 이 곳에 오기 전에 갖고 있던 정치적 관점도 파악해야 할 필요가 있다.

필자(J. D. 페인)는 하이티(Haitian) 출신 운전자의 택시를 타고 뉴욕의 거리를 지나가 본 경험이 있다. 그 운전자와 대화 중에 그는 오랫동안 미국에서 살아 왔지만, 여전히 그의 본국인 하이티의 가족과 친구들과 긴밀한 관계를 유지하고 있는 그 도시의 하이티 이주민 사회의 일원으로서의 강한 유대감을 갖고 있었다. 그는 또한 하이티의 정치적 상황에 대해 매우 높은 관심을 보였다.

7) 언어적 영역

언어는 한 개인의 마음과 세계관을 볼 수 있는 창문 역할을 한다. 선교사들은 해당 종족 집단의 구어적 표현을 비롯하여 언어를 배워야 한다. 공식 언어도 생존을 위해 필요하지만, 사람들의 모어(heart language)를 배우는 것은 그들의 세계관을 보다 정확하게 이해할 수 있는 출발점이 될 수 있다(타문화 의사소통에 대한 자료는 http://www.mislinks.org/communicating/intercultural-communication/을 보라).

> **참고자료 16.2**
> **모든 전도가 다 같은 것은 아니다.**

복음은 결코 변하지 않는다. 이 복음의 메시지는 어디에서나 동일하다. 물론 그리스도의 복음이 다른 문화적 상황 가운데로 건너갈 때 이 메시지를 전달하는데 있어서 도전에 직면하게 된다. 선교 학자들은 복음의 메시지를 어떻게 상황화하여 전달할 것인가에 대해 고려해야 한다고 주장한다.

선교 전략가들이 다음 네 가지 유형의 전도(Winter and Koch 2009를 보라)를 염두에 둘 때 사회에 대한 이해와 전략 개발에 도움이 될 수 있다. 각각의 유형들마다 복음을 증거하는 서로 다른 방법이 요구된다.

이 네 가지 유형의 차이는 언어가 아니라 문화에 있다. 언어가 문화의 차이의 한 부분을 담당하고 있지만, 결정적인 요인은 아니다. 지리적인 요인도 다음의 유형들을 규정하는데 있어서 결정적 요인이 될 수 없다. 같은 도시에서 전도해도 전도자는 그 도시내에 존재하는 문화적 차이에 따라 서로 다른 전도 방법을 사용해야 할 필요가 있다.

E-0. 이 유형의 전도는 일반적으로 명목상의 신자로 분류되는 개인이나 예배와 교제를 위해 교회에 온 사람들 가운데서 찾아볼 수 있다. 예를 들면, 주일 예배 중의 전도적 설교를 통한 전도 등이 이 유형에 해당한다.

E-1. 이 유형의 복음전도는 동일한 문화권에 속해 있는 사람들에게 복음의 메시지를 전하는 것이다. 복음을 전하는 사람과 청중 사이의 문화적 차이가 크지 않거나 거의 없다. 문화적 동질성과 함께 전달자와 청중의 언어도 동일한 것이 특징이다. E-1은 선교지와 유사한 문화적 배경을 가진 사역자들이 교회를 개척할 때도 적용할 수 있다.

E-2. 이 유형은 전도자와 사역지 사이에 약간의 문화적 차이가 있는 지역에서의 전도와 교회개척을 말한다. 언어가 같을 수도 있고 다를 수도 있다. 미국 선교사가 서구 유럽에서 전도 사역에 참여하는 것이 이 유형에 해당한다.

E-3. 선교사와 선교지의 문화에 큰 차이가 있는 상황 가운데서의 전도와 교회개척이 이 유형에 속한다. 전도와 교회개척 사역을 수행하는 데 있어서 많은 문화적 차이와 장벽이 존재한다. 앞서 언급한 바와 같이 이 유형도 언어와 지리적 여건은 E-3 유형을 결정하는 핵심적인 요소들은 아니다. 예를 들면, 미국 선교사가 중국에서 사역할 때 세계관과 문화의 극명한 차이가 교회개척과 성장을 어렵게 할 수 있다.

◆ 토의 질문 ◆
① 문화적 연구가 각각의 유형들을 보다 보다 더 심층적으로 이해하는데 있어서 어떻게 유익을 줄 수 있겠는가?
② 전도와 선교에 대한 당신이 경험한 부르심과 사명은 이 네 가지 유형들 가운데 당신은 어디에 속해 있다고 생각하는가?

8) 경제적 영역

한 개인이나 집단의 경제 상황에 대한 정보는 그들의 가치관과 일상 생활 방식에 대한 많은 통찰을 얻게 해 준다. 지위, 안전, 권력, 교육 등은 모두 경제력과 직접적인 연관성을 갖고 있다. 그러나 부유함이 단순히 돈의 문제만은 아니다. 현금 위주의 경제력이 전 세계 대다수의 사회를 지탱하는 근간이 되어 있지만, 모든 사회가 다 그런 것은 아니다. 농업, 가축업, 특정한 물물교환 제도 등이 그 자리를 대체하는 경우도 있다. 현금은 없지만, 많은 동물들을 보유하고 있는 사람이 그 공동체에서 가장 부유한 사람일 수도 있다. 다음과 같은 질문들을 고려할 필요가 있다.

① 평균적인 소득 수준은 얼마인가?
② 무엇이 "부유한" 사람으로 인식되게 하는 요소들인가?
③ 가난의 기준은 무엇인가?
④ 그 사회는 현금 중심의 경제 사회인가?
⑤ 사람들이 출세를 위해 어떤 노력을 하고 있는가?

참고자료 16.3
춤: 축복인가 골칫거리인가?

다음의 이야기는 미국 복음주의연맹선교회(The Evangelical Alliance Mission, TEAM) 소속의 찰리 데이비스(Charlie Davis) 선교사가 베네주엘라(Venezuela)의 카라카스(Caracas)에서의 사역 경험을 바탕으로 기술한 것이다. 이 인용문에는 저자의 상황화의 문제를 어떻게 해결했는가를 보여 주고 있는 것은 아니지만(원문의 전체 내용을 참고하라), 문화적 충돌이 발생되었을 때 제기될 수 있는 문제를 잘 설명하고 있다. 비록 이 이야기와 관련된 베네주엘라에서의 전체적인 배경에 대해서는 완전히 이해할 수는 없겠지만, "토의 질문"을 참조하여 문화적 연구의 가치에 대한 당신의 생각을 제시해 보라.

나는 춤을 죄라고 생각하면서 성장했다. 초등학교 6학년때 부모님은 체육시간의 활동 가운데 하나인 스퀘어 댄스(square dance)에서 제외시켜 주도록 요청하는 편지를 선생님에게 보내기도 했다. 내가 성장하는 과정에서 만난 유일한 춤은 할머니의 텔레비전을 통해 본 로렌스 웰크 쇼(The Lawrence Welk Show)의 폴카 춤이 전부였다.

15년전에 아내와 함께 가톨릭교회가 주류를 이루고 있는 베네주엘라에서 교회개척을 시작했다. 기존의 복음적 교회들은 내가 성장했을 때와 거의 비슷한 전통을 갖고 있었다. 그러나 우리는 언제든지 꺼버릴 수 있는 텔레비전과는 달리 이웃과 마을에서 거의 매일 밤늦게까지 벌어지는 춤과 음악 파티를 듣고 볼 수 밖에 없었다. 우리의 해결책은 귀마게를 사서 꽂은 다음 베게로 귀를 막고 선풍기를 빨리 돌려 더 큰 잡음을 만들어 내는 것이 전부였다. 우리에게 춤은 좋게 말하면 성가신 골칫거리였고, 나쁘게 말하면 음탕한 행동을 조장하는 사탄의 도구에 불과했다. 우리는 춤이 그들의 문화에 있어서 핵심적인 부분을 차지하는 베네주엘라의 문화적 전통에 대해 거의 아는 바가 없었다(1997, 50).

◆ 토의 질문 ◆
① 데이비스의 태도가 베네주엘라에서의 전도에 어떤 장애를 초래할 수 있겠는가?
② 데이비스 부부가 베네주엘라 사람들에 대해 오해했다는 것을 인정했을 때 그 결과로 어떤 변화가 일어날 수 있겠는가
③ 문화적 연구가 데이비스 부부의 사역 초기 단계에서 어떤 도움을 줄 수 있겠는가?
④ 모든 선교사들은 이와 유사한 오해를 할 수 있다. 이러한 오해를 극복하기 위해 선교사는 어떤 태도와 행동을 취해야 하는가?

9) 그들은 복음에 대해 무엇을 알고 있는가?

문화적 연구에 있어서 가장 중요한 질문은 복음에 대한 그들의 지식과 이해에 대한 것이다. 물론 이 질문에 대한 대답은 반드시 주류 사회의 보편적인 관점을 반영하고 있어야 한다. 세계의 일부 지역에서는 복음에 대해 알려져 있지 않지만, 어떤 지역에서는 복음에 대해 많이 이야기하고 있지만, 상당 부분에서 성경의 가르침에 대한 심각한 왜곡 현상을 볼 수 있다. 세계선교지도프로젝트(World Mission Atlas Project, http://www.worldmap.org/등을 비롯하여 이 주제에 대한 보다 심층적인 이해를 돕는 다양한 온라인 자료들이 있다. 제19장에서 이 주제에 대해 보다 자세하게 다룰 것이다).

10) 그들은 복음에 대해 어떤 반응을 보이는가?

문화적 연구에 있어서 또 다른 중요한 질문은 복음의 메시지에 대한 일반적인 관심도이다. 진리에 대한 지식도 중요하지만, 진리에 대한 그들의 태도나 반응은 또 다른 문제이다. 물론, 복음에 대해 잘 알지 못하지만, 높은 수용성을 보일수도 있다. 태도와 반응에 대한 문제는 제19장에서 자세히 언급하고 있다.

전략가들은 복음에 대한 보다 정확한 이해와 긍정적인 태도를 나타낼 수 있도록 돕는 계획을 개발해야 한다. 복음에 대한 그들의 태도는 이 복음을 전달하는 팀 구성원들의 경건하고 거룩한 삶과 이웃을 사랑하는 삶의 모본에 따라 달라질 수 있다. 복음에 대한 수용성이 극히 낮은 일부 지역에서는 사람들로 하여금 어떻게 복음에 대해 긍정적인 태도를 보이게 하는가에 바탕을 둔 전략을 개발해야 한다. 필자(J. D. 페인)는 어느 이슬람 국가에서 사역하고 있는 팀에게 내 강의를 듣는 학생들을 위해 그들의 사역을 소개하도록 요청한 바 있다. 그들은 해당 지역 학교의 청소년 학생들을 어떻게 체육 교육을 실시하고 있는가에 대해 설명했다. 그 팀의 발표는 신체적 건강에 관한 것이었다. 발표가 진행되는 동안 그 팀의 한 사람이 마약과 성적 문란에서 벗어나 건강을 되찾아야 할 필요에 대해 설명했다.

그 선교사는 어느 무슬림 지도자가 군중 앞에 나와 사람들에게 "우리도 이 미국인들처럼 살아야 합니다"라고 말했을 때 놀라움을 금지 못했다고 말했다. 이 사건은 진리에 대한 부정적인 태도를 긍정적인 방향으로 바꾸어 놓는 하나의 계기가 되었다.

3. 결론

문화적 연구는 전략 개발의 핵심 요소이다. 문화적 연구가 모든 문제들이나 오해들, 곤란한 상황들 혹은 실수들을 완전히 제거해 주지는 않는다. 그러나 사람들을 더 깊이 이해하기 위해 시간을 투자하는 것은 많은 시행착오를 줄여 줄 수 있는 가장 확실한 방법이다. 인간은 사회적 존재이며 사회속에서 상호작용하면서 살아간다.

선교지의 사람들을 올바로 이해하기 위해 지리, 통계, 문화, 영성, 역사, 정치, 언어, 경제 등의 제반 영역들을 탐구하는 것은 전략가들이 선교 전략을 개발하는데 있어서 없어서는 안될 중요한 분야이다. 사람들의 복음에 대한 지식과 태도를 파악하는 것은 효과적인 의사소통의 핵심이라고 할 수 있다. 이러한 정보를 입수하면 이제 종족 집단 프로파일을 작성할 시간이 된 것이다.

Developing A Strategy
For Missions

제17장
종족 집단 프로파일 작성

선교 전략가의 역할은 의사에 비유할 수 있다. 의사는 정확한 진단을 위해 혈압, 맥박수, 체온, 증세 등을 확인하고, 환자의 치료를 위해 방법을 결정한다. 선교 전략가들도 효과적인 전략을 개발하기 위해 필요한 각종 정보를 입수해야 한다.

페니실린(Penicillin)은 목이 아픈 환자에게 효과가 있지만, 다리가 골절되었을 때는 도움이 되지 않는다. 이와 마찬가지로 태국(Thailand)의 방콕(Bangkok)에 적합한 전략이 케냐(Kenya)의 마사이(Masai) 부족에게는 그렇지 않을 수도 있다. 각각의 종족 집단은 독특한 전략을 필요로 한다. 그리고 그 독특한 전략을 개발하게 위해 그 종족 집단에 대한 철저한 이해가 필요하다.

1. 종족 집단 프로파일이란 무엇인가?

미남침례교 해외선교회 소속으로 종족을 연구하고 있는 제임스 슬랙(James B. Slack)은 종족 집단 프로파일을 "특정한 종족 집단에 속해 있는 사람들의 생활, 활동, 사고, 일, 관계 등을 포함한 제반 삶의 방식을 서술한 보고서이다. 이 프로파일은 한 문화의 사회적, 종교적, 경제적, 정치적 관점과 인간관계를 보여주는 지도이다. 다시 말하면, 종족 집단 프로파일은 한 종족 집단에 대한 컴퓨터단층촬영(CAT scan)과도 같다. 이 프로파일은 선교사가 특정 종족 집단의 모든 각도에서 이해할 수 있도록 도와 준다.

참고자료 17.1
세계관 이해

종족 집단 프로파일을 작성하는데 있어서 핵심적인 요소는 바로 세계관(worldview)이다. 모든 사람이 세계관을 갖고 있지만, 거의 대다수의 사람들이 자신의 세계관을 의식하지 않고 살아간다. "당신의 세계관은 무엇인가?"(what is your worldveiw)라고 질문하면, 많은 사람이 "세계는 넓다"(The world is round)와 같은 대답을 한다. 선교에 있어서 세계관이란 무엇인가? 제임스 사이어(James Sire)는 세계관을 "실재(reality)의 본질과 구성 요소에 대해 의식적으로든 무의식적으로든, 일관적이든 비일관적이든 우리가 갖고 있는 일련의 전제들로서 우리가 살아가고 활동하고, 존재하는 토대를 제공해 주는 것이다"(2004, 17)라고 정의한 바 있다. 데이비드 버넷(David Burnett)은 세계관을 두고 "특정한 집단이 세계를 어떻게 이해하고 있는가에 대해 공유하고 있는 가치의 체계이다. 개인의 삶의 의미와 이해에 전체성을 부여하기 위해 일상적 경험은 이 가치 체계에 부합하는 방식으로 이루어진다"(2002, 13)라고 말한다. 사이어는 세계관이 다음과 같이 실재에 대한 일곱 가지 기본적인 질문에 대한 대답을 제시해 준다고 말했다.

① 무엇이 궁극적 실재인가?
② 외부의 실재, 즉 우리를 둘러싼 세계의 본질은 무엇인가?
③ 인간이란 어떤 존재인가?
④ 인간이 죽으면 어떤 일이 일어나는가?
⑤ 지식이 가능한 까닭은 무엇인가?
⑥ 무엇이 옳고 무엇이 그른지 어떻게 알 수 있는가?
⑦ 인간 역사의 의미는 무엇인가? (2004, 20)

사이어는 어떤 사람이 이러한 일곱 가지 질문에 대한 대답을 갖고 있을 때 그의 세계관은 명확하게 드러나게 될 것이라고 믿고 있다.

종족 집단의 세계관을 이해하기 위해 탐구하는 것은 단순하거나 쉬운 것이 아니지만, 매우 중요한 작업이다. 과거에는 종족 집단의 세계관을 이해하는데 소홀했던 것이 사실이다. 그 결과로 그들의 성경적 가르침은 문화의 심층부에까지 침투할 수 없었다. 이러한 현상은 곧 혼합주의의 결과를 초래하기도 했다. 사람들은 예수 그리스도를 영원한 구세주라고 믿지만, 그들의 세계관이 변하지 않았기 때문에 일상 생활 가운데서 발생하는 문제들을 해결하기 위해 주술사나 무당을 찾기도 한다. 선교사의 목표는 서구 세계관을 심어주는 것이 아니라 성경적 세계관을 받아들이게 하는 것이다.

◆ 토의 질문 ◆
① 의사결정에 대한 사회의 접근 방식이 전도에 어떤 영향을 주는가?
② 민속 종교는 고등 종교와 어떤 차이가 있는가?

표 17.1은 문화의 구조에 대해 설명하는데 도움을 준다. 사람들의 행동과 옷차림 등은 쉽게 관찰할 수 있지만, 선교사는 세계관의 더 깊은 차원에까지 다가가야 한다. 인터뷰와 질문을 통해 무엇이 옳고 무엇이 그른지에 대한 판단 기준과 관련된 도덕성을 이해할 수 있다. 보다 심층적인 질문을 통해 그들의 진리에 대한 신념과 세계관에 대해 이해할 수 있게 될 것이다. 이러한 노력을 통해 선교사는 문화의 심층적 차원을 파악할 수 있다.

표 17.1

(Kwast 1981, 363에서 인용)

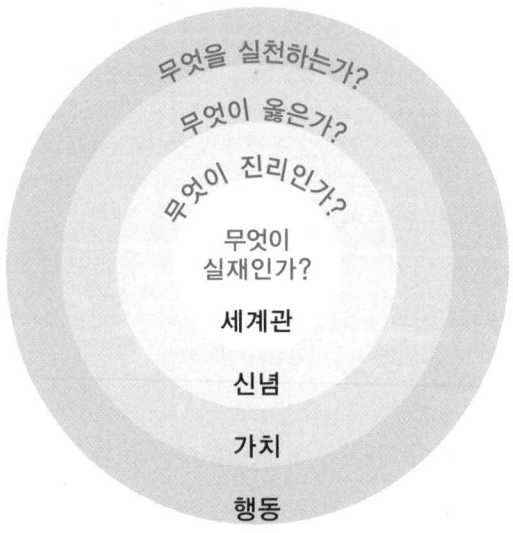

2. 왜 종족 집단 프로파일이 필요한가?

선교사는 거의 본능적으로 자신이 섬기는 종족 집단 가운데서 가능한 한 신속하게 복음을 전하고자 하는 열정을 갖고 있다. 그 결과로 그들은 종족 집단 프로파일을 작성하기 위해 노력하는 것을 시간 낭비라고 인식할 수도 있다. 이러한 사고방식에 공감이 가기도 하지만, 타문화 사역자는 이 단계를 생략하고자 하는 유혹을 극복해야 한다. 잘 만들어진 종족 집단 프로파일은 효과적으로 사역할 수 있게 해 줄 뿐만 아니라 장기적인 관점에서 볼 때 시행착오를 줄여 오히려 시간을 절약할 수 도 있다. 예를 들면, 동부아프리카에서 사역하고 있는 선교사가 어느 마을에서 성경을 가르치도록 허락받았다. 그는 일 년 동안 매주 성실하게 그 마을을 방문하여 큰 나무 그늘 아래에 앉아 성경 이야기를 들려주었다. 그는 성경의 창조 이야기에서부터 시작하여 예수 그리스도의 승천 이야기로 결론을 맺었다.

그가 마지막 이야기를 마쳤을 때 어떤 남자가 "당신의 이야기가 진실이 아니어서 애석하군요"라고 말했다.

"진실이 아니라니 그게 무슨 말입니까? 이 모든 이야기가 진실입니다"라고 선교사가 대답했다.

"진실이 아닙니다"라고 아프리카 사람이 소리쳤다.

그는 계속해서 "우리가 진실이 아닌 이야기를 할 때 이 나무 아래에 모입니다. 우리가 진실이 담긴 이야기를 할 때는 저곳에 있는 나무 아래에 모입니다"라고 말했다.

일부 예비 조사는 선교사의 시간과 노력을 절약해 준다. 종족 집단 프로파일을 작성해야 할 이유는 다음과 같다.

① 종족 집단 프로파일은 문화와 더불어 사람들이 복음에 어떻게 반응하는가를 이해하기 위한 토대를 제공해 준다.
② 종족 집단 프로파일은 사람들의 문화와 기독교 사이의 차이를 이해하게 한다.
③ 종족 집단 프로파일은 아프리카의 일부다처제 혹은 남아시아의 과부 불태우기 등과 같이 선교사가 다루어야 할 문제들이 무엇인가를 드러나게 한다.
④ 종족 집단 프로파일은 선교사에게 복음화에 대한 장벽과 가교의 목록을 제공해 준다. "장벽들"은 사람들이 그리스도께로 나아오는 것을 가로막는 문화적 요소들이나 종교적 신념 등을 말한다. "가교들"은 복음화 과정에 도움이 되는 문화적 요소들을

뜻한다. 예를 들면, 대다수의 정령숭배 문화권에서는 세상을 창조한 "지고신"(high god)을 믿고 있다. 이 믿음은 이러한 문화권을 복음화하는데 있어서 성경적 가르침을 전달하는 가교가 될 수 있다.

⑤ 종족 집단 프로파일은 선교사이 강조해야 할 성경적 교리들이 무엇인가를 이해하는데 도움이 된다.

⑥ 종족 집단 프로파일은 성경 교육에 있어서 학습 목표를 결정하는데 도움이 된다.

⑦ 만약 선교사가 성경 이야기를 들려주고 있다면 종족 집단 프로파일은 그들의 문화적 관심에 적합한 이야기들을 선택할 수 있게 해 준다.

⑧ 종족 집단 프로파일은 해당 종족 집단에 복음이 암시하는 바를 깨닫게 해 준다. 다시 말하면, 새신자들이 직면해야 하는 문제들이 무엇인가를 알게 해 준다.

⑨ 종족 집단 프로파일은 종족 집단의 학습 척도(learning scale)와 수용성 척도(receptivity scale)의 위치를 파악할 수 있게 해 준다.

⑩ 종족 집단 프로파일은 선교사가 새신자들로 하여금 혼합주의를 극복할 수 있도록 도움을 줄 수 있게 한다.[1]

이 목록의 마지막 열 번째 항목이 가장 중요하다. 과거의 개척 선교사들은 세계관에 대한 중요성을 인식하지 못했었다. 그 결과로 그들의 가르침과 설교는 사람들의 행동, 윤리, 신념의 변화(특히 영생에 대해)를 촉구했지만 그들의 세계관은 변화되지 않았다.

그 결과는 민속 기독교 혹은 혼합주의적 기독교를 초래하게 된

---

1 이 목록은 미국남침례교 해외선교회(IMB)의 국제선교훈련원(International Learning Center)에서 제임스 슬랙이 신임선교사 교육을 위해 사용한 자료를 승낙을 받아 인용한 것이다.

것이다. 민속 기독교는 예수 그리스도를 구원자로 믿지만, 그들의 일상적인 문제를 해결하기 위해 주술사나 무당의 도움을 구하는 것을 포함한다. 아프리카 교회 지도자들은 그들의 교회가 보여주고 있는 이러한 상황에 대해 한탄하고 있다. 미국, 브라질, 인도 교회 지도자들도 마찬가지이다.

혼합주의를 극복하는 한 가지 방법은 구원의 메시지가 완전히 상황화되는 것이다. 신학교들은 학생들에게 성경해석학을 통해 성경을 정확하게 해석할 수 있도록 가르친다(딤후 2:15). 또한 설교학을 가르쳐 학생들로 하여금 성경의 메시지를 명확하게 전달하게 한다. 선교사들도 성경해석학과 설교학을 필요로 하지만, 상황화된 의사전달 방법론에 대해서도 배워야 한다. 선교사들은 섬기고 있는 종족 집단의 세계관을 파악하여 복음의 메시지를 완전히 이해할 수 있도록 전달해야 한다.

콜롬비아국제대학교(Columbia International University)의 총장이었던 로버트 멕퀼킨(Robert McQuilkin)은 일본에서 사역한 바 있다. 그는 10여년간 일본 불교 문화권에서 영원한 삶에 대해 설교했지만, 회심자는 거의 없었다. 그는 얼마 후 일본 사람들이 자신의 의도와는 다른 방향으로 이해하고 있다는 사실을 알게 되었다. 불교의 기본적인 전제는 "삶은 곧 고통"이라는 것이다. 불교는 삶에서 오는 고통으로부터 벗어나거나 무(無, nonbeing)의 상태인 열반(*nirvana*)을 추구한다. 이와 같이 그가 예수님을 믿으면 영원한 삶을 살게 될 것이라고 설교할 때 불교 신자들은 그의 메시지를 "예수님을 믿으면 영원히 고통을 받을 것이다"로 해석할 수 있다. 그렇다면 그의 설교에 대해 청중이 냉담한 반응을 보인 것은 놀랄 일이 아니다. 그 다음부터 그는 "예수님을 믿으면 풍성한 삶을 경험할 수 있다"(요10:10)는 메시지를 강조하기 시작했다. 그가 풍성한 삶을 강조했을 때 일본인들은 그의 메시지에 반응을 보이기 시작했다. 물론, 그는 시간이 지남에 따라 영원한 삶에 대한 위대한 진리를 그들이 이해할 수 있는 방식으로 설명해 주었다(McQuilken 1995).

아시아에서 선교를 연구하고 있는 학자인 브라이언 겔로웨이(Bryan Galloway)는 종족 집단 프로파일의 중요성에 대해 "응용인류학 연구는 선교사들로 하여금 특정 종족 집단에 대한 사회문화적 문제들을 파악할 수 있게 해 줄 뿐만 아니라 그 종족의 제도와 문화적 양식을 통해 그 문제들을 해결할 수 있도록 도와줄 수 있다. 다시 말하면, 응용인류학적 접근은 종족 집단 가운데 이미 존재하고 있는 문화적 가교가 무엇인가를 규명하고 그것을 활용할 수 있게 해 준다…이 학문 분야는 선교사들이 전하는 복음을 그 종족 집단의 세계관에 적중하는 방식으로 전하는데 도움을 준다"(2006, 7)고 말한다.

3. 어떻게 종족 집단 프로파일을 작성할 것인가?

종족 집단 프로파일을 작성하기 위해 필요한 여러 가지 단계를 이해해야 한다(첨부 자료를 참고하라).

첫째 단계는 문화기술적 연구(ethnographic research)의 기초에 대한 이해가 필요하다. 이 분야에 대한 개괄적인 이해를 도와줄 수 있는 유용한 자료들이 많이 있다(예를 들면, Agar 1996; Fetterman 1998; Spradley 1979; Wolcott 2008 등).

둘째 단계는 종족 집단의 지리적 특성을 파악하는 것이다. 그 종족이 어디에 사는가를 이해하는 것은 무엇보다 중요한 정보이다. 규모가 작고 고립되어 있는 종족 집단의 지리적 환경을 파악하는 것은 상대적으로 쉽겠지만, 어떤 종족 집단들은 복잡하게 흩어져 있는 것을 발견할 수도 있을 것이다. 예를 들면, 대다수의 케냐 부족들은 그들의 고향 땅에서 살고 있지만, 상당수는 일자리를 찾아 나이로비(Nairobi)로 떠난 것을 볼 수 있다.

셋째 단계는 그 종족 집단에 대한 통계학적 연구이다. 여기에는 그 종족 집단의 인구를 파악하는 것이 포함된다. 얼마나 많은 사람이 살고 있는가? 물론 종족에 따라 100명에서 1억명에 이르기까지 그 수는 매우 다양하다. 전체 인구에 대한 통계뿐만 아니라 연령대별 인구 분포에 대한 자료도 필요하다. 어떤 종족 집단은 20세 이하의 어린이와 청소년들이 다수를 차지하고, 어떤 종족은 노년층이 절대 다수를 형성하고 있는 것을 볼 수 있다. 연령대별 인구 분포의 차이는 팀의 전략과 방법에도 큰 영향을 준다. 인구와 각종 통계에 대한 정보는 일반적으로 국제연합(United Nations, http://www.un.org/unsd/databases.htm), 갭마인더(GapMinder, http://www.gapminder.org/), 에스놀로그(Ethnologue, http://www.ethnologue.com/), 세계기독교데이터베이스(the World Christian Database, http://www.worldchriatiandatabase.org/wcd/), 선교지도프로젝트(the Mission Atlas Project, http://www.worldmap.org), 여호수아프로젝트(http://www.joshuaproject.net/) 등에서 찾아 볼 수 있다.

넷째 단계는 종족에 대한 연구를 실시하는 것이다. 해당 종족 집단과 관련된 서적과 신문, 인터넷 자료 등을 숙지하는 것도 좋은 출발점이 될 수 있다. 종족에 대한 연구는 많은 인터뷰(interview)와 대화를 통해서도 이루어 질 수 있다. 유용한 문화적 정보 제공자를 만나는 것은 이 과정의 핵심 요소 가운데 하나로서 그들은 선교사가 획득한 정보의 가치와 정확성에 대해 확인해 줄 수 있는 사람들이다. 선교사 혹은 지역연구자들은 문화적 연구에 따른 윤리와 법적 책임과 한계에 대해 숙지하고 준수해야 한다.

인터뷰를 실시할 때 서로 다른 연령 집단, 성별, 사회적 지위 등과 같은 광범위한 표본을 조사하는 것이 중요하다. 20세 청년의 대답과 80세 노인의 대답은 다르고, 남성의 관점과 여성의 관점이 다를 수 있다. 도시 거주자와 농촌 거주자의 반응도 차이가 있을 수 있다. 다양한 관점을 확보하는 것은 균형 잡힌 종족 집단 프로파일을 작성할 수 있게 해 준다. 또한 그들의 일상 생활을 관찰하는 것도 필요하다.

민족지학적 연구에는 출생, 성년, 결혼, 장례 등을 포함한 주요 의식과 의례 절차 등과 관련된 인간의 생활 주기에 대한 연구도 포함되어야 한다. 사람들의 가정생활 관습을 비롯한 하루 일과와 일정 등을 살펴보는 것도 유익하다. 가족 관계를 이해하는 것은 이 연구의 핵심이라고 할 수 있다. 남성과 여성의 역할이 구분되어 있는가? 자녀를 어떻게 양육하는가? 가정과 학교에서 자녀들은 어떻게 문화에 적응해 가는가? 가족 관계에 영향을 끼치는 요소들은 무엇인가? 등의 질문에 대한 대답을 찾기 위해 노력해야 한다.

문화의 또 다른 측면 가운데 하나는 그 종족 집단의 경제적 상황이다. 그들은 가난한가, 부유한가? 농부들인가, 어부들인가 혹은 광부들인가? 어떻게 부의 분배가 이루어지고 있는가? 농부들은 그들 자신의 땅을 소유하고 있는가, 다른 사람들이 소유하고 있는가? 그들은 경제 발전을 위한 잠재적 역량을 갖추고 있는가? 경제와 관련하여 그들의 필요는 무엇인가? 경제적 상황은 해당 종족의 규모가 클수록 다양성도 더 많아지는 것을 볼 수 있다.

그들의 배움의 방식에 대해서도 파악해야 한다. 그들은 구두학습자(oral learner)들인가 혹은 글을 통해 배우는 것을 선호하는가? 사람들의 문자 해독률은 어느 정도인가?? 어린이를 위한 학교가 있는가? 학교에 다니는 어린이의 비율은 어느 정도인가? 학교나 다른 교육 기관에서 학생들을 가르치는 일반적인 교육 방법은 무엇인가?

해당 종족은 어떤 통치 체계를 갖고 있는지에 대해서도 파악해야 한다. 국가적 통치 이념은 무엇인가? 지방 조직은 어떻게 구성되어 있는가? 지역 사회는 어떻게 운영되고 있는가? 그들의 의사결정 방식은 무엇인가? 지역 사회 혹은 지방 정부에서 영향력을 가진 사람들은 누구인가?

종족 집단 프로파일에는 종교적 상황에 대한 정보도 포함되어야 한다. 그들의 주요 종교는 무엇인가? 다른 종교들은 무엇이 있는가? 만약 있다면, 그들의 인구 비율은 어떻게 되는가? 그 사회에서 종교는 어떤 역할을 담당하고 있는가? 주요 종교적 의식, 축제 혹은 기념일은 무엇이고, 어떤 의미를 지니고 있는가? 그 종교의 핵심 교리는 무엇인가? 그들은 어떤 세계관을 갖고 있는가? 주요 종교 지도자들은 누구인가? 그들은 어떤 영향을 끼치고 있는가?

이러한 질문들을 비롯한 다양한 주제들에 대해 발견한 대답들이 종족 집단 프로파일을 작성하는 기초 자료가 된다. 이러한 정보들은 인터뷰나 대화를 통해서 뿐만 아니라 책, 논문, 웹사이트, 다큐멘터리, 신문 기사 등을 통해서도 입수할 수 있다. 종족 집단 프로파일이 다소 방대한 분량이 될 수도 있겠지만, 선교 전략가는 해당 종족 집단에 대해 최대한의 전문성을 갖추어야 한다. 종족 집단 프로파일을 작성하기 위해 수집된 이 자료들은 전략과 전술을 결정하는데 있어서 매우 중요한 역할을 담당할 것이다.

4. 선교사가 종족 집단 프로파일을 어떻게 활용할 것인가?

종족 집단 프로파일은 그 자체가 목적이 아니고 목적을 위한 하나의 수단이다. 목적은 그 종족 집단의 복음화에 있다. 종족 집단 프로파일은 팀이 내려야 할 많은 전략적 그리고 전술적 결정을 위한 정보를 제공해 준다. 예를 들면, 전도지를 나누어 주는 것은 일부 서구 사회에서 대중적이고 전통적으로 사용되어 온 방법이다. 그러나 구술적 전통을 가진 사회나 이러한 형태의 전도에 대해 적대감을 갖고 있는 지역에서는 다른 방법을 사용해야 한다.

경제적 상황에 대한 연구를 통해 얻은 정보는 인간의 총체적인 필요를 채워주는 사역을 위해 유용하게 활용할 수 있을 것이다. 사람들의 필요를 채워주는 사역은 그들로 하여금 복음에 대해 마음의 문을 열게 할 수도 있다. 필자(마크)는 서부 아프리카에서 43개의 마을을 방문하기 위해 주말여행을 떠난 적이 있다. 우리 팀이 방문한 마을마다 우물을 파 줄 것을 요청했다. 그 지역에서 사역하는 교회 개척 팀은 사람들의 신뢰를 얻기 위해 우물파기 사업을 지원할 것을 고려해야만 했다.

종족 집단의 세계관을 파악하는 것은 그들이 복음을 명확하게 이해할 수 있도록 전달하는데 도움을 준다. 세계 주요 종교들에 속해 있는 대다수의 신자들은 그들의 종교적 교리나 실천 사항들을 "순수하게" 실행하지는 않는다. 그들 대다수는 민속 이슬람, 민속 힌두교, 민속 불교에 해당한다. 이러한 현상은 세계 종교의 공식적인 교리나 전통을 배워왔던 선교사들에게 적지 않은 혼란을 가져다 줄 수 있다. 교과서에 나오는 전통적인 종교적 가르침과 현실 세계는 많은 차이가 있다.

대다수의 사람들은 종교적 전통과 정령숭배가 혼합된 형태의 관습을 취하고 있다. 그들은 이슬람 혹은 불교 보다는 정령숭배적 세계관을 갖고 있는 것이 현실이다. 이와 같이 선교사들은 혼합적이고 민속적인 종교 현상을 고려하여 전략을 개발해야 한다. 예를 들면, 태국에서 사역하고 있는 어느 선교 지도자는 태국 불교 신자들 가운데 기독교로 회심하는 사람들이 적은 이유가 세계관의 문제라고 지적한 바 있다(Cohen 1990 and 1991을 보라). 선교사들은 태국을 소승 불교 국가로 간주하고 있지만, 사실상 많은 태국 국민들이 불교 신자가 아닌 정령숭배자들이다. 종족 집단 프로파일은 전략적 의사결정을 위한 유용한 정보를 제공해 준다. 이 프로파일은 또한 선교사들이 해당 종족 집단을 더 깊이 사랑할 수 있도록 도와 준다.

사례 연구
예상하지 못했던 결과

어느 아프리카 개척 선교사는 그리스도인이 된 남성들이 여러 부인들을 거느리고 있다는 사실을 알게 되었다. 그 선교사는 이러한 관습이 죄악이기 때문에 모든 남성들은 첫째 아내만 남겨두고 다른 모든 아내들을 가족에게 보내야 한다고 주장했다. 여성들의 아버지들은 딸이 집으로 돌아오는 것을 거부했다. 그들의 아버지들은 딸을 시집보낼 때 받았던 지참금을 되돌려주고 싶지 않았던 것이다. 따라서 여성들은 갈 곳을 잃어버렸고, 그들과 자녀들을 부양할 수도 없게 되었다. 그 결과로 그들은 가족을 돌보기 위해 창녀가 될 수밖에 없었다.

◆ 토의 질문 ◆
① 선교사가 올바른 판단을 했다고 생각하는가? 선교사가 시도해 볼 수 있는 적절한 대안을 제시해 보라.
② 민족지학적 연구가 선교사로 하여금 올바른 결정을 하게 하는데 어떤 도움을 줄 수 있겠는가?

Developing A Strategy For Missions

제18장
의사소통 전략 개발

제17장에서 언급한 바와 같이 복음을 명료하게 전하는 것은 토착화되고 상황화된 교회를 설립하기 위한 핵심 요소이다. 만약 사람들이 복음을 올바로 이해하지 못한다면 그들의 믿음도 깊어질 수 없을 것이다. 더 나아가 잘못된 신학적 바탕위에 교회가 세워질 수 밖에 없는 결과를 초래할 수 밖에 없다. 이 장에서 우리는 복음과 성경적 진리를 효과적으로 전달하기 위해 필요한 요소들을 살펴볼 것이다.

1. 의사소통의 기능

의사소통은 선교사의 사역에 있어서 많은 역할을 담당하고 있다. 첫째, 의사소통은 종족 집단과의 의미있는 접촉을 가능하게 해 준다. 언어를 습득하는 것은 그들과의 의사소통을 가능하게 하고, 의사소통은 독백이 아닌 대화를 통해 이루어진다. 의사소통은 문화를 배우는 가장 중요한 방법이다. 언어는 문화를 이해하는 핵심적인 수단이기 때문이다. 독서와 관찰 등을 통해서도 문화를 배울 수 있지만, 적절한 질문을 하고 대답을 이해하는 과정을 통해 문화의 심층부 가운데로 나아갈 수 있다. 선교사의 최우선 관심사인 의사소통은 메시지를 전달하는 방법을 제공한다. 선교사들은 가장 위대한 메시지를 알고 있는 사람들이고 그들은 이 메시지를 정확하게 전달하기를 원한다. 의사소통은 또한 종족 집단의 반응을 확인할 수 있는 방법을 제공한다. 선교사가 메시지를 명료하게 전달하고 있는가를 확인할 수 있는 유일한 방법은 그들로부터 이 메시지를 어떻게 이해했는가에 대해 듣는 것이다.

2. 의사소통의 본질

의사소통은 언어적 혹은 비언어적 방식으로 이루어질 수 있다. 선교사는 말이나 글로 메시지를 전달할 수 있다. 말은 메시지를 부호화한 하나의 상징 체계이다. 진정한 의사소통은 양방향 대화를 통해 이루어진다. 한 쪽은 정보를 부호화하고, 다른 한 쪽은 그 부호를 해독한다. 간단한 과정 같아 보이지만, 사실상 그렇지 않다. 만약 당신이 컴퓨터 전문가의 강의를 들었을 때 그가 전달한 정보를 해독하는데 적지 않은 어려움을 겪을 수 있다. 문제는 그 메시지를 전달받은 수신자가 의미를 해독하는 과정에서 발생한다. 수신자는 자신의 문화, 지식, 개인적인 경험 등을 바탕으로 정보를 해독(해석)한다.

심지어 언어를 탁월하게 잘 구사해도 사용된 용어들에 대한 의미를 잘 이해하지 못할 수 있다. 이러한 의사소통의 문제는 영적인 진리나 컴퓨터 교육에도 동일하게 나타난다. 이와 같이, 지혜로운 의사전달자는 자신의 메시지를 수신자가 어떻게 해독할 것인가를 염두에 두어야 하고, 수신자의 반응을 확인해야 한다. 그 반응은 메시지를 어떻게 이해했는가를 보여 준다.

선교사들은 성경의 문화, 선교사 자신의 문화, 수신자의 문화 등 세 가지 문화를 다루어야 하는 벅찬 일을 맡고 있다. 이 상황을 세 문화 모델(three-culture model)이라고 한다. 선교사의 의사소통에 있어서 성경의 문화는 어린 시절부터 체득해 온 문화적 적응의 영향을 받은 선교사의 머리를 통해 여과된다. 그 다음에 선교사는 성경의 메시지를 해당 종족 집단의 수신자들에게 전달한다. 수신자는 이 메시지를 자신의 문화적 배경에 따라 해독(해석)한다. 따라서 선교사는 성경의 문화, 선교사 자신의 문화, 종족 집단의 문화를 이해해야 한다(Hesselgrave 1992).

선교사는 또한 비언어적 의사소통 방법을 배워야 한다. 비언어적 의사소통은 얼굴 표정, 자세, 손 동작, 개인 공간(사람 사이의 거리), 머리 동작, 인사, 신체적 접촉 등을 포함한다. 우리는 흔히 상대방의 말보다는 비언어적 신호를 바탕으로 즉각적인 의사결정을 하기도 한다(Gladwell 2005). 예를 들면, 미국인들은 손을 흔들면서 인사하지만, 한국인들과 일본인들은 고개를 숙인다. 남아메리카 사람들은 북아메리카 사람들보다 더 가까운 거리에서 대화를 나눈다. 일부 몸 동작은 문화에 따라 서로 다른 의미를 갖고 있다. 이것은 곧 선교사들은 반드시 언어적으로 그리고 비언어적으로 의사소통하는 방법을 배워야 한다는 것을 의미한다.

3. 어떤 언어를 사용해야 하는가?

특정한 종족 집단과의 의사소통을 위해 언어를 선택하는 것은 복잡한 문제이다. 예를 들면, 필리핀 남부의 사랑가니(Sarangani) 마노보(Manobo) 부족을 대상으로 사역하는 선교사는 3개의 언어 가운데 하나를 택해야 한다. 타갈로그(Tagalog)어는 국가의 공용 언어이고, 세부아노(Cebuano)어는 필리핀 남부 지방에서 폭넓게 사용되고 있는 언어이다. 그리고 사랑가니 마노보어는 이 부족이 사용하는 언어이다. 물론 선교사가 이 세 가지 언어를 모두 사용할 수 있다면 가장 이상적일 것이다. 그러나 대다수의 현지 선교 지도자들은 한결같이 하나의 언어만이라도 원활하게 사용할 수 있게 되는 것도 쉬운 일이 아니라고 말한다. 그렇다면 선교사는 어떻게 해야 하는가?

대다수의 사람들은 그들의 어머니로부터 배웠던 모어(heart language)로 복음을 들을 때 더 잘 이해할 수 있다. 많은 사람이 국가 공용어를 모어로 사용하지는 않는다. 이러한 의미에서 아마도 사랑가니 마노보어가 선교사가 습득해야 할 가장 적합한 언어일 것이다. 그러나 사랑가니 마노보어는 사용 범위가 넓지 않기 때문에 선교사가 이 부족 밖의 사람들과 의사소통하는데 제약이 따를 수 밖에 없다. 일부 선교사들은 국가 공용어나 지역적인 언어를 먼저 습득한 후에 부족 언어를 배우기도 한다. 이 경우에는 선교사가 2개의 언어를 배워야 하는 것이다. 다른 선교사들은 생존 혹은 여행에 필요한 최소한의 범위 내에서 국가 공용어나 지역 언어를 배운 후에 부족 언어 습득에 집중하여 비록 제한적이지만 3개의 언어를 모두 사용하기도 한다. 선임 선교사들과 자문 위원들은 풍부한 경험을 바탕으로 언어 습득에 대한 중요한 조언을 해 줄수 있을 것이다.

언어 습득은 선교 사역의 효율성을 가늠하는 핵심 요소이다. 탁월한 언어 능력은 메시지를 올바로 이해할 수 있도록 전달하는데 크게 도움이 될 뿐만 아니라 문화에 대한 보다 심층적으로 이해하는데 있어서도 매우 유용하다. 예를 들면, 세부 사람들은 "내가 접시를 깼다"(I broke the plate)고 말하지 않고, "접시가 깨졌다"(The plate "happend" to break)라고 말한다. 이 표현의 차이에는 세부 문화에서 개인적 책임을 받아들이는 것에 대한 중요한 정보을 내포하고 있다. 이것은 결과적으로 그들이 죄와 죄책감에 대해 어떻게 이해하고 있는가를 이해하는데 도움을 준다. 따라서 상황화는 적절한 언어를 선택하여 능숙하게 사용할 수 있도록 배우는데서부터 시작된다.

4. 누가 의사소통해야 하는가?

이 질문은 쓸모없는 형식적 질문같아 보이기도 한다. 선교사가 종족 집단들에게 복음을 전하지 않아야 한다는 말인가? 이 질문에 대한 대답은 상황에 따라 다르다는 것이다. 물론 선교사들은 언제나 예수 그리스도의 복음을 전할 기회를 찾아야 하지만, 일부 문화에서는 다양한 요소들이 누가, 누구에게 의사소통 해야 하는가를 결정하는데 영향을 줄 수 있다. 예를 들면, 대다수의 무슬림 국가에서 남성 선교사는 여성 무슬림들에게 복음을 전하는 것은 적절하지 않다. 그 반대의 경우도 마찬가지다.

어떤 문화권에서는 의사소통이 나이에 의해 좌우된다. 동부아프리카의 일부 지역에서는 동년배 집단 내에서만 중요한 정보를 공유한다. 어느 젊은 선교사가 케냐의 한 마을에서 연장자들을 대상으로 수차례에 걸쳐 복음을 전했다. 그들은 그 선교사의 말을 진지하게 들었지만, 별다른 반응을 보이지 않았다. 백발의 은퇴 목사인 아버지가 방문했을 때 이 젊은 선교사는 자신이 겪은 어려움에 대해 하소연했다. 아들은 아버지에게 "저와 함께 그들에게 복음을 전해 주시겠어요?"라고 부탁했고, 아버지는 "그렇게 하자"고 대답했다. 두 사람은 마을을 돌아 다니면서 노인들을 만나 아버지가 복음을 전하고 아들은 통역을 담당했다. 아버지의 말이 끝날 무렵에 모든 노인들이 예수 그리스도의 구원의 메시지를 받아들이기로 결정했다. 그 젊은 선교사는 노인들에게 "제가 이 메시지를 여러 차례 말씀드렸는데 왜 지금에서야 받아들이시는지요?"라고 물었다. 노인들은 "당신은 이런 진리를 우리에게 전달하기에는 나이가 충분하지 않다"고 대답했다. 북아프리카에서 사역하는 어느 선임 선교사도 함께 사역하는 모든 선교사들이 너무 젊다는 사실에 대해 한탄했다. 그는 "만약 선교사들의 나이가 좀 더 들었다면 더 많은 존중을 받게 되고 더 많은 사람이 주님을 영접할 수 있다. 그러나 이곳의 생활 환경이 너무 척박하기 때문에 선교사들이 머리가 백발이 되도록 머물지 않는 어려움이 있다"고 말했다. 이와 같이 문화에 따라 성별과 나이가 의사소통에 큰 영향을 미치는 것을 볼 수 있다.

서구 국가들에 대한 적대감과 불신이 팽배해 있는 지역에서는 존경받는 토착민이 복음을 증거하는 것이 더 효과적이다. 이렇게 할 때 복음과 교회가 비로소 낯선 외국 문화의 산물이라는 인식에서 벗어날 수 있을 것이다. 물론 개척 선교사에게 있어서 존경받는 토착민들을 전도하여 지도자로 육성해야 하는 어려운 과제가 남아 있다.

누가 의사소통해야 하는가에 대한 또 다른 대답은 "신뢰받는 사람"이다. 사람들은 메시지를 전하는 사람에 대한 신뢰가 있어야 그가 전한 메시지도 받아들이는 성향을 갖고 있다. 예를 들면, 자동차 영업사원이 "이 차는 주인이 주일날 교회에 갈 때만 사용한 차입니다"라고 말했다면 그의 말을 전적으로 신뢰할 수 있겠는가? 아마도 대다수의 고객들은 이 말을 믿지 않을 것이다. 왜냐하면, 미국에서 자동차 영원사원의 신뢰성은 그리 높지 않기 때문이다. 따라서 우리의 관심은 선교사들이 사람들의 삶이 근본적으로 변화될 수 있도록 격려하는 것이다. 사람들이 왜 선교사가 전한 메시지를 믿어야 하는가?

영적 변화를 위한 매개체가 되기 위해 선교사들은 그가 만나는 사람들로부터 신뢰를 얻어야 한다. 신뢰라고 하는 인간의 필요를 채우는 것이 전도의 진전에도 도움이 된다는 것을 알 수 있다. 사람들에 대한 사랑과 관심을 보여주고 그들의 필요를 돌보는 것이 이웃 사랑하기를 네 몸과 같이 하라는 계명에 내포되어 있다.

이와 같은 사랑이 신뢰를 형성한다. 더 나아가 선교사들은 겸손, 배우려고 하는 자세, 유용성, 관대함, 세심함, 신뢰성 등의 개인적 덕목이 선교지의 문화적 상황에 적합한 방식으로 드러날 때 그가 전하는 메시지도 신뢰를 받게 될 것이다. 무조건적인 사랑을 베풀고 이중 문화에 잘 적응할 때 우리는 믿을만한 사람이 될 수 있다. 이와 같이 선교사가 이웃 사람들에게 복음의 진리가 반영된 삶의 방식을 보여 줄 때 신뢰성을 얻을 수 있을 것이다.

5. 어떻게 의사소통할 것인가?

선교사가 종족 집단 프로파일을 작성할 때 의사소통 방식에 대해 특별한 주의를 기울여야 한다. 사람들이 서로 어떻게 의사소통하고 있는가? 어떻게 그들의 문화적 유산을 다음 세대에 물려주고 있는가? 학교 교사들이 어떻게 학생들을 가르치고 있는가? 그들은 어떤 배움의 방식을 선호하고 있는가? 이러한 질문들에 대한 대답은 그 종족 집단의 사람들과 효과적으로 의사소통하는 적절한 방식을 선택할 수 있도록 도와 준다.

대다수의 서구 선교사들은 설교나 강의와 같은 공식적인 의사소통 방식을 선호한다. 성경학교나 신학교에서 교수는 강의하고 학생들은 듣고 받아 적는다. 서구 교회들도 목사는 설교하고 청중은 조용히 앉아서 경청하는 방식의 예배가 일반적이다. 이러한 학교와 교회 배경을 갖고 있는 선교사들은 여전히 이와 같은 방식으로 영적 진리를 전하고 그들의 사역들에 있어서도 일방적인 공식적 의사소통 방식을 선호하는 본능적인 경향을 보이고 있다.

공식적 의사소통 방식이 많은 양의 인지적 지식을 전달할 수 있는 장점을 갖고 있지만, 이와 같은 방식의 의사소통은 사람들이 변화될 수 있도록 확신을 심어주는데는 한계가 있다. 연구에 따르면 청중은 설교나 강의 내용의 5%에서 10%정도만 기억할 수 있다고 한다. 청중이 반응을 보일 수 없거나 매우 제한적인 반응을 보일 수 밖에 없다는 것이 이러한 접근 방식이 갖고 있는 문제이다. 이 접근 방식은 또한 특정 문화에 속한 사람에게는 낯설거나 불편할 수 있다.

예를 들면, 아도니람 저드슨은 버마에서 6년 동안 공개적으로 설교했지만 사람들은 반응을 보이지 않았다. 그는 불교 스님들이 사람들에게 가르치는 모습을 지켜 보았다. 스님들은 버마 사람들이 자야트(zayats)라고 하는 휴식 공간의 바닥에 앉아 대화하는 방식으로 가르치는 것을 볼 수 있었다. 따라서 저드슨도 자야트를 짓고 날마다 몇 시간씩 그곳에 앉아 있었다. 거리를 오고 가던 사람들이 잠시 머물러 대화를 나누기 시작했고, 1년이 채 되지 않아 19명이 세례(침례)를 받기에 이르렀다(Judson 1883). 지역의 실정에 맞게 상황화된 의사전달 방식은 저드슨이 성장 과정에서 습득해 온 방식보다 더 효과적이었다.

최근 수년 간의 연구에 의하면 전 세계 인구의 60%이상이 구술적 의사전달 방식을 통해 배우고 있다고 한다(http://www.oralbible.com/oral-learning/statistics-facts을 참고하라). 이것은 그들이 읽기가 아닌 듣기를 통해서 지식을 습득하고 있다는 것을 뜻한다. 이것은 또한 배움의 방식 뿐만 아니라 사고 방식에도 영향을 주고 있다. 이 연구는 선교사들이 복음을 전하기 위한 구술적 방법을 개발해야 한다는 사실을 보여주고 있다. 여기에는 성경 이야기를 통해 성경의 메시지를 전달하는 방식도 포함되어 있다. 이 접근 방법 가운데 하나가 성경 스토리텔링이라고 부르기도 하는 연대기적 성경 이야기이다(http://www.oralitystrategies.org/strategies.cfm?id=1을 참고하라).

성경 내용의 75%가 이야기 형식으로 기록되어 있다. 성경 그 자체가 이 접근 방식을 취하고 있는 것이다. 연대기적 성경 이야기를 사용하는 선교사들은 일반적으로 창조의 이야기에서 시작하여 예수님의 승천 이야기로 끝을 맺는 과정 가운데서 성경의 메시지들을 전달한다. 대략 30개에서 150개 정도의 이야기에 이르기까지 선교사들이 사용하는 성경 이야기의 숫자도 다양하다.

성경 스토리텔링의 한 가지 장점은 청중이 구원에 대한 하나님의 전체적인 계획을 이해할 수 있게 해 준다는 것이다. 유월절의 어린 양과 희생 제물에 대한 이야기를 통해 청중은 하나님의 어린 양으로서의 예수 그리스도의 정체성을 알 수 있다. 이야기는 전 세계에 걸쳐 효과적인 방법이라는 것이 입증되어 왔다. 모든 사회는 이야기를 통해 그들의 전통과 문화를 다음 세대에 전달한다. 따라서 이야기는 친숙하고 편안한 의사소통 방법이라고 할 수 있다(Steffen 1996은 구술적 의사전달과 성경 스토리텔링에 대한 유용한 자료를 제공하고 있다).

선교사들은 복음을 전하기 위해 또 다른 문화적 접근 방법을 사용하기도 한다. 아랍어에서 시는 매우 중요하기 때문에 아랍 문화에서 시를 유용하게 활용할 수 있다. 수단 남부에서 사역하는 선교사들은 성경 이야기를 드라마(drama)를 통해 딩카부족에게 성경의 메시지를 전하고 있다. 노래는 영적 진리를 전달하는 방법으로 전 세계에서 사용되고 있다. 인도네시아의 발리(Bali) 그리스도인들은 정형화된 춤을 통해 메시지를 전달한다. 어느 선교사는 일련의 성경

이야기들을 춤으로 표현하기 위해 무용단을 조직했다. 개신교 선교사들은 윌리엄 캐리 선교사 이래로 지금까지 대중 매체를 사용해 왔다. 캐리와 그의 동료들은 성경을 번역하고, 인도의 여러 언어로 번역된 전도지를 개발하여 가능한 한 광범위하게 배부했다. 20세기 초부터 선교사들은 라디오, 텔레비전, 영화, 카세트 테이프, CD, DVD, MP3, 위성 방송, 인터넷 등을 활용하여 복음을 전해 왔다. 대중 매체는 최소한의 비용으로 많은 사람에게 성경의 메시지를 전달할 수 있는 장점을 갖고 있다.

그러나 대중 매체를 사용하는 선교사들은 수신자들의 반응을 살펴보기가 쉽지 않은 어려움을 겪고 있다. 대중 매체를 통한 의사소통은 누가 그 메시지를 듣고 어떤 반응을 보였는지, 수신자들이 어떤 영향을 받았는가를 파악하는데 적지 않은 어려움이 있는 것이 사실이다. 대중 매체를 사용할 때 직면하는 또 다른 문제는 서구적 사고 방식과 구성으로 만든 프로그램들이 주류를 이루고 있다는 점이다. 현명한 선교사라면 수신자들의 정보 습득 방식이 반영된 상황화된 대중 매체 프로그램을 개발해야 할 것이다.

예를 들면, 수년 전에 필리핀에서 미국 남침례교회 해외선교회가 전국에 방송되는 라디오 프로그램을 지원한 바 있다. 그 프로그램은 필리핀의 공용어로 번역된 노래와 설교들로 구성되어 있었다. 그리고 그 프로그램은 청중에게 방송이 끝난 후 성경통신공부 과정에 가입하거나 질문이나 관심을 적어 편지로 보내 줄 것을 요청했다. 이 형식의 프로그램이 일부 반응을 이끌어내기는 했지만, 개정된 프로그램이 더 효과적인 결과를 보여 주었다. 대중 매체 개발팀은 필리핀 사람들이 일일 연속극을 선호한다는 사실을 알게 되었다. 이 팀은 즉각적으로 작가와 배우들을 고용하여 기독교 드라마를 제작했다. 이 구성 방식의 프로그램은 많은 청취자를 확보할 수 있었고,

과거의 방식보다 열 배에 달하는 반응을 볼 수 있었다. 이와 마찬가지로, 중동 지역에서 다양한 언어로 제작되어 위성을 통해 전파되고 있는 기독교 방송 프로그램들은 이슬람권의 청취자들로부터 매우 긍정적인 반응을 얻고 있다(Sat-7; http://www.sat7.org을 참고하라).

대중 매체는 복음의 씨앗을 뿌리고 사람들과 접촉하는 매우 효과적인 방법이다. 그러나 매중 매체 그 자체로만은 영적 변화를 이끌어내기 어려운 것도 사실이다. 누군가가 이 대중 매체를 통해 메시지를 접하고 반응을 보이는 사람들을 대상으로 개인적이고 인격적인 육성의 과정을 발전시켜 나가야 할 것이다. 감사하게도, 이러한 후속 조치들이 직접적인 만남을 비롯하여 전자 우편(e-mail), 스카이프(Skype), 페이스북(Facebook), 트위터(Twitter) 등 각종 인터넷 기반의 통신 매체들(social network service)을 통해 이루어지고 있다.

6. 의사소통을 위해 고려해야 할 사항들

의사소통은 선교사의 핵심적 과업이다. 이 장에서 언급한 바와 같이 효과적인 의사소통에는 많은 요소들이 작용한다. 보다 나은 의사소통을 위해 다음과 같은 요소들을 제안한다.

① 전달자의 인상이 의사소통에 영향을 준다. 의사소통에 있어서 선입견은 현실적인 문제이다. 사람들은 무엇이 진실인가에 대한 자신의 인식에 따라 행동한다. 만약 어떤 사람이 수드소(Sudso)가 최고의 세탁용 세재라고 믿고 있다면 실제 품질에 상관없이 그 제품을 구입하는 것을 볼 수 있다. 만약 당신이 사역하고 있는 종족 집단이 서구인에 대한 부정적인 선입견을 갖고

있다면 당신이 그들을 얼마나 사랑하고 관심을 갖고 있는가에 상관없이 의사소통에 부정적인 영향을 줄 수 있을 것이다.
② 메시지 전달자의 개인적 성품이 의사소통에 영향을 준다. 만약 선교사가 언어를 잘 배웠고, 문화에도 잘 적응했을 뿐 아니라 사람들로부터 신뢰를 얻었다면 복음의 메시지를 믿을 가능성이 더 높을 것이다.
③ 의사소통에 있어서 첨단 기술을 사용하는 것은 도움이 될 수도 있고 장애가 될 수도 있다.
④ "누가" 그리고 "어떻게" 의사소통하는가는 메시지 전달에 영향을 준다. 세계관을 배우는 것도 중요하지만, 그들의 의사소통과 배움의 방식을 이해하는 것도 중요하다(D. K. Smith 1992, 18).

사례 연구
그들은 어떤 메시지를 들었는가?

어느 팀이 아프리카의 외진 마을에서 「예수」(Jesus) 영화를 상영하기 위해 여행을 떠났다. 팀 구성원들은 전기 발전기와 영사기를 설치하고 스크린으로 사용하기 위해 커다란 흰색 천을 매달았다. 한 번도 영화를 본 적이 없는 마을 사람들은 영화에 몰입하기 시작했다. 영화 상영이 끝났을 때 마을 추장이 "당신들이 우리 마을에 계속 머물기를 바랍니다. 당신들은 우리가 만나 본 가장 강력한 주술사들입니다. 어떤 주술사도 사람들이 천 위에서 걷고 말하게 하지는 못했습니다."

◆ 토의 질문 ◆
① 선교사들이 무엇을 잘못했는가?
② 의사소통 방식에 있어서 팀에게 어떤 변화가 필요한가?

제19장
수용성 분석

세계는 매우 큰 공간이다. 70억 명이 넘는 사람들이 여기에서 살고 있다. 이 가운데 40억 명 이상이 그리스도를 믿지 않고, 20억 명은 그들의 생애 가운데 단 한번도 복음의 메시지를 접하지 못했다. 심지어 미국의 뉴잉글랜드(New England) 주에서도 복음적인 그리스도인은 전체 인구의 3%에도 못미치는 것이 현실이다(Payne 2010을 보라). 복음은 어디에서나 필요한 상황이다. 이 광대한 세계에 흩어져 있는 어떤 사람들은 이 진리에 대해 매우 수용적이고, 어떤 사람들은 무관심하고, 어떤 사람들은 적대적이다.

문화적 연구 조사를 실시하고 종족 집단 프로파일을 작성할 때 복음에 대한 수용성 지수와 새로운 선교지의 필요를 분석해야 할 필요가 있다. 이 두가지 모두 효과적인 전략 개발을 위한 필수적인 정보들이다. 수용성을 분별할 수 있는 역량을 개발하는 것은 매우 중요하기 때문에 두 장에 걸쳐 이 주제를 다루게 될 것이다. 이 장에서 우리는 수용성 분석의 중요성에 대해 논의할 것이다.

1. 수용성이란 무엇인가?

성경은 모든 사람이 죄로 죽은 바 되었다는 사실을 명확하게 증거하고 있지만(엡 2:5), 모든 사람이 복음에 같은 방식으로 반응하는 것은 아니다. 어떤 불신자들은 하나님의 사랑의 메시지를 접하게 될 때 화를 내기도 하고, 어떤 사람들은 무관심한 태도를 보이기도 한다. 그러나 또 다른 사람들 가운데는 이 메시지에 대해 매우 수용적일 뿐만 아니라 더 자세하게 알기를 원하는 사람들도 있다.

이러한 현상은 성경에도 언급되어 있어 역사에서도 찾아볼 수 있다. 맥가브란은 "사복음서는 우리에게 평범한 사람들이 바리새인과 사두개인들 보다 복음의 메시지에 대한 수용성이 더 높았음을 보여준다. 기독교 역사의 초기 30년 동안 유대인들이 이방인들보다 복음에 대해 훨씬 더 마음이 열려 있었다. 유대 지방이 기독교화 된 이후 약 100년이 되었을 때에도 블레셋에서 아라비아에 이르기까지의 땅은 강한 이교도 지역으로 남아 있었다"(1970, 217)고 언급한 바 있다.

수용성이란 적절하게 상황화된 방법과 그들이 이해할 수 있는 방식으로 복음의 메시지를 직면한 개인, 종족, 사회의 반응을 서술한 것이다. 현명한 전략가라면 특정한 종족 집단이나 지역을 위한 선교 전략을 개발할 때 반드시 이 수용성을 문제를 다루어야 할 것이다.

필자(J. D. 페인)와 필자의 가족은 1년에 몇 차례씩 집에서 조금 떨어진 어느 과수원을 방문해서 딸기, 사과, 호박 등을 수확한다. 우리는 농부들이 아니기 때문에 각각의 농작물에 대한 추수 시기를 잘 몰라서 언제 방문해야 할지에 대해 결정하기가 어려웠다. 우리의 무지 때문에 우리는 그 과수원의 주인이 딸기, 사과, 호박의 수확철에 대한 정보가 적혀 있는 달력을 보내 줄 때까지 기다리곤 했다.

선교 학자들은 이 농부의 비유(요 4:35)가 수용성의 원리와 깊은 연관을 갖고 있다는 사실을 인정하고 있다. 마치 수확철이 된 과수원처럼 어떤 사람들은 회개하고 주님을 영접할 준비가 되어 있다. 아직 무르익지 않은 사과처럼 아직 추수할 때가 되지 않은 사람도 있고, 어떤 사람은 복음에 대해 거부 반응이나 냉담한 태도를 보이지만, 단지 열매를 맺기 위한 초기 단계의 생육 과정일 수도 있다.

2. 수용성이 왜 중요한가?

선교에 있어서 이 원리가 중요한 이유는 다음과 같다. 불행하게도 많은 전략가와 선교사가 이 원리에 큰 의미를 부여하지 않고 있는 것도 사실이다. 다음의 다섯 가지 이유를 고려해 볼 필요가 있다.

1) 성경의 예

신약성경 전체에서 예수님과 초대 교회는 수용성의 원리가 사람들에게 복음을 증거하는 데 있어서 영향을 주었던 것을 볼 수 있다(마 10:1-15; 막 6:7-13; 눅 9:1-6; 10:1-12; 행 13:44-52; 14:1-7; 16:38-40; 18:1-8).

2) 긴박성

전략가들은 개인적 그리고 우주적 종말론을 염두에 두어야 한다. 개인적 차원에서 볼때 사람들은 이 세상에서 영원히 살 수 없기 때문에 복음을 들어야 한다. 우주적 차원에서, 전략은 언제나 예수 그리스도의 재림에 대한 긴박성을 고려하여 개발해야 한다. 복음의 건강하고 긴박한 전파는 반드시 고려되어야 한다.

3) 높은 수용성의 결과

선교사들은 수용성이 높은 사람들 가운데서의 하나님 나라와 교회의 성장이 수용성이 낮은 사람들 가운데서 보다 훨씬 빠른 것을 본다. 이것은 명백한 진실임에도 불구하고 많은 전략가들이나 팀들이 언제나 그들의 전략에 반영하고 있지는 않는 것이 사실이다.

4) 한정된 자원

팀들은 주님께서 그들에게 맡겨 주신 과업을 완수하기 위해 주어진 시간, 돈, 사람 등의 자원은 무한하지 않다. 그러므로 전략가들은 하나님이 주신 한정된 자원들을 배치하는 최상의 자리는 복음의 메시지에 대한 수용성이 가장 높은 종족과 인구 집단들이라는 사실을 인식해야 한다.

5) 열린 사람들을 위한 지혜

현명한 전략가라면 가장 수용성이 높은 사람들에게 우선순위를 부여하는 계획을 개발할 것이다. 귀를 막고 복음을 거부하는 사람들보다는 빌립보 간수와 같은 질문(행 16:30)을 하는 사람들에게 자원과 노력을 우선적으로 투입하는 지혜가 필요가 있다. 이렇게 할 때 그 전략은 설득력을 높일 수 있을 것이다.

3. 수용성 원리에 대한 비판

수용성 원리에 대한 가장 일반적인 비판은 이 원리가 복음에 대해 적대적이거나 무관심한 사람들에 대한 선교의 중요성을 간과하고 있다는 것이다 예를 들면, 조지 하퍼(George Harper)가 이 문제를 제기했다. 그는 "특정 집단의 수용성을 측정하는 것은 어떻게 복음을 전해야 하는가를 결정하기 위한 기초 자료로 사용하기 위한 것이다. 수용성 원리는 복음에 대해 완고하게 저항하는 것으로 분류된 사람들은 피해야 한다는 것이다"(1892, 205)라고 비판한 바 있다.

하퍼의 지적이 타당한 면이 있다. 수용성의 지수에 따라 선택적으로 복음을 전한다면 예수님의 명령에 불순종하는 결과를 초래할 수 있다. 복음은 수용적인 사람들과 적대적인 사람들 모두에게 전파되어야 한다. 교회는 사람들을 구분하지 않고 누구에게나 복음을 전해야 한다. 누구도 그리스도의 복음으로부터 제외될 수 없다. 교회는 모든 민족에게 복음을 전해야 한다.

그렇다면 이 원리를 적용할 때 어떻게 복음에 대해 적대적인 사람들을 등한시하는 오류를 극복할 수 있겠는가? 만약 이 원리를 올바로 사용한다면 적대적인 사람들을 방치하거나 그들에게 팀을 보내지도 않는 일은 일어나지 않을 것이다. 오히려, 이 원리는 전략가들로 하여금 그들의 자원을 어떤 지역에 투입해야 할지에 대해 분별할 수 있게 해 준다.

예를 들면, 맥가브란은 "만약 수용성이 낮으면 교회가 선교 활동을 중단하고 철수해야 한다고 섣불리 결론을 내리지 않아야 한다. 수용성이 낮은 지역은 비교적 가볍게 접근하는 것이 올바른 정책이다…이러한 지역은 기독교에 의해 정복당할 수도 있다는 우려로 인해 더욱 더 저항의 강도가 높아질 수 있기 때문에 강도 높은 접근 방식은 피하는 것이 좋다"(McGavran 1990, 191)고 말했다. 낮은 강도의 접근은 현명한 전략적 결정이다. 다수의 인구가 복음에 대해 수용성이 높고, 소수가 이 진리에 대해 적대적인 반응을 보일 때 가장 수용성이 높은 집단에게 전략적으로 선교 역량을 집중하고 수용성이 낮은 지역에는 최소한의 자원을 투입할 필요가 있다. 수용성이 낮은 지역에서 사역하고 있는 팀은 다음 두 가지 측면에서 수용성이 높은 지역의 팀과 긴밀한 의사소통을 유지해야 할 필요가 있다.

첫째, 그들이 복음을 전함에 따라 이 진리에 대한 수용성의 지수에 어떤 변화가 일어나는가를 분별해야 할 필요가 있기 때문이다.

둘째, 수용성이 점차적으로 높아질 때 팀은 이 정보를 수용성이 높은 지역에서 사역하고 있는 팀과 공유하여 이 지역에 추가적으로 선교 자원을 투입해 줄 것을 요청해야 한다. 이 수용성의 원리가 갖고 있는 또 하나의 전략적 측면은 수용성이 낮은 지역이 추수할 준비가 되었을 때 다른 추수지역의 팀은 이미 훈련된 현지인 사역자들을 확보하고 있기 때문에 그들을 보내줄 준비가 되어 있다는 것이다.

4. 수용성을 측정하는 도구

수용성은 과학적으로 입증하기 어려운 실체이다. 수용성의 단계를 복음에 대한 반응의 정도에 따라 관찰할 수 있지만, 수용성 그 자체는 실험실에서 과학적으로 증명할 수 있는 것은 아니다. 1970년대 이후 수용성을 측정하는 세 가지 도구가 개발되었다. 다음의 도구들이 전략가들에게 유용하지만 결코 성령의 인도와 기도를 대체할 수 없다. 오히려, 이러한 도구들은 수용성과 같은 미묘한 주제의 실체를 이해하는데 도움을 줄 수 있는 단순한 자료에 불과하다.

1) 저항-수용성 지수

선교 학자들은 오랫 동안 사람들의 일반적인 수용성의 단계를 파악하기 위해 노력해 왔다. 이러한 시도는 한 집단의 보편적인 수용성을 파악하는데 목적이 있기 때문에 그 집단 구성원들이 모두 동일한 수용성을 갖고 있을 것으로 추정하지 않아야 한다. 이러한 노력들이 선교 전략을 개발하는데 있어서 많은 도움을 주었다. 맥가브란은 그의 저서 『교회성장이해』(Understanding Church Growth 1970, 228)에서 처음으로 저항과 수용성을 시각적으로 묘사한 바 있다. 표 19.1은 그가 개발한 수용성의 단계를 보여주는 지수이다. 이 저항-수용성 지수(Resistance-Receptiveity Scale)에서 A는 복음에 대한 수용성이 매우 높은 개인이나 집단을 묘사한 것이고, 반대로 수용성이 매우 낮거나 심지어 적대적인 경우를 E로 표시했다.

표 19.1: 저항-수용성 지수

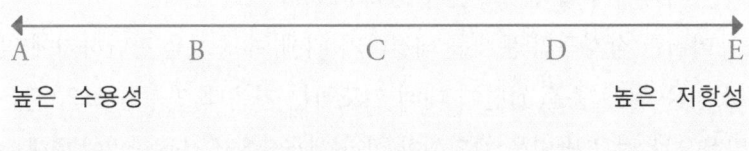

이러한 지수의 실제적인 유용성은 전략가들로 하여금 상황화된 접근의 중요성을 일깨워준다는데 있다(제15장을 보라). A단계의 지역에서는 거의 어떤 접근 방법도 제한없이 사용할 수 있다. 그러나 E단계 지역에서는 거의 어떤 방밥도 효과가 거의 없을 수도 있다. B, C, D단계의 개인이나 집단에 접근할 때는 지혜로운 전술적 접근의 정도에 따라 결과가 다르게 나타난다. 주님께서는 가장 나쁜 방법을 통해서도 역사하실 수 있지만, 일반적으로 나쁜 방법은 선교 사역에 장애를 초래할 수 있다.

수용성 분석 방법에 대한 평가에 있어서 하퍼는 선교 전략가들이 반드시 고려해야 할 매우 중요한 문제를 지적한 바 있다. 그는 "사람들의 반응의 차이는 의사소통의 역량과도 긴밀한 연관성을 갖고 있다…특정 집단의 저항성이나 수용성을 결정할 때 그들이 어떻게 반응하는가 뿐만 아니라 우리가 메시지를 어떻게 전달하는가도 고려해야 한다"고 했다. 다시 말하면, 선교사가 복음을 전하는 방법과 그들과 함께 살면서 보여주는 삶의 방식은 선교사들이 복음에 대한 수신자들의 태도를 어떻게 이해하는가에 매우 큰 영향을 끼친다. 하퍼는 "어느 특정한 문화권에서 개척 선교사가 복음을 처음 소개했을 때 부정적인 반응을 보였다면 선교사가 어떻게 사회적으로 이해할 수 없고 문화적으로도 적절하지 않은 방식으로 메시지를 전달했는가는 고려하지 않고 저항성이 높은 지역으로 취급받기도 한다. 그 다음에는 이 지역에서 자원과 인력을 빼내어 즉각적인 반응을 보장하는 지역에 투입하기도 한다"(1982, 208)고 비판했다.

이러한 잠재적인 문제를 해결하기 위해, 수용성을 판단하기에 앞서 팀은 해당 종족 집단에 대해 기도하는 가운데 연구한 그와 같은 마음으로 접근 방법을 계획해야 한다(제25장에서 접근 방법에 대해 논의할 것이다).

저항-수용성 지수라고 하는 이 문화적 해석 프로젝트도 팀 구성원들 자신의 문화, 세계관, 생활 방식이 선교지의 문화와 충돌할 수 있다는 사실을 인식할 것을 요구한다. 이러한 인식이 하퍼가 제기한 잠재적 문제들을 완화하고 효과적인 의사소통 전략을 개발하는데 도움을 줄 것이다(제18장을 보라).

2) 엥겔 지수

수십년 전에 제임스 엥겔(James Engel)은 사람들의 복음에 대한 이해를 돕고 그들에게 복음을 보다 더 효과적으로 전달하기 위해 하나의 지수 체계(표 19.2를 보라)를 개발했다. 엥겔 지수(Engel Scale)라고 불리우는 이 지수는 오랫동안 많은 연구자들이 사용해 왔다.

이 지수는 전도자가 어떤 사람에게 복음을 전할 때 어디에서부터 시작해야 할지에 대해 알게 해 준다. 복음에 대한 지식이 수용성과 언제나 긍정적인 연관성이 있는 것은 아니지만(예를 들면, 어떤 사람이 복음에 대해 많은 것을 알고 있지만 부정적인 반응을 보일 수 있다), 엥겔 지수는 다음의 표에서 보는 바와 같이 특정한 개인이나 집단에 대한 보다 나은 이해를 위한 유용한 도구를 제공하고 있다.

표 19.2: 엥겔 지수

① -8 절대자에 대해 관심이 있지만, 복음에 대한 지식을 갖고 있지 않다.
② -7 복음에 대한 기초적인 인식
③ -6 복음의 핵심 진리에 대한 인식
④ -5 복음의 의미에 대한 이해
⑤ -4 복음에 대한 긍정적인 태도
⑥ -3 자신의 문제에 대한 인식
⑦ -2 복음에 대한 반응 결정
⑧ -1 회개와 믿음
⑨ 0 새신자
⑩ +1 결정 후의 평가

⑪ +2 공동체 소속
⑫ +3 전 생애에 걸친 개념적, 행동적 성장

우리는 당신의 문화적 연구 과정에서 당신이 사역하고 있는 지역의 개인이나 집단에 이 엥겔 지수를 적용해 보기를 바란다. 그러나 사람들이 새신자가 될 때까지 일정한 시간 간격을 두고 순서대로 이 단계에 따라 발전해 가지는 않는다는 사실을 염두에 두어야 한다.

때로는 여러 단계를 건너 뛰어, 복음에 대한 지식이 전혀 없던 사람이 단 한번의 전도를 통해서도 곧 바로 회개와 믿음의 단계에 이르기도 한다. 엥겔 지수는 전략가들로 하여금 어떻게 전략을 개발하고 전술적 방법들을 개발하는가를 알게 해주는 유용한 도구이다.

3) 소가드 지수

비고 소가드(Viggo Søgaard)는 인간의 인지적 차원과 정서적 차원을 통합한 2차원적 지수를 개발했다. 이 지수의 변화는 표 19.3에서 볼 수 있다.

소가드는 수용성(저항-수용성 지수)과 복음의 지식(엥겔 지수)을 통합하여 소가드 지수(Søgaard Scale)를 개발했다(표 19.3). 이 도구는 전략가들로 하여금 복음에 대해 얼마나 알고 있는가가 복음에 대한 긍정적인 태도를 보장하지 않는 사실을 알게 해 주었다는 점에서 의미가 있다.

표 19.3 소가드 지수

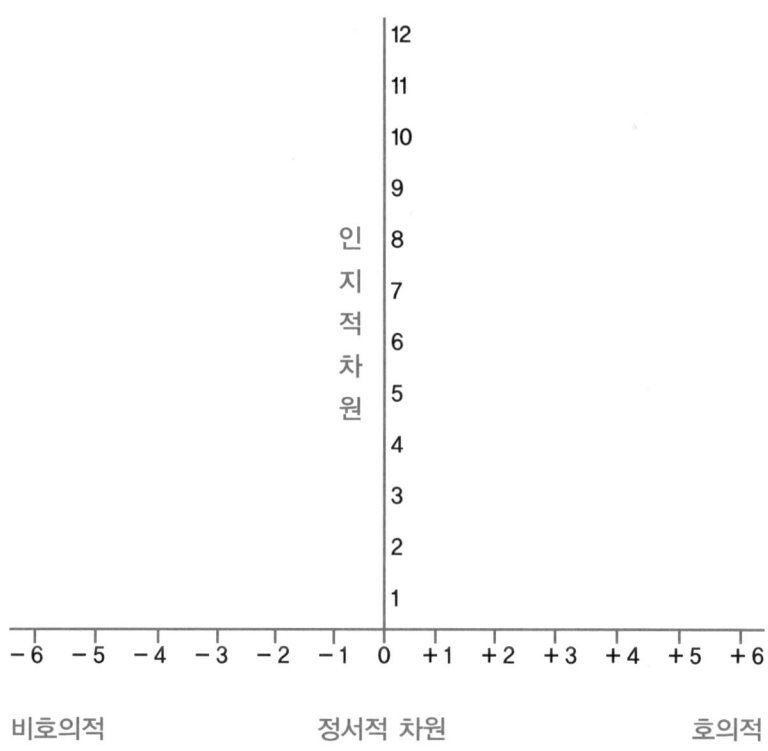

인지적 자원(세로)은 복음을 접했을 때의 사람들의 일반적인 지식의 정도를 나타낸다. 번호가 높을수록 복음에 대한 지식이 더 많다는 것을 뜻한다. 종족 집단에 대한 전반적인 이해를 위한 문화적 연구를 마친 후 전략가들은 인지적 차원의 세로축에 대한 근사치(approximate value)를 예측해야 한다. 그러나 이러한 수치는 주관적 경험에서 추론한 결과라는 사실을 염두에 두어야 한다.

사람들의 복음에 대한 지식을 도식화할 뿐만 아니라 전략가들은 복음에 대한 그들의 태도를 추론하여 가로축에 표시한다. 그 최종 결과로 복음에 대한 일반적인 지식과 태도의 상관 관계가 하나의 도면으로 나타나게 되는 것이다. 데이톤과 프레이저는 소가드 지수의 유용성에 대해 다음과 같이 평가한 바 있다.

> 연구를 바탕으로 우리는 개인은 물론이고 특정한 인구 집단에 대해서도 이 도표를 사용하여 도식화할 수 있다. 지식과 태도의 차이는 다양한 종류의 전술적 방법론들을 선택하기 위한 기초 자료를 제공해 준다. 만약 그리스도와 복음에 대한 지식이 전혀 없는 상태에서 지식적 차원을 증가시키는 것이 주어진 과업이라면 복음에 대한 정보를 전달하는 방법이 전략의 핵심을 차지하게 될 것이다. 만약 복음에 대한 지식에 대한 무관심하거나 부정적인 태도의 변화가 목표라면 태도의 변화가 전략의 중심이 되어야 할 것이다(1990, 116).

참고자료 19.1
당신의 선교지에 대한 수용성 평가

다음의 활동은 당신이 사역하고 있는 선교지의 복음에 대한 수용성을 평가하는데 있어서 유용한 자료가 될 수 있을 것이다. 다음의 질문들을 당신의 전략과 전술을 개발하는데 있어서 하나의 지침으로 활용해 보라.

① 당신이 사역하고 있는 지역의 사람들에 대한 저항-수용성 지수 도표를 작성해 보라. 그들은 이 도표의 어디에 위치하고 있는가? 이 위치가 당신의 전략과 전술에 어떤 영향을 줄 수 있겠는가?
② 복음에 대한 그들의 현재 지식을 엥겔 지수에 표시해 해 보라. 복음에 대한 그들의 지식 척도가 당신의 전략에 어떤 변화를 요구하는가?
③ 복음에 대한 그들의 지식과 태도를 소가드 지수로 표시해 보라.

위의 과정을 마친 후 아래의 질문들을 검토해 보라.

① 그들의 현재 상태에서 시작하여 복음에 대한 완전한 이해의 단계로 발전하기 위해 당신과 당신의 팀이 무엇을 할 수 있겠는가? 이 과정에서 무슨 일이 일어나야 하겠는가? 이 과정에서 반드시 실천해야 할 세 가지 전술적 방법들의 목록을 작성해 보라.
② 그들의 복음에 대한 현재의 태도에서 시작하여 보다 긍정적인 태도를 나타낼 때까지 당신과 당신의 팀이 무엇을 할 수 있겠는가? 이 목표에 도달하기 위해 반드시 실천해야 할 세 가지 전술적 방법의 목록을 작성해 보라.

5. 수용성 파악

맥가브란은 "본질적인 과업은 수용성을 파악하여 그에 따른 접근 방법과 조직과 인적 자원을 적절하게 활용하여 그 복음의 수신자와 그가 속한 공동체가 영원한 삶을 누리게 하는 것이다"(Dayton and Fraser 1990, 232에서 인용)라고 한다. 따라서 전략가들은 "수용성을 어떻게 파악할 수 있는가?"라는 문제에 직면하게 된다. 이 질문에 대한 간단한 대답은 상황화된 방식으로 복음을 전하고 그들의 반응을 관찰하는 것이다. 맥가브란은 다음과 같이 말한 바 있다.

> 이 종족 집단에 속한 사람들이 주님께 돌아오고 있는가? 이 종족 집단에게 예수 그리스도가 선포됨에 따라 개인들과 가족들과 공동체가 그리스도에 대한 믿음을 고백하고 있는가? 교회들이 세워지고 있는가? 그 종족 집단 가운데 자발적으로 복음을 증거하는 교회들로 구성된 교단이 존재하는가? 만약 이 질문들에 대한 대답이 긍정적이라면 그 동질 집단은 복음

에 대해 수용성이 높다고 말할 수 있다(Dayton and Fraser 1990, 228에서 인용).

전략가들에게 종족 집단의 수용성을 보여주는 컴퓨터 프로그램이 존재하지 않기 때문에 현장 조사를 바탕으로 일반적인 추정치를 설정할 수 밖에 없다. 릭 워렌(Rick Warren)은 일반적으로 사람들이 불안정하거나 변화의 시기에 보다 높은 수용성을 보인다고 말한 바 있다(1995). 다소 막연할 수 있지만, 이러한 불안정과 변화에는 박해, 정치적 억압, 기근, 전쟁, 죽음, 결혼, 출생, 이민, 취업, 대학 입학, 질병 등도 포함된다. 만약 기존의 현지 교회 신자들과 협력 관계를 구축할 수 있다면 종족 집단의 수용성을 이해하는데 있어서 매우 유용한 지혜를 구할 수 있을 것이다.

와그너(Wagner)는 평범한 노동자 계층과 가난한 사람들이 복음에 대한 높은 수용성을 보인다고 덧붙였다(1989, 84). 로버트 로간(Robert E. Logan)과 닐 콜(Neil Cole)은 수용성이 높은 사람들은 일반적으로 다음의 여섯 가지 범주에 속한다고 언급한 바 있다.

① 죄인(눅 5:32)
② 가난한 자(약 2:5)
③ 어린 아이(마 18:3)
④ 타종교를 통해 하나님을 찾고 있는자(마 7:7)
⑤ 세상의 미련한 자와 약한 자(고전 1:27)
⑥ 세상의 천대와 멸시를 받는 자(고전 1:28-29)

데이톤과 프레이저는 수용성을 파악하는데 있어서 다음과 같은 변수들을 고래해야 한다고 주장했다.

① 현재의 삶에 대한 만족도
② 삶의 변화에 대한 갈망
③ 복음에 대한 문화적 민감성
④ 복음의 매개체
⑤ 복음과 특정 사회 집단의 지배적인 문화적 양식 사이의 상대적 적합성

6. 수용성 원리의 실제적 중요성

앞서 논의한 바 대로 수용성이 매우 높은 지역에서는 심지어 상황화 문제를 신중하게 고려하지 않은 거의 어떤 방법으로 접근해도 상당한 결실을 맺을 수 있다. 그리고 가장 적대적인 사람들에게는 고도로 상황화된 방법으로도 거의 복음의 진전을 경험하지 못할 수도 있다. 이 두 가지 상황 가운데 하나에서 사역하도록 부르심을 받은 팀은 그들 앞에 놓여있는 과업에 대해 비교적 명확하게 이해할 수 있다. 그들을 위한 선교 전략 개발 과정도 상대적으로 단순하다.

수용성을 분별하는 것은 저항-수용성 지수의 A 혹은 E지수에 해당하지 않는 사람들을 대상으로 접근할 때 그 중요성이 더 커진다(표 19.1). 수용성이 이 범위에 해당할 때 엥겔 지수와 소가드 지수의 유용성은 더욱 더 높아 진다. 이와 관련하여 데이톤과 프레이저는 다음과 같이 주장한 바 있다.

> 중간 범위의 수용성을 가질 때 전략의 차이가 결과의 차이에 매우 중대한 영향을 끼친다. 올바른 전략은 많은 사람이 복음을 듣게 할 수 있고, 잘못되었거나 부실한 전략은 무관심하거

나 중립적인 사람들에게 보다 나은 삶에 대한 욕구를 불러일으키는 데 있어서 돌파구가 되지 못할 가능성이 높다. 접근 방식이나 복음화를 시도하는 매개체 혹은 기독교 전통의 차이가 크고 건강한 교회 혹은 작고 연약한 교회를 세우는 결과를 초래할 수 있다(1990, 180).

7. 결론

맥가브란은 수용성과 관련하여 다음과 같은 언급을 한 바 있다.

> 개인의 수용성 혹은 민감성은 증가하기도 하고 감소하기도 한다. 누구도 언제나 똑같은 수용성을 지속적으로 유지하는 것은 불가능하다…사람들과 사회들의 반응도 다양하다. 인류 역사는 일정 기간 동안(때로는 매우 오랫동안) 복음에 대해 적대적인 태도를 보인 후에 마침내 수용성이 증가하기도 한다… 한 가지 분명한 사실은 수용성이 증가하는 것 만큼이나 감소하기도 한다는 것이다. 마치 밀물과 썰물같이 높아지기도 하고 낮아지기도 한다. 때로는 밀물과 썰물과는 달리 언제 증가하고 언제 낮아질지에 대해 아무도 알 수 없는 것도 사실이다 (1970, 216-18).

교회는 복음의 메시지에 대한 수용성의 여부에 관계없이 모든 민족에게 복음을 전파하기 위해 부르심을 받았다. 전략은 모든 사람에게 복음을 전파하는 사명을 차단하거나 방해하지 않아야 한다. 전략은 교회를 한정된 자원을 지혜롭게 활용하는 청지기로 만든다.

전략은 또한 "우리가 어디에서부터 시작해야 할지에 대해 알게 해 주는 이미 들어와 있는 밀물이 어디에 있는가?"라는 질문을 할 수 있도록 도와준다. 따라서 팀은 하나님이 특정한 적대적 종족 집단을 위해 사역하도록 부르심을 받지 않았다면 성령께서 일하고 계시는 추수할 준비가 된 곡식을 거두는 일에 집중할 필요가 있다.

사례 연구
영국의 구자라트 힌두교인

다음의 글은 데이비드 레이놀즈(David J. Reynolds)가 영국에 거주하는 특정한 힌두 종족 집단의 수용성을 파악했던 그의 경험을 기록한 것이다.

지금까지 구자라트(Gujarati) 사람들 가운데 진행되어 온 사역은 거의 대부분 주류 힌두인들에게 집중되어 있었다. 그 이유는 힌두인들이 무슬림들보다 더 사교적이기 때문이었다.

일반적으로 힌두인들은 적극적으로 친구를 사귀고 자신의 집에 다른 사람들을 초대하는 것을 즐긴다. 우정은 확실히 좋은 출발점이 된다. 언어 사역자들은 자유롭게 드나들 수 있는 특별한 지위를 갖고 있지만 책임도 따른다.

지난 6년간의 경험에 따르면 구자라트 힌두인들의 수용성은 거의 없는 상태라고 말할 수 있다. 그들은 기독교에 대해 거의 아는 바가 없고, 만약 있다고 하더라도 극히 일부의 청소년들에 불과하다. 그들은 오늘날의 영국 기독교를 도덕성이 매우 낮은 반면에 범죄율이 높은 종교 집단으로 간주하고 있기 때문에 기독교에 대한 관심이 거의 없는 실정이다.

청소년들의 수용성은 다소 높은 편이다. 그들 대다수는 부모 세대의 전통에 대한 반감을 갖고 있다. 그러나 그들은 기존의 사회 질서에 순응해야 하는 압박도 받고 있다. 어느 청소년이 그리스도인이 된다는 것은 가정과 부모로부터 버림을 받아 관계가 완전히 단절되는 것을 의미한다.

만약 어린 아이라면 집 밖에 내보내지 않거나 강제로 힌두교 성전에서 예배를 드리게 하기도 한다. 만약 외부자가 부모들과의 우정이 먼저 형성되어 있을 때는 그들의 자녀를 교회의 주일학교나 청소년 모임에 가도록 허락할 수도 있다.

지난 수년동안 수용성과 관련하여 직면했던 가장 큰 문제는 인종적 갈등이었다. 영국의 국민전선당(National Front)은 유색 인종의 이민에 대해 깊은 우려를 표명하고 있고, 그 결과로 영국의 구자라트 힌두인들은 점점 더 폐쇄적이고 "외부자들"에 대한 수용성이 낮아지고 있다(1978, 135-36).

◆ 토의 질문 ◆
① 만약 당신이 잉글랜드와 웨일즈에 거주하고 있는 구자라트 사람을 대상으로 사역하고 있다면 복음을 전하기 위해 어떤 방법을 사용하겠는가?
② 당신은 왜 청소년 세대가 더 높은 수용성을 갖고 있다고 생각하는가?
③ 어떤 사회적 요소들이 그들의 수용성이 높아지거나 낮아지는데 영향을 끼칠 수 있다고 생각하는가?

제20장
필요 분석

선교 전략가들에게 있어서 수용성과 필요를 파악하는 것은 매우 중요하다. 이 두 가지 요소가 선교지의 현실을 이해하고 올바른 전략적 결정을 내리는데 도움을 준다. 수용성을 검토하는 것만으로는 영적으로 척박한 지역에는 복음의 씨앗도 뿌리지 않은 채 방치하고, 이미 역동적으로 성장하는 교회가 많이 있는 지역에 팀을 보내는 결과를 초래할 수도 있다. 반면에 필요만을 고려한다면 강한 적대감을 갖고 있는 지역에 한정된 귀한 자원을 쏟아 붓는 경우도 발생하게 된다.

1. 전략 개발을 위한 선교학적 판단

그리스도의 복음이 전파되지 않은 모든 지역이 선교가 필요한 곳이다. 그러나 세계는 너무 넓다. 어디에서부터 시작해야 하는가? 마치 응급실에서 치료의 우선순위를 결정해야 하는 것처럼 수용성과 필요에 대한 이해는 올바른 선교학적 판단을 내릴 수 있도록 도와준다. 이 장에서 우리는 필요의 원리의 중요성을 언급하고 전략 개발에서의 수용성과 필요의 관계를 다루는 가운데 우선순위의 결정에 대한 일련의 지침들을 검토할 것이다.

1) 복음적 신자의 분포

필요와 관련하여 가장 먼저 다루어야 할 문제는 해당 종족 집단에 얼마나 많은 복음적인 신자들이 존재하는가에 대한 것이다. 그리스도에 대한 충성스러운 믿음을 갖고 있지만 그들 스스로 복음적인 신자로 간주하지 않거나 복음적이라고 확신하지만 믿음이 없는 사람들도 있기 때문에 선교 학자들은 복음적이라는 용어를 일반적으로 특정 종족 집단 가운데서 예수 그리스도를 따르는 사람들의 수를 결정하는 기준으로 사용하고 있다. 복음적이라는 용어에 대해 보편적으로 사용하고 있는 정의에는 거듭나게 하시는 성령의 역사를 경험한 사람이라는 의미가 포함되어 있다.

우리는 여기서 이러한 의미를 바탕으로 논의를 전개해 나갈 것이다. 70억 명이 넘는 세계 인구를 감안할 때 우리에게 어떤 기준점이 필요하다. 전략가들은 그들이 접근하고자 하는 종족 집단 가운데 살고 있는 복음적인 신자의 숫자와 비율을 파악해야 한다. 일부 교단들과 선교 단체들은 이미 이러한 통계를 확보하고 있지만, 일부 팀들은 통계 자료를 조사해 본 경험이 없는 것을 볼 수 있다(제16장을 보라). 가능하면 현지인 신자들과 협력하여 그 지역의 복음적 신자의 현황을 파악하는 것이 가장 좋은 방법이다.

그러나 복음적인 신자의 분포란 무엇을 의미하는가? 다시 말하면, 무엇을 기준으로 어느 종족 집단이 "전도된"(reached) 상태라고 간주할 수 있는가? 이 질문에 대해 여기에서 제시하는 수치들은 성경적인 근거를 갖고 있지 않다는 사실을 염두에 두어야 한다. 다시 말하면, 예수 그리스도를 따르는 신자들이 한 명이라도 남아 있는 한 그 지역에는 전도의 필요가 존재하고 있다는 것이다. 그러나 수십억명의 사람들이 그리스도를 알지 못한 채 방치되어 있기 때문에 범세계적 차원의 전략을 개발하기 위해서는 우리에게 주어진 시간과 자원들을 지혜롭게 사용하기 위해 반드시 우선순위를 고려한 기준이 필요하다.

제1차 세계선교대회(로잔, 1974년)의 후속 조치로 조직된 전략위원회는 미전도 종족을 "복음적인 신자의 비율이 20%미만인 종족 집단"(Daytone and Fraser 1980, 38)으로 정의한 바 있다. 그 후 점차적으로 20%라는 수치에는 큰 의미를 부여하지 않고 독자적으로 지상명령을 수행할 수 있는 교회의 존재 여부로 그 관심이 옮겨가게 되었다. 물론 "왜 20%인가"라는 논리적 질문에 대한 대답으로 우리는 에버렛 로저스(Everett M. Rogers)의 연구를 주목해 볼 필요가 있다.

그의 잘 알려진 책 『개혁의 확산』(Diffusion of Innovations, 2003)에서 로저스는 새로운 발상, 상품 혹은 개념이 사회에 소개되었을 때 그 지식의 확산은 그 사회의 10%에서 20%정도의 인구가 그 지식을 수용했을 때 급속하게 일어나고 주장했다. 로저스의 연구가 농업 분야를 바탕으로 이루어 졌지만, 1970년대와 80년대의 선교 학자들은 종족 집단에 대한 복음의 확산에 그의 이론을 적용했다.

참고자료 20.1
왜 20%인가?

다음의 인용문은 데이튼과 프레이저가 제시한 ① 1970년대 후반에 일반적으로 통용되었던 미전도 종족 집단의 정의와 ② 10-20%정도의 신자들이 필요한 이유에 대해 설명하고 있다.

미전도 종족이란 무엇인가? 전략실무위원회(Strategy Working Group)은 "미전도 종족은 믿음을 실천하는 신자의 수가 전체 인구의 20%미만인 집단을 뜻한다"고 밝힌 바 있다.

"믿음을 실천하는 신자"란 무엇을 의미하는가? 신자들이 그들의 종교를 따르는 방식은 지역에 따라 큰 차이가 있다. 복음은 문화에 스며들어 그 고유한 문화 속에서 기독교 신앙을 표현할 수 있는 탁월한 능력을 갖고 있다. 특정한 종족 집단 가운데 존재하는 헌신된 신자들은 누가 믿음을 실천하는 헌신된 신자들인가를 잘 분별할 수 있다.

왜 20%인가? 왜 50%나 3%가 아닌 20%인가? 대답은 특정한 집단 내부에서의 새로운 진리의 확산에 대한 우리의 이해와 깊은 관련이 있다. 각각의 종족 집단은 내적인 일관성이 있기 때문에 그 종족의 상당수의 사람들에게 보편적인 진리로 받아들여지기 시작할 때 그 종족은 그들 스스로 그 진리를 전파할 수 있는 역량을 갖게 된다. 다양한 관찰과 연구의 결과들이 대략 10-20%정도의 사람들이 새로운 사상이나 종교를 받아들일 때 그들 스스로 나머지 사람들을 복음화할 수 있는 능력을 갖게 되는 것으로 보고하고 있다. 한 종족 집단 가운데 새로운 신자가 전혀 없을 때는 외부에서 선교사가 들어와 복음을 전해야 한다. 처음에는 외부자의 숫자가 증가하지만 내부의 신자의 숫자가 증가함에 따라 외부자는 감소해야 한다. 믿음을 실천하는 신자의 수가 20%에 도달할 때 외부자들은 더 이상 필요하지 않다 (1980, 38).

◆ 토의 질문 ◆
① 미전도 종족 집단에 대한 이 정의에 동의하는가? 왜 그렇게 생각하는가?
② 왜 대다수의 선교부와 선교 단체들이 여기서 제안하는 10-20%보다 훨씬 더 낮은 비율(예를 들면 2%)을 선호하고 있다고 생각하는가?

시간이 흐르면서, 선교 학자들은 이 비율을 낮추기 시작했다. 가장 최근에는 전도된 종족 집단을 5%의 포괄적인 의미에서의 신자들과 2%의 복음적인 신자로 그 비율을 대폭 낮춘 바 있다. 이러한 추세가 미국 남침례교 해외선교회의 전략에 영향을 주었다. 이 단체는 해당 종족 집단 가운데 명목상의 신자들이 얼마나 되는가에 상관없이 복음적인 신자의 비율이 2%미만일 때 미전도 종족에 해당한다는 기준을 정했다(http://www.imb.org/globarresearch/sge_terms.asp).

다시 말하지만, 이러한 수치는 어떠한 성경적 근거도 갖고 있지 않다. 주님의 영은 특정한 종족 집단의 복음적인 신자의 비율에 제한받지 않는다. 모든 족속으로 제자를 삼으라는 지상명령을 고려할 때 하나님 나라의 사역자들이 마음속에 목표를 갖고 있는 것은 도움이 될 수 있다. 일부 특정한 종족 집단들 가운데서는 2%의 복음적인 신자의 비율도 도달하기 어려울 정도로 매우 높은 수치이지만, 개혁의 확산 이론이 전략가들이 고려해야 할 유용한 도구가 될 수 있을 것이다. 이러한 이유로 우리는 이 책에서 10%의 복음적인 신자의 비율을 전략 개발의 목표로 설정하고자 한다.

2) 교회와 인구의 비율

특정한 종족 집단이나 지역의 선교에 대한 필요성을 결정하는 요소 가운데 하나가 그리스도의 지상명령에 순종하여 하나님의 진리의 말씀을 다른 사람들에게 전파하는 복음적인 교회와 전체 인구의 비율이다. 이 문제는 미전도 종족의 복음에 대한 접근성과 복음의 메시지에 대한 그들의 이해에 바탕을 두고 있다. 교회가 더 많을수록 미전도 종족이 진리에 대한 접근할 수 있는 가능성이 더 높아질 수 있다.

다시 말하면, 로저스의 개혁의 확산 이론을 고려할 때 다음의 원리들이 선교 전략을 개발하는데 있어서 유용한 지침이 될 수 있다. 세계교회개척선교운동(The Discipling a Whole Nation Movement, DAWN)은 도시 지역에서는 1,000명에서 1,500명 단위로, 농촌 지역에서는 400명에서 600명 단위로 최소한 1개 이상의 복음적인 교회를 개척하는 선교운동을 펼치고 있다(Montgomery 1989, 77). 이 전략을 보다 더 단순화하여 우리는 여기에서 모든 도시 환경에서는 1,000명 단위로 교회를 개척하고 각각의 교회는 100명의 신자들을 확보하고, 농촌의 상황에서는 500명 단위로 교회를 개척하고 각 교회는 최소한 50명 이상의 신자들로 구성되는 것을 전략적인 목표로 설정한다. 다시 말하지만, 세계의 일부 지역에서는 전략적으로 볼 때 거의 도달하기 어려운 비현실적인 목표가 될 수도 있다.

2. 수용성-필요 분석 지침

우리는 이 책에서 지금까지 전략을 개발하기 위해 수용성과 필요 분석의 중요성에 대해 논의해 왔다. 필자(J. D. 페인)의 저서 『타문화 교회개척』(*Discovering Church Planting*)에서 선교 전략 개발을 위해 다음과 같은 지침을 제시한 바 있다.

전략가들은 사분면(quadrant)의 A와 B에 해당하는 지역에 사역의 우선순위를 부여해야 할 필요가 있다. A는 높은 수용성을 가지고 있지만, 복음적인 신자의 비율은 매우 낮고 지상명령에 순종하는 교회도 거의 없는 지역을 말한다. B는 소수의 복음적인 신자와 교회들이 존재하지만 수용성이 높지 않은 지역을 가리킨다. C는 높은 비율의 복음적인 신자들과 교회들이 존재하고 복음에 대한 수용성도 높은 지역이다. 이 지역에는 이미 많은 수의 복음적인 신자들이 존재하고 있기 때문에 그 다음의 우선순위를 부여할 수 있다. 많은 사람이 복음에 대한 높은 수용성을 보이지만, C는 사람들을 하나님 나라로 인도하고 성경 말씀을 가르칠 수 있는 이미 충분한 숫자의 복음적인 교회들이 존재하는 지역이다. D는 가장 낮은 우선순위를 부여하는 지역이다. 여기에는 이미 많은 교회와 신자들이 존재하지만, 수용성은 상대적으로 낮은 지역을 말한다. D는 또한 사람들의 수용성이 증가하더라도 그들을 복음화할 수 있는 교회와 신자들이 충분히 존재하고 있는 지역이다.

표 20.1: 수용성–필요 분석 지침

	수용성 높음	수용성 낮음
필요 높음	A 우선순위1	B 우선순위2
필요 낮음	C 우선순위3	D 우선순위4

각각의 사분면은 특정한 집단, 도시, 마을 혹은 사회를 포괄적으로 일반화한 것이라는 사실을 염두에 두어야 한다. 따라서 각각의 사분면 내에서도 수용성과 복음에 대한 접근성 등의 필요가 다를 수도 있다. 그러므로 어느 사분면에 해당하는 지역에서 사역하고 있는가에 상관없이 제19장에서 논의한 바와 같이 사분면의 경계를 초월

하여 저항-수용성 지수, 엥겔 지수, 소가드 지수 등을 적용할 필요가 있다. 예를 들면, B는 높은 필요와 낮은 수용성을 가진 지역으로 분류되어 있지만, 팀은 이 지역의 모든 사람이 수용성과 필요가 동일하고 복음에 대한 이해나 반응도 같을 것이라고 결론내리지 않아야 한다. 이러한 지역을 복음화하기 위해 전략을 개발하고 있는 팀은 이 지역의 평균적인 상태보다 더 높은 수용성과 필요를 가진 사람들을 찾기 위해 노력해야 할 것이다.

3. 어디에서부터 시작할 것인가?

우리는 전략 개발을 위한 세 가지 중요한 출발점을 제시하면서 이 장의 결론을 맺고자 한다.

1) 지상명령

팀 구성원들이 고려해야 할 첫 번째 지침은, 팀은 지상명령에 대한 책임을 맡았다는 사실이다. 예수 그리스도는 제자들에게 이 지상명령을 내리셨다. 마태복음 28:18-20이 지상명령에 대한 가장 일반적인 말씀이지만, 누가복음(눅 24:45-47), 요한복음(요 20:21-23), 사도행전(행 1:8), 마가복음(막 16:15) 등에서도 다양하게 나타나고 있다.

이 명령은 교회가 사람들을 전도하여 세례(침례)를 주고 예수님의 명령에 순종하는 제자들이 되게 하는 것이다. 이 명령에 따라 팀은 건강한 전도와 제자도를 위한 성경적 원리에 충실한 가운데 가능한 많은 사람을 최대한 신속하게 복음화하기 위한 전략을 개발해야 한다.

2) 부르심

팀 구성원들이 고려해야 할 두 번째 지침은, 그들의 생애에 대한 하나님의 부르심이다. 어떤 사람들은 특정한 대상과 장소에 대한 명확한 부르심을 확신을 갖고 있다. 예를 들면, 우리는 성경에서 아브람, 요나, 예레미야 등을 비롯한 많은 선지자들에게서 이와 같은 구체적인 부르심의 예를 찾아 볼 수 있다. 우리 주님은 어떤 사람들을 매우 척박한 영적 토양 가운데서 일하도록 부르시기도 한다.

어떤 사람들은 에스겔, 예레미야, 아도니람 저드슨, 윌리엄 캐리 등과 같이 그들의 전 생애에 걸쳐 헌신적으로 사역했음에도 불구하고 거의 열매를 맺지 못하는 상황 가운데로 초청하시기도 한다. 만약 하나님이 마음의 문이 굳게 닫힌 사람들에게 가도록 요청하셨다면 선교사들은 이 하나님의 부르심에 순종해야 한다. 선교사들이 수용성이 낮은 지역을 피해 많은 사람을 전도하기 위해 가장 환영받는 곳으로만 찾아다닌다면 불순종의 죄를 범하는 결과를 초래할 수도 있다. 수용성이 낮은 지역으로의 부르심은 수용성이 높은 지역으로의 부르심과 마찬가지로 정당하고 명예롭고 중요한 부르심이다.

따라서 교회는 수용성이 낮은 지역으로 가고자 하는 선교사에게 좌절감을 주지 않아야 하고 수용성이 가장 낮은 지역에서도 복음에 대한 가장 절실한 필요를 느끼는 사람들과 가장 높은 수용성을 가진 사람들을 찾아 복음을 전하기 위해 신자들을 보내야 한다.

3) 수용성과 필요

팀 구성원들이 고려해야 할 세 번째 지침은 수용성과 필요이다. 만약 팀이 수용성이 가장 낮은 특정한 사람들에게 가도록 부르심을 받지 않았다면 우리는 표 20.1의 A 지역에서 선교하기 위해 선교 전략을 개발해 볼 것을 제안하는 바이다. 복음적인 교회가 거의 없지만 복음에 대한 높은 수용성을 갖고 있는 종족이나 인구 집단이 여기에 해당한다.

4. 결론

세계는 많은 사람이 살고 있는 거대한 땅이다. 지구의 물리적 크기는 고정되어 있지만, 그 가운데 살고 있는 인구는 증가하고 있다. 우리는 어디에서부터 어떻게 선교 사역을 시작해야 할지에 대해 알고 있어야 한다. 제19장과 제20장에서 우리는 전략가들이 어디에서부터 사역해야 할지 알 수 있도록 도와주는 지침들을 제시했다. 문화적 연구를 통해 수용성과 필요를 파악할 때 선교사는 이 거대한 땅과 수많은 사람에 압도당하지 않고 전략적으로 접근할 수 있다.

수용성과 필요의 원리와 하나님의 부르심이 만날 때 우리의 전략적 목표는 더욱 더 뚜렷하게 드러난다. 복음에 대해 매우 수용성이 높은 지역이든 적대적인 곳이든 팀은 수용성과 필요를 측정하는 다양한 도구들의 가치를 인정하고 적용할 때 우리의 전략과 전술적 방법론이 더욱 더 발전할 수 있을 것이다.

제21장
미래에 대한 비전

얼마 전에 필자(J. D. 페인)는 뉴잉글랜드(New England)에서 교회를 개척할 계획을 갖고 있는 어느 학생과 함께 점심 식사를 했다. 우리가 그의 미래 사역에 대해 대화하던 중에 그는 "제가 그곳에 가서 사역할 때 계획한 대로 되지 않으면 어떻게 하지요?"라고 물었다. 그의 질문에는 "세상 일이 내 마음대로 되지는 않는다"는 삶의 지혜가 내포되어 있었다. 헨리 민츠버그(Henry Mintzberg)는 "현명한 전략가라면 그가 언제나 앞서 갈 정도로 현명하지는 않다는 사실을 인정할 것이다"(1987, 69)라고 지적한 바 있다. 미래에 대한 지식의 한계는 곧 "슬기로운 자의 지혜는 자기의 길을 아는 것"(잠 14:8)이라는 잠언의 말씀과 같이 전략가들로 하여금 기도하는 가운데 주님께서 보여주시는 미래의 계획에 의존할 수밖에 없다는 사실을 인정하지 않을 수 없게 한다.

따라서 현명한 전략가들이라면 비록 미래에 대한 모든 것을 예측할 수는 없지만, 그 가운데 일부에 대해서는 생각할 수 있는 잠재력을 갖고 있다는 것을 알고 있을 것이다. 전략가들은 그들이 가는 길을 올바로 분별해야 한다. 여기에는 미래 비전에 대한 분별도 포함된다. 해당 종족 집단 가운데서 사역하고 있는 비서구 선교 공동체와의 동반자적인 협력은 보다 총체적인 미래 비전을 확립할 수 있게 해 줄 것이다.

리처드 테너 파스칼(Richard Tanner Pascale)과 앤서니 아토스(Anthony G. Athos)는 "인간은 도구가 아니라 비전에 의해 제약을 받는다"(1981, 19)고 강조한 바 있다. 이와 관련하여 그들은 다음과 같이 묘사했다.

> 콜럼부스(Columbus) 시대보다 훨씬 이전에 인간은 배를 만들고 항해 기술을 개발했다. 당시의 항해사들이 바다를 바라보았을 때 그들이 본 것은 평평한 바다 표면뿐이었다. 지도제작자들은 양피지의 한 쪽 끝에 "이 불길한 공백의 자리에 용이 살고 있다"는 문장을 새겨 넣었다. 그 후 콜럼부스 시대가 왔다. 그는 수평선 너머로 배가 사라지는 것을 보고 그들은 사라진 것이 아니라 언제나 배의 선체가 먼저 사라지고 그 다음에는 돛이, 마지막에 돛대의 꼭대기가 사라지는 것을 발견하였다. 다시 말하면, 콜럼부스는 바다를 다른 관점에서 바라본 것이다(1981, 19).

1. 비전 개발이란 무엇인가?

비전 개발(visioning)이란 비전을 설정하는 과정을 말한다. 비전 개발은 미래의 가능성을 검토하는 과정이라고도 할 수 있다. 비전을 설정하기 위해 노력하는 전략가들은 그들 스스로 "주님께서 우리의 사역을 통해 궁극적으로 무엇을 성취하기를 원하시는가?"를 질문해야 한다. 이 과정은 우리가 계획을 개발하지만, 우리가 가야할 길은 오직 주님께서 인도하신다는 믿음의 바탕 위에서만 이루어질 수 있다(잠 16:9).

팀마다 고유한 비전을 가질 수 있고 상황에 따라 다른 비전을 설정할 수 있다. 오브리 멜퍼스(Aubrey Malphurs)는 비전을 "당신이 할 수 있고 해야만 하는 사역의 미래에 대한 명확하고 도전적인 계획" (2005, 151)이라고 정의한 바 있다. 팀이 추구하는 하나님의 목적과 그의 선교는 변함이 없지만, 주어진 비전은 시대마다 다를 수 있다. 비전은 주님이 개인 혹은 공동체를 통해 성취하고자 하는 것이 무엇인가에 대한 믿음이다. 비전은 전략을 개발하는데 있어서 매우 중요한 부분을 차지한다. 멜퍼스는 비전을 "지도자들과 그들의 사역에 있어서 가장 중요한 요소"(2005, 146)라고 말했다. 미래에 대한 비전이 없이는 팀 구성원들이 무엇을 성취해야 할지 모르는 상황에 직면할 수밖에 없다.

이 장에서 우리는 비전을 개발하는 과정을 설명하고 비전의 중요성에 대한 열두 가지 이유를 제시할 것이다. 그리고 우리는 사람들에게 비전을 제시하는 방법에 대해서도 논의할 것이다.

2. 비전을 개발하는 방법

비전은 하루아침에 만들어지지 않는다. 주님께서 단시간에 비전을 줄 수도 있지만 그는 팀 사역자들로 하여금 장기간에 걸쳐 비전을 찾고 다듬게 만드신다. 비전을 개발하기 위해 (1) 기도와 금식, (2) 상황에 대한 이해, (3) 팀에 대한 이해, (4) 자원에 대한 이해가 필요하다. 표 21.1은 비전을 개발하는 과정을 묘사한 것이다.

표 21.1 비전을 개발하는 방법

1) 기도와 금식

무엇이 성취되어야 하는가에 대한 비전을 개발하는 것은 신비롭거나 힘든 일이 아니라 주님과 많은 시간을 함께 보내는 가운데 상황, 팀, 필요한 자원에 대해 심사숙고하는 일이다. 기도와 금식은 이 전체의 과정에서 지속되어야 한다. 비전을 개발하기 위해서 우리는 "쉬지 말고 기도하라"(살전 5:17)는 말씀을 실천해야 한다. 아버지 하나님과 함께 동행하는 시간이 선행되어야 하고, 비전 개발의 전 과정에 걸쳐 언제나 유지되어야 한다. 만약 비전이 주님으로부터 오는 것이라면 이 문제에 대한 그의 뜻을 구하는데 많은 시간을 보내는 것은 당연한 것이다. 지혜와 분별력을 구하는 기도는 올바른 비전을 개발하는데 있어서 가장 중요한 임무이다.

2) 상황에 대한 이해

상황에 대한 정보를 입수하는 것은 비전을 개발하는 과정에서 매우 큰 가치가 있다. 현재의 상황을 파악하지 못한 채 미래의 가능성에 대한 그림을 그리는 것은 불가능하다. 그리고 현실 상황에 대한 지식이 없는 가운데 올바른 목표를 설정하고 이 목표에 도달하기 위한 구체적인 행동 방안들을 모색하는 것도 어려운 일이다.

전략가들은 그들이 섬기고자 하는 사람들에 대해 배우는 학생들이어야 한다. 그들은 신자들의 상황을 파악하고 불신자들이 처한 삶의 현실에 대한 깊은 이해를 도모해야 한다. 공동체들 가운데 존재하는 자연적 그리고 인공적 장벽들에 대한 올바른 지식은 사람들의 삶과 상호작용의 방식에 깊은 영향을 준다. 전략가들은 인구 통계학적 상황을 파악하고 있어야 한다. 기혼자, 교육 수준, 연령, 경제적 상황 등에 대한 정보는 그 공동체에 대한 현실 상황을 이해하는데 도움을 준다. 사람들의 일반적인 문화적 양식을 조사하는 것도 도움이 된다. 그들의 이상적인 목표, 두려움, 희망은 무엇인가? 전략가들은 그들의 영적 상황에 대해서도 알고 있어야 한다. 주요 종교, 분파, 이교도 등에 대한 자료는 그들의 세계관을 이해하는 데 있어서 유용한 정보를 제공해 준다.

역사적 배경을 이해하는 것도 중요하다. 그들의 과거 경험이 현재와 미래에도 영향을 주기 때문이다. 지혜로운 전략가라면 그들의 정치적 상황에 대해서도 파악해야 할 것이다. 만약 그 지역에 많은 이민자들이 거주하고 있다면 그들의 출생지 국가에서의 정치적 신념에 대해서도 이해해야 할 필요가 있다. 또한 그들의 언어학적 배경을 파악해야 한다. 언어는 그 세계의 문을 여는 도구를 제공해 준다. 앞서 언급한 바와 같이, 그들의 모어(heart language)와 구어적 표현(colloquialism)에 대한 지식은 그 공동체에 대해 심층적으로 이해할 수 있는 유용한 기회를 제공해 줄 것이다.

3) 팀에 대한 이해

자기 자신과 그가 속한 팀에 대한 이해의 부족은 비전을 개발하는데 있어서 부정적인 결과를 초래할 수 있다. 주님은 우리가 요구하거나 상상하는 것 보다 더 큰일을 성취할 수 있지만(엡 3:20), 그는 자신의 사람들의 부르심, 은사, 재능, 독특성, 한계, 인격, 삶의 경험, 열정 등을 통해서 일하신다. 팀을 구성하고 있는 각 사람들에 대한 이해가 부족할 때 건강한 비전을 개발하기 어려울 수도 있다.

예를 들면, 성인들을 위한 사역에 대한 강한 부르심과 많은 경험을 가진 팀 사역자를 어린이 사역에 투입하여 5년 동안 사역하게 한다면 그는 많은 어려움을 겪게 될 것이다. 팀에 대한 이해가 없는 전략가는 그 다음 해에나 어린이 사역에 대한 탁월한 전략을 개발할 수 있을 것이다. 그리고 그 비전이 실현되는 동안 팀의 특성이 장애요소로 작용할 수도 있을 것이다. 건강한 비전 개발을 위해 반드시 자신이 속한 팀에 대한 깊은 이해가 선행되어야 한다.

현지인 사역자들과 함께 사역하는 팀의 경우에는 더 많은 시간과 노력을 투자해야 한다. 많은 시행착오를 경험하겠지만, 팀의 구성원들과 더 많은 시간을 함께 할 때 그들과의 동역의 기쁨은 더욱 더 커질 것이다. 한 교회에서 구성되어 교회개척을 위해 파송된 팀은 전 세계의 다양한 문화적, 민족적 배경을 가진 사람들로 구성된 팀 보다 쉽게 서로를 이해할 수 있을 것이다. 서로 다른 배경을 가진 사람들로 조직된 팀은 비전을 개발하는 과정에서 또 다른 종류의 난관에 직면하게 될 것이다.

4) 자원에 대한 이해

　산림의 짐승들과 뭇 산의 가축이 다 주님의 것(시 50:10)이지만, 현실은 그렇지 않다. 하나님이 어떤 과업을 위해 사람을 부르실 때마다 그분은 또한 그 과업을 성취하기 위해 필요한 자원들도 함께 주신다. 이러한 진리에 대한 확고한 믿음을 갖고 있지만, 우리는 때로 주님이 처음부터 5,000명분의 음식을 주시지 않고 우리가 가진 물고기 2마리와 보리떡 5개를 사용해서 기적을 베풀기도 하신다.

　지혜로운 전략가라면 현재 어떤 자원들이 활용가능한가에 대해 알고 있어야 한다. 이러한 자원들에는 그들을 섬길 인적 자원, 필요한 비용을 충당할 수 있는 재정적 자원, 사역에 요구되는 시간적 자원, 기타 물질적 자원 등이 포함된다. 활용가능한 자원에 대한 현실적 한계를 인식하고, 예측 가능한 미래의 자원을 파악할 뿐만 아니라 미래에도 접근이 불가능한 자원들을 인정할 때 비로소 올바른 비전을 설정할 수 있다.

　현지인 신자들로 구성된 팀과 함께 사역할 때 외국 선교사들에 대한 의존적 관계가 아닌 건강한 상호의존적 동반자관계로 발전해야 한다. 이러한 상황에서는 팀의 모든 구성원들의 많은 기도, 지혜, 협의 등이 매우 중요한 역할을 차지한다. 선교 역사는 서구로부터 온 자원이 과도하게 투입된 지역이라면 거의 어디에서나 가부장주의적 관계에 휩싸여 있는 불행한 이야기들로 가득차 있다.

　활용가능한 자원이 적다고 해서 전략가들이 하나님 나라를 위한 큰 꿈과 비전을 품지 않아야 한다는 것은 잘못된 생각이다. 우리는 하나님이 어떤 사람을 특정한 과업을 위해 부르셨지만 많은 자원을 주지 않을 수도 있다는 사실을 인정해야 한다. 우리는 하나님 나라의 경제 법칙은 세상의 경제 법칙과 다르다는 사실을 잊지 않아야 한다. 우리가 마음속에 품고 있는 거창한 비전과 주님의 비전은 정반대일 수도 있다. 우리의 작고 보잘 것 없어 보이는 비전이 주님이 원하시는 바로 그 비전일 수도 있고, 우리가 갖고 있는 극히 제한적인 자원으로도 주님이 그 비전을 주도적으로 성취해 가실 수도 있다. 물론 주님이 우리에게 거창한 비전과 함께 매우 제한된 자원만을 허락해 주실 수도 있다는 가능성도 부인할 수 없다.

이러한 경우에 지혜로운 전략가라면 주어진 비전을 실현하기 위해 한정된 자원을 갖고 필요한 모든 전술적 조치들을 실행해야 하기 때문에 보다 장기적인 시간 계획을 개발해야 할 것이다.

3. 비전의 중요성

비전을 가질 때의 유익은 상당 부분 전략의 유익과 다르지 않다.

1) 멜퍼스의 일곱 가지 이유

오브리 멜퍼스(Aubrey Malphurs)는 전략과 비전 개발에 대해 많은 글을 썼다. 『침체된 교회 부흥전략』(*Advanced Strategic Planning*)에서 그는 비전의 중요성에 대한 일곱 가지 이유를 제시한 바 있다(2005, 146-49). 그가 제시한 일부 이유들은 다른 이유들보다 더 중요하지만, 각각의 이유들은 비전이 사역에 미치는 영향에 대한 나름대로의 가치를 지니고 있다.

(1) 비전은 원인을 창출한다.
비전은 인류에 대한 하나님의 구속 계획에 어떻게 참여할 수 있는가를 이해할 수 있게 해 준다. 비전은 사람들이 하나님 나라를 위해 그들의 은사와 재능을 사용하여 현재 그들이 처한 상황에서 그들이 마땅히 나아가야 할 방향으로 갈 수 있도록 도와주는 역할을 한다. 비전은 또한 팀으로 하여금 지상명령에 합당한 행진 대형을 갖추게 하는 것과도 같다.

(2) 비전은 지도력에 정당성을 부여한다.

비전이 없는 지도자는 지도자가 아니다. 본질상 지도자는 지도하는 사람이며 그의 마음속에 품고 있는 비전을 향해 이끌어 가는 사람이다. 비전을 갖는 것은 주어진 과업을 위한 지도자의 필요성을 인식하게 해준다. 비전을 아는 것은 또한 그 비전이 주님으로부터 온 것인지에 대한 분별력을 갖게 해 줄 뿐만 아니라 왜 지도자가 필요한지에 대한 확신을 갖게 해 준다.

(3) 비전은 지도력에 활력을 불어넣어 준다.

비전은 지도자에게 과업에 대한 동기를 부여해 준다. 멜퍼스는 이것을 "하나님으로부터 온 열정" 그리고 지도자의 뼛속에서부터 우러나오는 "정열"이라고 표현한 바 있다(2005, 148). 필자(J. D. 페인)는 마라톤 선수들이 달리던 도중 탈진 상태에 빠졌을 때 남은 거리아 현재의 위치를 확인하는 가운데 또 한 번의 추진력을 얻게 된다는 말을 들은 적이 있다. 비전은 지도자가 앞을 향해 나아가게 해준다.

(4) 비전은 열정을 갖게 한다.

비전은 사람들에게 위대한 일에 대한 영감을 부여해 준다. 비전이 지도자들에게 활력을 주는 것처럼, 멜퍼스는 비전은 또한 팀 구성원들로 하여금 "흥미진진하고 활기찬 사람이 되게 한다"(2005,

148)고 말했다. 비전은 과업에 대한 열정을 불어넣어 준다. 또한 그는 "당신의 비전이 당신이 품고 있는 가치와 사명으로 가득차 있을 때, 그 비전은 그 과업을 성취하는데 필요한 추진력을 제공해 준다"(2005, 147)고 언급한 바 있다.

(5) 비전은 위험 부담을 감수하게 한다.

비전을 확립한다고 자동적으로 성공이 보장되는 것은 아니다. 때로는 선교 전략이 현재의 상태를 정면으로 충돌하는 경우도 있다. 전략은 변화를 촉구하고 안전지대를 넘어설 것을 요구하기도 한다. 비전에는 또한 기꺼이 위험을 감수하고 믿음으로 사역하는 것을 포함한다.

(6) 비전은 동역자들에게 동기를 부여한다.

멜퍼스는 이것에 "나눔에 대한 동기부여"(Motivates Giving)라는 이름을 붙였다. 그러나 지혜로운 전략가라면 단순한 도움 그 이상을 기대하기 때문에 우리는 이것을 다양한 차원의 동역자들로 확대할 필요가 있다. 비전은 동역자들에게 부르심과 선교 전략의 방향에 대해 올바로 이해할 수 있도록 돕는 역할을 한다. 그리고 비전에 대한 확신과 사명감이 더 클수록 기도, 섬김, 사역에 필요한 장비나 재정 지원에 참여할 가능성도 더 높다.

(7) 비전을 사역을 지속하게 한다.

선교 사역을 진행함에 따라 예기치 않은 많은 난관에 직면할 수 있다. 영적 적대감은 다양한 관점에서 다양한 형태로 나타난다. 비전은 하나님이 주신 과업을 지속적으로 감당할 수 있게 하는데 도움을 준다. 사람들이 미래의 비전에 대한 하나님의 부르심을 확신할 때, 비록 사망의 음침한 골짜기로 다닐지라도 주께서 함께 하실 것을 믿기 때문에 해를 두려워하지 않고 그 사명을 감당할 수 있게 되는 것이다(시 24:4).

2) 또 다른 이유들

우리는 여기서 비전의 중요성에 대한 멜퍼스의 일곱 가지 이유에 다섯 가지 또 다른 이유를 추가하고자 한다. 우리는 여기서 제시하는 열두 가지 이유가 모두 당신의 전략을 위한 비전의 중요성을 이해하는데 도움이 되길 바란다.

(1) 비전은 주인의식을 창출한다.

팀의 모든 구성원들이 비전을 설정하는 일에 참여하여 그 결과로 만들어진 비전은 그 팀 전체가 공유하게 된다. 모든 사람이 직접 참여하여 비전을 나누어 가질 때 비로소 그 비전은 각자 자신의 것이 된다. 명확하게 표현된 비전은 미래의 잠재적 동역자들에게도 도움을 줄 수 있다. 언제든지 그들이 팀이 되는대로 막연히 일하지 않고 최종의 비전을 향해 움직여가고 있다는 것을 이해하게 될 때 그들도 그 비전을 함께 품고자할 가능성이 더 높아질 수 있다.

(2) 비전은 팀을 단합하게 한다.

비전은 또한 팀 구성원들 사이의 단합을 이끌어 낸다. 팀은 비전을 위해 어떤 일을 해야 하는가를 알고 있다. 모든 사람이 비전을 이해하고 있을 때 구체적인 사역 목표들을 받아들이는 것은 그리 어려운 일이 아니다. 명확한 비전은 혼란을 완화시켜 주기도 한다. 팀 구성원들 모두가 큰 그림을 보게 될 때 방법적인 면에서도 더 나은 대안이 나올 수 있다.

어느 팀이 등산을 하고자 하지만 아무도 어느 산에 올라야 할지를 모른다고 가정해 보라. 팀의 일부 구성원들은 에베레스트(Everest) 산을 등반하기 위해 히말라야(Himalayas)로 가기를 원하고, 다른 일부는 킬리만자로(Kilimanjaro) 산을 등반하기 위해 아프리카로 갈 것을 주장하고 있다. 또 다른 몇 사람들은 미국 동부 아팔래치아(Appalachia)의 그레이트스모키산맥 국립공원(the Smokey Mountains)에 위치한 클링먼즈 돔(Clingmans Dome)에 오르기를 원하고 있다.

이 각각의 제안들은 서로 극명한 차이를 보이고 있다. 각각의 산들은 오르내리는 방법도 서로 다르다. 비전이 없는 팀도 어느 산을 선택해야 할지 동의하지 않거나 어떤 산이 그들에게 적합한지에 대해 알지도 못하고 있는 이 팀과 다를 바가 없을 것이다.

참고자료 21.1
신뢰의 중요성

멜퍼스는 비전은 반드시 그 비전의 성취를 위해 함께 일하는 사람들의 마음속에 서로에 대한 깊은 신뢰가 있어야 한다고 강조한 바 있다. 사람들은 비전에 대한 신뢰가 없으면 그 비전에 헌신하지 않는다. 여기서 멜퍼스는 사람들이 따라올 수 있는 신뢰할 만한 비전을 만드는 세 가지 요소를 제시하고 있다.

비전의 내용. 비전은 반드시 성경에 기초하여 확립되어야 한다. 비전을 심어주는 사람은 성경의 특정한 가르침에 근거하여 비전을 제시할 때 성경에 대한 확고한 믿음을 가진 그리스도인들의 관심을 불러 모을 수 있다. 그러나 내용에 대한 신뢰성은 또한 비전과 아직 개발되지 않고 남아 있는 기회들 사이의 확고한 연관성에 달려 있는 것도 사실이다. 명백한 영적 기회들에 대한 높은 민감성을 가진 비전은 사람들로부터 신뢰를 이끌어낼 수 있다.

비전을 가진 지도자의 역량. 사람들은 지도자의 실적을 알고 싶어 한다. 여기에는 그 지도자의 삶과 사역 가운데서의 눈에 띄는 하나님의 축복, 과거의 성공적인 실적, 은사와 능력, 의사소통 방식, 개인적 노력, 성경적 가치에 대한 헌신 등도 포함되어 있다.

그 지도자가 이 모든 영역들 대부분 혹은 일부에서 탁월한 역량을 발휘하고 있는가? 하나님이 그의 삶과 사역에 특별한 복을 주셨다는 사실이 확인될 때 그를 따르고자 하는 사람들과 일반 대중들로부터 특별한 신뢰를 얻게 될 것이다. 때로는 하나님이 어떤 지도자에게 과거의 장애물을 제거하고, 언제나 굳게 닫혀 있던 문을 열게 하는 등의 특별한 지도력을 부여해 주실 수도 있다.

과거의 사역 경험은 지도자의 은사 혹은 능력과 마찬가지로 지도력의 신뢰성에 대한 강력한 증거가 되기도 한다. 오늘날의 기독교는 특히 설교를 비롯한 여러 영역에서 탁월한 지도력을 발휘하는 남성과 여성들을 절실하게 필요로 하고 있다.

물론 비전에 대한 신뢰성을 창출하는데 있어서 지도자의 개인적인 헌신이 매우 중요하다. 일반적으로, 지도자가 자기를 희생하고 개인적 위험을 감수할수록 신뢰성이 더 높아지는 것을 볼 수 있다.

비전을 가진 지도자의 진실성. 신뢰성과 진실성을 겸비한 지도자는 사역 공동체의 안과 밖에서 확고한 신임을 얻게 된다. 사실상 기독교 공동체는 성품의 바탕위에 신뢰성을 형성한다. 디모데전서 3:1-13 그리고 디도서 1:5-9 등을 비롯한 성경의 다양한 본문들이 이 사실을 증거하고 있다.

성품은 기독교 지도력의 근본적인 바탕이 된다. 어떤 사람의 사역 전체와 지도력은 그의 성품의 영향을 받는다. 만약 성품의 일부분에 결함이 있다면 그의 사역의 일부분에서도 결함이 나타날 수 있다. 이것은 지도자들의 몰락과 그들의 사역에서도 거듭해서 발견할 수 있다(2007, 189-90).

◆ 토의 질문 ◆
① 당신은 비전의 신뢰성의 중요성에 대한 멜퍼스의 주장에 동의하는가? 만약 그렇다면 당신의 견해를 설명해 보라.
② 이 글에서 언급한 비전의 신뢰성을 강화시키는 세 가지 요소 가운데 당신은 어떤 요소가 가장 중요하다고 생각하는가? 왜 그렇게 생각하는가?
③ 멜퍼스가 언급하지 않은 또 다른 요소들이 있다면 제시해 보라.

(3) 비전은 의사소통을 원활하게 한다.

두 사람 사이의 의사소통의 실패는 언제나 발생할 수 있다. 사람들이 더 많아질수록 의사소통 과정에서 혼란이 가중될 수 있다. 그러나 비전은 팀 구성원들과 추가적인 동역자들 사이의 건강한 의사소통을 유지하고 발전시켜나갈 수 있도록 도와준다.

등산의 비유로 돌아가서 지도자가 어떤 산을 등반할 것이라는 말을 하지 않은 채 팀 구성원들에게 등산 장비들을 갖고 오라고 말했다고 상상해 보라. 어떤 사람들은 단순히 등산화만 신고 올 수 있을 것이고, 다른 사람들은 영하의 추운 날씨에도 견딜 수 있도록 각종 장비들로 가득한 배낭을 메고 올 수도 있을 것이다. 등반하는 산의 환경과 상태에 따라 어떤 사람은 죽음에 이를 수도 있고, 어떤 사람은 지나치게 무겁고 커다란 장비들 때문에 등산을 즐기지 못할 수도 있다. 비전은 팀이 도달해야 할 마지막 목표를 이해할 수 있도록 도와준다. 비전을 아는 것은 과업을 완수하기 위한 과정의 이전과 이후에 대한 의사소통을 원활하게 한다.

(4) 비전은 목표에 집중하게 한다.

필자(J. D. 페인)는 심각한 근시이다. 안경을 착용하지 않으면 시력 검사표의 가장 위에 있는 큰 "E"도 보이지 않는다. 그러나 정확한 검진을 통해 교정시력 1.0을 확보할 수 있었다. 그 이전에 필자의 눈은 초점을 적절하게 맞출 수 없다.

비전이 부족할 때 선교 과업을 수행하는 사람들은 혼란에 빠질 수밖에 없다. 팀 구성원들은 서로 다른 방향으로 달려갈 수 있다. 동역자들은 그 팀이 무엇을 성취하기 위해 노력하고 있는가를 알 수가 없다. 비전은 내 근시를 교정해 주는 안경과도 같다. 비전이 없이는 주님이 무엇을 원하시는가를 분명하게 알 수 없다. 목표들은 모호하고 불분명해 질 수 밖에 없다. 그리고 비전을 성취하기 위한 세부적인 활동 방안들도 불확실해 진다.

(5) 비전은 조정이 일어나게 한다.

자동차 경주자들에게 있어서 바람의 저항은 언제나 가장 큰 골칫거리이다. 바람의 저항은 자동차의 속도를 저하시킬 뿐만 아니라 심지어 경주의 비용이 더 높아지기도 한다. 기술자들은 공기의 저항을 줄이기 위해 자동차를 공기역학적인 유선형으로 설계한다. 이러한 자동차들은 돌출된 백미러(back mirror), 공기를 가두는 공간, 90도 각도 등을 제거한 부드럽고 날렵한 구조를 갖고 있다.

비전은 마치 고도의 성능을 발휘하도록 설계된 경주용 자동차와 같다. 비전은 가능한 한 모든 장애 요소들을 제거하고 최고의 역량을 발휘하도록 조정하는 역할을 담당한다. 조지 라보비츠(George Labovitz)와 빅터 로젠스키(Victor Rosansky)는 조정을 "조직을 앞을 향해 나아가도록 힘을 합치고 목표에 집중하게 하는 힘"(1997, 6)으로 묘사한 바 있다. 비전은 과업을 완수하기 위해 공기역학을 고려하여 설계된 유선형적 접근을 할 수 있도록 도와 준다.

4. 비전을 제시하는 단계

잠언의 저자는 "사람의 마음에 있는 모략은 깊은 물 같으니라 그럴지라도 명철한 사람은 그것을 길어 내느니라"(잠 20:5)라고 말했다. 선교 전략에서 비전이 어떤 사람의 가슴속에만 머물러 있는 것으로는 충분하지 않고, 반드시 다른 사람들과 공유해야 한다. 지혜로운 청지기는 세상으로부터 고립되어 있는 무엇인가를 이끌어내는 사람이다.

비전을 제시하는 과정은 과학보다는 예술에 더 가깝다. 이 과정은 사람들 가운데 성령이 어떻게 역사하고 있는가에 대해 그리고 선교 전략을 통해 어떤 일이 일어나기를 바라는가에 대해 기도하고 인내하는 가운데 그림을 그리는 것과도 같다. 이 과정에서의 예술은 사람들의 관심과 참여를 이끌어 낼 만큼 정교하게도 그릴 수 있어야 하지만, 다른 한편으로는 사람들이 이러한 비전을 성취하기란 불가능하다고 믿을 수밖에 없을 정도로 과도하게 자세한 내용들이 모두 드러나 있는 그림은 아닐 수 도 있다.

1) 칸딘스키, 정물화, 모네

전략가들은 비전을 공유하는 것을 칸딘스키(Kandinsky) 혹은 정물화가의 화풍에 반대되는 모네의 작품에 비유할 수 있다. 칸딘스키의 작품들은 추상적이다. 사실상 필자(J. D. 페인)의 집에는 칸딘스키의 복제된 작품이 벽에 걸려 있지만 그 그림이 무엇을 뜻하는지에 대해서는 이해하기가 어렵다. 그 그림은 혼란스러운 상태를 묘사한 것 같아 보인다. 만약 어떤 지도자가 마치 추상화 작가가 세상과 소통하는 방식으로 비전을 제시한다면 대다수의 사람들은 그 지도자의 마음속에 무엇을 품고 있는가에 대해 전혀 알 수가 없기 때문에 그 비전을 따라 오지 않을 것이다.

그러나 정물화는 매우 정교한 그림이다. 과일 바구니는 누구나 과일 바구니인 것을 알 수 있다. 선들과 그림자들은 거의 완벽에 가까울 정도로 매우 사실적이다. 마치 고도로 정교하게 그린 정물화 같이 모든 상세한 정보들을 모두 포함한 비전을 제시한다면 보는 사람들로 하여금 그 과도한 정보에 압도당해 버릴 수도 있다. 비전이 너무 거창하면 사람들은 현실적으로 실현 가능할 것이라고 믿지 않을 뿐 아니라 실패가 불 보듯 훤할 것이라고 생각하게 된다.

그러나 모네는 인상주의 화가이다. 그의 작품을 멀리서 보면 나무는 나무이고, 헛간은 헛간으로 보인다. 그러나 가까이 다가가서 자세히 살펴보면 캔버스에 색상이 번져 있고 얼룩져 있는 것처럼 보이게 하는 넓고 가는 붓놀림의 기법을 사용하여 실제의 물체에 대한 대략적인 인상만을 주고 있다.

그럼에도 불구하고 이 화풍은 보는 사람들의 마음과 감수성을 자극하여 그의 마음속에서 이 그림이 완성되게 한다. 효과적으로 비전을 제시하는 것은 사람들이 "가능성"을 볼 수 있을 만큼 자세해야 하고, 그들의 성품, 은사, 재능, 기술 등을 발휘할 수 있을 정도로 포용적이어야 한다.

2) 기도

비전이 확립된 후에는 그 비전을 제시하는 과정에서 많은 기도를 필요로 한다. 무엇보다도 이 전 과정에서 하나님이 영광을 받으시도록 기도해야 한다. 사람들이 이 비전과 필요에 대해 이해할 수 있도록 기도하고, 이 비전을 실현하는 과정에서 인간적인 마찰이나 갈등이 없도록 기도해야 한다. 당신이 비전을 제시하여 다른 사람들과 공유하는 과정에서 인내할 수 있도록 기도해야 한다. 그리고 무엇보다도 당신이 비전을 확립하는 과정에서 주님이 많은 은혜를 베푸셨다는 사실을 기억해야 한다.

당신은 지금의 비전을 갖기까지 많은 심사숙고의 시간과 노력을 기울여 왔었다. 사람들이 당신의 비전에 즉각적으로 동의할 것이라고 기대하지 않아야 한다. 끊임없이 인내하는 가운데 이 비전에 대해 검토하고 토론할 뿐만 아니라 그들이 이 비전에 대해 기도할 수 있도록 충분한 시간을 주어야 한다.

3) 의사소통 방식을 이해하라.

어떤 팀이나 조직에게 비전을 제시할 때 당신이 먼저 그 사람들을 이해하고 그 다음에 그들이 당신의 비전을 이해할 수 있게 해야 한다는 사실을 잊지 않아야 한다. 그들은 어떤 방식으로 정보를 다루는가? 그들의 교육적 수준은 어느 정도인가?

그들이 좋아하고 싫어하는 것은 무엇인가? 사람들이 비형식적인 토론 등을 통해 정보를 받아들이고 동화되어가는 것을 선호한다는 사실을 알게 되었다면 일방적인 강의가 아닌 다른 방식으로 당신의 비전을 제시해야 할 것이다.

4) 반복해서 비전을 제시하라.

릭 워렌(Rick Warren)은 26일에 한 번씩 반복해서 비전을 제시해야 한다고 말했다(1995, 111). 사람들 앞에서 비전을 실천하고, 말하고, 블로그(blog) 활동을 하고, 글을 쓰라. 선교 전략의 토대가 되는 당신의 비전을 거듭해서 강조할 수 있는 모든 가능한 의사소통 방법을 찾아야 한다. 먼저 다양한 조직들과 팀들의 지도자들에게 비전을 제시하고 그 다음에 나머지 사람들에게 그 비전을 공유하라.

이 과업과 직접적으로 혹은 잠재적으로 관련된 사람들에게 이 비전을 제시할 수 있는 가능한 한 많은 창조적인 방법들을 개발해야 한다.

참고자료 21.2
비전의 유산

다음의 인용문은 고든 콜터(Gordon Coulter)가 사람들에게 복음을 전하는 비전을 나누기 시작한 빌 브라이트(Bill Bright)의 유산에 대해 기록한 것이다. 여기서 콜터는 한 사람의 비전의 심각성과 세계를 변화시킬 수 있는 비전의 잠재력을 인정하는 것이 얼마나 중요한 것인가를 강조하고 있다.

비전의 개념을 어떤 사람들은 예견(foresight)이라고 묘사하기도 한다. 예견은 아직 보이지 않는 것을 미리 내다 보는 것을 뜻한다. 조엘 헌터(Joel Hunter) 우리가 흔히 어떻게 한 공동체에 집중할 수 있는가에 대해 이야기하지만, 때로는 잘못된 것에 집중할 수도 있다고 말했다. 그는 "비전은 어떤 사역에 있어서도 필수적인 요소이다. 비전이 없는 사역은 나침반이 없는 배와 같고, 수술용 메스(scalpel)가 없는 외과의사와 같고, 펜이 없는 작가와 같다"고 말한 바 있다.

하나님은 지상명령이 성취될 수 있도록 전략을 개발하고 비전을 제시하는 지도자들을 찾고 계신다. 최근의 역사 가운데서 찾아볼 수 있는 이러한 지도자들 가운데 한 사람이 빌 브라이트 박사이다. 최근의 「크리스채니티 투데이」(Christianity Today)에 조쉬 맥도웰(Josh McDowell), 데이브 한나(Dave Hannah), 릭 워렌(Rick Warren)이 빌 브라이트가 남긴 유산에 대해 기고한 바 있다. 맥도웰은 1961년도에 휘튼대학교(Wheaton College)에서 빌 브라이트를 만났다. 빌 브라이트 박사가 예배 시간에 설교를 마친 후 맥도웰과 몇 명의 학생이 커피숍에서 그를 만났다. 그 때 빌 브라이트는 어떻게 믿음으로 성령의 충만함을 받을 수 있는가에 대한 확신과 함께 복음화에 대한 그의 비전을 제시했다.

브라이트 박사는 복음화에 대한 뜨거운 열정을 갖고 있었다. 그는 "그는 사람들에게 그리스도를 전파하는 일을 위한 자신의 사명에 사로잡혀 있었다. 당신은 그리스도를 증거하고자 하는 위대한 열정을 품지 않은 채 단순히 그의 곁을 떠날 수 없을 것이다. 빌에게 있어서 복음화는 단순히 삶의 전부였다"고 회상했다.

워렌은 빌리 그래함(Billy Graham)은 한 번에 수십만 명에게 복음을 전파하는 은사를 갖고 있었지만, 빌 브라이트는 한 번에 한 명씩 수십만 명에게 복음을 전파하는 은사를 갖고 있었다. 동일한 사명에 대한 두 가지 서로 다른 비전이었다. 워렌은 대학생선교회(Campus Crusade for Christ, CCC)가 세계에서 가장 큰 사역이지만, 빌 브라이트의 유산은 그가 개인적으로 혹은 공동으로 주님께로 인도했던 수백만 명의 그리스도인들이라고 증언했다. 복음화에 대한 빌 브라이트 박사의 비전은 역사상 가장 많이 보급된 사영리라는 전도 소책자를 만들기에 이르렀다. 사영리는 200개 이상의 언어로 번역되었고, 약 25억 명이 이 책자를 읽은 것으로 추산하고 있다. 빌 브라이트의 비전은 복음을 들어보지 못했던 사람들에게 복음을 전하고자 하는 개인적인 사명감에서 출발했지만, 기독교 전 역사에 걸쳐 가장 위대한 사역 가운데 하나로 발전했다. 이 도구는 지상명령 성취를 위한 그의 비전이었다.

만약 그리스도인들이 그들의 비전에 사로잡혀 있고 그 비전을 성취하기 위해 자신의 모든 것을 헌신하여 전략적으로 사역을 진행한다면 무슨 일이 일어날 것인가를 상상해 보라. 열정적으로 비전을 제시하고 그 비전에 헌신하라. 만약 우리 모두가 지역 사회 차원에서 그리고 전 세계적 차원에서 우리의 이웃에서부터 시작하여 지구상의 모든 사람에게 복음을 전할 것에 대한 불가능해 보이는 이 지상명령의 비전을 가슴에 품고 사역을 전개해 나간다면 어떻게 될 것인가? 아무것도 이 운동을 막을 수 없다(2005, 64-65).

◆ 토의 질문 ◆

① 콜터가 "비전이 없는 사역은 나침반이 없는 배와 같고, 수술용 메스(scalpel)가 없는 외과의사와 같고, 펜이 없는 작가와 같다"고 말한 헌터의 글을 인용한 의도가 무엇이라고 생각하는가?
② 당신의 비전을 한 문장으로 기록해 보라. 당신의 비전이 대학생선교회(CCC)의 빌 브라이트의 비전처럼 세계적인 변화를 일으킬 수 있는 잠재력을 갖고 있는가? 당신의 대답에 대한 이유를 설명해 보라.

5. 결론

　이 장에서 우리는 선교 전략과 관련된 비전 확립의 중요성에 대해 논의했다. 비전은 선교 전략 개발과 실행에 있어서 매우 중요한 요소 가운데 하나이다. 팀이 어디를 향해 가고 있는가를 모르고 있다면 그 팀의 구성원들은 목표없이 방황할 뿐만 아니라 복음의 진보를 위해 주님께서 허락하신 기회와 자원들에 대한 지혜로운 청지기로서의 직분을 수행할 수 없을 것이다.

　비전 제시의 예술은 미래의 가능성에 대한 그림을 그리는 것과도 같다. 다른 사람들이 당신을 사소한 일까지 직접 관리하고 통제하는 감독이라고 연상하거나 다른 사람들이 구체적인 목표를 이해할 수 없을 정도로 지나치게 추상적이지는 않아야 한다. 오히려, 비전은 다른 사람들이 이 전략에 참여하는 방법을 이해할 수 있도록 전체적인 윤곽을 그려주는 예술 작품이 되어야 한다.

Developing A Strategy
For Missions

제22장
팀 구성

팀 사역은 선교 전략의 개발과 실행의 근간이 된다. 성경은 우리에게 "지략이 없으면 백성이 망하여도 지략이 많으면 평안을 누리느니라"(잠 11:14), "의논이 없으면 경영이 무너지고 지략이 많으면 경영이 성립하느니라"(잠 15:22) 등의 말씀을 통해 동역의 가치에 대해 증거하고 있다.

> 두 사람이 한 사람보다 나음은 그들이 수고함으로 좋은 상을 얻을 것임이라 혹시 그들이 넘어지면 하나가 그 동무를 붙들어 일으키려니와 홀로 있어 넘어지고 붙들어 일으킬 자가 없는 자에게는 화가 있으리라 또 두 사람이 함께 누우면 따뜻하거니와 한 사람이면 어찌 따뜻하랴 한 사람이면 패하겠거니와 두 사람이면 맞설 수 있나니 세 겹 줄은 쉽게 끊어지지 아니하느니라(전 4:9-12).

우리는 이 장을 팀에 대한 정의를 규정하는 것으로 시작할 것이다. 그 다음에는 팀 사역의 장점과 한계에 대해 논하고 그 가치에 대해서도 다룰 것이다. 마지막으로, 우리는 이 장에서 팀 구성을 위한 지침을 제시할 것이다.

1. 팀이란 무엇인가?

팀은 일반적으로 적은 수의 집단으로 구성된다. 전략 개발은 다양한 주제들에 대한 긴밀한 상호 작용을 요구한다. 대규모의 집단은 이러한 상호작용이 일어나기에는 너무 크고 거추장스러운 것이 사실이다. 존 카첸바흐(Jon R. Katzenbach)와 더글라스 스미스(Douglas K. Smith)는 "많은 수의 사람들이 팀의 목적, 목표, 접근 방식, 성숙한 책임의식을 설정하는 것은 쉬운 일이 아니다. 그리고 그들이 이 과정을 수행할 때 거의 피상적인 선교와 선의의 의도만을 보여줄 뿐일 경우가 많다"(1993, 47)고 지적한 바 있다. 그들은 팀을 "공동의 목적, 실행 목표, 공동의 책임에 헌신된 상호보완적 기술을 가진 적은 수의 집단"(1993, 45)이라고 정의했다.

이 정의에는 다양한 요소들이 포함되어 있다.

첫째, 이미 언급한 바와 같이, 팀은 적은 수의 사람들로 구성되어야 한다. 두 명에서 여섯 명 정도면 충분하다. 여덟 명, 열 명 혹은 그 이상으로 숫자가 늘어날 때마다 카첸바흐와 스미스가 제기한 문제들이 발생할 가능성이 더 커진다.

둘째, 팀은 상호보완적인 기술을 갖고 있어야 한다. 이 말은 팀의 구성원들이 서로 같은 기술이나 은사 혹은 재능을 갖고 있지 않아야 한다는 것이 아니다. 이러한 통일성이 일부 영역에서는 효과를 발휘할 수 있겠지만, 많은 한계를 드러낼 수 있다. 상호보완적인 조합은 통일성과 다양성의 조화를 이룰 수 있게 해 준다. 특히 다양성은 팀 구성원 한 사람의 역량의 한계를 극복할 수 있는 장점이 될 수 있다.

셋째, 팀은 공동의 목적, 목표, 방법에 헌신해야 한다. 바로 여기에 통일성이 필요한 것이다. 선교지의 지도자들이 참여하는 팀을 구성할 때 더 많은 시간을 필요로 할 수 있다. 팀 구성원들의 마음과 정신에 대한 건강한 조정이 필요하다. 팀이 전략을 실행하기 위해 그 구성원들은 동일한 방향으로 움직여 가야 한다. 여기에 실패할 때 팀은 마치 줄다리기하는 것과 같이 될 수 있다. 팀의 각 구성원은 줄을 잡고 있지만, 서로 원하지 않는 방향으로 그 줄을 잡아 당기는 결과를 초래할 수도 있다.

넷째, 팀 구성원들은 많은 문제에 대해 서로 책임을 나누어져야 한다. 팀은 목적, 방법, 최종의 비전을 성취하기 위해 책무를 맡는 사람들의 조직이다. 이 책무는 팀 구성원들로 하여금 원래의 계획에 충실하게 하여 지속적으로 계획을 변경하는 오류를 피할 수 있게 해 준다. 팀은 그들이 설정한 목표를 성취하기 위해 끊임없이 견제와 균형의 체계를 유지해야 한다.

카첸바흐와 스미스는 그들의 정의에서 서로 유익을 끼치는 부분에 대해서는 언급하지 않았지만, 우리는 팀의 구성원들이 서로의 행복이나 발전을 위해 긴밀하게 상호작용해야 한다는 것을 덧붙이고자 한다. 건강한 팀은 마치 건강한 몸과 같아서, 다른 지체들과의 긴밀한 관계 가운데서 자신의 기능을 발휘해야 한다. 팀 구성원의 상호작용의 원리는 그리스도의 몸에 대한 바울의 가르침에서도 잘 나타나 있다. 몸의 일부가 고통을 당하면 몸의 모든 지체가 함께 고통을 겪게 된다. 몸의 모든 부분들이 서로를 필요로 하고 서로 조화를 이루어야 한다. 그 결과로 독불장군이 아닌 팀의 구성원 가운데 한 사람이 아프면 모두가 함께 그 고통을 겪게 된다는 사실을 인정하는 지체의 일부가 될 수 있다.

2. 성경의 사례

팀 사역의 중요성에 대한 가장 강력한 증거는 성경이 팀 사역을 지지하고 있다는 것이다. 성경 전체에서 사역에 대한 팀 단위의 접근 방식이 다양한 지역, 다양한 사람, 다양한 때에 활용되었던 것을 볼 수 있다. 예수님은 칠십 인을 선정하여 둘씩 짝을 지어 보내셨다(눅 10:1). 사도 바울의 거의 모든 선교 사역은 팀 단위로 이루어졌다. 심지어 바울이 아덴에 혼자 남아 있었던 것도 매우 짧은 기간에 지나지 않았다(행 17:16). 바울과 바나바가 각자의 길을 가게 되었을 때에도 그들은 즉각적으로 동역자들을 발굴하여 팀으로 사역했다(행 15:36-41). 우리는 지역 교회들이 다수의 장로들을 세워(행 14:23) 필요한 지도력을 부여했던 것을 볼 수 있다.

3. 팀과 선교 전략의 관계

필자(J. D. 페인)는 비록 「론 레인저」(*The Lone Ranger*)라는 텔레비전 프로그램을 자주 시청하지는 못했었지만, 이 대중적인 인기를 모았던 텔레비전 프로그램이 미국인의 보편적인 삶의 철학을 반영하고 있다고 확신한다. 이 영화 시리즈의 주인공은 언제나 혼잣말을 하고, 혼자 계획하고, 혼자 실행해 옮기는 무뚝뚝하고 다소 신비롭기까지 한 이 인물을 낭만적으로 묘사했다. 불행하게도 이 독불장군과 같은 주인공의 특성이 오랫동안 교회들에게도 많은 영향을 끼쳤다.

예수님을 다른 사람들과 어떤 상호작용도 하지 않는 독불장군과 같은 인물로 부각시켜 개인주의 문화를 강화하는 결과를 가져 오기도 했다. 그러나 하나님 나라의 생활 방식은 개인주의가 아니다. 우리는 그리스도의 몸으로서의 팀 사역을 통해 함께 주님을 섬기도록 부르심을 받은 사람들이다. 다른 일반적인 사역들도 독불장군식 접근 방식을 통해 성취될 수 없는 것과 마찬가지로 선교 전략을 개발하는 것도 고립된 상태에서 혼자할 수 있는 사역이 아니다. 전략 개발은 본질적으로 팀 활동이다. 전략 개발 뿐만 아니라 그 전략의 실행에 있어서도 다양한 관점, 열정, 은사, 재능을 필요로 한다.

4. 팀 사역의 장점

이 책은 전체에 걸쳐 팀 사역의 어려움에 대해 많이 언급하고 있지만, 팀 사역은 다음과 같은 많은 장점도 갖고 있다. 여기서는 팀 사역의 모든 장점들을 열거하는 것이 목표가 아니라 선교 전략의 개발과 실행과 관련된 장점들을 다루게 될 것이다.

1) 공유된 지도력

대다수의 팀들은 "동급 중에서도 최고"라고 인정하는 사람을 지도자로 두고 있지만, 팀은 책임을 분산하고 공유한다. 아무도 모든 것을 책임지지는 않는다. 만약 어느 팀이 상호보완적인 재능, 은사, 열정이 갖추어진 사람들로 구성되어 있다면 책임의 분산은 그리 어려운 과업이 아닐 것이다.

2) 격려

전략의 개발과 실행을 포함하는 선교 사역에는 실망할 때도 있다는 사실을 염두에 두어야 한다. 팀 구성원들은 이러한 어려운 시기에 서로 격려할 수 있어야 한다. 계획이 기대한 대로 실행되지 않을 때 팀 구성원들은 서로 지지하는 가운데 새로운 힘과 용기를 얻어야 한다.

3) 다양성

건강한 다양성은 팀 구성원들의 삶, 은사, 재능, 열정에서 나온 서로 다른 관점과 경험을 팀에게 제공해 준다. 이 모든 요소는 특정한 상황에 대응하기 위해 신선한 관점이 필요할 때 전략 개발 과정에 큰 도움을 줄 수 있다. 팀 구성원들은 다양성을 유지하는 가운데서도 서로 상호보완적인 관계를 유지할 수 있다. 팀 구성원들의 완전한 단일성은 바람직하지 않다(우리는 이 장의 후반부에 팀의 공통점에 대해 논의할 것이다).

4) 숫자적인 장점

숫자와 관련된 옛 속담들은 팀에 대해서도 진실이 아닐 수 없다. 예를 들면, 라보비츠(Labovitz)와 로젠스키(Rosensky)는 함께 일하는 여러 개인들의 공동의 협력의 장점에 대해 논의하는 가운데 "훌륭한 전략은 많은 생각과 관점이 축적된 결과물"(1997, 89)이라고 강조한 바 있다. 한 개인은 자신의 의사결정 과정에서 의문이 생길 때도 있지만, 의견이 일치하는 팀은 의사결정자들의 확신에 대해 인정해 줌으로 세부적인 활동 방안들을 확신가운데 원활하게 수행할 수 있게 해 준다. 팀의 의사결정에 대해 외부자들이 의문을 제기할 때 단합이 잘 된 팀이라면 그 팀이 추구하고 있는 전략에 대한 확고한 신념이 흔들리지 않을 것이다.

5) 지혜

잠언은 "경영은 의논함으로 성취하나니"(잠 20:18), "너는 전략으로 싸우라 승리는 지략이 많음에 있느니라"(잠 24:6)고 말한다. 공동의 지혜는 올바른 사리분별을 가능하게 해 준다. 지혜는 초자연적으로 체득해 온 통찰력을 준다. 주님은 팀이 전략을 개발하는데 있어서 반드시 필요한 많은 결정들을 위한 올바른 지침들을 제공해 주신다. 팀 구성원들이 함께 발견하는 지혜는 선교 전략 개발에 있어서 매우 귀중한 지침이 될 수 있다.

5. 팀 사역의 한계

물론 팀으로 사역할 때 한계에 직면하기도 한다. 죄인들이 함께 일하는 한 문제는 언제나 발생한다. 이러한 한계들이 당연히 존재하지만, 우리는 선교 전략을 개발하고 실행하는데 있어서 팀이 갖고 있는 장점이 그 한계나 단점보다 훨씬 더 중요하다고 믿는다.

1) 의사결정 시간

사람이 많아지면 의견도 많아지기 마련이다. 손쉽게 해결할 수 있는 문제들도 많은 사람의 검토 과정을 거쳐야 한다. 그 결과로 혼자 결정하는 것 보다 더 많은 시간을 소모해야 한다. 사람들이 많아질수록 의사결정 과정에서 전화, 이메일(e-mail), 회의도 더 많아질 수 밖에 없다.

2) 갈등

갈등은 불가피한 현상이다. 모든 팀들이 갈등을 경험한다. 국제 팀은 동질 집단으로 구성된 팀보다 더 많은 갈등을 겪을 수 밖에 없다(Roembke 2000을 보라). 다양한 사람들과 관점들이 존재하는 한 갈등이 발생하기 마련이다(Elmer 1993을 보라). 이러한 문제가 단지 죄의 결과만이라고 단정할 수는 없지만, 갈등은 전략 개발의 과정을 지연시키는 것도 사실이다. 팀은 반드시 이러한 현실을 인식하고 있어야 하고 이러한 갈등을 예견하여 충분한 시간을 두고 미리 전략 개발 과정을 진행해야 한다.

6. 팀 개발

앤 도넬론(Anne Donnellon)은 『팀 지도력』(*Leading Teams*)에서 팀은 전략을 효과적으로 실행하기 위한 팀을 개발하는 네가지 단계를 제시하고 있다. 다음의 표(22.1)는 그 네 단계를 잘 묘사하고 있다.

표 22.1 팀 개발의 단계

단계	반응
팀 형성	흥분, 높은 기대, 역할과 규칙 설정
팀 갈등	팀 구성원들 사이의 경쟁, 역할과 과업에 대한 혼란, 실망, 갈등
팀 정상화	팀의 일상적 업무 정착, 신뢰 형성, 협력 정신 강화
팀 활동	희망, 생산성, 공유된 지도력

우리가 여기서 제시하는 도넬론의 팀 개발의 단계는 효과적인 팀 사역을 위한 과정에서 어느 팀이나 겪고 있는 일련의 단계들을 잘 보여주고 있다. 이러한 단계들은 전략을 개발하고 실행하는 과정에서 발생하는 불필요한 장애물로 인식하기 보다는 미래의 보다 나은 사역을 위해 최상의 팀으로 발전하는데 필요한 성숙의 과정으로 이해해야 할 것이다. 각 단계에서 다음 단계로 발전해 가는데 걸리는 시간은 그 팀이 처한 상황과 구성원들의 특성에 따라 다양하게 나타난다. 팀들마다 다음 단계로 발전하는 반응의 정도도 다르다.

첫째 단계는 팀 구성원이 서로를 알아가는 과정부터 시작한다. 사람들은 미래에 대한 기대와 희망을 갖고 살아 간다.

둘째 단계는 팀의 갈등과 함께 시작된다. 만약 팀이 각 구성원들의 성숙을 위해 서로 기여하는 관계로 발전하지 않는다면, 그 팀은 서로 경쟁하는 관계로 전락할 가능성이 높아진다.

셋째 단계는 진행중인 활동을 일상화하고 서로에 대한 신뢰를 발전시켜 나가는 과정이다. 이 세 가지 단계를 성공적으로 다루어 온 팀은 매우 높은 생산성을 나타내는 넷째 단계로 접어들 수 있다.

참고자료 22.1
개인(개인주의)의 팀

다음의 인용문은 모든 팀들이 팀 정신을 갖고 사역하는 것은 아닌 개인들로 구성된 팀에 대한 역설적인 상황을 통해 좋은 통찰력을 제공해 준다.

새로운 팀들 그리고 때로는 기존의 팀들도 성장 과정에서 갈등을 겪는다. 전략을 어떻게 실행할 것인가 혹은 팀 구성원들이 서로 어떤 관계를 유지해야 하는가 등의 문제가 신속하게 전면에 등장하기 시작한다. 로스엔젤레스통합교육구(Los Angeles Unified School District)가 학습 과정을 점검하기 위해 적용했던 단계들과 팀의 개념에 대해 「비즈니스 위크」(Business Week) 잡지에 소개한 바 있다.

이 글은 팀으로 일할 때 발생하는 갈등의 원인을 분석하고 있다. 이 교육구의 부교육감은 "비즈니스의 세계에서 특정한 프로젝트(project)를 실행하기 위해 책임을 공유하는 것이 팀워크(teamwork)이다. 교실에서 우리가 가르치는 방식은 사실상 속임수에 불과하다"고 말했다.

대부분의 직장인들은 개인적 성취에 대해 보상해 주는 학교 제도에 의해 길들여져 있다. 그들이 직장에 들어 갔을 때 학교에서 체득된 승진, 성과급, 신분 상승과 같은 개인적 보상과 같은 유사한 체계의 지배를 받는다. 협력이나 공동체 정신 등은 설 자리가 거의 없다. 이러한 체계는 자기 자신과 개인적 성취에 초점을 맞춘 행동을 요구한다. 팀의 개념이 조직의 구조에 도입되었을 때 서로 다른 행동들과 기술들이 요구되었다. 이러한 변화는 많은 고충과 불편을 초래했다.

평생을 솔로(solo)로 노래해 온 가수가 사중창단에 참여하도록 요청받았다고 생각해 보라. 그 가수는 새로운 기술을 익히고, 다른 사람들과 조화를 이루며, 그들의 필요를 존중하고, 폭넓은 의사소통을 해야 한다. 과거에는 불충분, 불안정, 때로는 무능력 등의 느낌을 받게 했던 일련의 새로운 기술을 터득해야 하는 것이다. 팀 활동에는 불편이 동반될 수 밖에 없다(Blanchard, Randolph, and Grazier 2005, 46-47).

◆ 토의 질문 ◆
① 팀을 운영하는데 있어서 개인주의가 초래하는 이와 유사한 문제들을 본 적이 있는가?
② 당신의 삶 가운데서 어떠한 개인주의적인 요소들이 당신의 팀을 훼손하는 결과를 초래할 수 있겠는가? 만약 있다면 건강한 변화를 위해 당신이 무엇을 해야 하겠는가?

7. 사람에 대한 이해

전략을 개발하고 실행하기 위해 단순히 함께 일하는 것만으로는 충분하지 않다. 건강한 팀을 만들기 위해서 팀 지도자는 각 구성원들에 대해 잘 알고 있어야 한다. 팀 구성원들에 대한 이해와 함께 그들의 열정, 재능, 은사, 관심이 잘 활용될 수 있도록 배려하는 것도 지도자로서의 매우 중요한 자질이다. 각 개인의 고유한 특성이 최대한 발휘될 때 주어진 과업을 최상으로 성취할 수 있다. 팀이 효과적으로 전략을 수행하여 목표를 성취하기 위해서는 팀 구성원들이 공유해야 할 다양한 영역들이 존재한다.

1) 공통의 부르심

팀들은 그들의 과업과 팀에 대한 주님의 공통된 부르심을 갖고 있어야 한다. 때로는 이 부르심이 팀들로 하여금 함께 사역하고 앞으로 전진하게 하는 유일한 근거가 되기도 한다.

2) 공통의 철학

팀 구성원들은 사역과 전략에 대한 공통의 철학을 공유해야 한다. 이러한 공통의 맥락이 없을 때 팀 구성원들은 결국 사소한 문제들에도 이견을 좁히기 어려울 수 있다.

3) 공통의 비전

지도자는 그가 사역하고 있는 특정한 종족 집단에 대한 공통의 비전을 팀 구성원들이 공유하고 있는가에 대해 점검해야 한다. 이 지역에서 무슨 일이 일어나야 하는가에 대한 공통된 관점을 소유하고 있는가? 물론 팀 구성원들이 비전을 확립하는 과정에 참여할 때 그 비전에 대한 사명감도 더 커질 것이다. 그러나 팀이 구성되기 전부터 "우리는 이 민족 가운데서 제자들과 지도자들과 교회들을 배가하는 공통의 비전을 나누었는가?"라는 질문을 해야 한다.

4) 공통의 신학

함께 사역하는 팀은 신학적으로 조화를 이루는 팀이 되어야 한다. 팀은 모든 구성원들이 동의해야 하는 타협이 불가능한 신학적 관점을 결정해야 한다. 부차적인 문제들에 대해서는 자유가 주어져야 하지만 함께 사역을 시작하기 전에 팀 구성원들은 타협할 수 없는 본질적 진리가 무엇인가를 알고 있어야 한다.

5) 공통의 선교학

신학과 마찬가지로 팀 구성원들의 선교학적 관점이 처음부터 완벽하게 일치하는 것은 거의 불가능한 일이다. 그러나 특정한 주제들에 대한 공통된 관점을 갖고 시작할 필요가 있다. 예를 들어, 만약 팀 구성원들의 일부가 C5의 교회개척 전략을 추구하는 반면 다른 구성원들은 이와 같은 유형의 교회개척을 단호하게 반대한다면 어떻게 되겠는가? 상황화, 교회배가, 지도력 개발 등과 관련된 제반 문제들에 대한 심도있는 논의가 선행되어야 할 것이다.

6) 공통의 유대감

팀 구성원들 사이의 긴밀한 협력이 일어나기 위해 공통의 유대감이 형성되어야 한다. 팀은 접촉점을 필요로 한다(Gladwell 2005). 팀 구성원 간에 마음이 통해야 한다. 공통의 유대감이란 주관적인 문제이지만, 이 유대감이 형성되면 서로 감지할 수 있다. 팀 구성원들이 친구가 되어 잘 어울릴 수 있어야 한다. 팀 구성원들의 다양성이 클수록 유대감을 형성하는데 있어서 어려움도 더 많아지기 마련이다.

8. 바나바 요소

『바나바 요소: 교회개척 팀의 여덟 가지 본질적 사역』(*The Barnabas Factors: Eight Essential Practices of Church Planting Team Members*)에서 필자(J. D. 페인)는 바나바의 삶을 통해 하나님 나라의 확장에 큰 도움을 줄 수 있는 여덟 가지 건강한 사역 원리를 도출한 바 있다(2008, 10). 이 책에서 필자는 교회개척에 대한 적용 방안으로 이 원리들을 제시했지만, 이 여덟 가지 특성은 어느 팀에도 적용할 수 있다. 앞서 열거한 공통의 영역들에 잠재적 팀 구성원들은 바나바 요소들을 추가할 수 있을 것이다. 이러한 여덟 가지 사역 특성은 내적인 특성들의 외적인 표현들이라고 할 수 있다.

표 22.1 바나바 요소

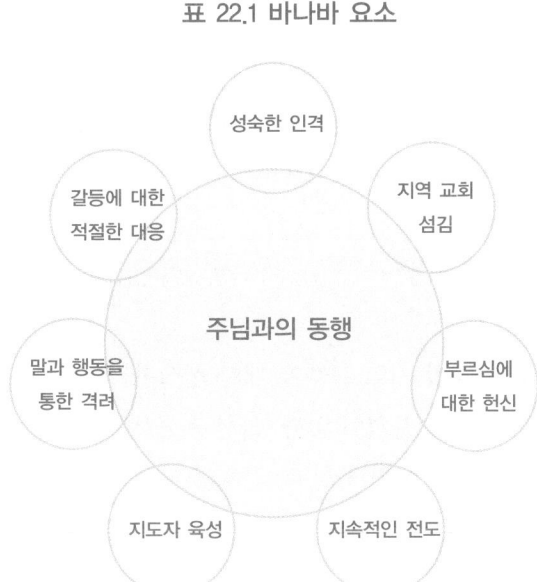

1) 주님과의 동행

주님과의 동행은 다른 모든 요소들의 중심이고 기초가 된다. 주님과의 동행에 실패한 사람은 선교 전략의 개발에 참여하지 않아야 한다. 이 일은 초자연적인 과업이기 때문에 하나님과의 긴밀한 교제가 없는 사람은 팀의 구성원이 될 수 없다. 하나님과의 관계, 동료 사역자들과의 관계, 잃어버린 바 된 백성과의 관계, 선교 전략 등이 모두 주님과의 동행 가운데서 올바로 확립될 수 있다.

2) 성숙한 인격

성숙한 인격은 주님과의 동행 가운데서 나온다. 어떤 팀도 완전하지 않기 때문에 현재의 드러나지 않는 인격적 결함이 장래의 사역에 적지 않은 부담이 될 수 있고, 선교 전략에도 영향을 끼칠 수 있다. 팀 구성원들이 그리스도안에서 지속적으로 성장할 때 인격적으로도 성숙해 질 수있다. 그러나 팀에 합류할 때 이미 어느 정도의 성숙한 인격을 소유하고 있어야 한다.

3) 지역 교회 섬김

만약 어떤 사람이 지역 교회에 대한 신실한 섬김의 경험이 없다면 팀의 구성원이 될 자격이 없다. 물론 최근에 그리스도에 대한 믿음을 갖게 된 사람은 예외가 될 수 있을 것이다. 몸의 일부로서 지체들을 섬기라는 주님의 명령에 대한 충성스러운 순종의 경험이 없을 때 건강한 교회를 배가하기 위한 선교 전략 개발에 참여하는 것은 불가능한 일이다. 어떤 사람의 삶에 있어서 지역 교회들에 대한 헌신과 사랑의 경험이 부족하다는 것은 미래에도 이러한 문제가 지속될 수 있다는 것을 의미한다.

4) 부르심에 대한 헌신

제20장에서 언급한 바와 같이 부르심의 문제는 팀을 개발하는데 있어서 핵심적인 문제가 아닐 수 없다. 박해와 팀의 갈등 가운데서도 하나님의 부르심에 충성스럽게 헌신했던 바나바와 같이 현대의 팀들도 부르심의 문제를 매우 신중하게 다루어야 한다.

5) 지속적인 전도

선교사들은 모두 지속적으로 복음을 전하고 있는 사람들이라고 단정하는 것은 잘못된 것이다. 팀 구성원들은 과거에도 그리고 현재에도 복음전도적인 신자들이어야 한다. 이러한 복음전도적인 삶은 주님과의 동행, 선교사로서의 부르심, 제자삼는 사역자로서의 삶, 선교 전략 등에 역동적으로 영향을 준다.

6) 지도자 육성

팀 구성원들은 지도자 육성의 사명에 대한 책임을 반영한 비전과 삶의 방식을 갖고 있어야 한다. 지도자 육성에 대한 관심이나 비전이 없는 팀 구성원은 선교 전략 개발에 있어서 부정적인 영향을 끼칠 가능성이 매우 높다.

7) 말과 행동을 통한 격려

팀 구성원들은 서로 격려하는 동역자들이 되어야 한다. 팀은 감당하기 어려울 정도의 도전과 난관, 좌절, 혼란을 경험하게 될 것이다. 영적 반대 세력들은 팀을 무기력하게 만들기 위해 끊임없이 도전해 올 것이다. 팀 구성원들은 서로 격려해야 한다.

전략적 목표를 성취하기 위한 전술적 활동 방안들이 기대했던 것과는 다른 결과를 보여줄 때, 목표들이 정해놓은 시기에 성취되지 않을 때, 활용가능한 자원이 고갈되어 갈 때 팀 구성원들은 말과 행동으로 서로 위로하며 용기와 격려 그리고 영감을 불어넣어 주어야 한다. 팀 구성원들이 서로 사랑으로 격려할 때 성령께서 놀라운 일을 행하실 것이다. 내주하시는 성령의 역사를 바탕으로 말과 행동으로 격려하는 사람들로 구성된 팀은 언제나 발생 가능한 갈등을 미리 대비하는 팀이라고 할 수 있다.

8) 갈등에 대한 적절한 대응

갈등은 앞서 언급한 바와 같이 팀 사역의 장애 요소 가운데 하나이다. 갈등은 그 자체는 피할 수 없기 때문에 팀은 미리 대비해야 한다. 건강한 팀이란 갈등에 대해 적절하게 대응할 수 있는 사람들로 구성된 팀이다. 이러한 구성원들은 (1) 사랑으로(롬 12:10), (2) 하나님 나라의 목적으로, (3) 그리스도의 증인으로서, (4) 겸손과 종의 자세로, (5) 상대방을 위한 최상의 결과를 추구하는 자세(갈 6:10)로 갈등에 대응해야 한다.

9. 팀 조정

앞서 언급한 공통점들과 바나바 요소들이 균형잡힌 팀을 만들고 유지하는데 기여할 수 있다. 팀의 목적과 목표에 따른 건강한 조정 과정이 없다면 건강한 전략을 개발하고 실행하기 어려울 것이다. 라보비츠와 로젠스키는 『조정의 힘』(*The Power of Alignment*)에서 조정의 중요성을 일깨워준 바 있다. 그들은 비록 기업 조직에 대한 조정을 말하고 있지만, 다음과 같은 요소들은 팀에도 적용할 수 있다.

① 팀에 가장 중요한 것은 모든 구성원들이 기여할 수 있는 공통의 목적과 일관된 목표이다.
② 팀은 반드시 현재의 상태와 공통의 목적 그리고 일관된 목표 사이의 직접적인 관계를 볼 수 있어야 한다.
③ 중요한 것은 반드시 쉽게 이해할 수 있고, 팀의 전략과 일치하고, 실행 가능해야 한다는 것이다(1997, 43-44).

조정은 팀이 존재하는 목적에 정확한 초점을 맞추게 한다. 조정은 또한 주어진 자원에 대한 청지기적 사명을 수행할 수 있게 해 줄 뿐만 아니라 보다 효과적인 방안을 도출할 수 있게 한다. 적절한 조정이 없을 때 팀 구성원들은,

① 초점을 잃게 될 것이다.
② 목표를 성취하고 있는지 알 수 없을 것이다.
③ 목적과 최종 비전의 타당성에 대해 의문을 갖게 될 것이다.
④ 서로 조화를 이루지 못하고 독불장군이 될 것이다.

참고자료 22.2
전략의 계약

고든 맥도널드(Gorden MacDonald)가 쓴 "선교 전략이란 무엇인가?"(What Mission Strategy Is and Does)에서 인용한 이 글은 전략을 계약으로 묘사하고 있다.

전략이란 풋볼(football) 선수들의 경기 계획에 비유할 수 있다. 전략의 일부는 교리적 신념 때문에 변할 수 없는 요소들이 있다. 다른 일부 요소들은 시시각각 변화하는 선교의 전략적 특성, 선교지의 문화, 선교 자원과 도구들의 발전 등으로 인해 융통성을 발휘해야 한다. 변하는 것과 변하지 않는 것의 차이를 결정하는 것은 교회와 선교사들 가운데 논쟁점이 되고 있다. 선교 전략이란 교회를 개척하거나 다른 선교 활동을 지원하여 특정 지역의 복음화를 위한 장, 단기 계획을 말한다. 전략은 이 과업에 동의하고 함께 일하는 사람들 사이의 "계약"이라고 할 수 있다.

이 계약은 변경되지 않은 한 팀의 각 구성원이 주장할 수 있는 최고의 권위를 갖는다. 선교 전략에는 실행되어야 할 활동의 성격, 지역적 범위, 필요한 인적 자원, 성공과 실패의 기준, 마지막으로 이 전략의 책임자가 누구이며 언제까지 성취할 것인가에 대한 결정 등이 포함되어야 한다. 교회, 선교 단체, 팀 구성원들을 비롯한 관련된 모든 사람이 선교 전략을 구체적으로 명시한 문서를 공유해야 한다(1971, 1).

◆ 토의 질문 ◆

① 전략이 팀 사역자들 사이의 "계약"의 기능을 한다는 주장에 동의하는가? 동의하지 않는가? 그 이유를 설명해 보라.
② 전략이란 하나의 계약으로서 필요에 따라서 조정이 필요하다는 주장에 대해 어떻게 생각하는가?

10. 결론

건강한 팀은 전략의 개발과 실행에 있어서 필수적이다. 모든 팀은 한계를 갖고 있지만, 조화를 이루고 있는 팀 사역자들이 갖고 있는 장점은 그들의 잠재적인 단점보다 훨씬 더 크다. 지혜로운 팀 지도자라면 기도하는 가운데 팀 사역을 위해 사람들을 동원하기 위해 심혈을 기울일 것이다. 팀 사역자들을 선정할 때 바나바 요소를 갖추는데서 더 나아가 팀 지도자는 이 장에서 논의한 공통의 요소들도 염두에 두어야 할 것이다.

Developing A Strategy
For Missions

제23장
자원 평가

 선교 전략을 실행하는데 있어서 반드시 필요한 요소 가운데 하나가 자원이다. 전략들마다 서로 다른 양과 질의 자원들을 필요로 한다. 어느 공동체에서 성경공부 그룹으로 시작하는 전략은 병원과 진료소로 시작하는 도시 중심의 전략에 비하면 많은 자원을 필요로 하지 않는다. 대다수의 전략이 필요로 하는 자원은 인적 자원, 시간적 자원, 재정적 자원 등, 세 가지 범주로 나눌 수 있다. 이 장에서 우리는 전략가들이 이 세 가지 영역에서 그들이 필요로 하는 자원들을 평가할 수 있도록 돕는 것을 목표로 한다.
 산림의 짐승들과 뭇 산의 가축이 다 주님의 것이지만(시 50:10), 현실은 그 모든 자원들이 당신의 것도 아니고 내 것도 아니라는 것이다. 팀들은 사용할 수 있는 자원들은 제한되어 있고, 때로는 충분하지 않다고 생각될 것이다. 어떤 팀들은 다른 팀들보다 더 많은 자원들을 갖고 있지만, 만약 주님께서 당신과 당신의 팀을 특정한 과업을 위해 부르셨다면 그는 그 과업을 성취하기 위한 전략을 실행할 수 있도록 자원을 주실 것이라는 확신을 가져야 할 것이다.
 따라서 팀에게 주어진 자원을 평가하는 것은 전략을 개발하는 과정에서 매우 중요한 부분을 차지한다. 이는 곧 주님의 자원들에 대한 선한 청지기가 되는 것을 뜻하기도 한다(마 25:14-30).

주님은 적은 수의 빵과 물고기만으로도 기적을 일으킬 수 있지만, 그는 여전히 우리의 신실함을 기대하신다(마 14:13-21). 자원에 대한 어리석은 사용은 그 자원의 많고 적음에 상관없이 주님의 축복과는 거리가 멀다.

1. 인적 자원

사람은 전략의 실행에 있어서 가장 귀중한 자원이다. 적절한 사람이 준비되어 있지 않다면 목표들을 성취하기 위한 장기적이고, 세부적인 선교 활동의 실행에 있어서 큰 어려움이 따를 수 밖에 없다.

1) 규모

팀은 소수의 사람들로 구성되어 있지만, 대다수의 전략가들은 더 많은 사람이 주어진 과업을 위해 섬길 수 있는 방안들을 제시해야 한다. 여기에는 단기 팀, 여름 방문자들, 수습 선교사들의 활용도 포함된다. 선교 전략을 실행하는 첫 해에 얼마나 많은 인적 자원을 필요로 하는가? 필요한 인적 자원이 주로 자원봉사자들인가? 그들 스스로 모금을 해야 하는가? 어디에서 이러한 인적 자원을 발굴할 것인가? 여러 국가들의 다양한 교회 배경을 가진 인적 자원들을 필요로 하는가? 만약 필요한 규모의 인적 자원을 확보하지 못한다면 적략을 수정해야 할 수도 있을 것이다.

2) 기술/능력

어떤 기술이나 능력을 갖춘 인적 자원이 필요한가? 당신과 당신의 팀이 활동 단계들을 개발할 때 그 과업에 적합한 기술이나 능력을 갖춘 인적 자원을 확보할 수 있는가에 대해 예측할 수 있어야 한다. 만약 당신이 서로 다른 언어를 사용하는 사역 환경에서 전략을 실행해야 한다면 필요한 외국어 사용 능력을 갖춘 사람들이 필요한가? 청중에게 성경을 가르치는 능력을 갖고 있어야 하는가? 대규모 청중인가, 소규모인가, 아니면 둘 다 필요한 상황인가?

3) 교회들

지역 교회들의 활용은 많은 선교 전략을 수행하는 매우 중요한 부분이다. 교회의 청중은 팀이 갖고 있지 않은 풍부한 자원이다. 이러한 교회 지도자들과 교류하고, 비전을 공유하며 당신의 팀이 추구하는 전략에 참여하도록 초청해야 한다.

그러나 당신의 비전을 확립하는 과정에서 선교지 교회들을 간과하지 않아야 한다. 새로운 신자들도 지역 상황과 역사적 배경을 가장 잘 알고 있는 최고의 유용한 자원이 될 수 있다는 사실을 잊지 않아야 한다.

참고자료 23.1
기존의 선교지와 새로운 선교지에 대한 고찰

존 앨런(John Allen)은 『복음주의 선교』(Evangelical Missions Quarterly)에 기고한 글에서 새로운 지역에서의 선교 사역이 기존의 선교지에 미치는 영향에 대한 그의 관심을 나눈 바 있다.

> 우리가 본 바와 같이 미전도 종족을 복음화하는 일은 다른 지역에서 사역하는 것 보다 훨씬 더 많은 시간과 노력을 필요로 한다. 미전도 종족 복음화를 위한 전략을 개발할 때 가장 어려운 문제 가운데 하나는 기존의 선교지에 투입되어야 할 자원들에 대한 필연적인 감축이 없이 어떻게 새로운 선교지를 개척할 것인가에 대한 것이다. 우리들 대부분은 이미 과도할 정도로 헌신하고 있고, 모든 것을 고집이 세고 완고한 복음주의자들의 개인주의적 성향도 도움이 되지 않는다.
> 우리가 다른 복음적인 단체들과 협력하여 기여해야 할 필요가 있는 지역을 찾아야 한다. 미전도 종족을 위해 사역한다는 것은 우리에게 낯선 모든 새로운 방식의 배치와 연합 등 우리에게 익숙하지 않는 방법들도 적극적으로 받아들여야 할 책무가 있다는 것을 의미한다(1989, 134).

◆ 토의 질문 ◆
① 팀이 현재 사역을 진행되고 있는 기존의 선교지에 지장을 초래하지 않는 가운데 새로운 지역에 자원을 투입할 수 있는 방안을 모색해 보라.
② 활용가능한 자원이 매우 제한되어 있는 상황 가운데서 어떻게 팀을 목표에 집중하게 할 수 있겠는가?
③ 팀이 다른 교단, 단체 혹은 교회 배경을 가진 세계를 품은 그리스도인들을 선교 자원으로 간주할 수 있는가? 만약 그렇다면, 이 글에서 앨런이 언급한 연합적인 사역의 장점을 진술해 보라.

2. 시간적 자원

전략과 관련된 자원들을 파악할 때 시간이라고 하는 절대적으로 중요한 자원을 반드시 고려해야 한다. 어떤 사람들에게는 시간이 돈보다 더 중요하다. 제24장에서 우리는 목표에는 유효 기간이 있다고 언급한 바 있다. 목표를 성취하는데 걸리는 시간을 설정해야 할 필요가 있다. 목표가 정해진 기간내에 성취되지 못할 수도 있겠지만, 시간을 설정할 때 팀 사역자들은 목표에 집중하고 전진할 수 있게 된다.

당신의 팀이 세운 목표를 성취하는데 걸리는 시간이 얼마나 될 것으로 예상하는가? 설정한 시간적 목표가 적절한가? 팀이 목표 달성에 필요한 시간을 예측하기 위해 어떤 요소들을 고려해야 하는가? 팀 구성원들이 전임 사역자들인가, 아니면 그들의 시간을 분산할 수 밖에 없는 상황에 처해 있는가?

3. 재정적 자원

재정이 전략의 최우선 자원은 아니지만, 많은 전략들을 실행하는데 있어서 매우 중요한 요소이다. 만약 팀이 개발한 전략이 많은 재정을 필요로 하지만 그 재정이 확보되어 있지 않았거나 필요한 때에 주어질 수 있는 상황이 아니라면 전략을 수정해야 할 것이다. 또한 이미 선교 단체로 재정을 지원하고 있는 후원자들에게 팀이 직접 모금할 수 없도록 규정하고 있는 선교 단체들도 있다. 이러한 선교 단체에 소속된 팀들은 그 단체의 재정 정책에 대해 숙지하고 있어야 한다.

참고자료 23.2
필요한 자원

다음의 글은 무슬림들에게 복음을 전하는 유용한 도구이고 전 세계의 사역자들을 격려하고 있는 「예수님을 만난 알리 이야기」(*More than Dreams*) 라는 비디오 프로젝트에 대한 것이다.

지난 수십년간 복음에 대한 지식이 전혀 없거나 기독교 공동체와의 접촉이 없었던 상당수의 무슬림들이 예수 그리스도에 대한 꿈과 환상을 경험하고 있다는 소식을 듣게 된다. 이러한 초자연적인 현상은 주로 전혀 복음이 전파되지 못하고 있을 뿐 아니라 기독교로 개종했을 때 죽임을 당할 수도 있는 지역에서 나타나고 있는 "닫힌 지역"에서 흔히 볼 수 있다.
2002년부터 이러한 현상에 관심을 가진 사람들이 비디오 프로그램 시리즈를 제작하여 전 세계적으로 이 사실을 알리는 작업을 시작했다. 과거에는 무슬림이었지만 예수 그리스도에 대한 꿈과 환상을 통해 기독교로 개종한 수많은 신자들의 현장 인터뷰를 실시했다. 시작 단계부터 제작자들은 이 비디오 시리즈를 전 세계의 이슬람권을 고려하여 아랍어로 제작했다. 이 비디오 프로젝트에는 아프리카와 아시아 그리고 세속적 무슬림 국가인 터키 등도 포함되어 있다(More than Dreams 2007).

◆ 토의 질문 ◆
① 당신의 전략을 활용하는데 있어서 가장 중요한 자원들은 무엇이라고 생각하는가?
② 당신이 작성한 가장 중요한 자원들의 목록에 언급되어 있는 각각의 자원에 대해 그 필요도에 따라 "높음," "보통," "낮음"으로 구분해 보라. 예를 들어, 만약 당신이 오직 소수의 인적 자원을 필요로 한다면 그 인적 자원에 "낮음"이라고 표시할 수 있을 것이다.

4. 다른 고려 사항들

일부 교회들이나 개인들은 언제나 재정을 즉각적으로 지원할 수 있는 준비가 되어 있지 않기 때문에 팀은 구입해야 할 물품들을 지원받을 수 있는 방안들도 모색할 필요가 있다. 성경, 서적, 전도용 물품, 교통 수단, 복사기 등을 비롯한 많은 물품들이 전략을 실행하는 과정에서 필요할 것이다. 여러 가지 물품들에 대한 지원을 요청할 때 후원자들이 그들의 재정적 지원이 어떤 목적으로 사용되는가에 대해 명확하게 이해하는데 도움을 줄 수 있다.

5. 결론

팀에게 주어진 자원의 양이 특정한 과업을 위한 하나님의 부르심의 증거하고 섣불리 판단하지 않아야 한다. 전략을 실행하기 위해 필요한 인적 자원, 시간적 자원, 재정적 자원이 충분히 확보되지 않은 것 때문에 성령의 인도에 대해 오해하지 않아야 한다. 현대의 기준으로 볼 때 사도 바울은 충분한 자원을 갖고 있지 않았지만, 하나님 나라를 위해 위대한 일을 성취했다. 자원이 부족하다면 팀은 전략을 재평가할 필요가 있다. 자원은 중요하지만, 선교 전략의 개발과 실행에 있어서 본질적인 사안은 아니다.

Developing A Strategy
For Missions

제24장

목표 설정

피터 와그너(C. Peter Wagner)는 "선교 목표에 대한 철저한 이해는 효과적 전략의 첫째 관문"(1971, 17)이라고 주장한 바 있다. 목표가 없는 팀은 목표없이 방황하는 집단에 불과하다. 이와 같은 팀의 구성원들은 하나님 나라를 위해 어떤 일을 해야한다는 것은 알고 있지만, 무엇을 해야 하는가에 대해 정확하게 이해하지 못하고 있는 것이다. 혹은 그들의 궁극적인 목적은 알고 있지만, 구체적인 사역 목표가 없기 때문에 막연하게 아무 일이나 주어지는 대로 진행하면 목적이 성취될 것이라는 희망을 갖고 있을 수도 있다.

목표는 이론을 현실로 바꾸기 위해 필요한 것이다. 목표는 그 자체만으로는 비전을 성취할 수 없지만(구체적인 활동 방안들이 필요하다. 제25장을 보라), 팀으로 하여금 비전을 향해 나아가도록 촉구하는 역할을 한다. 이러한 이유와 아래에 열거한 사항들로 인해 이 장에서 우선순위와 목표에 대해 논의할 필요가 있다고 본다.

선교 전략과 목표 설정에 대해 에드워드 데이톤(Edward R. Dayton)과 테드 엥스트롬(Ted Engstrom) 만큼 많은 글을 쓴 사람들도 많지 않을 것이다. 이 장은 그들의 논지를 요약한 글은 아니지만 그들의 관점에서 지혜를 얻기 위해 우리는 그들의 글을 자유롭게 인용할 것이다. 데이톤과 엥스트롬에 따르면 목표 설정은 순환적인 과정이다. 그들은 "목표는 우선순위를 필요로 한다. 우선순위가 반영된 목표는 계획을 요구한다. 좋은 계획은 우리로 하여금 효율적인 삶을 살게 한다. 효율적인 삶은 새롭고 더 나은 목표를 세울 수 있게 한다"(1976, 22)고 말했다. 그들의 진술이 일반적인 삶의 방식과 관련된 것이지만, 선교 전략을 위한 건강한 목표를 개발하는 과정에도 적용될 수 있다. 이 장에서 우리는 우선순위, 계획 수립, 목표 설정의 순환적 과정에 대해 논의할 것이다.

1. 목표와 계획의 연관성

목표와 계획 수립은 서로 긴밀한 연관성을 갖고 있다. 에릭 파이프(Eric S. Fife)와 아더 글라서(Arthur F. Glasser)는 "현지 지도력이 마음속에 확고부동한 궁극적 목적을 소유하고 있지 않으면 계획 수립은 부실해지고, 관련된 모든 사람은 각자 자신의 생각대로 행동하게 될 것이다"(1961, 86)고 지적한 바 있다. 계획은 목표에 도달하기 위해 필요하고, 계획이 없이는 목표를 성취할 수 없다. 다른 말로 표현하면, 계획과 목표는 마치 고대의 아치형 구조물을 구성하고 있는 돌들과 같다고 할 수 있다. 아치형 구조물은 돌들이 서로의 무게를 지지해 줄 때만 만들어 질 수 있다.

만약 돌 하나를 제거해 버리면 그 구조물은 무너질 수 밖에 없다. 이와 마찬가지로 전략적 계획과 목표는 서로가 필요로 하기 때문에 존재하는 것이다. 데이톤과 엥스트롬은 중립적인 용어로 이 둘 사이의 관계를 설명하고 있다. 그들은 "목표는 우리에게 미래에 대해 동기를 부여해 준다. 그러나 계획이 없는 목표는 마치 목적지는 있지만 방향키(rudder)가 없는 배와 같다. 당신이 그 배를 움직일수는 있지만, 원하는 방향으로 조정할 수 없는 것과 같다. 좋은 목표가 있어야 좋은 계획이 나올 수 있다"(1976, 22)고 주장했다.

2. 목표가 무엇인가?

목표란 어떤 사람의 전략을 완수하기 위한 과정에서 아직 성취되지 않은 하나의 단계이다. 따라서 목표는 최종의 비전을 성취하기 위해 팀이 나아가야 할 하나의 단계라고 할 수 있다. 전략 개발의 길은 의미심장한 여러 목표로 채워져 있고, 이 목표들은 그 이전에 성취되어야 할 여러 가지 작은 목표로 구성되어 있다. 목표는 시간 규정이 있고, 측정 가능하고, 책임자가 있으며, 실현이 가능해야 한다.

1) 시간 규정이 있는가?

목표에는 유효 기간이 필요하다. 팀은 목표를 성취하기 위한 시간적 제한을 두어야 한다. 어떤 목표들은 팀의 전 생애를 헌신해도 성취하지 못할 수도 있지만, 각각의 목표에 대한 시간적 범위를 일정표에 기입해야 할 필요가 있다. 시간적 규정을 두지 않은 팀은 그들의 목표를 성취하는데 도움이 되지 않는 많은 활동들을 계속하는 결과를 초래할 수 있다. 목표는 "우리가 __년 __월 __일까지 X 지역에서 초기 접촉 단계를 완료한다" 등과 같이 팀이 완료해야 할 시간적 제한을 포함하고 있어야 한다. 목표의 시간 규정에 대한 특성은 또한 성령에 대한 민감성과 융통성도 요구되지만, 완료 시점을 설정하는 것은 팀으로 하여금 집중하게 하고, 의욕을 갖게 할 뿐 아니라 단합하게 되게 하는데도 도움이 된다.

2) 측정 가능한가?

만약 팀이 목표를 측정할 수 없다면 이 목표의 성취 여부를 확인할 수가 없다. "2개의 소그룹 성경공부 모임을 시작하기 전에 최소한 10명의 신자들을 확보한다"와 같은 목표는 팀이 측정가능성에 대해 생각할 수 있게 해 준다. 이 목표에는 10명의 신자들을 확보하기 전까지는 바라는 성경공부 모임을 시작하지 않는다는 측정 가능한 계획이 포함되어 있다.

3) 책임자가 있는가?

올바른 목표에는 팀과 관련된 특정한 개인이나 집단 등의 책임자가 있어야 한다. 책임자가 없는 목표는 마치 바퀴가 없는 자동차와 같이 보기에는 좋을지 몰라도 어디로도 갈수가 없다. 목표의 성취를 지휘하고 이끌어갈 수 있는 지도자가 없는 목표는 성취될 수 없다. 팀은 수많은 문제를 다루어야 한다. 목표를 성취하기 위한 절대적인 헌신이 없으면 팀의 모든 구성원들이 내가 아닌 다른 누군가가 그 일을 할 것이라고 막연히 짐작하고 있을 수 있다. 헌신은 올바른 목표의 설정하기 위해 필요한 책임을 갖게한다.

4) 실현 가능한가?

데이톤과 프레이저는 "우리는 결과를 위해 목표를 설정한다. 왜냐하면 우리는 다른 결과가 아니라 의도한 결과가 일어나게 하는 것이 하나님의 뜻이라고 믿기 때문이다. 믿음으로 우리는 우리 세대에 하나님이 성취하기를 원하시는 것이라고 확신하는 목표를 제시한다"(1990, 240)고 주장했다. 목표 설정은 하나님의 뜻을 약화시키는 것이 아니다. 오히려 그의 교회를 통해 성취하기를 원하시는 그의 뜻이 이 과정에서 드러나야 한다.

팀은 목표가 성취될 것을 확신해야 한다. 이러한 확신은 성령에 대한 믿음이나 능력을 부인하는 것이 아니다. 스가랴는 우리에게 하나님은 우리의 능력이 아닌 그의 능력으로 자신의 계획을 성취하신다는 사실을 일깨워주고 있다(슥 4:6). 어떤 사람들은 병거, 어떤 사람은 말을 의지하지만, 전략가는 하나님의 이름을 자랑해야 한다(시 20:7). 그리고 바로 같은 시편에서 "네 마음의 소원대로 허락하시고 네 모든 계획을 이루어 주시기를 원하노라"(시 20:4)고 기록되어 있다. 잠언의 기자는 "싸울 날을 위하여 마병을 예비하거니와 이김은 여호와께 있느니라"(잠 21:31)고 기록하고 있다.

팀은 이러한 말씀들에 귀를 기울여야 한다. 전쟁을 위해 준비하는 것은 우리의 책임이지만, 그 결과는 주님의 손에 달려 있다. 청지기 정신이란, 목표를 성취하는 사람은, 만약 하나님이 팀에게 목표를 주셨다면, 성령의 능력과 그분이 공급해주시는 자원으로 그 팀은 그 목표를 이룰 수 있다는 믿음을 갖는 것이다.

5) 지상명령을 지향하는가?

선교 전략은 그 본질상 모든 족속으로 제자를 삼고 예수님의 명령을 가르쳐 지키게 함으로 하나님을 영화롭게 하는 것을 목적으로 한다(마 28:18-20). 북쪽을 가리키도록 설계된 나침반처럼 전략 전략도 제자, 지도자, 교회를 배가하는 목표를 위해 개발되어야 한다.

　　데이톤과 프레이저는 전략가들이 "우리의 최종 목표는 미전도 종족 집단이 그들 스스로 복음화의 과업을 완수하는데 필요한 신자와 자원들을 확보하는 것"(1990, 238)이라는 사실을 염두에 두어야 한다고 말했다. 여기에 와그너(Wagner)는 전략은 "제자를 삼으라는 궁극적인 목적을 추구하는 성경적 우선순위 뿐만 아니라 가능한 한 많은 수의 제자들을 만들기 위해 시도하는 것도 포함해야 한다"(1971, 28)고 덧붙였다. 팀이 많은 과업들을 성취하기 위해 많은 목표들을 개발할 수 있지만, 선교 전략과 이 전략을 지원하는 목표들도 언제나 지상명령을 지향해야 한다.

3. 목표 설정은 선한 청지기 직분을 수행하는 것이다.

　　목표를 설정하는 것은 팀으로 하여금 시간적 자원, 재정적 자원, 인적 자원들에 대한 선한 청지기 직분을 수행하게 하는 의미가 있다. 목표는 팀 구성원들 뿐만 아니라 팀의 사역을 지원하는 사람들에 대한 책무를 확인시켜 주는 역할을 한다. 팀이 목표를 설정했다면 그 목표는 최종의 비전을 향해 가는 여정에서 만나게 되는 일련의 위치 지표가 된다. 팀은 이 위치 지표를 따라 전진하고 있는가에 대해 수시로 질문하면서 사역을 수행해야 한다. 팀의 사역을 지원하는 사람들도 이 의무를 공유해야 한다.

4. 세 단계의 목표

선교 전략가들은 즉각적, 단기적, 장기적 목표를 개발해야 한다.

즉각적 목표는 가능한 한 빨리 성취해야 하는 목표이다. 이 목표는 가장 긴급하고 가장 절박한 목표이다. 여기에는 주로 선교지에 들어가기 전부터 시작하여 선교지에 들어간 후 1년까지 성취해야 할 목표들이 해당된다.

단기적 목표는 일반적으로 첫 1년부터 3년까지, 장기적 목표는 3년 이후의 목표들로 구분한다. 팀이 설정한 모든 목표들은 서로 서로의 상호 작용 가운데 세워져야 한다. 각각의 목표에는 목적이 있고, 상호 연관성을 갖고 있다. 시간이 지남에 따라 목표들은 비전을 성취하기 위해 함께 실현되어야 한다(표 24.1을 보라).

표 24.1 목표의 세 가지 단계

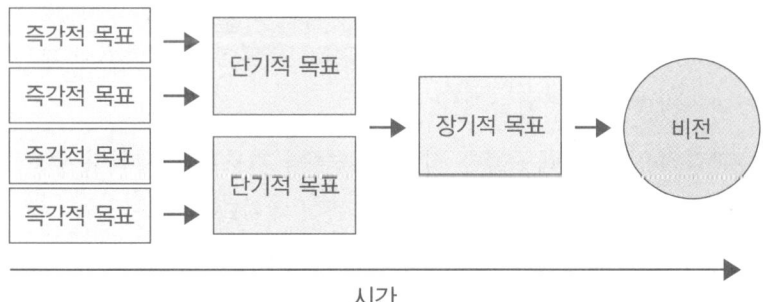

5. 목표의 상호연관성

목표는 비전을 성취해 가는 여정에 있어서 매우 중대한 구성 요소이다. 비전이 성취되기 전에 우리가 큰 목표라고 말하는 여러 가지 목표가 실현되어야 한다. 이러한 큰 목표들을 성취하기 위해서 여러 가지 작은 목표를 실행해야 한다.

자동차 여행에 비유하면 우리의 큰 목표들은 여행의 전 과정에서 가장 중요한 몇 번의 방향 전환에 해당할 것이다. 마을을 떠나기 위해 좌회전을 하고, 고속도로에 진입하기 위해 우회전을 한다. 101번 출구로 나가서 네 번째 도로에서 우회전을 하는 것이 이 여행 경로의 주요 방향 전환이 될 것이다. 이러한 과정이 없이는 여행의 목적지에 도착할 수 없다.

데이톤과 엥스트롬은 "어떤 조직에서도 모든 목표들 사이에는 서로 연관성을 갖고 있다"(1979, 58)고 말한다. 자동차 여행의 비유에서 보는 바와 같이 전략가는 모든 큰 목표들이 서로 연관되어 있고 이 큰 목표들은 오직 101번 출구까지 3킬로미터 직진하고, 네 번째 도로에서 각종 장애 요소들을 피해 운전하는 등의 여러 작은 목표들을 완수했을 때 실현될 수 있다.

본질적으로 큰 목표들은 작은 목표들의 기초위에 세워져 있고, 작은 목표들의 아래에는 더 작은 목표들이 배치되어 있다.

간결성과 명료성을 위해 우리는 이 책에서 큰 목표들과 작은 목표들을 중점적으로 다룰 것이다. 우리는 당신이 이 장을 읽은 후 목표들 사이의 연관성을 파악하고 당신의 작은 목표들을 지원하는 제3의 목표들에 대해서도 이해할 수 있을 것으로 확신하는 바이다.

선교 전략을 각각의 계단을 하나씩 올라갈 때마다 비전에 가까이 다가갈 수 있는 일련의 계단에도 비유할 수 있을 것이다(표 24.2를 보라). 우리는 전략을 현장에 적용할 때 언제나 이와 같은 직선적인 형태로 나타날 수는 없다는 사실을 인정하지만, 우리의 최종 목표는 오직 일련의 순차적인 성취의 과정을 거쳐 이루어진다는 사실을 보여주는 하나의 경험적 목적으로는 적합한 비유라고 할 수 있을 것이다. 비서구 사역자들이 함께 사역하는 상황에서 직선적 사고방식과 비직선적 사고방식이 혼합되어 있을 때 인내와 긴밀한 의사소통은 팀 사역을 유지하고 발전시키는 핵심적인 과제라고 할 수 있다. 비전을 성취하는 과정에서 각각의 목표들을 실행하는 것은 1개의 계단이 아니라 서로 긴밀한 연관성을 갖고 있는 큰 목표들과 작은 목표들로 구성되어 있다.

표 24.2 큰 목표들과 작은 목표들의 연관성

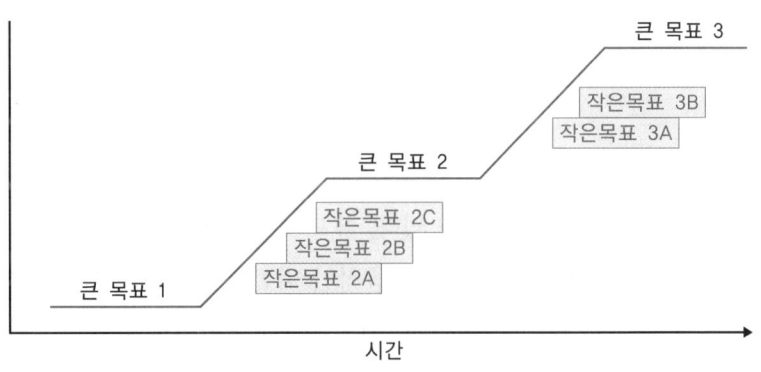

6. 목표 설정을 위한 지침

표 24.1과 표 24.2를 조합하면 표 24.3과 같은 목표 설정의 모델이 나타난다. 목표 설정 과정의 큰 그림을 파악한 다음 이제 우리는

선교 전략과 관련된 목표 설정에 포함되어야 하는 실제적인 구성 요소들에 대해 다루어야 한다. 다음은 상황화된 전략의 개발을 도와주는 지침들이다. 이러한 구성 요소들은 이 책 전체에서 다루어지고 있다. 만약 명확한 개념 파악이 필요하다면 우리는 해당 부분으로 돌아가서 살펴볼 것을 제안한다.

표 24.3 목표의 상호연관성

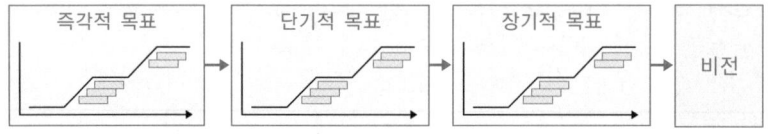

1) 당신의 목적을 파악하라.

　선교 전략과 관련된 목표를 설정하는 것은 그 전략을 실행할 팀의 목적과 긴밀한 연관성을 갖고 있다. 이 단계에서의 실패는 원래의 비전과는 많은 차이가 발행하여 최종적인 비전을 성취하는 방향으로 나아가기 보다는 팀으로 하여금 여러 갈래로 나뉘어지게 하는 결과를 초래할 수도 있다. 팀의 존재 목적이 그 팀에 의해 설정된 목표와 일치해야 한다.
　데이톤과 엥스트롬은 "목표가 없는 목적이 의욕을 상실하게 만드는 것 만큼이나 목적이 없는 목표도 절망적일 수 밖에 없다. 기독교 운동을 이끌어갈 궁극적 목적이 필요하다"(1979, 54)고 말한다.

2) 당신의 상황을 파악하라.

올바른 목표를 설정하기 위해 팀은 선교지의 사람들에 대한 심층적인 이해를 필요로 한다. 이것은 팀 구성원들이 사회학자들이나 인류학자들이 되어야 한다는 것이 아니다. 팀은 선교지의 인구 통계, 문화, 영성, 역사, 지리, 정치, 언어 등에 대한 기본적인 지식을 갖고 있어야 한다.

3) 당신의 팀을 파악하라.

팀 구성원들의 은사, 열정, 재능, 역량, 삶의 경험 등을 파악하는 것은 올바른 목표 설정의 핵심 요소이다. 팀의 역량을 벗어난 목표는 성취될 수 없다. 만약 팀이 목표 설정에 대한 책임의식을 갖고 있다면 이러한 목표들에 대한 책임 의식을 공유하고 목표를 성취할 준비를 갖추어야 할 것이다.

4) 큰 그림을 시각화하라.

로버트 헤이즈(Robert H. Hayes)는 『전략적 계획개발-역방향으로 전진하라?』(Strategic Planning-Forward in Reverse? 1985, 115)에서 전략 개발에 대한 독특한 관점을 제시하고 있다. 그의 모델은 비즈니스 세계에 적용하기 위해 만들어 졌지만, 그의 일부 견해는 선교 전략 개발에도 도움이 된다. 우리는 표 24.4와 같이 일련의 큰 전략적 단계로 전략 개발 방안을 도식화할 수 있다.

중요한 과정들을 시각화하는 것이 중요하지만 큰 단계의 개념이 때로는 전략가들이 감당하기에 벅찬 과업일 수 있다. 헤이즈는 "왜냐하면 각각의 단계가 너무 크고 너무 뚜렷하기 때문에 누구든지 엄청난 위험을 감수하고 변화를 제안할 때 그 결과로 커다란 보상이 주어질 수 있다. 성공하면 영웅이 되고, 실패하면 심각한 대가를 지불해야 한다"(1985, 115)라고 말한다. 오히려 헤이즈는 표 24.5에서 보여주는 바와 같이 작은 단계들로 구성된 일련의 점진적인 증가를 통한 목표 달성의 패러다임을 제시하고 있다.

표 24.4 비전을 향한 전략적 단계들

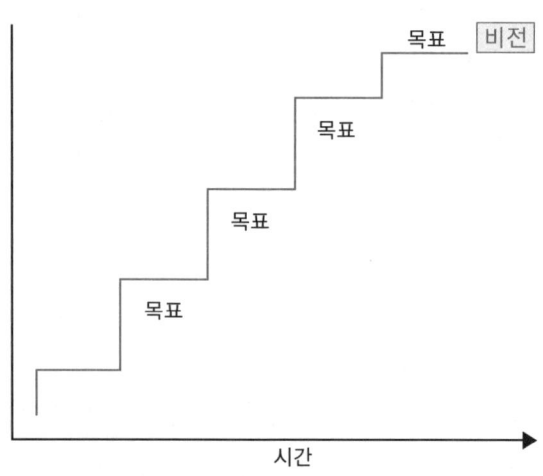

우리는 표 24.5의 유형을 염두에 두고 있지만, 선교 전략 개발 모델은 표 24.2의 큰 그림 모델이 되어야 한다고 확신하는 바이다. 다시 말하면, 만약 우리가 표 24.5의 점진적인 증가를 나타내는 선을 확대해 보면 표 24.4의 형태가 아니라 목표들과 활동 방안들이 서

로 긴밀하게 연관되어 있는 표 24.2의 유형을 보게 될 것이다. 이 관점에서 전략 개발을 고려할 때 하나의 목표에서 그 다음 목표로 발전해 나가는데 있어서 감수해야 할 위험이 그리 크지 않다는 장점이 있다. 만약 우리가 전략 개발을 점진적인 성취의 관점에서 본다면 아마도 우리는 필요한 장기적 접근을 위해 더 잘 준비할 수 있을 것이다. 선교 전략 개발은 단거리 경주를 위한 전력 질주가 아닌 마라톤을 위한 정신적이고 감정적 준비를 하는 것과 같다.

표 24.5 비전을 향한 작은 단계들

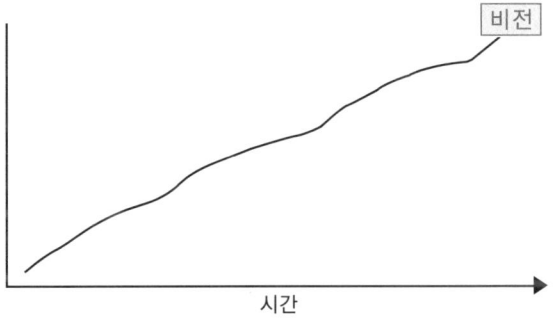

만약 우리가 비전을 성취하기 위한 과정의 성령의 인도를 받는 일련의 단계들을 개념화한다면 그 전략에서의 우리의 현재 위치를 알 수 있고 어떻게 그 위치에 적합한 사역을 할 수 있는가에 대해 더 잘 이해할 수 있다. 우리의 비전에 따라 다르겠지만, 이것은 또한 최종적인 비전을 위해 우리가 은퇴하거나 심지어 평생동안 막연하게 끝없이 달려가기만 하지 않도록 도와준다.

> **참고자료 24.1**
> **목표 작성**
>
> 다음의 분석표(데이톤과 프레이저 1990, 300에서 인용)는 당신과 당신의 팀이 잘 짜여진 목표를 개발할 수 있도록 도와준다. 아래의 밑줄 친 부분을 채우기 위해 도움이 필요하다면 이 장에서 다루고 있는 "목표가 무엇인가"와 "불확실한 목표를 피하라"를 참고하라.
>
> 목표의 명칭 _____
> 큰 목표 혹은 작은 목표가 있는가? _____
> 목표의 숫자 _____
> 목표의 목적 _____
> 우리는 다음의 기간 동안에 이 목표를 성취할 것을 계획한다.
> _____
> 우리는 이 목표가 성취되었다는 것을 다음을 통해 확인할 수 있다.
> _____
> 우리는 이 목표를 성취하기 위해 다음과 같은 단계들을 활동 방안으로 채택한다.
> _____
> 이 목표를 성취하기 위해 책임을 맡은 사람들은 다음과 같다.
> _____
> 이 목표를 성취하기 위해 필요한 자원들은 다음과 같다.
> 비용 _____
> 사람 _____
> 시간 _____
> 기타 _____

5) 당신의 비전을 확립하라.

며칠 전에 필자(J. D. 페인)는 자녀들과 함께 「이상한 나라의 엘리스」(*Alice's Adventures in Wonderland*)라는 만화 영화를 시청했다. 엘리스는 여행 중에 어디로 가야할지 모르면 어느 길로 가든지 원하는 목적지에 도착할 수 없다고 알려 준 항상 웃고 있는 고양이를 만난다. 이 사례는 팀이 목표를 설정하기 전 최종 목적지를 정해야 하는 이유를 잘 보여준다. 최종적인 비전이 확립되어 있을 때 팀은 크고 작은 목표들이 올바르게 가고 있는지 알 수 있다.

> 참고자료 24.2
> **팀의 목표 설정**
>
> 다음의 인용문은 팀이 목표를 설정하는 것이 얼마나 중요한 것인가를 잘 보여주고 있다.
>
> 이 사례가 보여 주는 교훈과 같이 팀의 목표들은 매우 중요하다. 왜냐하면 팀의 구성원들과 지도자들이 공동의 목표를 설정하기 위해 대화를 나누는 것 뿐만 아니라 팀의 단합과 협력 정신을 강화할 수 있기 때문이다. 대다수의 사람들은 각 개인의 책임성을 바탕으로 하는 팀의 목표를 세우고 함께 일하는 것 보다 개인적인 목표를 세워 본 경험이 훨씬 더 많다. 팀 구성원들에게 팀의 과제에 초점을 맞추게 하고 어떤 부분에서 개선이 필요한가에 대해 토의하는 가운데 목표가 설정되어야 한다. 팀 지도자는 자신의 독자적인 생각보다는 팀 구성원들의 많은 다양한 견해들을 통해 귀중한 통찰을 얻어야 한다. 이 단계에서 팀 구성원들에게 보다 효율적이고 효과적인 사역을 위해 기여할 수 있는 방안들을 제안하도록 요청해야 한다. 팀이 중요한 조직적 정보를 접할 수 있을 때 보다 명확한 목표를 설정할 수 있다.
>
> 팀이 진정으로 유용하고 의미있고 동기를 부여하는 목표들을 확립하는 것이 무엇보다 중요하다. 다음의 다섯 가지 핵심 질문들에 대한 대답을 제시하는 강력한 목표가 될 때 팀으로부터 최상의 헌신을 이끌어낼 수 있다.
>
> ① 정확한 목표: "우리가 정확하게 무엇을 성취하고자 하는가?"
> ② 책임의식을 가진 목표: "우리에게 어떤 유익이 있는가 그리고 우리가 이 책임을 감당할 수 있는가?"
> ③ 알기 쉬운 목표: "우리의 진전을 어떻게 평가하고 측정할 수 있는가?"
> ④ 활기를 불어넣어 주는 목표: "이 목표가 현실적이면서도 도전의식을 불러 일으키는가?"
> ⑤ 자원을 갖춘 목표: "우리는 이 과업에 적합한 자원들을 갖추고 있는가?"
> (Blanchard, Randolph, and Grazier 2005, 68-69)

> ♦ 토의 질문 ♦
> ① 당신의 팀 구성원들 대다수가 개인적 목표에 더 익숙한 사람들일 때 어떤 어려움들을 예상할 수 있겠는가? 어떻게 이 문제들을 극복할 수 있겠는가?
> ② 지도자로서 당신은 다른 사람들과 함께 목표를 설정하는데 어떤 어려움이 예상되는가? 당신은 혼자 목표를 설정하고 다른 사람들에게 이 목표를 성취하기 위해 지지해 줄 것을 당부하는 사람인가, 아니면 공동의 노력으로 목표를 설정하는 사람인가?
> ③ 팀이 함께 참여하여 목표를 설정할 때 어떤 장점과 단점이 있겠는가?

1) 기도하라.

목표를 설정하는 과정은 모든 전략 개발의 과정과 마찬가지로 성령의 인도를 필요로 한다. 하나님으로부터 오는 지혜가 절대적으로 필요하다. 두 여성의 문제를 해결했던 솔로몬의 지혜와 같이(왕상 3:16-28), 팀에게도 주님이 원하시는 목표가 무엇인가를 분별할 수 있는 지혜가 요구된다.

2) 우선순위를 부여하라.

우리가 다수의 목표를 설정할 수 있겠지만, 모든 것이 다 적절한 것은 아니다. 맥가브란은 "기독교 선교에 있어서 모든 활동들이 모두 똑같이 중요하다는 생각을 버려야 한다. 기독교 선교는 반드시 우선순위를 부여하여 시행해야 할 과업이다"(1955, 117)라고 주장한 바 있다. 팀들은 우선순위가 확정되었을 때 목표에 집중할 수 있고, 최상의 방법들을 도출할 수 있는 가능성이 더 높아 진다. 데이톤과 엥스트롬은 "목적과 목표는 방향을 제시한다. 우선순위는 가장 중요한 목표가 무엇인가를 선택할 수 있게 해 준다"(1979, 77)고 말했다.

최대한 우선순위에 따라 중요한 목표들을 설정해야 하지만 실제로 그 전략을 실행하는 과정에서는 설정해 놓은 순서에 따라 순차적으로 이루어지지는 않을 수 있다는 사실을 염두에 두어야 한다. 물론 작은 목표들에 대한 우선순위도 예외가 될 수 없다.

큰 목표들을 첫째, 둘째, 셋째 등으로 우선순위의 순서를 정하여 실행하고, 이러한 큰 목표들을 성취하기 위해 설정한 작은 목표들도 이러한 방식으로 완수해 가야 한다. 이 우선순위는 팀이 그들의 최종적인 비전에서 시작하여 역순으로 현재 실행해야 할 사역의 방법에까지 도달할 수 있도록 도와주는 역발상을 가능하게 한다.

참고자료 24.3
복음화의 우선순위

로잔운동의 전략분과는 세계복음화와 관련하여 다음과 같은 우선순위를 설정한 바 있다(『다가오는 10년을 위한 복음화의 우선순위』에서 인용).

① 현재까지 복음이 전해지지 않은 미접촉, 미전도 지역에서의 교회개척 실시
② 성경이 없는 2,251개의 언어집단에 성경 보급
③ 세계 인구의 60%에 해당하는 "구술 학습자들"에 대한 전도
④ 세계 인구의 절반에 해당하는 이슬람 신자, 힌두교 신자, 불교 신자들을 대상으로 한 혁신적 접근
⑤ 교회의 갱신과 개혁
⑥ 세계복음화를 위한 세계시노운동
⑦ 그리스도의 신성과 세상을 향한 그의 사랑의 증거로서 서로 연합된 모습을 보여주기 위해 의도적이고 포용적인 연합, 네트워크, 동반자적 협력 관계를 통해 인적 자원과 정보를 비롯한 모든 유용한 자원들을 공유한 협력 사역
⑧ 소외된 사회에 대한 긍휼과 연민
⑨ 대중들에게 효과적으로 복음을 전하기 위한 미디어와 기술, 다양한 창의적 방법 개발

⑩ 모든 언어 집단과 문화권에서 목회자와 평신도 지도자 육성
⑪ 평신도 남성과 여성를 포함한 차세대 지도자를 위한 전도, 제자도, 교회 개척 훈련
⑫ 광범위하고 혁신적인 방법으로 신세대 자녀와 청소년 전도와 제자훈련
⑬ 미전도 지역에 대한 우선적 자원 배치

◆ 토의 질문 ◆
① 만약 당신이 이러한 우선순위를 고려하여 측정가능하고, 실현가능하며, 시간 규정이 있는 목표를 설정하고자 한다면 당신의 목표는 어떤 모습이 될 것으로 예상하는가?
② 팀이 목표를 설정하기 전에 우선순위를 파악하는 것이 왜 중요하다고 생각하는가?

8) 적절한 질문을 하라.

팀은 전략의 실행과 관련된 문제들에 대해 심사숙고하고 토론해야 한다. 이 목표가 성령의 인도에 의해 세워진 것인가를 검증할 수 있는 적절한 질문을 해야 한다.

9) 불확실한 목표를 피하라.

오늘날의 전략가들이 직면한 문제들 가운데 하나는 목표의 확실성에 대한 것이다. 모호한 목표들은 활동을 강조하지만, 명확한 목표는 결과를 만들어 낸다.

표 24.1은 잘 짜여진 목표들과 그렇지 않은 목표들을 비교하고 대조하여 당신의 팀이 성취하고자 하는 목표들을 어떻게 설정해야 할지에 대해 한층 더 잘 이해할 수 있게 해 줄 것이다.

표 24.1 올바른 목표와 잘못된 목표
(Daytone and Engstrom 1979, 62에서 인용)

올바른 목표	잘못된 목표
과거의 사건으로 진술된 목표	활동이 강조된 목표
시간의 한계가 정해져 있는 목표	시간 범위가 불분명한 목표
명확한 기대가 반영된 목표	기대가 불명확한 목표
실제적이고 실천가능한 목표	이론적이고 추상적인 목표
정확하게 진술된 목표	지나치게 간략하거나 복잡한 목표
한 문장에 기술된 하나의 목표	한 문장에 기술된 둘 혹은 셋 이상의 목표

10) 지속적으로 평가하라.

목표들은 최종적 비전, 목적, 상황, 팀을 고려하여 평가되어야 한다. 이 문제는 계속해서 변화하는 상황과 팀과 관련되어 있기 때문에 팀은 그들이 개발한 목표에 대해 지속적으로 평가해야 한다. 이것은 목표를 계속해서 바꾸어도 좋다는 것을 의미하지 않는다. 팀이 최종적 비전을 향해 진전해 감에 따라 목표를 수정하고 보완하기 위한 재검토 작업을 해야 한다. 선교 전략은 변화하는 환경 가운데서 살고 있는 인간을 대상으로 하는 활동이기 때문에 목표들도 변화를 필요로 한다. 팀은 성령이 필요를 깨닫게 하실 때는 기꺼이 목표를 조정하고자 하는 의지를 갖고 있어야 한다. 그러나 팀이 지속적으로 목표를 바꿀때는 전략 개발에도 문제가 발생할 수 있다는 사실도 염두에 두어야 한다.

7. 결론

선교 전략은 즉각적, 단기적, 장기적 목표들을 포함해야 한다. 목표는 그 자체를 위해 존재하는 것이 아니다. 목표는 비전의 성취를 향하여 떠나는 여정이라고 할 수 있다. 지혜로운 전략가들이라면 중요한 그림을 볼 수 있어야 하고, 그들의 큰 목표들과 작은 목표들의 상호연관성을 이해할 수 있어야 한다. 목표들이 성취되었을 때 감사와 휴식과 즐거움의 시간을 누릴 수 있기를 바란다.

하나의 목표가 성취될 때마다 또 다른 목표 때문에 끊임없이 소진되어버리지 않고 팀 구성원들의 뜨거운 동지애를 느끼고, 그 목표의 성취를 위해 노력해 온 팀 구성원들을 격려하며 함께 즐거움을 누리는 등의 축제를 벌일 것을 제안하는 바이다.

제25장
선교 방법 선택

　팀이 크고 작은 목적들에 대한 이론적인 기초를 확립한 후에는 이 과업을 성취하기 위해 사용할 방법들을 선택해야 한다. 이 장에서 우리는 방법을 과업을 성취하기 위한 활동 방안 혹은 수단이라고 정의한다. 방법들은 전략에 있어서 "어떻게"의 부분에 해당한다. 방법에 확정되지 않으면 구체적인 활동 방안이 세워질 수 없다. 그리고 활동 방안이 없으면 비전이 성취될 수 없다.

　마치 "전자 통신을 통한 세계복음화 방안"과 같은 방법론에 대한 거대 담론에 대해 다룰 수도 있겠지만, 우리는 여기서 구체적인 활동 방안에 초점을 맞추어 논의하고자 한다. 다시 말하면 전자 통신이 하나의 철학적 방법론이라고 한다면, 실제적인 방법(혹은 활동 방안)은 "페이스북(Facebook)에서 관심자들에게 요한복음 3:5에 대해 토론함으로 복음을 전한다"는 등의 보다 구체적이고 실현가능한 전술적 조치들을 말한다.

　활동 방안들은 선교 전략에 있어서 작은 목표들을 완수함에 따라 점차적으로 큰 목표들도 성취하는 데 필요한 실제적인 조치 혹은 수단들이다. 활동 방안이 없는 전략은 단순히 전략가의 마음에 머물러 있는 하나의 이론에 불과하다. 활동 방안은 팀으로 하여금 이론적 기초에서 실제적 현장으로 나아갈 수 있게 해 준다.

뤼케(Luecke)는 "최소 단위의 조직에 구체적이고, 측정가능하고, 성취할 수 있고, 현실적이며, 완료 시점이 정해져 있는 목표들이 주어졌다면, 이제 '어떻게 이 목표들을 성취할 것인가?'에 대해 질문해야 한다. 여기에 대한 대답이 바로 활동 방안들이다. 활동 방안들은 전략적 구상을 갖고 주어진 목표들을 '누구에게,' '무엇을,' '언제' 실행할 것인가 포함하고 있다. 이러한 활동 방안들이 모두 완수되었을 때 최종적인 비전이 실현되는 것이다"(2005, 84)라고 말한다.

이 장은 전략가가 이미 팀 구성원들의 특성과 상황에 대해 잘 이해하고 있고, 즉각적, 단기적, 장기적 목표들을 확립한 바 있고, 크고 작은 목표들을 개발했다는 것을 전제로 하고 있다(앞의 장들을 보라).

우리는 이 장에서 다음 장에서 언급하고 있는 선교 전략의 적용 혹은 실행으로 옮겨가기 위한 과정을 제시하고 한다.

1. 성찰과 토의

팀이 목표를 달성하기 위한 방법을 개발하기 전에 고려해야 할 여러 가지 질문이 있다. 다음은 이와 관련한 여섯 가지 중요한 질문이다. 이 질문들은 팀이 사용해야 할 방법들에 대한 공감대를 형성하는 과정에서 필요한 토의를 이끌어 낼 수 있을 것이다.

1) 성경적인 방법인가?

방법은 문화적인 특성을 갖고 있지만, 선교 방법은 반드시 성경에 그 뿌리를 두어야 한다. 성경적 기준을 넘어선 방법론은 적절한 선교 활동이 될 수 없다. 방법은 복음과 전도를 약화시키나 충돌을 일으키지 않아야 한다. 방법은 반드시 성경적 진리를 직접 혹은 간접으로 전파하는데 목표를 두어야 한다.

2) 윤리적인 방법인가?

팀은 비윤리적인 방법을 사용하지 않아야 한다. 윤리적 문제는 성경적인 방법의 범주에 속해야 하지만, 여기서 우리는 별도의 항목으로 다루고자 한다. 교회의 역사는 예수 그리스도의 이름으로 행해진 수많은 비윤리적 접근 방법들을 포함하고 있다. 과거에 우리가 어떻게 무슬림들과 북미주 인디언들에게 선교했는가를 살펴보면 비윤리적인 방법들에 대한 충분한 증거들을 발견할 수 있을 것이다. 강요, 협박, 속임 등은 더 이상 선교 방법이 될 수 없다.

3) 잘못된 실용주의와 가부장주의적 방법은 아닌가?

실용주의와 가부장주의의 문제는 선교 방법의 윤리성의 개념과도 직접적인 연관성을 갖고 있다. 실용주의는 목적을 달성하기 위해 수단과 방법을 가리지 않는 철학적 방법론을 말한다. 모든 팀은 일정 부분에서 실용적이어야 한다. 우리는 복음을 전파하는데 있어서 효과적이거나 그렇지 않는 방법들에 대해 분별해야 한다. 그러나 예수 그리스도를 위한 것이라면 무슨 일이든 상관없다는 접근 방식은 잘못된 실용주의의 전형적인 예가 될 수 있다. 실용주의는 목적이 방법을 정당화하는 것을 말한다. 사람들이 주님께 나아오고 교회가 세워졌다고 자동적으로 선교사가 올바른 방법을 사용했다는 것을 뜻하지는 않는다. 단지 아픈 사람을 치료하고 헐벗은 사람에게 옷을 입혔다고 반드시 긍휼의 하나님을 만족하게 해 드린 전략은 아닐 수도 있다.

가부장주의는 선교사가 선교지에 필요한 모든 것을 다 알고 있다는 하나의 고정 관념이다. 이러한 고정 관념은 선교지의 사람들이 선교사에게 모든 것을 의존하게 만들기도 한다. 가부장주의적 사고 방식에서 나온 방법들을 통해 세워진 교회는 진정한 토착적 교회라고 할 수 없다. 오늘날의 가부장주의적 접근 전략은 과거의 정치적 제국주의의 산물에 불과하다.

4) 복음과 사람의 만남을 추구하는 방법인가?

선교 방법들은 저항-수용성 지수와 소가드 지수에서 언급하고 있는 단계들을 고려해야 한다(제19장을 보라). 문화적으로 적합한 방법들을 사용하는 것이 바람직하지만 사람들이 예수 그리스도의 진리를 듣고 이해하는데 방해가 되지 않아야 한다. 저항 지수가 높은 특정 지역에서 효과적이지 않았던 방법들이 수용성이 높은 지역에서는 매우 효과적인 방법이 될 수도 있다. 팀은 그들이 복음을 전해야 할 사람들에 대해 잘 알고 있어야 한다.

방법은 영원한 진리가 아니다. 방법은 언제나 시대적 상황을 반영해서 개발되어야 한다. 방법은 원칙과는 달리 상황에 따라 다르게 적용해야 한다. 어느 특정한 상황에서 매우 효과적인 결과를 가져왔던 방법들이 다른 상황에서는 완전한 실패의 원인이 되기도 한다. 팀은 그들이 사용하는 방법이 각각의 독특한 상황에 부합하는가에 대해 신중하게 검토해야 한다.

팀은 또한 십자가의 걸림돌이 십자가의 메시지를 들어야 할 사람이 아니라 방법에 있다는 것을 염두에 두어야 한다(갈 5:11).

5) 재생산이 가능한 방법인가?

상황과 전략은 매우 복잡한 활동 방안들을 포함하고 있는 방법들을 사용할 것을 요구하고 있지만, 여기에 주의가 필요하다. 만약 당신의 비전이 제자, 지도자, 교회의 배가를 필요로 하고 있다면 팀이 해야 할 일은 사람들이 그들의 상황 가운데서 조정하고 재생산할 수 있는 모델 역할을 하는 방법을 보여주어야 한다.

만약 팀이 사용하는 방법이 지나치게 전문적인 기술을 필요로 하거나 복잡한 방법이라면 그 팀은 가부장주의적 선교 상황을 만들고 있는 것이나 다를 바 없다. 제5장의 잠재적인 재생산성 지도(표 5.1을 보라)에서 언급한 바와 같이 일반적으로 선교 방법에는 재생산성과 복잡성의 역학 관계가 존재하고 있다. 비전을 성취하기 위해 사용하는 선교 자원은 선교 현장에서 그들에 의해 재생산될 수 있는 자원인가에 대한 지속적인 점검이 필요하다. 재생산성을 고려하지 않을 때 성장이 정체될 수 있다.

6) 방법에 필요한 자원을 갖고 있는가?

방법들은 팀에게 주님께서 이미 주신 자원들과 긴밀한 연관성을 갖고 있어야 한다. 주님은 팀에게 오직 믿음으로 사역할 것을 요구하시지만, 그는 또한 팀에게 이미 갖고 있는 자원들에 대한 선한 청지기로서의 직분을 감당할 것을 요청하고 있다. 때로는 주님께서 팀의 믿음을 시험하기 위해 그가 공급해 준 자원들의 범위를 초월하여 사역할 것을 요청하기도 하지만, 일반적으로 팀이 사용하는 방법들은 그들이 받은 자원들에서 나와야 한다. 만약 팀이 필요로 하는 자원들을 확보하기가 어렵다면 그 팀은 현지인 신자들도 확보할 수 없는 자원들을 필요로 한다는 것을 의미할 수 있기 때문에 배가를 추구하는 선교학적 원리들과는 상반되는 결과를 초래할 수 있다.

2. 방법론적 문제

방법을 개발하기 위한 구체적인 지침을 언급하기 전에 방법과 관련된 몇 가지 원리들을 살펴볼 필요가 있다. 다음의 다섯 가지 원리들은 팀이 어떤 방법을 사용해야 할 것인가를 결정하는데 있어서 유용한 판단 기준이 될 것이다. 여기에서 언급하는 원리들은 완벽한 것은 아니지만 하나의 출발점이 될 수 있을 것이다.

1) 방법의 상황적 제한성을 이해하라.

최근에 잘 활용되고 있는 선교 방법들이 미래에는 효과적이지 않을 수도 있다. 피터스(G. W. Peters)는 다음과 같이 말했다.

> 어느 특정한 시간과 장소와 대상에게 매우 효과적이었던 방법이 다른 시간, 다른 장소, 다른 사람들에게는 동일한 효과를 기대하기 어려울 수 있다. 사실상, 효과가 없는 정도가 아닌 재앙이 될 수도 있다. 따라서 특정 방법 중심의 선교는 세계 선교의 효과적인 전략이 될 수 없을 뿐만 아니라 오랫동안 유지될 수도 없다. 이러한 방법은 결국 낡고 시대에 뒤떨어진 방법으로 인식되어 도태될 수밖에 없다. 우리는 복음을 개

선할 필요는 없지만, 아주 오래된 복음의 메시지를 이해할 수 있고, 의미 있고, 결단을 이끌어낼 수 있는 방식으로 전달하기 위해 끊임없이 방법을 개선해 가야 한다(1975, 181).

특정 종족 집단 가운데서 교회를 개척하기 위해 사용하는 선교 방법들을 다른 집단에게 적용할 때 동일한 결과를 가져올 수 없다. 어느 특정 국가의 일부 지역에서 긍정적인 결과를 얻었던 성경이야기 사역이 그 국가의 다른 지역에서는 성경의 메시지를 전달하는 적절한 방법이 아닐 수도 있다. 시간이 지남에 따라 개인도, 집단도, 사회도 변하기 마련이다. 지혜로운 전략가라면 한 가지 방법에 집착하기 보다는 상황의 변화에 어떻게 대처할 것인가를 신중하게 고려해야 할 것이다.

참고자료 15.4
알바니아 선교의 방법론

톰 스테픈(Tom Steffen)은 우리의 방법들이 다른 사람들에게 미치는 영향에 대한 좋은 사례 연구를 제시한 바 있다.

로스앤젤레스에서 타문화 도시 연수 프로그램에 참여하고 있는 어느 젊은 알바니아 출신의 여성이 나에게 알바니아 사람들은 기독교를 포함한 종교를 정치적이고, 조작된 것으로 보고 있다고 말해 주었다. 그녀는 이슬람이 무력적으로 알바니아에 침입해 온 사실을 회상했다. 그녀는 "우리는 내부적으로 알바니아 사람으로 머물러 있기 위해 외부적으로 이슬람을 받아들일 수밖에 없었다. 우리의 고유한 문화를 지키기 위해 우리는 이슬람 정부의 요구를 들어줄 수밖에 없었다. 그리고 우리는 이 목적을 성공적으로 달성했다고 믿는다!"고 말했다.

오늘날 이슬람이 이 가난한 국가가 그토록 필요로 했던 돈을 쏟아 붓고 있지만, 알바니아 국민들은 외부의 재정적 지원이 절실한 상황임에도 불구하고 정치적 속임수를 의심하고 있는 실정이다. "우리가 속고 있는 것은 아닌가?"

> 이 알바니아 여성은 급성장하고 있는 젊은 청년들을 대상으로 하는 도시 교회개척 사역에 대해서도 언급했다. 그러나 그녀의 부모는 소위 "성공적인" 교회개척에 대해 불만을 제시했다고 한다. 그들은 빠르게 성장하고 있는 이 교회들을 이교도 집단으로 보았다. 부모는 그녀에게 "우리는 결코 교회에 가지 않을 것이다. 그들은 알바니아 사람들이 아니다"라고 말했다. 그리고 이렇게 생각하는 사람들은 그녀의 부모뿐만 아니다.
>
> 그녀는 부모가 왜 이렇게 교회에 대해 단호한 태도를 보이는지에 대해 말했다. 교회개척자들은 주로 청년들에게 재미있는 활동을 제공해 주는 젊은 독신 선교사들이었다. 어른들은 이 젊은 선교사들의 말을 심각하게 받아들이지 않는다. 교회 건물도 없고, 영어로 노래하고 기도한다. 남부의 그리스 정교회와 북부의 로마 가톨릭과 같은 풍부한 문화유산과 종교적 전통도 없는 이 이교도들은 단지 신흥 종교를 전하고 있을 뿐이었다(1998, 432-33).

◆ 토의 질문 ◆
① 당신과 당신의 팀이라면 알바니아의 이 지역에서 어떤 방법을 사용하여 교회를 개척하겠는가? 그 이유를 설명해 보라.
② 이 젊은 선교사들이 개척하는 교회들이 "신흥 종교"가 아니라는 사실을 보여주기 위해 어떤 활동 방안들을 제시할 수 있겠는가?
③ 교회개척자들이 알바니아 사람들에게 잘못된 기독교 신학을 심어 주는 결과를 초래한 방법론 문제의 중요성을 생각해 보라. 우리가 사람들에게 진리의 메시지를 전달하는 방법에 대해 이 사례가 보여주는 교훈은 무엇인가?

2) 방법의 배타성을 이해하라.

한 가지 방법으로 모든 사람을 복음화할 수 없다. 교육 사역은 학생에게 도움을 줄 수 있지만, 학교에 갈 수 없는 사람은 배제될 수밖에 없다. 문서 사역은 문자 해독이 가능한 사람들에게만 적용될 수 있다. 이러한 현실을 염두에 둘 때 팀은 그들의 선교지를 복음화하기 위해 다양한 방법을 사용해야 한다는 사실을 깨닫게 될 것이다.

3) 무엇이 최선의 방법인가를 분별하라.

전략가들은 특정한 목적을 달성하기 위해 여러 가지 방법을 사용하지만, 그 비전을 성취하기 위한 최고의 방법들은 아닐 수 있다는 사실을 이해해야 한다. 팀이 특정한 방법을 사용하여 바라던 목적을 성취했다고 해서 반드시 그 주어진 상황 가운데서 최고의 방법을 사용했다는 것을 뜻하지는 않는다. 톱으로 나무판자에 못을 박을 수도 있겠지만, 망치를 사용할 때 얼마나 더 효과적이겠는가?

각각의 목표들을 성취하기 위해 어떤 방법을 사용해야 하는가에 대한 신중한 판단이 필요하다. 이 문제와 관련하여 데이톤과 프레이저는 "목표를 성취하기 위해 선택된 방법들이 실행되었을 때 그 결과는 매우 큰 차이를 나타낼 수 있다. 복음화를 위해 함께 사역하고자 하는 특정한 사람들의 조합과 과업의 본질과 우리의 목표 그리고 우리가 복음화하고자 하는 지역의 상황과 관련된 이해가 포함된 신학적 구조 가운데서 어떤 방법들은 다른 방법들보다 더 효과적일 수 있다"(1980, 282)고 말한다.

특정한 방법의 적절성에 대해 분별하는 것은 다소간 주관적일 수밖에 없다. 팀의 과업을 성취하기 위해 고려하고 있는 방법들이 최선의 선택인가를 판단하기 위해 지혜와 분별력이 필요하다.

4) 방법의 변화와 혁신을 추구하라.

우리는 시행착오를 통해 보다 나은 선교 방법과 활동 방안들이 무엇인가를 배우게 된다. 여기서 또 다시 데이톤과 프레이저는 "우리가 문화적 차원에 대해 깊이 이해할 때 우리가 갖고 있는 표준화되어 있는 해법들을 어떻게 그 문화에 적합한 방식으로 적용할 수 있는가를 알 수 있다. 신학교에서 가르치고 있거나 선교학술지 등에 소개된 적이 없는 새로운 접근 방법들을 개발해야 한다. 우리는 준비가 되어야 하고 이렇게 하기 위해 융통성을 발휘해야 한다"(1980, 294)고 말한다. 특히 급속한 변화가 일어나고 있는 도시 상황 가운데서 이러한 혁신은 더욱 더 절실하게 요청되고 있다.

선교 전략에 있어서 이러한 혁신이 언제나 고도로 복잡한 문제인 것은 아니다. 사도행전에서 복음의 진보를 위해 난관들을 극복하기 위한 혁신은 선교의 영의 인도를 받는 것과 관련이 있었다(예를 들어, 고넬료의 집에서 하나님 경외자들에 의해 복음과 성령을 받음[행 10장], 안디옥교회의 개척[행 11장], 빌립보 교회의 개척[행 16장] 등). 각각의 상황에서 초대 교회 신자들은 그들의 전통적인 역할과 사고방식에 대한 변화를 필요로 했다. 그러나 때로는 심각한 의구심으로, 때로는 강요에 의해 조정이 일어난 다음에는 사회적, 문화적 장벽을 넘어 복음이 지속적으로 전파되는 것을 볼 수 있다.

5) 방법의 효율성을 지속적으로 점검하라.

선교사가 실용주의에 함몰되지 않아야 하지만, 방법에 있어서 상황적인 분별력이 필요하다. 만약 특정한 방법들이 전도나 양육 혹은 교회개척에 도움이 되지 않고, 전략적 목표의 성취에도 진전을 보이지 않는다면 다른 방법으로 바꾸어야 할 필요가 있을 것이다.

방법들은 언제나 현실을 고려하여 평가해야 하지만 이 문제를 신중하게 다루어야 할 필요가 있다. 원하는 결과가 나타나지 않는 것이 반드시 방법의 문제만은 아닐 가능성이 존재하기 때문이다. 만약 팀이 저항 지수가 매우 높은 지역에서 사역하고 있다면 거의 어떤 방법도 효과적으로 열매를 맺기가 어려울 가능성이 높다(그 반대의 경우도 마찬가지이다. 수용성이 높은 지역에서는 어떤 방법들을 실행해도 긍정적인 반응을 얻을 수도 있다).

따라서 팀은 지속적으로 성령과 동행해야 한다. 팀 구성원들은 그들의 선교지 상황에 대해 언제나 배움의 자세를 견지해야 할 필요가 있다. 그들은 선교 방법의 변화가 필요한지, 현재의 선교 방법들을 지속적으로 사용해야 하는지 올바로 분별해야 한다. 만약 팀이 저항 지수가 높은 사람들 가운데서 사역하고 있다면 그들이 복음에 대해 마음이 열리게 하는 다양한 방안들을 모색해야 할 것이다.

3. 선교 방법 개발

다음 장에서 제시하고 있는 선교 전략의 실행 단계에 접어들기 전에 팀은 크고 작은 목표들을 성취할 수 있는 방법들을 개발해야 한다. 단기적인 목표를 위해 곧 바로 실행해야 할 선교 방법들을 개발하는 것은 시간이 오래 걸리지 않는다. 그러나 팀이 장기적인 사역 목표를 위해 방법을 개발할 때는 상당한 갈등에 사로잡히기도 한다.

일반적으로 즉각적으로 성취해야 하는 단기적 목표일수록 그에 합당한 실천 방법들을 개발하기가 쉬워진다. 반면에 장기적인 목표를 위해 현재 실행해야 할 방법들을 개발하는 것은 쉬운 일이 아니지만, 장기적 목표들 가운데 두세 가지를 성취하기 위해 대략적인 방법들을 구상해야 할 필요가 있다. 다음은 팀이 장, 단기 선교 목표를 위해 방법을 개발할 때 고려해야 할 사항들이다.

1) 기도하라.

이 책 전체에서 강조하고 있는 바와 같이 기도는 선교 전략가의 삶의 일부가 되어야 한다. 쉬지 말고 기도하라(살전 5:17)는 말씀이 선교 방법을 개발하는 일에도 적용되어야 한다. 팀이 최상의 방법들을 개발하는 전 과정에서 지혜와 분별이 필요하기 때문이다.

2) 성경적 사례를 살펴보라.

성경에서 무엇이 암시적이고, 무엇이 명시적인 교훈인가에 대한 논쟁의 여지는 남아 있겠지만, 우리는 오늘날의 범세계적 교회 공동체가 실천해야 할 사역에 대해 초대 교회 신자들이 우리에게 보여준 모범적인 사례들에 대해 감사하는 마음을 가져야 한다. 롤랜드 알렌(Roland Allen)은 바울의 권고에 귀를 기울일 것을 촉구하고 있다.

> 사도 바울을 이방인들의 위대한 사도로서의 높은 지위에서 끌어내릴 준비를 갖추지 않고서는 그의 방법들을 보편타당성으로 인정하지 않을 수 없으며 내가 지금 역설하는 것은 사도 바울 이래로 아무도 그의 방법들보다 낫거나 우리 시대의 여건에 더 부합되는 복음전도를 위한 방법들을 발견하거나 실천하지 못했다는 점이다(1962, 147-48).

이 문제와 관련하여 헤셀그레이브(Hesselgrave)는 사도 바울의 방법론에 대해 다음과 같이 언급한 바 있다.

> 우리가 논의한 바와 같이, 성령은 우리에게 복음전도에 있어

서 바울의 방법론을 그대로 모방할 것을 기대하고 있다고 보기는 어렵다. 그러나 서신서들은 사람들에게 가서 복음을 전하고 회심자들을 얻고 교회를 세우고 믿음이 성장하도록 가르치고 지도자를 세우며 신자들이 하나님의 은혜 안에 거하도록 권면하는 등의 우리가 따라야 할 명확한 사역 방향들을 제시하고 있다. 사도 바울의 선교 사역을 통해서가 아니면 어디에서 이러한 사역 모델을 찾을 수 있겠는가?...우리는 바울의 메시지는 완벽한 규범적 교훈이지만 그의 삶의 방식과 사역의 방법론은 덜 규범적이라는 결론을 내릴 수 있다. 이것은 정도의 차이이다. 각각의 사례마다 수용의 정도에 차이가 있을 수 있지만, 바울의 메시지에 대해서는 그가 보여준 삶의 방식과 사역 방법들 보다 더 우리에게 주어진 선택의 여지는 거의 없어 보인다(1980, 57).

팀이 초대 교회의 상황을 그대로 재현할 필요는 없지만 성경에서 사용된 시대를 초월한 원칙과 상황적 방법론 사이의 올바른 분별이 필요하다. 성경의 사례들도 방법론의 영역에서 많은 통찰을 제시해 주고 있다.

3) 다른 팀의 사례들을 살펴보라.

선교지에 다른 팀들과 교회들이 효과적으로 전도하고 건강한 교회들을 세우고 있다면 새로운 팀이 주님이 어떤 방법들을 사용하고 있는가를 이해할 수 있을 것이다. 그러나 팀은 기존의 선교 방법을 배우는 지역적인 범위를 가까운 선교지나 동일한 지역으로만 제한하지 않아야 한다. 다른 팀들의 사역 방법으로부터 교훈을 얻지 않고 어떻게 그들과 비슷한 목표를 성취할 수 있겠는가? 우리는 다른 사람들의 사역 방법들을 통해 많은 것을 배울 수 있다. 전략가들은 이미 있는 것을 다시 만드느라 쓸데없이 시간을 낭비하지 않아야 한다. 우리는 다른 사람들을 통해 위대한 지혜를 얻을 수 있다. 팀은 다른 팀이나 교회들의 사역을 통해 본받아야 할 모델에 대해서도 배울 수 있고, 피해야 할 오류에 대해서도 통찰을 얻을 수 있다.

4) 우선순위를 설정하라.

제24장에서 언급한 바와 같이 팀은 다양한 방법들 가운데서 선택해야 하는 문제에 직면하게 된다. 팀은 목표를 설정할 때 반드시 우선순위를 결정해야 한다. 선교 방법을 개발할 때도 마찬가지이다. 어떤 특정한 목표들은 다른 목표들 보다 더 먼저 성취되어야 할 수도 있다. 따라서 우선순위의 결정은 방법론적 차원에서 반드시 필요한 요소이다.

5) 목표를 인식하라.

구체적인 활동 방안들을 개발하기 위해 전략가들은 그들이 성취하고자 하는 목표가 무엇인가를 인식해야 한다. 목표와 그 목표를 성취하기 위해 요구되는 활동 방법들 사이에는 긴밀한 연관성이 존재한다. 만약 어떤 사람이 성취되어야 할 목표를 모르고 있다면 어떻게 그가 목표에 부합하는 일련의 방법들을 개발할 수 있겠는가? 목표는 집중해야 할 방향을 제시하고, 활동 방법은 그 과업을 성취하기 위한 수단을 제공한다. 뤼케의 질문은 이 관계를 명확하게 규정하여 적절한 활동 방법들을 선택할 수 있도록 도와준다.

목표에 접근할 때 다음과 같은 질문을 해 보라. "우리의 목표를 성취하기 위해 어떤 활동 방안들이 필요한가?" 이 질문에 대한 해답을 얻었다면 각각의 활동 방안들에 대해 다음과 같은 질문을 해야 할 것이다. "이 활동 방안을 더 작은 단위의 활동 방안으로 나눌 수 있겠는가?" 더 이상 나누어질 수 없는 최소 단위의 활동 방안이 나올 때까지 이 질문을 계속해야 한다. 여기까지 도달했을 때 이제 모든 활동 방안들이 선정된 것이라고 볼 수 있다(2005, 84).

6) 자원을 평가하라.

팀이 적절한 활동 방안들을 개발하기 전에 과업을 성취하기 위해 주님께서 공급해 주신 자원들을 평가해 보아야 한다. 이 과업에 관련된 시간, 재정, 사람 등의 자원에 대해 고려해야 한다. "주님께서 우리가 필요로 하는 모든 것을 다 공급해 주실 것이다"라고 믿고 거창한 계획을 개발할 수도 있겠지만, 우리는 또한 주님께서 보리떡 5개와 물고기 2마리만 가지고도 영광을 받으신다는 사실을 잊지 않아야 한다.

7) 브레인스토밍을 실시하라.

브레인스토밍(brainstorming)의 개념이 나온 것은 이미 오래 전이다. 브레인스토밍은 얼마나 단순하거나 복잡한지 상관없이 특정한 활동을 위한 다양한 가능성을 상정하기 위한 목적으로 모인 집단 활동이다. 목표를 염두에 두고 팀은 이 목표를 성취하기 위한 다양한 방법들을 도출해야 한다. 현실성이나 실현 가능성 여부를 떠나 팀 구성원들의 모든 생각이나 제안들을 기록한다. 브레인스토밍은 팀 구성원들이 무작위로 제시하는 발상이나 제안을 비판하는 시간이 아니다. 오히려, 팀의 모든 구성원들이 자유롭게 자신의 견해를 제시하고 기록으로 남긴다. 이 활동의 결과로 팀은 실제로 적용 가능한 다양한 실행 방안들이 도출되어야 한다.

8) 분별력을 사용하라.

브레인스토밍을 통해 많은 사역 방안들을 수렴할 수 있지만, 그 가운데서 최선의 방안들을 선택해야 한다. 가장 현명한 선택을 위해 탁월한 분별력을 발휘해야 한다. 브레인스토밍이 사역을 위해 필요한 모든 제안들을 수렴하는 활동이라면 분별력은 팀을 위한 최상의 방안을 선택하기 위해 필요한 것이다.

9) 측정 가능한 방법을 사용하라.

팀이 특정한 활동 방안들이 언제 실행되었는가를 알기 위해 그 방안들은 반드시 어떤 형태로든 측정이 가능해야 한다. 만약 어느 팀이 작은 목표 X1, X2, X3이 실행되었을 때 X라고 하는 큰 목표가 성취된 것으로 간주한다고 결정했다면 그 팀은 언제 이 작은 목표들의 실행 여부를 어떻게 알 수 있는가를 결정해야 한다.

그 목표를 성취하기 위해 어떤 단계들을 거쳐야 하는가? 팀이 작은 목표들의 완수를 위해 필요한 세부적인 활동 방안들이 언제 실시되었는가를 어떻게 알 수 있는가? 팀은 선교 방법들을 실행하기 전과 후를 비교하여 비전을 성취해 가는 과정을 단계적으로 측정할 수 있어야 한다.

10) 책임을 부여하라.

팀의 모든 구성원들은 활동 방안들을 실행하는 과정에서 일정 부분의 책임을 가져야 한다. 각각의 세부적인 활동 방안들에 대한 담당자를 선정하고 적절한 책임을 부여해야 한다.

만약 어떤 사람이 책임을 지려고 하지 않는다면 목표를 성취하기가 어려워진다. 책임을 가진 개인이나 그룹은 맡은 바 임무를 완수해기 위한 열정과 함께 그 과업을 완수할 수 있는 역량도 갖추어야 한다. 물론, 이러한 열정은 선교 전략을 개발하는 과정에 참여한 사람들 가운데서 나오게 마련이다. 그들은 선교 전략이 성취되기까지의 전 과정에 주인 의식과 책임감을 가지고 참여할 수 있다.

11) 시간 규정을 정하라.

목표들도 시간의 제약을 받는 것과 마찬가지로 방법들도 예정된 시간의 범위 내에서 실행할 수 있어야 한다. 시간 규정이란 미래의 특정한 시점에 반드시 일어나야할 하나의 활동을 말한다. 성취되어야 할 날짜는 설정해야 하지만 반드시 돌에 새겨야 할 필요는 없다.

모든 선교 전략은 융통성을 필요로 하기 때문에 과업을 완수하고자 하는 기간은 설정하되 확정적이기보다는 잠정적인 기간이 되어야 한다. 팀들은 그들의 일정표에 구체적인 활동 내용들을 기입해야 하지만 우리는 시장의 상품을 취급하는 사람들이 아니라 이 과업을 위해 역동적인 사람들과 함께 일하는 사람들이기 때문에 융통성을 발휘하여 조정할 필요가 있다.

선교 전략을 실행하는데 있어서 융통성은 매우 중요한 남용하지 않아야 한다. 팀은 계획을 개발하거나 그들의 활동 방안들을 실행하는 과정에서 나태해 지지 않도록 주의해야 한다. 팀의 일정을 습관적으로 재수정하는 것은 계획을 잘못 세웠거나 단순한 게으름의 결과일 뿐일 수도 있다. 멜퍼스는 계속해서 뒤로 미루고자 하는 유혹을 받는 전략가들에 대해 "지도자들의 유혹은 행동을 시작할 정확한 시점과 이상적인 상황이 조성될 때까지 기다리고자 하는 것이다. 이것은 이론적인 세계에서나 가능한 일이다. 현실 세계에서는 정확한 시점이나 이상적인 상황은 존재하지 않는다. 어느 시점에서는 과감하게 실행해 옮겨야 하고, 일을 진행해야 한다. 그렇지 않으면 하나님이 주신 기회를 놓칠 수도 있다"(2005, 281)고 말한다.

12) 시작하라.

앞서 언급한 항목들을 점검한 후 팀은 이제 행동을 취해야 한다. 모든 이전의 작업들의 바탕위에서 구체적으로 주어진 과업들을 실행해야 한다. 구체적인 활동 방안들을 실행하기 위해 모든 노력을 기울여야 할 때가 된 것이다. 이제 이론과 계획이 현실로 바뀌는 단계가 된 것이다.

4. 결론

어떤 상황 가운데서도 주어진 목표를 성취하는 과정에는 다양한 방법들이 존재한다. 과도할 정도로 수많은 방법이 존재하지만 모든 방법들이 전체적인 전략을 개발하고 실행하는데 있어서 최상의 방법들은 아니다. 적절한 방법의 선택은 전략가들이 염두에 두어야 할 매우 중요한 요소이다. 적절한 활동 방안들이 없는 목표는 성취될 수 없고, 비전은 완수되지 않은 채 남아있게 될 것이다.

제26장
실행

전략의 실패는 일반적으로 실행의 실패를 뜻한다. 실행이 없는 전략 개발은 하나의 이론에 불과하다. 팀은 많은 시간을 할애하여 선교 지역을 연구하고 계획을 개발하지만 그들이 세운 계획을 실천하는데 실패할 수 있다. 그들은 큰 꿈을 꾸고 좋은 의도를 갖고 있지만, 결국 가장 중요한 사실은 그들의 희망이 이루어지지 않은 채 남아 있다는 것이다. 래리 보시디(Larry Bossidy)와 램 차란(Ram Charan)은 실행을 "열망과 결과 사이의 잃어버린 고리"(2002, 19)라고 말했다. 그들은 또한 "실행은 전략의 핵심이고 실행을 통해 전략의 완성도를 높여 가야 한다"(21)고 언급한 바 있다. 이 장에서 우리는 전략의 적용 혹은 실행과 관련된 요소들을 살펴볼 것이다.

전략을 실행하는 과정에서 우리는 미래의 변화를 이끌어갈 수 있다. 오직 주님께서만 미래를 알고 계시지만 우리의 의사결정이 미래에 영향을 끼칠 수 있다는 것도 부인할 수 없는 사실이다. 예를 들면, 만약 내가 전기 요금을 지불하지 않으면 전기 회사는 전기 공급을 중단할 것이다. 만약 내가 자동차의 연료를 주유하지 않으면 그 자동차는 더 이상 달리지 못할 것이다. 데이톤과 프레저는 "계획을 개발하는 것은 미래를 예측할 수 있게 하고, 미래에 대해 가능한 한 많이 예측할 수 있을 때 그 미래를 어떻게 유지하고 반응하는 방법도 알 수 있을 것이다"(1990, 194)라고 말한다. 우리는 미래를 정확하게 예측할 수 없기 때문에 하나님 나라의 선한 청지기로서 주님을 더 잘 섬기기 위해 힘써 일해야 한다. 선교 전략의 실행에는 주님이 우리에게 분부하신 것을 성취하기 위한 분별력, 의사결정, 활동 방안 등이 요구된다.

1. 기도하라.

기도는 선교 전략의 성공적인 실행을 위한 핵심 요소이다. 팀은 선교 전략의 실행을 두려워하지 않아야 하지만 냉철하게 판단하고 신중하게 실행해야 한다. 잠언 저자는 "발이 급한 사람은 잘못 가느리라"(잠 19:2), "부지런한 자의 경영은 풍부함에 이를 것이나 조급한 자는 궁핍함에 이를 따름이니라"(잠 21:5)고 경고한 바 있다.

팀이 기도를 선교 전략의 가장 중요한 요소로 인식해야 하는 것과 마찬가지로 이 잠언의 교훈도 잊지 않아야 한다. 성급하게 과업을 끝내려고 할 때 잠언의 경고를 무시하는 결과를 초래할 수도 있다. 팀은 선교 전략을 실행하는 전 과정에 걸쳐 경건한 지도력을 필요로 한다.

2. 당신의 비전과 목표를 이해하라.

팀은 전략의 적절한 실행을 위해 관련된 모든 사람이 추구하는 비전과 그 비전을 뒷받침하는 목표들을 명확하게 이해해야 한다. 초점의 상실과 올바른 목표들을 향한 사역의 실패는 곧 잘못된 계획을 실행하고 있다는 것을 의미한다. 활동 방안들을 올바른 실행하기 위해 우리는 덜 중요한 것을 내려놓고 가치가 있는 일에 집중해야 한다.

3. 당신의 자원을 파악하라.

전략을 실행하기 위해 주님이 팀에게 무엇을 공급해 주셨는가? 팀은 특정한 전략을 성취하고자 하는 열정이 있지만, 주님이 일련의 활동 방안들을 실행하는데 필요한 자원을 공급해 주시지 않았을 수도 있다. 팀은 전략을 실행하기 위해 활용가능한 자원들이 무엇인가를 파악하고 그 자원들을 적절하게 사용해야 한다.

4. 함께 사역할 사람들을 확보하라.

선교 전략을 실행하기에 적합한 은사와 재능과 지식 혹은 기술을 가진 사람들을 확보하는 것은 전략의 성패를 좌우하는 중요한 요소이다. 사람들은 서로 다른 역량, 열정, 은사, 성품, 삶의 경험, 재능을 갖고 있다. 이러한 다양성이 많은 상황 가운데서 좋을 수 있지만, 선교 전략의 실행에 언제나 도움이 되는 것은 아니다.
일반적으로 사람들은 그들의 열정과 영적 은사들을 발휘할 수 있을 때 가장 효율적이고 활력이 넘치고 각종 활동 방안들을 실천하기 위해 헌신하고자 하는 의지를 갖게 된다. 적절한 때와 장소에서 적절한 활동을 할 수 있는 사람들을 확보하는 것은 그 자체로서 예술에 가깝다고 할 수 있다. 지혜로운 팀 지도자라면 팀이 전략의 실행을 시도하기 훨씬 전부터 그 팀 구성원들을 이해하기 위해 모든 노력을 기울일 것이다. 만약 이 과정을 소홀히 한다면 지도자는 계획을 싱행해 나가는 가운데 예상치 못한 숨은 복병을 만나게 될 것이고, 이미 개발한 활동 방안들을 변경해야 할 가능성이 높다.

5. 단순화하라.

활동 방안들은 실제로 실행할 수 있는 최소한의 단위로 세분화해야 한다. 팀의 활동이 빠른 진전을 보일 때 그 구성원들은 격려와 기쁨을 누리게 된다. 일반적으로 커다란 성공은 하루 아침에 이루어지지 않는다. 각각의 활동 방안들을 작은 일들로 세분화하여 진행할 때 비로소 팀은 비전을 성취하는 과정을 눈으로 확인할 수 있게 된다.

만약 하나의 활동 방안이 너무 거창하다면 상황을 파악하는 것만으로도 팀의 기능은 마비되어 버릴 수도 있다. 팀이 조금씩 그리고 점진적으로 진전을 경험하고 있다는 확신을 가질 수 있을 때 비로소 전체적인 전략의 실행도 가능해 진다. 팀들이 그들의 활동 방안들을 단순화함에 따라 지속적인 진전으로부터 오는 격려와 용기를 얻는 축복을 누릴 수 있다.

베스트셀러가 된『좋은 기업을 넘어 위대한 기업으로』(*Good to Great: Why Some Compaines Make the Leap and Others Don't*)에서 짐 콜린스(Jim Collins)는 팀과 단순함을 유지하는 것 사이의 연관성에 대해 설명하고 있다. "좋은 인재들이 다른 무엇보다도 하고 싶어하는 일이 무엇인가? 그들은 승리하는 팀에 소속되고 싶어 한다. 그들은 실제로 눈으로 확인할 수 있고 확실한 결과를 볼 수 있는 일에 헌신하고자 한다. 그들은 곧 바로 실행할 수 있는 일에 참여하여 성과를 이끌어 낼 때 흥분에 사로잡히기도 한다. 유능한 인재들은 허세가 아닌 정확한 이해를 바탕으로 개발된 계획을 보게 될 때 '그 일은 성공할 가능성이 높아 보이는군. 나도 참여하고 싶다'"(2001, 177)는 반응을 보인다.

선교사 앞에 놓여 있는 과업은 너무 벅찬 일이다. 인구가 밀집되어 있는 도시 상황이든 멀리 떨어져 있는 농촌 마을이든 너무나 과도하고 감당하기 어려운 과업인 것은 마찬가지이다. 단순화하는 것은 팀에게 주어진 과업의 복잡성과는 대조적인 것처럼 보이는 것도 사실이다. 그러나 우리는 성경 전체에서 주님이 어둠의 왕국의 복잡한 문제들에 대해 그의 나라의 단순한 것들을 통해 신실하고 강력하게 역사하신 것을 잊지 않아야 한다.

> **참고자료 26.1**
> **결과를 예측하라**
>
> 다음의 인용문에서 존 롭(John D. Robb)은 계획을 실제로 실행하기에 앞서 그 계획의 실행에 대한 신중한 생각의 중요성에 대해 논하고 있다.
>
> > 수년 전, 말레이시아에서 사역하고 있을 때 나는 다른 기독교 지도자들과 함께 대중 매체를 활용한 전도 사역에 참여하여 많은 시간을 보냈다. 이 사역은 다른 도시들 가운데서 매우 효과적이었다는 보고가 있었기 때문에 우리 지역에서도 실시하기로 결정했다. 많은 목회자들과 교회들이 시간과 노력과 재정을 쏟아 부었다.
> > 이 사역은 영어로 교육을 받은 청년 등의 특정 집단 가운데서 효과가 있는 것으로 드러났고, 그들 가운데서 상당수의 회심자들이 나왔다. 그러나 그 가운데 극소수만이 제자로 성장할 뿐이었고, 교회의 신자가 되는 사람들은 거의 없었다. 그 뒤에는 인구의 50%를 상회하는 무슬림들이 있었고, 그들은 이 문화적으로 적합하지 않은 접근 방식에 대해 몹시 화가 나 있었다.

> 만약 우리 목회자들과 선교사들이 보다 전략적으로 생각하고 제자의 숫자에 대한 잘못된 기대와 말레이 무슬림들의 부정적인 반응 등을 포함하여 이 사역의 영향에 대해 예상 가능한 문제들을 어느 정도 미리 예측할 수 있었더라면 획일적으로 만들어졌던 이 접근 방식을 우리의 독특하고 문화적 다양성을 가진 이 도시에서 무비판적으로 적용하는 잘못은 피할 수 있었을 것이다. 우리는 각 집단들의 사회적 그리고 문화적 독특성을 고려하여 장기적인 안목을 갖고 전도 전략을 개발해야 할 것이다.

◆ 토의 질문 ◆
① 롭과 그 도시에서 사역하는 사람들이 왜 사역을 시작하기 전에 예상 가능한 문제들을 충분히 고려하지 않았다고 생각하는가?
② 실행된 하나의 전략에서 발생 가능한 결과를 예측할 때 어떤 어려움이 있겠는가?
③ 당신과 당신의 팀은 당신의 전략의 예상 가능한 결과를 검토한 바 있는가? 만약 그렇다면 이 시점에서 어떤 변화나 조정이 필요하다고 생각하는가?

6. 문제를 해결하라.

전략은 대체로 무균시설을 갖춘 연구실에서 만들어지고 사역 현장에서 조정 작업이 진행된다. 계획 수립이 필요하지만 전략가들은 전략을 실행하는 과정에서 예측하지 못한 많은 일들이 일어날 수 있다는 것을 인정해야 한다. 전략가들은 전략을 실행할 때 발생할 수 있는 온갖 종류의 난관과 장애물들을 예상하고 있어야 한다. 전략가가 된다는 것은 문제 해결자가 된다는 것과도 같은 말이다. 데이톤과 엥스트롬은 "계획 수립과 문제 해결 사이에는 긴밀한 연관성이 있다. 우리는 현실과 목표 사이에 존재하는 장애물들을 고려하여 계획을 세워야 한다. 따라서 우리는 이 차이에서 발행하는 장애를 극복하기 위해 노력해야 한다"(1979, 78)고 지적한 바 있다. 전략을 실행하는 과정에서 팀이 직면하는 어떤 문제들은 사소한 것들이고 어떤 문제들은 매우 중대한 문제들일 수도 있다. 어떤 문제들이든지 상관없이 전략가들은 반드시 해결책을 찾아야 한다.

데이톤과 엥스트롬은 문제 해결자의 역할에 대해 탁월한 조언을 하고 있다.『지도력 전략: 계획 수립, 실행, 동기부여, 평가』(*Strategy for Leadership: Planning, Activating, Motivating, Elevating*)에서 그들은 장애를 극복하는 일곱 가지 방법을 제시했다(1979, 96). 그들이 제시한 이 방법들 가운데 많은 부분이 상식적인 내용들이지만 그들은 팀에게 비전을 성취하는 길을 가로막는 여러 가지 장애물들에 대응하는 단순하면서도 유용한 접근 방법을 제시하고 있다

1) 무슨 일이 일어나야 하는가를 이해하라.

문제 해결 과정의 첫 단계는 문제를 이해하는 것 뿐만 아니라 그 문제를 해결하기 위해 무슨 일이 일어나야 하는가를 파악하는 것도 중요하다. 만약 누군가가 비가 올 때마다 새는 지붕을 갖고 있다면 반드시 그 지붕을 수리해야 한다. 만약 어떤 병해충이 농부의 농작물을 해치고 있다면 그 병해충을 제거해야 한다. 그렇지 않으면 농작물이 피해를 입게 될 것이기 때문이다. 이것이 분명한 첫째 단계이지만, 팀이 문제와 기대하는 결과에 집중해야 한다.

2) 다른 사람들의 경험으로부터 배우라.

해 아래 새것이 없기 때문에 팀은 다른 사람들이나 팀들이 동일하거나 비슷한 문제들을 어떻게 해결하고 있는가에 대해 이해해야

한다. 문제를 어떻게 해결하는가를 아는 것은 다른 사람들의 경험에 대한 배움으로부터 오는 것이다. 또한 다른 사람들이 문제 해결에 실패한 경험으로부터도 교훈을 얻어야 한다.

3) 종합적인 전략이나 접근을 개발하라.

문제가 발생할 때를 대비하여 팀들은 그 문제들에 대응할 전략들을 개발해야 한다. 이러한 전략들은 최종적인 비전을 성취하기 위한 커다란 종합적 전략에 포함되어 있는 "작은 전략들"이라고 할 수 있다.

4) 문제를 해결하기 위한 계획을 개발하라.

문제 해결 전략은 이제 이론에서 실제로 옮겨가야 한다. 이 단계는 문제를 즉시 해결할 수 있는 실제적인 활동 방안들의 개발을 포함한다.

5) 계획을 실행하기 위한 자원들을 확보하라.

문제를 해결하기 위해 어떤 사람, 시간, 재정 등이 필요한가? 어떤 문제들은 상대적으로 짧은 시간과 노력만으로도 해결할 수 있지만, 어떤 문제들은 훨씬 더 많은 시간과 노력을 필요로 하기도 한다.

6) 계획을 실행하라.

팀은 문제를 해결하기 위한 전략을 실행해야 한다. 이 과정은 반드시 최종적인 비전을 성취하기 위한 종합적인 전략의 연장 선상에서 이루어져야 한다. 걸림돌을 제거하고 목표 지점에 도달하는 과정에서 가능한 한 신속하게 정상적인 궤도로 돌아오는 것이 중요하다.

7) 결과를 활용하라.

팀은 이전의 걸림돌들을 잘 잊지 못하지만 그들이 무엇을 극복했는지, 무시했는지, 바로잡았는지에 대해서도 기억해야 한다. 문제 해결의 과정과 결과는 미래에 발생할 수 있는 다른 문제들을 해결하는데도 도움이 될 수 있다. 주요 문제들을 해결한 결과는 팀을 지원하는 사람들과도 공유해야 한다.

7. 우선순위에 다시 집중하라.

팀은 그들의 비전을 타협하도록 요구하는 많은 난관에 직면하게 될 것이다. 이러한 타협이 때로는 비전을 향한 더 빠른 길이 될 수도 있지만, 팀은 우선순위로부터 관심이 벗어나지 않아야 한다. 팀은 수시로 모여서 선교 전략의 실행을 가속화시켜주는 성경적 그리고 선교학적 우선순위를 상기해야 한다. 우선순위에 초점을 맞추게 하는 이러한 시간은 팀 구성원들이 서로 사랑과 선행을 격려하는 가운데 비전을 향해 나아가게 하는 귀중한 시간이다.

8. 현실을 고려하여 계획을 재조정하라.

『세계 선교의 이론과 전략』에서 데이톤과 프레이저는 "계획은 지속적인 개정을 필요로 한다. 미래를 향해 펼쳐져 있는 거창한 계획은 실제로 무슨 일이 일어나야 하는가에 대해 자세하게 설명하고 있지 못할 가능성이 높다"(1990, 299)고 지적한 바 있다. 팀은 목표들, 활동 방안들, 선교 전략이 현실화되는데 필요한 다른 여러 요소를 재조정해야 할 필요가 있다. 이러한 재조정은 팀으로 하여금 최종적인 비전의 성취를 위한 올바른 길에서 벗어나지 않도록 도와줄 뿐만 아니라 팀 구성원들이 의욕을 잃지 않도록 돕는 역할을 하기도 한다.

팀 구성원들의 마음이 흐트러지면 초점을 잃게 되고, 실망감에 사로잡히게 될 뿐만 아니라 의욕을 상실하는 결과를 초래할 수도 있다. 기대하는 결과가 일어나지 않을 수 있다면 엄연한 사실을 무시하지 않아야 한다. 무지는 축복이 아니다. 그리고 만약 선교 현장의 상황이 달라지고 있는데도 지도자가 이러한 변화를 인식하지 못한다면, 사람들은 그의 지도력에 의심을 품게 될 것이다.

때로는 현실을 고려한 재조정의 필요가 팀의 성공적 사역으로부터 나올 수도 있다. 효율성이 팀으로 하여금 근시안적이고 초점을 잃어버리게 만들수도 있다. 데이톤과 프레이저는 이 문제에 대해 다음과 같이 지적하고 있다.

> 놀랍게도 실패의 주요 원인이 성공의 원인이 될 수도 있다! 많은 경우에 어떤 조직이 과거에 최선의 노력을 기울여 원래의 목표에 성공적으로 도달했던 경험을 미래에도 정확하게 동일한 방법을 적용하려고 노력하는 것을 볼 수 있다. 그러나 시간은 변화를 일으키고, 조직도 시간과 함께 변해간다는 사실을 인식해야 한다(1979, 48-49).

과거의 성공이 미래의 문제가 될 수도 있다. 지속적인 재조정이 단순히 필요할 뿐만 아니라 팀을 건강하게 만든다. 또한 팀들은 상황적 현실의 변화에 민감해야 한다. 어느 도시의 특정한 사람들에게 효과가 있었던 것도 다른 지역이나 다른 사람들에게는 그렇지 않을 수도 있다.

9. 결론

선교 전략이 실행되어야 하는 세상은 사회적 존재들로 구성되어 있기 때문에 언제나 변화한다. 변화는 전략가가 전략을 개발할 때 고려해야 할 한 가지 요소이다. 구체적인 변화는 예측하기 어렵지만 전략가들은 기도하는 가운데 지속적으로 초점을 유지하고 전략을 단순화하며, 융통성을 발휘할 뿐만 아니라 선교 현장에서 전략을 실행하는 과정에서 발생하는 문제들을 해결해 가야 한다.

모든 지도자들과 팀들은 실수를 하게 마련이다. 그러나 지혜로운 팀 구성원들이라면 현세에서 그리고 내세에서 그의 뜻이 온전히 이루어질 것을 믿고 모든 진실함과 은사와 재능과 능력으로 주님을 섬기는 사람들이 되어야 한다. 팀이 실수에 대해 어떻게 반응하는가에 따라 결과는 크게 달라질 수 있다.

Developing A Strategy
For Missions

제27장
평가

전략 개발 과정은 평가로 끝이 나지만 실제로는 팀이 실행하는 모든 활동들이 평가의 대상이 되어야 한다. 평가는 단순히 어떤 목표나 비전이 성취되고 난 후에 의례적으로 실시하는 하나의 관례가 아니다. 평가는 목적과 비전에 따라 팀의 모든 활동 목표와 과정을 점검하는 수단이다.

선교 전략 평가의 과정을 올바로 이해하기 위해 평가가 현대의 창작물이 아니라는 것을 인식해야 한다. 멜퍼스는 신약성경 전체에서 평가에 대한 가르침을 연구한 바 있다.

신약성경에서 교회개척 과정의 마지막 단계에서 평가를 실시한 예는 나오지 않지만 이것이 그들의 사람이나 사역에 대해 평가를 하지 않았다거나 우리는 평가로부터 자유로워야한다는 것을 뜻하는 것은 아니다. 누가는 사도행전 2:41, 47; 4:4; 5:14; 6:1, 7; 9:31, 35, 42; 11:21; 24; 14:1, 21; 16:5; 17:12 등에서 우리에게 사역의 진전 과정과 교회에 대한 소식을 규칙적으로 제공해 주고 있다. 디모데전서 13:1-13에서 바울은 집사와 장로의 자질에 대해 언급하고 있다. 이것은 어떤 형태로든 평가가 이루어졌었다는 것을 의미하고 있거나 이러한 자질에 미치지 못했기 때문에 발생한 문제들을 평가한 후에 제시된 기준이라고 할 수 있다. 고린도전서 11:28에서 바울은 고린도 교회의 성도들에게 올바른 자기 평가에 대해 설교했다. 그는 성도들에게 주의 만찬에 참여하기 전에 스스로 자신을 돌아볼 것을 요청했다. 이러한 자성적 평가는 곧 주님의 죽음에 대한 선포(26절)와 판단을 받지 않는(29-32절) 결과를 가져 온다. 고린도후서 13:5-6에서 그는 교회의 성도들에게 믿음 안에 있는가를 그들 스스로 시험해 보라고 요청하고 있다. 그리고 그는 이 시험에 통과하지 못하면 버림받은 자에 불과하다고 말하고 있다. 그러나 바울은 자신의 믿음을 시험하여 확증하지 않으면 더 큰 재앙이 될 수 있다는 사실을 경고하고 있다. 요한계시록 2장과 3장에서 하나님은 여섯 교회의 장점과 단점을 평가하고 있다(2005, 296).

1. 평가는 청지기적 삶을 살게 한다.

정직한 평가는 팀으로 하여금 주님께서 공급해 주신 자원들에 대한 선한 청지기 직분을 감당할 수 있도록 돕는 역할을 한다. 이것은 또한 예수 그리스도를 따르지 않는 이 지구상의 수십억 명의 사람을 위해 무슨 일을 해야 하는가에 대한 평가의 시간을 갖는 것을 의미하기도 한다.

거의 매년마다 필자(J. D. 페인)는 시력 검사를 받고 있다. 제21장에서 언급한 바와 같이 필자는 고도근시를 갖고 있다. 필자의 주치의에 의하면 시력은 좋지만 초점을 맞추는데 어려움이 있다고 한다. 정기적으로 처방이 바뀌고 있고 초점을 맞추기 위해 시간이 갈수록 더 두터운 안경을 착용해야 한다. 지속적인 평가는 새로운 처방전을 받는 것과 비슷한 의미를 갖고 있다. 이 평가는 팀이 변화를 고려하여 초점을 다시 맞출 수 있게 해 주는 것이다.

2. 평가는 무엇이 변화되어야 하는가를 드러나게 한다.

무엇이 변화되어야 할 필요가 있는가를 알 때 보다 더 적절한 팀 구성원들의 배치를 통해 전체적인 전략 가운데서 필요한 조정이 일어나게 할 수 있다. 평가는 팀 차원에서 필요한 변화를 이끌어낼 뿐 아니라 특정한 팀 구성원들의 개인적인 조정도 일어나게 할 수 있다. 개인적인 변화도 필요하지만 평가를 통해 그들의 인품이나 성격 혹은 생활 방식 등을 침해하지 않도록 주의해야 한다.

전략 평가는 비판적 태도를 발전시키는 기회가 아니다. 오히려 팀은 조직 차원과 개인 차원의 변화가 팀이 비전의 성취를 향해 전진해 가는 과정의 일부라는 사실을 이해해야 한다.

때로는 평가가 새로운 목표들을 설정할 때 개선해야 할 사항들을 드러나게 하기도 한다. 때로는 평가를 통해 방법적 차원에서 개선책을 발견하기도 한다. 마치 자동차의 진단표와 같이 전략의 평가는 팀으로 하여금 하나님 나라를 위해 어떤 변화와 발전이 필요한가를 이해할 수 있게 해 준다.

3. 평가는 무엇이 중요한가를 알게 해 준다.

평가는 팀의 우선순위를 확립하는 역할을 한다. 멜퍼스는 "평가해야 하는 것을 평가해야 한다. 아무것이나 평가하는 것이 아니라 특정한 것을 평가하는 것이다. 다른 것은 중요하지 않다. 왜냐하면 평가의 대상이 아니기 때문이다"(2005, 297-98)라고 진술한 바 있다.

전략 실행 과정의 어떤 특정한 부분은 보다 더 철저한 검토가 필요하지만 팀은 전략 개발의 전 과정에서 평가가 이루어져야 한다는 사실을 잊지 않아야 한다. 의도적이고, 정기적이며, 지속적인 평가에 실패할 때 팀 구성원들 사이에는 물론이고 다른 동역자들도 왜 전략의 어떤 부분은 중요하고, 다른 어떤 부분은 중요하지 않은가에 대해 혼란을 초래할 수도 있다. 우리가 제시한 "평가의 세부 항목들"은 전략 개발과 실행 과정에서 올바른 평가가 일어날 수 있도록 돕는 자료가 될 것이다.

참고자료 27.1
평가의 가치

그레그 버치(Greg W. Burch), 앤디 섹튼(Andy Sexton), 엔젤라 머레이(Angela Murray)는 그들의 글, "전략적 영향: 위험에 처한 어린이를 돕기 위한 우리의 효율성 배가"(Strategic Impact: Multiplying Our Effectiveness with Children at Risk)에서 평가의 중요성을 제시하고 있다. 어린이를 돕는 그들의 경험과 연구로부터 도출된 교훈은 평가를 위해 시간을 투자하는 것이 얼마나 중요한가를 일깨워주고 있다.

관찰과 평가는 위험에 처한 어린이들을 보호하기 위한 두 가지 핵심 요소이다. 관찰은 당신의 전략적 계획에 포함되어 있는 활동 방안들이 실행되고, 예산이 올바로 집행되고 있는가를 점검하는 것이다. 평가는 이러한 활동 방안들이 당신의 비전과 목표에 도달하기 위한 결과를 도출하고 있는가를 확인하는 것이다. 이것은 전략의 핵심 요소에 해당한다.

만약 당신이 평가하지 않는다면 결코 성취감을 맛볼 수 없을 것이다. 평가는 또한 눈에 보이지 않지만 우리의 사역 가운데 존재하고 있는 부정적인 영향들이 무엇인가를 알게 해 주기도 한다. 과테말라의 길 거리에 방치되어 있는 어린이들을 위한 예방 프로젝트의 사례를 살펴보자. 이 단체는 과테말라 시티 교외 지역의 가장 가난한 마을에서 진행되었다. 심층적인 평가의 결과로 이 프로젝트가 거리로 내몰리는 어린이들의 숫자를 현저하게 감소시켰다는 것을 알게 해 주었지만, 그 평가는 또한 이 프로젝트의 도움을 받지 못했던 많은 사람에게 소외감을 주었다는 사실도 알게 해 주었다. 그 마을의 구성원들은 이 프로젝트가 마을의 상황을 개선하기 위해 실행되었다는 사실은 인정하지만, 누가 그 혜택을 받아야 하는가를 결정하는 과정에 주민들이 참여하기를 희망했다. 평가를 통해 발견된 이러한 사실들은 그 단체로 하여금 보다 신중하게 프로젝트를 설계하고 마을 사람들과 더 깊은 신뢰 관계를 형성하도록 해 주었다(2009, 479).

◆ 토의 질문 ◆
① "만약 당신이 평가하지 않는다면 결코 성취감을 맛볼 수 없을 것이다"라는 진술에 대해 당신은 어떻게 생각하는가?
② 이 글에서 평가 과정이 향후의 개선에 어떤 도움을 주었는가? 당신은 이 글이 주는 교훈을 토대로 추가하거나 변경해야 할 사항이 무엇이라고 생각하는가?

4. 평가는 팀을 격려하는데 도움을 준다.

평가가 팀에게 어떤 변화가 필요한가를 알게 해 주기도 하지만 팀 구성원들을 격려하는 역할을 한다. 팀은 반드시 개선해야 할 영역들만큼이나 칭찬과 격려를 받아야 할 영역들에 대해서도 파악해야 한다. 평가 과정은 단순히 변화를 이끌어낼 뿐 아니라 축제의 기회를 제공해 주기도 한다.

팀은 평가의 과정에서 격려를 받아야 한다. 무엇을 잘했는가를 알 때 팀은 미래의 사역을 위해 그들의 장점을 강화시켜갈 수 있다.

5. 평가의 철학 개발

팀이 구성되기 전부터 각각의 잠재적인 구성원들은 건강한 팀이라면 선교 현장에서 실행하는 모든 사역에 영향을 끼치는 평가에 대한 올바른 철학을 가져야 한다. 다음의 네 가지 요소는 잠재적인 팀 구성원들로 하여금 정기적이고 의도적으로 선교 전략을 평가하는 것에 대해 올바로 이해하고 지지할 수 있도록 돕는 지침이 될 수 있다.

1) 평가의 분위기

전략가들과 팀의 구성원들이 평가에 대한 건강한 분위기를 조성할 때 비로소 평가가 지속적으로 이루어질 수 있다. 이 과정은 팀의 사역의 전 과정에서 지속적으로 일어나야 한다. 팀은 전술적 활동 방안들을 실행하기 전에, 실행하는 과정에, 실행을 완료한 후에, 그리고 언제나 평가해야 한다. 뤼케는 "어떤 전술적 활동 계획도 하나의 전략이 실행되는 몇 주 혹은 몇 개월 동안에도 발생할 수 있는 많은 난관과 상황의 변화를 미리 볼 수 없다. 따라서 중간 점검과 평가는 반드시 필요한 과정이다"(2005, 96)라고 언급한 바 있다. 장기적이고 지속적인 평가를 실시할 때 어떤 중간 조정이 일어나야 하는가를 분별하고 적용할 수 있게 된다.

지속적인 자기 평가가 이루어져야 한다. 팀 구성원들은 주님의 부르심에 충실하고 있는가를 점검하는 습관을 개발해야 할 필요가 있다. 팀 구성원들은 그들의 헌신이 적절한 방향과 방법으로 이루어지고 있는가를 살펴보아야 한다. 이러한 자기 평가는 팀 구성원들에 대한 절대적인 신뢰를 바탕으로 이루어져야 하고 이러한 신뢰는 개인의 선교 사역에까지 확대되어야 한다. 만약 팀의 모든 구성원들이 그들 스스로를 평가해야 한다는 사실을 알고 있다면 팀의 지도자에 의한 연 2회의 평가를 받는 것도 어려운 일이 아닐 것이다.

2) 창조적 불평

팀은 그들의 선교적 노력에 대한 창조적 불평의 태도를 가져야 한다. 이 태도는 팀이나 개인 모두에게 언제나 개선의 여지가 남아 있다는 사실을 인정하는 것으로부터 나온다. 어떤 과업도 완벽하게 성취될 수는 없다는 사실을 인정할 때 팀은 언제나 성장의 여지가 남아 있다는 것을 이해할 수 있을 것이다. 이러한 전제가 팀 구성원들 사이의 관계에서나 그들과 관련이 있는 불신자들과의 관계에서 비판적인 태도를 완화시키는 역할을 할 수 있다.

창조적 불평은 개인과 팀이 최선을 다하지만 그들의 왕국적 섬김의 과정에서 성장해야 한다는 사실을 전제로 하고 있다. "우리 혹은 내기 이 일을 다시 한다면 어떤 부분에서 더 잘 할 수 있을 것인가?"는 팀 구성원들의 마음속에 지속적으로 던져야 할 유익한 질문이다.

3) 현실을 반영한 기대

선교 전략이 누군가의 마음속에 품고 있던 그대로 혹은 문서에 기록된 내용과 정확하게 일치하는 결과를 가져오는 경우는 거의 없다. 계획된 비전을 정확하게 실현해 본 경험이 있는 팀을 발견하는 것도 쉬운 일이 아니다. 선교 전략을 실행하는 것은 무생물을 다루기 때문에 훨씬 더 예측이 가능한 자동차를 대량 생산하기 위해 조립 라인에서 일하는 것과는 차이가 있다. 선교 전략은 지각이 있는 존재를 대상으로 하기 때문에 영적 저항에 직면할 수 있다. 선교 현장에서 발생하는 다양한 현실적인 문제들로 인해 정확한 예측이 불가능할 수 밖에 없다.

팀은 믿음으로 살아야 하지만 기대는 항상 현실을 반영해야 한다. 주님은 우리가 사역하는 지역에서 기적을 베풀기도 하시지만 그는 또한 특별한 신적 개입이 없는 가운데 팀의 현실을 고려하여 일하게 하시기도 한다. 팀은 높은 기대를 갖고 있어야 하지만 선교 전략의 실행은 과학보다는 예술에 더 가깝다는 사실을 인정해야 한다. 경험은 쌓이게 마련이지만 심지어 많은 경험으로도 상황은 매우 유동적이기 때문에 팀은 그 흐름을 따라 사역할 준비가 되어 있어야 한다. 무엇보다도 팀은 또한 성령의 계획과 인도가 언제나 팀의 기대보다 우선해야 한다는 진리를 염두에 두어야 한다(행 16:6-10의 예를 보라).

4) 정기적 평가

팀은 그들이 실행하는 모든 활동에 대해 지속적으로 평가해야 하지만 그들은 6개월마다 한 번씩 기도와 평가에 집중할 수 있는 시간을 정해야 한다. 이 모임에서 팀은 다음 해에는 어떤 변화가 필요한가에 대해 올바로 분별하기 위해 지혜를 간구하는 기도를 해야 한다. "우리는 지난 6개월 동안 내년의 보다 나은 사역을 위해 적용할 수 있는 어떤 교훈을 얻었는가?", "우리가 개선해야 할 오류는 무엇인가?" 등의 질문을 해야 한다(Daytone and Rraser 1990, 320-27;

Malphurs 2005, 295-309. 그리고 Harvard Business School 2005, 95-108, 140 등에서 더 많은 자료를 제시하고 있다). 이러한 평가 시간에 팀은 미래의 사역에서는 포기하거나 피해야 할 활동 방안들을 파악해야 한다. 중대한 실수와 사람들과의 의사소통을 가로막는 결과를 초래했던 활동 방안들은 폐기되어야 한다.

팀은 또한 성공적으로 복음의 진보와 교회개척을 이끌어 왔던 효과적인 활동 방안들을 파악해야 한다. 연례 평가는 팀 지도자가 각각의 구성원들과 함께 교제하는 시간이기도 하다. 개인적 평가 시간은 팀 구성원들의 사역을 지원하고 내년도의 사역을 준비하는 기회가 되어야 한다. 팀은 가능한 자주 자기 평가를 해야 한다. 팀 구성원들은 보다 나은 사역을 위해 서로 위로하고 격려해 주어야 한다.

이 평가 과정은 팀의 지도자를 평가할 때 특히 중요하다. 건강한 팀은 모든 구성원들을 평가에 포함해야 한다. 모든 사람은 그들의 장점과 단점, 인격, 팀과의 유대 관계, 사역에 대한 헌신, 성품, 생산성 등을 근거로 평가해야 한다. 평가 후에 팀 구성원 가운데 한 사람이 결별하는 결과를 초래한다면 불행한 일이 아닐 수 없다. 그러나 긍정적인 평가의 분위기와 팀 구성원들 사이의 창조적인 문제 제기는 더 큰 문제로 발전하기 전에 작은 문제들을 발견하도록 도와주기 때문에 신랄한 비판이나 결별을 막아줄 수 있다.

작은 구멍을 막는 것이 홍수를 막는 것 보다 쉬운 법이다. 연례 평가의 한 부분은 팀에게 허락하신 위대한 일에 대해 주님을 찬양하고 축제를 즐기는 시간이 되어야 한다. 지난 한 해를 회상하며 즐거움을 누리는 시간이다. 팀은 하나님 나라의 확장을 위한 창조적 불평도 제기해야 하지만 복음 전파와 제자, 지도자, 교회의 배가를 위해 기울였던 모든 노력과 헌신에 대해 서로 감사하고 격려하는 태도를 가져야 한다.

6. 평가를 위한 항목들

전략의 평가에는 가능한 한 많은 항목들을 포함해야 한다. 우리는 여기서 평가를 위한 일곱 가지 항목을 제시한다. 이 항목들은 대략적인 윤곽에 불과하다.

1) 비전

팀은 최소한 한 달에 한 번씩은 비전을 되새기는 시간을 가져야 한다. 평가 과정이 진행되는 동안 팀의 구성원들은 "우리는 여전히 같은 비전을 위해 사역하고 있는가?"라는 질문을 해야 한다. 만약 모두가 동일한 비전을 갖고 있지 않다면 재조정이 필요하다.

2) 우선순위

팀이 우선순위를 공유하고 있는가? 혹은 추가하거나 제외해야 할 우선순위가 있는가? 우선순위는 거의 변하지 않기 때문에 팀은 마음속에 이 우선순위를 확고하게 간직하고 있는가를 점검해야 한다. 우선순위를 잃어버릴 때 전략의 실행은 엄청난 손실을 유발할 수 있다.

3) 목표들

팀은 크고 작은 목표들을 항상 생각해야 한다. 팀의 성찰과 토의에는 "우리는 크고 작은 목표들을 성취하고 있는가?" 그리고 "우리의 목표가 제때에 성취되었는가?" 만약 그렇지 않다면 "무엇이 문제인가?" 등의 질문들이 포함되어야 한다.

4) 상황

대부분의 상황이 짧은 시간에 급변하는 것은 아니지만 팀은 지리적, 인구통계학적, 문화적, 영적, 정치적 상황의 변화를 지속적으로 평가해야 한다. 예를 들면, 경제적 변동, 재난, 전쟁, 정치적 혼란, 이민 등은 모두 공동체에 직접적으로 영향을 준다. 대부분의 경우에 도시 상황이 농촌의 상황보다 더 빨리 달라진다. 우리는 "지난 몇 개월 동안 이 인구 집단 혹은 종족 집단에 어떤 변화가 일어났는가," 그 변화가 우리의 전략의 변화를 필요로 하고 있는가?" 등의 핵심적인 질문을 해야 한다.

5) 팀

팀도 평가의 과정에 포함되어야 한다는 것은 이미 언급한 바 있다. 팀에 대한 평가는 두려운 시간이 아니라 전략의 보다 나은 수행을 위해 개인과 팀의 성장을 위한 기회가 되어야 한다.

6) 방법들

팀이 사용하는 활동 방안들은 복음의 효과적인 전달, 복음에 대한 열린 마음, 복음과 사람의 연결, 지역 교회를 통한 하나님 나라의 확장, 제자와 지도자, 교회의 배가 등의 관점에서 평가해야 한다. 팀 구성원들은 "현재의 방법들이 우리가 추구하고 있는 크고 작은 목표들을 성취하는데 도움이 되는가?" 만약 아니라면 "무엇이 문제인가" 그리고 "어떤 개선이 필요한가?" 등의 질문을 해야 한다.

7) 자원들

대부분의 팀들이 항상 자원의 부족을 느끼고 있지만, 활용가능한 자원들에 대해 객관적으로 평가해야 한다. 팀이 가장 효과적인 방법으로 시간, 사람, 교회, 재정 그리고 기타 자원들을 사용하고 있는가? 더 나은 결과를 얻기 위해 개선해야 할 방안은 무엇인가?

7. 결론

평가를 실행하는 것은 쉬운 일이 아니다. 팀 구성원들은 그들 스스로 평가의 분위기를 만드는 훈련을 해야 한다. 평가는 팀의 구성원들이 목표에 대한 초점을 잃어버리지 않고 주어진 자원들과 기회들에 대한 선한 청지기 직분을 감당할 수 있도록 도와주는 관행이 되어야 한다.

평가가 때로는 잘잘못을 가리는 기능을 수행해야 하지만 하나님 나라의 확장을 위한 팀의 결속과 열정을 강화시켜주는 역할을 담당해야 한다. 팀은 객관적인 평가를 위해 외부 평가자를 초청해야 할 필요도 있다.

부록
종족 집단 프로파일

일반 정보
(1) 종족 이름
(2) 종족 집단에 대한 일반적 설명
(3) 인구
(4) 지역
(5) 제1언어
(6) 제2언어
(7) 주요 종교

지역/환경
(1) 지형과 기후:
(2) 지형과 기후가 종족 집단의 생활 방식이 미치는 영향:
(3) 반복되는 자연 재해:
(4) 거주 지역:
　　(　) 대도시 (　) 중소도시 (　) 농촌 (　) 어촌 (　) 기타

언어/문맹율

(1) 제1언어:

(2) 제2언어:

(3) 제3언어:

(4) 성인 문맹율:

(5) 문맹율의 정의:

경제

(1) 경제적 상황에 대한 지리적 영향:

(2) 부의 분배 상태:

(3) 국가 전체와 해당 선교 대상의 경제적 지위 비교:

(4) 주요 직업:

(5) 주요 소득:

(6) 주요 상품/기술:

(7) 현대화/사회기반시설:

(8) 경제적 추세:

생활 조건/지역 개발

(1) 음식/영양:

(2) 거주지:

(3) 의복:

(4) 건강관리:

(5) 물(식수/농업 혹은 공업용수):

(6) 에너지/연료/전기:

(7) 대중매체:

(8) 기술적 추세:

사회

(1) 가족 구조:

(2) 이웃 관계:

(3) 사회적 관습/집단:

(4) 변화에 대한 수용성

　　( ) 정체 ( ) 느림 ( ) 보통 ( ) 빠름

(5) 국민사회에 대한 문화적 적응:

　　( ) 냉담 ( ) 근접 ( ) 친밀

(6) 자아상:

　　( ) 위협 ( ) 침체 ( ) 긍지

(7) 법률 체계:

(8) 규칙/권위/의사결정:

(9) 위기/갈등:

(10) 축제/여가활동:

(11) 예술 형식:

(12) 미디어:

　　( ) 라디오 ( ) TV ( ) 신문 ( ) 영화 ( ) 비디오
　　( ) 인터넷 ( ) 휴대전화 ( ) 기타

어린이/청소년

(1) 교육/학교 제도:

(2) 노동/과업:

(3) 문제(도덕성/가족/폭동/기타):

(4) 긴급한 필요:

종교

(1) 제1의 종교:

(2) 제2의 종교:

(3) 제3의 종교:

(4) 종교적 관습/의식:

(5) 영적 분위기/개방성:

(6) 종족 집단 내부의 목회자/전도자:

(7) 종족 집단 내부의 선교사:

(8) 그들에게 예수 그리스도는 누구인가?

   ① 예수 그리스도를 하나님의 아들로 믿는 사람들의 비율:
   ② 예수 그리스도를 하나님의 아들이 아닌 선지자, 선생, 선한 사람 등으로 믿는 사람들의 비율:
   ③ 예수 그리스도를 신화의 인물로 믿는 사람들의 비율:
   ④ 예수 그리스도에 대해 들어보지 못한 사람들의 비율:

(9) 복음적인 신자들의 숫자:

(10) 복음적인 교회들의 숫자:

(11) 하나님의 말씀이 번역되어 있는가?

(12) 어디에서 구할 수 있는가?

(13) 문맹율:

(14) 복음을 제시하는 매체의 형식:

   (　) 라디오　(　) 테이프/CD　(　) 문서　(　) 영화
   (　) 비디오　(　) 기타

(15) 변화와 기독교에 대해 수용적인가?

(16) 외부(타문화)의 지원이 필요한가?

(17) 전도를 위해 추천하는 접근 방식:

   (　) 예수 영화　(　) 가정 성경공부　(　) 소그룹
   (　) 특별한 여가 프로그램　(　) 음악회　(　) 기타

(18) 기도제목:

Developing
A Strategy For Missions

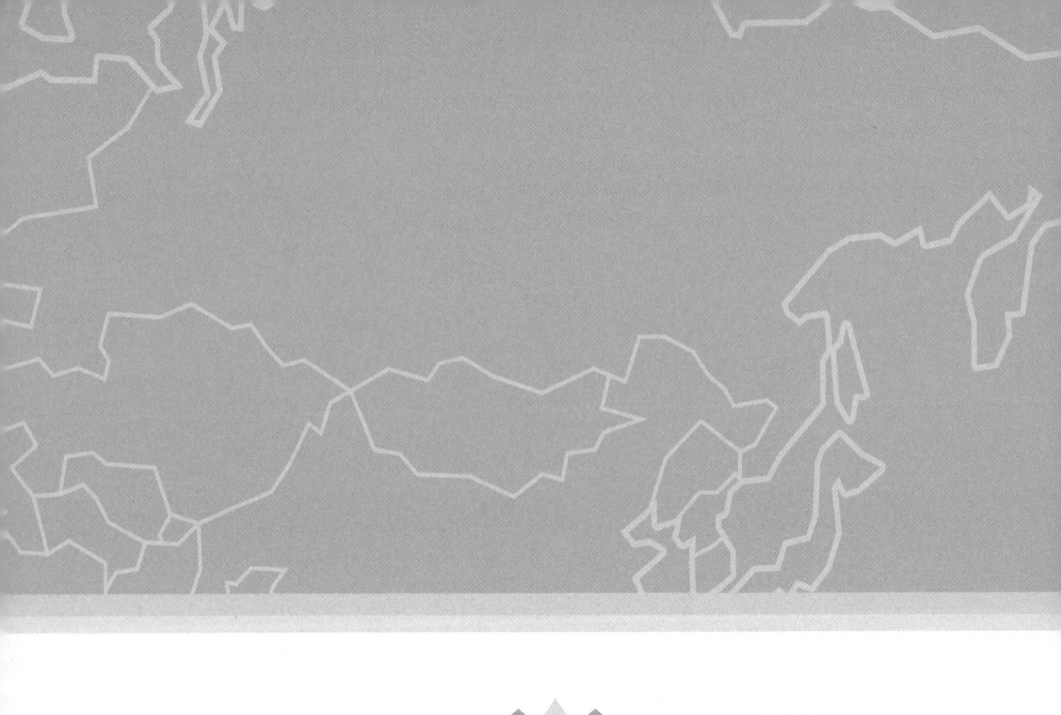

Developing A Strategy For Missions

참고문헌

Agar, Michael. 1996. *The Professional Stranger: An Informal Introduction to Ethnography*. 2nd ed. Bingley, UK: Emerald Group.

Allen, John. 1989. "New Strategies for Winning Unreached Youth." *Evangelical Missions Quarterly* 26, no. 2 (April): 126–37.

Allen, Roland. 1962. *Missionary Methods: St. Paul's or Ours?* American ed. Grand Rapids: Eerdmans.

Anderson, Justice. 1998. "The Great Century and Beyond." In *Missiology: An Introduction to the Foundations, History, and Strategies of World Missions*, edited by John Mark Terry, Ebbie C. Smith, and Justice Anderson, 199–218. Nashville: Broadman & Holman.

Andrews, Kenneth. 1971. *The Concept of Corporate Strategy*. Homewood, IL: Dow Jones-Irwin.

Anonymous. 2004. "H Scale for Hindu Contextualization." *Evangelical Missions Quarterly* 40, no. 3 (July): 316–20.

Babcock, Rufus, ed. 1864. *Forty Years of Pioneer Life: Memoir of John Mason Peck, D.D.* Philadelphia: American Baptist Publication Society. Online: http://www.archive.org/stream/40yearspioneer00peckrich_djvu.txt [accessed 4 April 2011).

Baker, Robert. 1974. *The Southern Baptist Convention and Its People*. Nashville: Broadman Press.

Bardwick, Judith M. 1996. "Peacetime Management and Wartime Leadership." In *The Leader of the Future: New Visions, Strategies, and Practices for the Next Era*, edited by Frances Hesselbein, Marshall Goldsmith, and Richard Beckhard, 131–40. San Francisco: Jossey-Bass.

Beaver, R. Pierce, ed. 1967. *To Advance the Gospel: Selections from the Writings of Rufus Anderson*. Grand Rapids: Eerdmans.

Bettenson, Henry, ed. 1956. *The Early Christian Fathers*. New York: Oxford University Press.

Beyerhaus, Peter. 1964. "The Three Selves Formula." *International Review of Missions* 53:393–407.

Blanchard, Ken, Alan Randolph, and Peter Grazier. 2005. *Go Team! Take Your Team to the Next Level*. San Francisco: Berrett-Koehler.

Bossidy, Larry, and Ram Charan. 2002. *Execution: The Discipline of Getting Things Done*. New York: Crown Business.

Bowers, Paul. 1987. "Paul's Mission." *Journal of the Evangelical Theological Society* 30, no. 2 (June): 185–98.

Brown, Rick. 2006. "Contextualization without Syncretism." *International Journal of Frontier Missions* 23, no. 3 (Fall): 127–33.

———. 2007. "Brother Jacob and Master Isaac: How One Insider Movement Began." *International Journal of Frontier Missions* 24, no. 1 (Spring): 41–42.

Burch, Greg W., Andy Sexton, and Angela Murray. 2009. "Strategic Impact: Multiplying Our Effectiveness with Children at Risk." *Evangelical Missions Quarterly* 45, no. 4 (October): 476–82.

Burnett, David. 2002. *Clash of Worlds*. London: Monarch Books.

Cairns, Earle E. 1996. *Christianity through the Centuries*. Grand Rapids: Zondervan.

Carey, William. 1792. *An Enquiry into the Obligations of Christians to Use Means for the Conversion of the Heathens in which the Religious State of the Different Nations of the World, the Success of Former Undertakings, and the Practicability of Further Undertakings, Are Considered*. London: Baptist Missionary Society.

Carver, W. O. 1932. *The Course of Christian Missions*. New York: Fleming H. Revell.

Clutterbuck, Basil. 1957. "World Missionary Strategy." *London Quarterly and Holborn Review* 182 (January): 29–34.

Cohen, Eric. 1990. "The Missionary as Stranger: A Phenomenological Analysis of Christian Missionaries' Encounter with Folk Religions." *Review of Religious Research* 31, no. 4 (June): 337–50.

———. 1991. "Christianity and Buddhism in Thailand: The 'Battle of the Axes' and the 'Contest of Power.'" *Social Compass* 38, no. 2: 115–40.

Collins, Jim. 2001. *Good to Great: Why Some Companies Make the Leap and Others Don't*. New York: Harper Business.

Conner, R. Dwayne. 1971. "The Hierarchy and the Church's Mission in the First Five Centuries." ThD diss., Southern Baptist Theological Seminary.

Corwin, Gary. 2007. "A Humble Appeal to C5/Insider Movement Muslim Ministry Advocates." *International Journal of Frontier Missions* 24, no. 1 (Spring): 5–20.

Coulter, Gordon. 2005. "Building Mission and Vision." In *Management Essentials for Christian Ministries*, edited by Michael J. Anthony and James Estep Jr., 59–75. Nashville: Broadman & Holman.

Coupland, Douglas. 1991. *Generation X: Tales for an Accelerated Culture*. New York: St. Martin's Press.

Covell, Ralph. 2000. "Faith Missions." In *Evangelical Dictionary of World Missions*, edited by A. Scott Moreau. Grand Rapids: Baker Academic.

Cruse, Rick. 1999. "Measuring Fruitful Ministry." *Evangelical Missions Quarterly* 35, no. 1 (January): 50–53.

Davies, J. G. 1967. *The Early Christian Church*. Garden City, NY: Anchor Books.

Davis, Charlie. 1997. "What Church Planters Need to Know about Dancing in Venezuela." *Evangelical Missions Quarterly* 33, no. 1 (January): 50–57.

Dayton, Edward R. 1980a. "To Reach the Unreached." In *Unreached Peoples '79*, edited by C. Peter Wagner and Edward R. Dayton, 25–31. Elgin, IL: David C. Cook.

———. 1980b. *God's Purpose/Man's Plans*. Monrovia, CA: MARC.

———. 1981. "To Reach the Unreached." In *Perspectives on the World Christian Movement: A Reader*, edited by Ralph D. Winter and Steven C. Hawthorne, 581–96. Pasadena, CA: William Carey Library.

Dayton, Edward R., and Ted W. Engstrom. 1976. *Strategy for Living: How to Make the Best Use of Your Time and Abilities*. Glendale, CA: Regal Books.

———. 1979. *Strategy for Leadership: Planning, Activating, Motivating, Elevating*. Old Tappan, NJ: Fleming H. Revell.

Dayton, Edward R., and David A. Fraser. 1980. *Planning Strategies for World Evangelization*. Grand Rapids: Eerdmans.

———. 1990. *Planning Strategies for World Evangelization*. Rev. ed. Grand Rapids: Eerdmans.

DeNeui, Paul. 2002. "Contextualizing with Thai Folk Buddhists." http://www.agts.edu/syllabi/ce/summer2002/mthm639oleson_sum02_np_r2.pdf (accessed October 11, 2012).

Dixit, Avinash K., and Barry J. Nalebuff. 1993. *Thinking Strategically: The Competitive Edge in Business, Politics, and Everyday Life*. London: W. W. Norton.

Donnellon, Anne. 2006. *Leading Teams*. Boston: Harvard Business School.

참고문헌 451

Douglas, J. D., ed. 1975. *Let the Earth Hear His Voice: The Proceedings of the Lausanne Committee on World Evangelism*. Minneapolis: World Wide Publications.

Elmer, Duane. 1993. *Cross-Cultural Conflict*. Downers Grove, IL: InterVarsity.

Eshleman, Paul. 2007. "'A Northstar for Evangelization Strategy': Looking toward Cape Town 2010." *Lausanne World Pulse* (September). http://www.lausanneworldpulse.com/research.php/806/09-2007?pg=all (accessed April 26, 2011).

Eusebius of Caesarea. 1984. *Ecclesiastical History*. Translated by C. F. Cruse. Grand Rapids: Baker.

"Evangelization Priorities for the Coming Decade." Online: http://www.lausanne.org/all-documents/priorities.html [accessed 11 May 2011].

Feddes, David. 2007. "Reproducing Christians." *Evangelical Missions Quarterly* 43, no. 3 (July): 346–54.

Fetterman, David. 1998. *Ethnography: Step by Step*. 2nd ed. Thousand Oaks, CA: Sage.

Fife, Eric S., and Arthur F. Glasser. 1961. *Missions in Crisis: Rethinking Missionary Strategy*. Downers Grove, IL: InterVarsity.

Frend, W. H. C. 1976. *Religion Popular and Unpopular in the Early Christian Centuries*. London: Variorum Reprints.

———. 1982. *The Early Church*. Philadelphia: Fortress Press.

Galloway, Bryan K. 2006. *Traveling Down Their Road: A Workbook for Discovering a People's Worldview*. Singapore: privately published.

Garrison, David. 2004. *Church Planting Movements*. Midlothian, VA: WIGTake Resources.

Gilliland, Dean S. 1983. *Pauline Theology and Mission Practice*. Eugene, OR: Wipf & Stock.

Gladwell, Malcolm. 2005. *Blink: The Power of Thinking without Thinking*. New York: Little, Brown.

Glasser, Arthur F. 1968. "Confession, Church Growth, and Authentic Unity in Missionary Strategy." In *Protestant Crosscurrents in Mission: The Ecumenical-Conservative Encounter*, edited by Norman A. Horner, 178–221. Nashville: Abingdon.

Global Research Department of the International Mission Board. Online: http://public.imb.org/globalresearch/pages [accessed 11 April 2011].

Green, Michael. 1970. *Evangelism in the Early Church*. Grand Rapids: Eerdmans.

Greeson, Kevin. 2004. *Camel Training Manual*. Bangalore, India: WIGTake Resources.

———. 2007. *The Camel: How Muslims Are Coming to Faith in Christ*. Midlothian, VA: WIGTake Resources.

Guy, Laurie. 2004. *Introducing Early Christianity*. Downers Grove, IL: InterVarsity.

Harnack, Adolf von. 1908. *The Mission and Expansion of Christianity in the First Three Centuries*. 2 vols. Translated by James Moffatt. New York: G. P. Putnam's Sons.

Harper, George. 1982. "How Valid Is Receptivity in Determining Mission Strategy?" *Evangelical Missions Quarterly* 18, no. 4 (October): 204–9.

Hartford, Paul F. 2000. "Teams in Mission." In *Evangelical Dictionary of World Missions*, edited by A. Scott Moreau. Grand Rapids: Baker Academic.

Harvard Business School. 2005. *Strategy: Create and Implement the Best Strategy for Your Business*. Boston: Harvard Business School Press.

Hatch, Nathan, Mark Noll, and John Woodbridge. 1979. *The Gospel in America*. Grand Rapids: Zondervan.

Hayes, Robert H. 1985. "Strategic Planning—Forward in Reverse?" *Harvard Business Review* 85, no. 6 (November–December): 111–19.

Hedlund, Roger E. 1985. *The Mission of the Church in the World*. Grand Rapids: Baker.

Hesselgrave, David J. 1980. *Planting Churches Cross-Culturally: A Guide for Home and Foreign Missions*. Grand Rapids: Baker.

———. 1992. *Communicating Christ Cross-Culturally*. 2nd ed. Grand Rapids: Zondervan.

———. 1995. "Contextualization That Is Authentic and Relevant." *International Journal of Frontier Missions* 12, no. 3 (July): 115–19.

———. 2000. *Planting Churches Cross-Culturally*. 2nd ed. Grand Rapids: Baker Academic.

———. 2005. *Paradigms in Conflict*. Grand Rapids: Kregel.

———. 2011. "Kingdom Missions and the Evangelical Future." http://edstetzer.com/blog (accessed February 22, 2011).

Hesselgrave, David J., and Edward Rommen. 1989. *Contextualization: Meanings, Methods, and Models*. Pasadena, CA: William Carey Library.

Hiebert, Paul. 1987. "Critical Contextualization," *International Journal of Missionary Research* (July): 104–11.

———. 1994. *Anthropological Reflections on Missiological Issues*. Grand Rapids: Baker.

Higgins, Kevin. 2006. "Identity, Integrity and Insider Movements: A Brief Paper Inspired by Timothy C. Tennent's Critique of C-5 Thinking." *International Journal of Frontier Missions* 23, no. 3 (Fall): 117–23.

———. 2007. "Acts 15 and Insider Movements among Muslims: Questions, Process and Conclusions." *International Journal of Frontier Missions* 24, no. 1 (Spring): 29–40.

Hodges, Melvin L. [1953] 1976. *The Indigenous Church*. New enlarged ed. Springfield, MO: Gospel Publishing House.

———. 1968. "A Pentecostal's View of Mission Strategy." *International Review of Missions* 57, no. 227 (July): 304–10.

Hunsberger, George. 2000. "Accommodation." In *Evangelical Dictionary of World Missions*, edited by A. Scott Moreau. Grand Rapids: Baker Academic.

Hyde, Walter W. 1946. *Paganism to Christianity in the Roman Empire*. Philadelphia: University of Pennsylvania Press.

Isenberg, Daniel J. 1987. "The Tactics of Strategic Opportunism." *Harvard Business Review* 65, no. 2 (March–April): 92–97.

"John Mason Peck." Southern Baptist Historical Library and Archives. http://www.sbhla.org/bio_peck.htm (accessed March 31, 2011).

Judson, Edward. 1883. *Adoniram Judson, D. D.: His Life and Labours*. London: Hodder & Stoughton.

Kane, J. Herbert. 1975. *A Global View of Christian Missions*. Grand Rapids: Baker.

———. 1976. *Christian Missions in Biblical Perspective*. Grand Rapids: Baker.

———. 1982. *A Concise History of the Christian World Mission*. Grand Rapids: Baker.

Katzenbach, Jon R., and Douglas K. Smith. 1993. *The Wisdom of Teams: Creating the High-Performance Organization*. New York: Harper Business.

Kidd, B. J., ed. 1920. *Documents Illustrative of the History of the Church*. 3 vols. London: Society for Promoting Christian Knowledge.

Kim, W. Chan, and Renee Mauborgne. 2005. *Blue Ocean Strategy: How to Create Uncontested Market Space and Make the Competition Irrelevant*. Boston: Harvard Business Review Press.

King, Roberta. 2000. "Extent of Missionary Identification." In *Evangelical Dictionary of World Missions*, edited by A. Scott Moreau. Grand Rapids: Baker Academic.

Kraft, Charles. 1979. *Christianity in Culture: A Study in Dynamic Biblical Theologizing in Cross-Cultural Perspective*. Maryknoll, NY: Orbis.

Kwast, Lloyd. 1981. "Understanding Culture." In *Perspectives on the World Christian Movement*, edited by Ralph D. Winter and Stephen C. Hawthorne, 361–64. Pasadena, CA: William Carey Library.

Labovitz, George, and Victor Rosansky. 1997. *The Power of Alignment: How Great Companies Stay Centered and Accomplish Extraordinary Things*. New York: John Wiley & Sons.

Latourette, Kenneth Scott. 1937. *A History of the Expansion of Christianity*. Vol. 1: *The First Five Centuries*. New York: Harper & Brothers.

———. 1941. *A History of the Expansion of Christianity*. Vol. 4: *The Great Century, AD 1800–AD 1914; Europe and the United States of America*. London: Eyre & Spottiswoode.

———. 1953. "The Light of History on Current Missionary Methods." *International Review of Missions* 42, no. 166 (April): 137–43.

———. 1970. *A History of the Expansion of Christianity*. Vol. 6: *The Great Century: North Africa and Asia*. Grand Rapids: Zondervan.

Lewis, Rebecca. 2007. "Promoting Movements to Christ within Natural Communities." *International Journal of Frontier Missions* 24, no. 2 (Summer): 75–76.

———. 2009. "Insider Movements: Honoring God-Given Identity and Community." *International Journal of Frontier Missions* 26, no. 1 (Spring): 16–19.

———. 2011. "Possible Pitfalls of Jesus Movements." *Mission Frontiers* 33, no. 3 (May–June): 21–24.

Lindsell, Harold. 1971. "Faith Missions." In *Concise Dictionary of the Christian World Mission*, edited by Stephen Neill. Nashville: Abingdon.

Logan, Robert E., and Neil Cole. 2005. *Beyond Church Planting: Pathways for Emerging Churches*. St. Charles, IL: ChurchSmart Resources.

Luecke, Richard. 2005. *Strategy: Create and Implement the Best Strategy for Your Business*. Boston: Harvard Business School Press.

MacDonald, Gordon. 1971. "What Mission Strategy Is and Does." *Evangelical Missions Quarterly* 8, no. 4 (October): 1–6.

Malphurs, Aubrey. 2005. *Advanced Strategic Planning: A New Model for Church and Ministry Leaders*. 2nd ed. Grand Rapids: Baker Books.

———. 2007. "Communicating the Vision." In *Leadership Handbook of Management and Administration*, edited by James D. Berkley, 189–90. Grand Rapids: Baker Books.

Mandryk, Jason, ed. 2010. *Operation World*. Colorado Springs: Biblica.

McGavran, Donald A. 1955. *The Bridges of God: A Study in the Strategy of Missions*. New York: Friendship Press.

———. 1965. "Wrong Strategy: The Real Crisis in Missions." *International Review of Missions* 54: 451–61.

———. 1970. *Understanding Church Growth*. Grand Rapids: Eerdmans.

———. 1990. *Understanding Church Growth*. 3rd ed. Revised and edited by C. Peter Wagner. Grand Rapids: Eerdmans.

McQuilken, Robertson. 1997. Paper presented at the Southeastern Regional Meeting of the Evangelical Missions Society, Charlotte, NC.

Mintzberg, Henry. 1987. "Crafting Strategy." *Harvard Business Review* 65, no. 4 (July–August): 66–75.

———. 1994. *The Rise and Fall of Strategic Planning: Reconceiving Roles for Planning, Plans, Planners*. New York: Free Press.

———. 2007. *Tracking Strategies: Toward a General Theory*. New York: Oxford University Press.

Montgomery, Jim. 1989. *DAWN 2000: 7 Million Churches to Go*. Pasadena, CA: William Carey Library.

Moreau, A. Scott. 2012. *Contextualization in World Missions: Mapping and Assessing Evangelical Models*. Grand Rapids: Kregel.

"More than Dreams: Muslims Coming to Christ through Dreams and Visions." 2007. *Lausanne World Pulse*. http://www.lausanneworldpulse.com/worldreports/595/01-2007 (accessed May 12, 2011).

Neill, Stephen. 1986. *A History of Christian Missions*. London: Penguin Books.

Nevius, John L. 2003. *The Planting and Development of Missionary Churches*. Hancock, NH: Monadnock Press.

Nicholls, Bruce. 1962. *Missionary Strategy*. n.p.: Evangelical Missionary Alliance.

———. 1979. *Contextualization: A Theory of Gospel and Culture*. Exeter, UK: Inter-Varsity Press.

Parshall, Phil. 1980. *New Paths in Muslim Evangelism*. Grand Rapids: Baker.

———. 1998. "Danger! New Directions in Contextualization." *Evangelical Missions Quarterly* 34, no. 4 (October): 404–10.

Pascale, Richard Tanner, and Anthony G. Athos. 1981. *The Art of Japanese Management: Applications for American Executives*. New York: Simon & Schuster.

Patterson, George, and Richard Scoggins. 1993. *Church Multiplication Guide*. Pasadena, CA: William Carey Library.

Paulinus. 1952. *Life of St. Ambrose*. Translated by John Lacy. New York: Fathers of the Church, Inc.

Payne, J. D. 2008. *The Barnabas Factors: Eight Essential Practices of Church Planting Team Members*. Smyrna, DE: Missional Press.

———. 2009. *Discovering Church Planting: An Introduction to the Whats, Whys, and Hows of Global Church Planting*. Colorado Springs: Paternoster.

———. 2010. "From 35,000 Feet to 15,000 Feet: Evangelical Statistics in the U.S. and Canada." http://www.jdpayne.org/2010/01/14/from-35000-to-15000-feet-evangelical-statistics-in-the-u-s-and-canada/ (accessed May 23, 2011).

Peters, G. W. 1975. "Contemporary Practices of Evangelism." In *Let the Earth Hear His Voice: The Proceedings of the Lausanne Committee on World Evangelism*, edited by J. D. Douglas, 181–204. Minneapolis: World Wide Publications.

Read, William R. 1973. "Frontier Missions Needed for Brazil's Frontier Road System." In *The Gospel and Frontier Peoples: A Report of a Consultation December 1972*, edited by R. Pierce Beaver, 169–88. Pasadena, CA: William Carey Library.

Reapsome, Jim. "Nevius, John Livingston." In *Evangelical Dictionary of World Missions*, edited by A. Scott Moreau. Grand Rapids: Baker Books, 2000, 676–77.

Reynolds, David J. 1978. "The Gujarati Indians of England and Wales." In *Unreached Peoples '79*, edited by C. Peter Wagner and Edward R. Dayton, 129–37. Elgin, IL: David C. Cook.

Robb, John D. 1994. *Focus: The Power of People Group Thinking; A Practical Manual for Planning Effective Strategies to Reach the Unreached*. Monrovia, CA: MARC.

Roberts, Alexander, and James Donaldson, eds. 1951. *The Ante-Nicene Fathers*. Vols. 1–4. Grand Rapids: Eerdmans.

Roembke, Liann. 2000. *Building Credible Multicultural Teams*. Pasadena, CA: William Carey Library.

Rogers, Everett M. 2003. *Diffusion of Innovations*. 5th ed. New York: Free Press.

Rudnick, Milton L. 1984. *Speaking the Gospel through the Ages*. St. Louis: Concordia.

Schnabel, Eckhard J. 2008. *Paul the Missionary: Realities, Strategies, and Methods*. Downers Grove, IL: InterVarsity.

Schwarz, Christian A. 1996. *Natural Church Growth*. Carol Stream, IL: ChurchSmart Resources.

Sills, M. David. *Reaching and Teaching*. Chicago: Moody Press, 2008.

Sire, James. 2004. *The Universe Next Door*. Downers Grove, IL: InterVarsity.

Smith, Alex G. 1977. *Strategy to Multiply Rural Churches: A Central Thailand Case Study*. Bangkok: OMF.

Smith, Donald K. 1992. *Creating Understanding*. Grand Rapids: Zondervan.

Smith, Ebbie C. 1994. "What's Right with Church Growth." Southwestern Baptist Theological Seminary. Unpublished paper.

Soper, Edmund Davison. 1943. *The Philosophy of the Christian World Mission*. Nashville: Abingdon-Cokesbury.

Speer, Robert E. 1902. *Missionary Principles and Practice: A Discussion of Christian Missions and of Some Criticisms upon Them*. New York: Fleming H. Revell.

Spradley, Joseph. 1979. *The Ethnographic Interview*. New York: Holt, Rinehart & Winston.

Stark, Rodney. 1996. *The Rise of Christianity*. Princeton, NJ: Princeton University Press.

Starkes, Thomas. 1984. *God's Commissioned People*. Nashville: Broadman.

Steffen, Tom. 1993. *Passing the Baton*. La Habra, CA: Center for Organizational & Ministry Development.

———. 1996. *Reconnecting God's Story to Ministry: Cross-cultural Storytelling at Home and Abroad*. Waynesboro, GA: Authentic Media.

———. 1998. "Flawed Evangelism and Church Planting." *Evangelical Missions Quarterly* 34, no. 4 (October): 428–35.

Steuernagel, Valdir. 2008. "A Mission Voice from Latin America: Partnering for World Mission." *Lausanne World Pulse* (April). http://www.lausanneworldpulse.com/themedarticles.php/927/04–2008?pg=all (accessed April 26, 2011).

"Strategy." 1983. In *The American Heritage Dictionary*. New York: Dell.

Swank, Gerald O. 1977. *Frontier Peoples of Central Nigeria and a Strategy for Outreach*. Pasadena, CA: William Carey Library.

Sweet, William Warren. 1944. *Revivalism in America*. Nashville: Abingdon.

———. 1950. *The Story of Religion in America*. New York: Harper & Brothers.

Tennent, Timothy C. 2006. "Followers of Jesus (Isa) in Islamic Mosques." *International Journal of Frontier Missions* 23, no. 3 (Fall): 101–13.

Terry, Bruce. 1975. "American Indian Evangelism." *Mission Strategy Bulletin*, n.s., 2, no. 5 (June 6). http://www.ovc.edu/missions/msb/indevang.htm (accessed May 13, 2011).

Terry, John Mark. 1994. *Evangelism: A Concise History*. Nashville: Broadman & Holman.

———. 2000. "Indigenous Churches." In *Evangelical Dictionary of World Missions*, edited by A. Scott Moreau. Grand Rapids: Baker Academic.

Tippett, Alan R. 1969. *Verdict Theology in Missionary Theory*. Lincoln, IL: Lincoln Christian College Press.

Travis, John. 1998a. "Must All Muslims Leave Islam to Follow Jesus?" *Evangelical Missions Quarterly* 34, no. 4 (October): 411–15.

———. 1998b. "The C1–C6 Spectrum." *Evangelical Missions Quarterly* 34, no. 4 (October): 407–8.

Tucker, Ruth A. 2004. *From Jerusalem to Irian Jaya: A Biographical History of Christian Missions*. 2nd ed. Grand Rapids: Zondervan.

Tzu, Sun. 2008. *The Art of War*. New York: Chartwell Books.

Wagner, C. Peter. 1971. *Frontiers in Missionary Strategy*. Chicago: Moody Press.

———. 1973. "'Church Growth': More than a Man, a Magazine, a School, a Book." *Christianity Today* (December): 11–14.

———. 1983. *On the Crest of the Wave: Becoming a World Christian*. Ventura, CA: Regal Books.

———. 1989. *Strategies for Church Growth: Tools for Effective Mission and Evangelism*. Ventura, CA: Regal Books.

———. 2000. "Church Growth Movement." In *Evangelical Dictionary of World Missions*, edited by A. Scott Moreau. Grand Rapids: Baker Academic.

Walker, Ken. 2010. "Out of Context." *Christianity Today* (April): 14–15.

Warren, Max, ed. 1971. *To Apply the Gospel: Selections from the Writings of Henry Venn*. Grand Rapids: Eerdmans.

Warren, Rick. 1995. *The Purpose Driven Church: Growth without Compromising Your Mission*. Grand Rapids: Zondervan.

Weinrich, William C. 1981. "Evangelism in the Early Church." *Concordia Theological Quarterly* 45 (January–April): 61–75.

Wells, Stuart. 1998. *Choosing the Future: The Power of Strategic Thinking*. Boston: Butterworth-Heinemann.

Whiteman, Darrell. 1997. "Contextualization: The Theory, the Gap, the Challenge." *International Bulletin of Missionary Research* 21 (January): 2–7.

Winter, Ralph D. 1975. "The Highest Priority: Cross-Cultural Evangelism." In *Let the Earth Hear His Voice: International Congress on World Evangelization Lausanne, Switzerland*, edited by J. D. Douglas, 213–25. Minneapolis: World Wide Publications.

———. 1981. "The New Macedonia." In *Perspectives on the World Christian Movement: A Reader*, edited by Ralph D. Winter and Steven C. Hawthorne, 293–311. Pasadena, CA: William Carey Library.

———. 1984. "Unreached Peoples: The Development of a Concept." In *Reaching the Unreached*, edited by Harvey Conn. Phillipsburg, NJ: Presbyterian & Reformed.

Winter, Ralph, and Bruce A. Koch. 2009. "Finishing the Task: The Unreached Peoples Challenge." In *Perspectives on the World Christian Movement: A Reader*, edited by Ralph D. Winter and Steven C. Hawthorne, 531–46. Pasadena, CA: William Carey Library.

Winter, Ralph D., and Steven C. Hawthorne, eds. 1981. *Perspectives on the World Christian Movement: A Reader*. Pasadena, CA: William Carey Library.

Wolcott, Henry F. 2008. *Ethnography: A Way of Seeing*. Lanham, MD: AltaMira Press.

Developing A Strategy
For Missions

색인

ㄱ

가난 35, 95, 130, 131, 147, 161, 227, 234, 272, 286, 316, 407, 435

가부장주의 110, 337, 403, 404, 405

가정 교회 126, 137, 138, 203, 239, 242

감리교 신도회 187, 188

개인주의 104, 183, 227, 356, 361-2, 376

거듭남 85, 160, 182

거미줄운동 243

경건의 갈망(*Pia Desideria*) 159

경건주의 159, 160-1, 185, 187

공통의 유대감 364

교통 수단 234, 379

교회
> 교회와 세례 188-92
>
> 감리교 186-8
>
> 교회와 바울 115-20
>
> 사도 이후 교회 125-42
>
> 로마 가톨릭교회 143-55
>
> 교회와 팀 366, 375
>
> 교회와 미전도 종족 236, 325

교회개척운동 217, 227, 237

교회건강운동 216

교회론 190, 240,-1

교회배가 전략 242

구자라트 힌두교 319

구파 183

군사 전략 27, 28, 29, 48, 96

군인 황제 132

기도
> 기도와 목표 334, 347, 396
>
> 기도와 실행 412, 419-29
>
> 기도와 계획 수립 48-9, 55
>
> 기도와 미전도 종족 집단 236

기도처 186-7

기도하는 마을 158
기업가적 교회개척 205
기적과 치유운동 215

ㄴ
낙타전도법 259
내부자운동 전략 256

ㄷ
다원주의 222
대중 매체 118, 300-1, 423
대중운동 132, 211-2, 214, 217, 219
대형교회 215, 227
도덕성 142, 181, 185, 224, 279, 319
동역자 14, 33, 105, 261, 340-1, 343-4, 356, 368, 434
두 번째 대각성운동 184-5

ㄹ
로마 가톨릭교회 143-8, 150-2, 178
로마의 평화 114
로마 제국 48, 113-5, 127, 129, 133, 136, 141-2, 145, 148, 175, 223
로잔대회 48, 77

ㅁ

모라비안 106-7, 162

무슬림 선교 152, 252

문화적 장벽 224, 266, 410

문화적 적응 293, 445

미래지향적 전략

    미래지향적 전략 실행 427-9

    미래지향적 전략과 토착화 202

    미래지향적 전략과 계획 수립 45-6, 59, 82-5

    미래지향적 전략과 비전 31, 331-51

민속 기독교 248-9, 282-3

ㅂ

바나바 요소 365, 369, 371

박해

    박해와 힌두교 319-20

    박해와 이슬람교 151, 249-50, 252-3

    박해와 로마 128, 132-3, 137

    박해와 미전도 종족 234

백지 상태의 마음 154

보편주의 222

복음의 메시지 101, 247, 271, 274, 283, 302-3, 304, 306, 318, 325, 407

복음의 우선순위 218

복음적 신자의 분포 322

불교 167, 235-6, 257, 268, 283, 288, 289, 298, 397

불법 교회 128

ㅅ

사도적 교회개척자 205

사회 봉사 140

사회적 네트워크 104, 111

사회학 209, 218, 224, 391

삼자 194, 197, 199, 208

상황화

    상황화와 의사소통 292-302

    상황화와 평가 441

    상황화와 목표 설정 391

    토착화로서의 상황화 201-7

    상황화의 방법론 405 11

    바울과 상황화 120

    상황화와 종족 집단 프로파일 277-89

    상황화의 원리 105-6, 166-7, 245-50

    상황화와 수용성 309-10, 315-7

    상황화를 위한 전략 74-5, 251-60

    상황화와 비전 335

선교 기지   158, 168-9, 196-7, 210, 212

선교 이론에 대한 신학적 판단(Verdict Theology in Missionary Theory)   199

성경

   성경과 상황화 206, 259-60, 274, 299-300

   성경과 방법론 402-3, 412-3

   성경과 계획 수립 69-70, 76-8, 81-97

   성경과 수용성 305

   성경과 팀 164, 356

   성경과 비전 342-3

   상황화와 수용성 309-10, 315-7

   상황화를 위한 전략 74-5, 251-60

   상황화와 비전 335

성경 스토리텔링   299

성경주의   161

성례주의   143

성별   130, 286, 296

세계관   21, 38, 144, 146, 247, 248,-9, 268, 270-1, 278, 282, 284, 287-8, 302, 310, 335

세계교회협의회   218, 225, 245-6

세람포르의 삼총사   163

세례   72, 119, 143, 145, 148-9, 153-4, 174, 182, 192, 204, 210, 220, 254, 298, 328

세 문화 모델　293

셀교회　215

소가드 지수　312, 317, 328, 404

수도규칙서(*The Regula*)　146

수도원운동　146

순교　133, 136, 137, 139, 152, 178

순회 선교사　134, 142

식민지　110, 153, 158, 183

신파　183

신학

    신학과 교회성장 221-2, 228

    신학과 교육 161, 242-3

    신학적 성취 258

    신학과 토착화 200, 207

    신학과 팀 364

신학적 교육　106, 161

실용주의　75, 76, 212, 224 5, 228, 403, 410

심리학적 장애　221

십자군　150, 250

ㅇ

알미니안 신학　187

알바니아 선교　407

야영 집회　184-5

엥겔 지수　311, 314, 317, 328

연대기적 성경 이야기　299

연장신학전도교육　242, 243

영국복음전도회　158

영적 은사　164, 198, 204, 421

예배　29, 129, 130, 146-7, 155, 166, 184, 199, 200, 202, 207-8, 239, 250-6, 258, 271, 298, 320, 349

예수님을 만난 알리 이야기(More than Dreams)　378

완성신학　258

의미론적 장애　220

의화단 사건　178

이교도 개종에 대한 그리스도인의 의무에 관한 연구(An Enquiry into the Obligations of Christians To Use Means for the Conversion of the Heathens)　66, 71, 163

이사의 추종자　251, 253

이슬람　235, 249, 252-6, 258, 260, 274, 288, 397, 407

인구통계학　50, 265, 441

인도주의　222

인류학　218, 219, 226, 263, 284, 391

인적 자원　209, 315, 337, 370, 373-4, 379, 386-7

인종차별주의　224

일부다처제　281

ㅈ

자비량 188

재생산성 107-9, 111, 227, 240, 405

재정적 자원 118, 337, 373, 377, 379, 386

저항-수용성 지수 309, 314, 317, 328, 404

전도

        전도의 장벽들 281

        전도와 교회성장 217

        전도의 목표 103-4, 398-9

        전도와 팀 367

        전도의 유형 271-2

정기적 평가 438

정령숭배 254, 268, 282, 288-9

정치적 문지기 234

제국, 로마 131

제자훈련 141, 166, 398

종말론 305

종족에 대한 무지 48, 49

중국내륙선교회 118, 171-3, 178

중국전례논쟁 155

즉흥적 전략 36, 38, 41

지도력

        지도력의 교육 161, 226, 242-3

지도력의 평가 438-9

현지 지도력 109-10, 115-8, 203-5, 240

지도력과 팀 357, 360-62, 367

지도력과 비전 339, 342-3

지상명령 48, 53, 72, 92, 94, 95, 166, 200, 209, 223, 263, 323, 325-6, 328, 349-50, 385

ㅊ

첫 번째 대각성운동 181, 185

청지기적 사명 97, 369

출구 전략 205, 237

출산율 142

춤 273

침례교 농부설교자 188

ㅌ

토착 교회 194, 197, 199, 200-3, 207, 238

토착화 145, 201, 206, 208, 245, 291

통계적인 장애 220

팀의 역량 391

ㅍ

평신도 선교사 136

평신도 설교자 171, 186-7
포용성 141

ㅎ
하나님
　　하나님과 초대 교회 122, 140-1
　　하나님과 계획 수립 49, 56, 66-73, 90-6
하나님 경외자 118, 410
하나님의 가교 105
학습 방식 266
할레대학교 160-1
행정적 장애 220
헬라어 114, 127, 130, 166, 232
현대 선교운동 162-3, 233, 235
현존 전도 222
혼합주의 155, 247-8, 254, 256, 279, 282-3
홍보의 장애 221
활동 방안 344, 358, 368, 381, 392, 394, 401-2, 408, 409,
　　414-8, 420, 421, 422, 428, 434, 436, 439
회심 92, 119, 120, 130, 139, 142, 150, 160, 183, 185, 211,
　　212-3, 239, 249, 257, 258
힌두교 160, 235, 250, 256, 258, 288, 320

10/40창 227, 231, 235-7, 244

C1-C6 스펙트럼 252

DAWN 전략 91

OMF선교회 178

Developing
A Strategy For Missions

GMF 시리즈

1 범세계적 교회와 선교적 리더십
제임스 E. 프루드만 지음 | 변진석 · 김동화 옮김 | 신국판

본서는 교차문화적 리더십의 경험과 성경과 리더십 이론을 토대로 교차문화적 또는 다중문화적 상황에서 다양한 리더십의 의미와 형태의 충돌이라는 문제에 대한 해결책을 제시한다.

2 전인적 선교 훈련, 어떻게 할 것인가?
로버트 브링즙슨 · 조나단 루이스 지음 | 변진석 · 엄주연 옮김 | 신국판

본서는 선교사를 파송하기 전 적절한 훈련이 선교에 있어 아주 중요하다는 확신하에 총체적이고 전인적인 선교 훈련을 이론과 실제를 통해 상세히 제시한다.

3 범세계 교회를 위한 상황화 이론과 실제
로즈 도우셋 지음 | 변진석 · 엄주연 옮김 | 신국판

본서는 "상황화"에 대해 지금까지 다루어진 어떤 논의와 저서보다도 실제적으로 다양하게 세계의 각 문화권에서 나타난 "상황화"를 잘 보여준다.

4 박해와 순교 (부제: 그리스도의 남은 고난을 선교를 위해 채우다)
윌리엄 테일러 · 안토니아 반 더 미어 · 레그 레이머 편저 |
김동화 · 백인숙 · 변진석 · 송헌복 · 엄주연 옮김 | 신국판 양장

본서는 지금도 이 지구상에서 거의 매일 발생하고 있는 그리스도인들의 고난과 순교에 대한 현실을 가장 생생하게 다룬다.

선교의 세계화 시리즈

1 21세기 글로벌 선교학
윌리엄 D. 테일러 편집 | 김동화 외 3인 옮김 | 신국판 양장

본서는 삼위일체 선교에 관한 성경연구들, 선교의 상이한 모델들을 다루며 전 세계적 선교에 대한 창의성과 헌신을 자극하는 이구아수 선언에 대한 개인적 응답을 발견하게 해 준다.

2 선교사 멤버케어
오도넬 편집 | 최형근 외 4인 옮김 | 신국판 양장

본서는 멤버케어 분야의 전문가들을 통해 멤버케어를 국제화하고, 인도주의적 구호와 인적 자원 등을 살펴봄으로써 선교사들을 위한 자원을 증대하며 멤버케어에 대한 정보를 제공한다.

3 라틴 아메리카의 위기와 희망
에밀리오 A. 누네스 · 윌리엄 D. 테일러 지음 | 변진석 옮김 | 신국판 양장

본서는 라틴 아메리카의 역사적, 사회 정치적 및 종교적 배경을 살피고, 로마 가톨릭주의, 해방신학, 은사주의, 상황화 및 복음주의자들의 사회 책임과 같은 쟁점들과 도전들을 다룬다.

4 선교사의 생활과 사역
탐 스테픈 · 로이스 맥키니 더글라스 지음 | 김만태 옮김 | 신국판

본서는 선교사로서의 출발부터 현지생활과 사역, 은퇴와 은퇴 이후까지 선교사의 일생에 걸쳐 중요한 주제들을 다룬다.

5 선교 전략 총론
J. 마크 테리 · J. D. 페인 지음 | 엄주연 옮김 | 신국판

본서는 전 세계의 모든 선교지에서 실행되었던 전략을 분석하고 통합하고 평가한 책으로 다양한 이론과 더불어 수많은 사례를 통해 총체적인 선교 전략을 제시한다.

선교 전략 총론
Developing A Strategy For Missions

2015년 3월 20일 초판 발행

지 은 이 | J. 마크 테리, J. D. 페인
옮 긴 이 | 엄주연

편　　집 | 진규선
디 자 인 | 김소영
펴 낸 곳 | 사)기독교문서선교회
등　　록 | 제16-25호(1980. 1. 18)
주　　소 | 서울시 서초구 방배로 68
전　　화 | 02) 586-8761~3(본사)　031) 942-8761(영업부)
팩　　스 | 02) 523-0131(본사)　031) 942-8763(영업부)
홈페이지 | www.clcbook.com
이 메 일 | clckor@gmail.com
온 라 인 | 기업은행 073-000308-04-020, 국민은행 043-01-0379-646
　　　　　예금주: 사)기독교문서선교회

ISBN　978-89-341-1443-7 (93230)

* 낙장・파본은 교환해 드립니다.

이 도서의 국립중앙도서관 출판시 도서목록(CIP)은 서지정보유통지원시스템 홈페이지(http://seoji.nl.go.kr)와 국가자료공동목록시스템(http://www.nl.go.kr/kolisnet)에서 이용하실 수 있습니다.
(CIP제어번호: CIP2015007548)